EL DERECHO AL OLVIDO A LA LUZ DE LOS DERECHOS DE LA PERSONALIDAD

(HONOR, INTIMIDAD Y PROPIA IMAGEN)

EL DERECHO AL OLVIDO A LA LUZ DE LOS DERECHOS DE LA PERSONALIDAD

(HONOR, INTIMIDAD Y PROPIA IMAGEN)

EDICIÓN 2024

AUTOR
Álvaro Adán Vega

COLEX 2024

© Editorial Colex, S.L.
Calle Costa Rica, número 5, 3.º B (local comercial)
A Coruña, 15004, A Coruña (Galicia)
info@colex.es
www.colex.es

I.S.B.N.: 978-84-1194-796-1
Depósito legal: C 1875-2024

«Quien no sea capaz de instalarse,
olvidando todo el pasado, en el umbral del momento,
el que no pueda mantenerse recto en un punto,
sin vértigo ni temor, como una diosa de la victoria,
no sabrá qué cosa sea la felicidad y, peor aún,
no estará en condiciones de hacer felices a los demás».

F. Nietzsche

SUMARIO

CAPÍTULO III

EL DERECHO FUNDAMENTAL A LA PROTECCIÓN DE DATOS PERSONALES

CAPÍTULO IV

EL DESARROLLO DEL DERECHO AL OLVIDO EN LA UNIÓN EUROPEA

CAPÍTULO V

EL DESARROLLO DEL DERECHO AL OLVIDO EN EL DERECHO NACIONAL ESPAÑOL

BIBLIOGRAFÍA

ABREVIATURAS

AEPD	Agencia Estatal de Protección de Datos
AN	Audiencia Nacional
APD	Agencia de Protección de Datos
BOE	Boletín Oficial del Estado
CE	Constitución española
CEDH	Convenio Europeo de Derechos Humanos
CC	Código Civil
CDFUE	Carta de los Derechos Fundamentales de la Unión Europea
CGPJ	Consejo General del Poder Judicial
CNIL	*Commission nationale de l'informatique et des libertés*
CP	Código Penal
EEUU	Estados Unidos
GAFA	*Google, Amazon, Facebook* y *Apple*
LEC	Ley de Enjuiciamiento Civil
LOPH	Ley Orgánica 1/1982, de 5 de mayo, de protección civil del derecho al honor, a la intimidad personal y familiar y a la propia imagen
LPAC	Ley 39/2015, de 1 de octubre, del Procedimiento Administrativo Común de las Administraciones Públicas
ONG	Organización no gubernamental
ONU	Organización de las Naciones Unidas
RAE	Real Academia Española de la Lengua
RD	Real Decreto
RGPD	Reglamento General de Protección de Datos
TC	Tribunal Constitucional
TCE	Tratado de la Comunidad Europea

TEDH	Tribunal Europeo de Derechos Humanos
TIC	Tecnologías de la información y la comunicación
TS	Tribunal Supremo
STC	Sentencia del Tribunal Constitucional
STS	Sentencia del Tribunal Supremo
TEDH	Tribunal Europeo de Derechos Humanos
STEDH	Sentencia del Tribunal Europeo de Derechos Humanos
STJUE	Sentencia del Tribunal de Justicia de la Unión Europea
TFUE	Tratado de Funcionamiento de la Unión Europea
TJUE	Tribunal de Justicia de la Unión Europea
UE	Unión Europea

PREÁMBULO

ARISTÓTELES, cuya labor pionera en el campo del conocimiento científico ha marcado el rumbo del pensamiento en occidente durante dos mil años, afirmó que «es de importancia para quien desee alcanzar una certeza en su investigación, el saber dudar a tiempo». GALILEO GALILEI, uno de los precursores de la revolución científica, aseguraba que «en cuestiones de ciencia, la autoridad de miles no vale más que el humilde razonamiento de un único individuo». MIGUEL DE UNAMUNO, filósofo y escritor español de la generación del 98, escribió en su obra «Del sentimiento trágico de la vida» que «la verdadera ciencia enseña, por encima de todo, a dudar y a ser ignorante». RENÉ DESCARTES, quien enfatizó la duda metódica como un paso crucial en la búsqueda de la verdad, plasmó en su obra «Meditaciones Metafísicas» que «para investigar la verdad es preciso dudar, en cuanto sea posible, de todas las cosas». Si algo resulta innegable en el campo del conocimiento, es que la duda es la madre del descubrimiento.

La ciencia es más que un cuerpo estructurado de conocimiento. Es una forma de pensar, una manera de analizar críticamente el mundo para buscar nuevas respuestas allí donde aún queden dudas. La historia de la ciencia está repleta de hombres y mujeres que no aceptaron las explicaciones establecidas y se atrevieron a cuestionar los postulados del momento. Su rebeldía no era sino el reflejo de una inquebrantable voluntad en la búsqueda de la verdad. Todos ellos nos han dejado el legado de sus descubrimientos científicos, pero también un mensaje de índole metafísica: la ciencia prospera en el cuestionamiento, en la curiosidad y en el coraje para estudiar lo desconocido. La ciencia es, en su esencia, un acto de rebelión contra la ignorancia, contra las medias verdades y contra la complacencia.

El método científico se destaca como el único camino para prevenir la rigidez de los dogmas, pues su mera esencia radica en no proporcionar soluciones absolutas. Mientras que el creyente halla consuelo en la aquiescencia, el científico solo encuentra sosiego en la indagación y en el debate. El compromiso de buscar conocimientos lo sumerge en un perpetuo conflicto interno que le empuja a abordar procesos de creación, revisión y crítica[1].

---

1 BUNGE, M., *La ciencia. Su método y su filosofía*, vol. 22, 1960, p. 28.

El investigador carga con la responsabilidad de enfrentarse al *statu quo* y a las ideas preconcebidas, pero también goza del privilegio de desafiar las fronteras del conocimiento humano para empujar el mundo hacia un mayor entendimiento y, con suerte, hacia un futuro mejor.

A muy grandes rasgos, el Derecho se integra por el conjunto de normas legales que rigen en una sociedad. Se deriva del vocablo latino *directum* que significaba el camino recto, alineado con la ley, con lo correcto y con lo justo. Aunque sus particularidades epistemológicas siguen suscitando el debate sobre la condición científica del Derecho[2], la labor jurídico-teórica es una actividad científica de máximo orden[3] pues se dirige, en último término, a garantizar la justicia dentro de una sociedad. Como apuntaba HANS KELSEN, el Derecho es una ciencia de normas[4]; por tanto, el jurista teórico se nutre de la dogmática jurídica, es decir, de la interpretación y argumentación jurídica del Derecho positivo, con el objeto de mejorarlo[5]. El jurista teórico se dedica a buscar e identificar situaciones problemáticas para elaborar conjuntos de operaciones teórico-metodológicas que permitan producir nuevos conceptos a partir de los ya existentes. Su labor científica trata de analizar e inquirir en el estado de la cuestión de determinados ámbitos socio-legales con una finalidad meramente prescriptiva: la de contribuir a enriquecer el Derecho. Hoy, más que nunca, se revela la constante necesidad de observar con atención y no bajar la guardia ante los súbitos cambios sociales que se derivan del vertiginoso crecimiento de la era digital.

El derecho al olvido se ha venido interpretando genéricamente como una proyección del derecho a la privacidad y a la protección de datos, lo cual, por sí solo, no resulta suficiente para una correcta configuración del derecho al olvido. Su misma esencia permite un enfoque más amplio a la luz de los derechos al honor, a la intimidad y a la propia imagen. Además, las amenazas del entorno virtual suponen, en sí mismas, un riesgo directo contra los derechos fundamentales reconocidos en el artículo 18.1 CE. Con todo ello, el derecho al olvido no deja de significar sino una nueva ponderación entre dichos derechos de la personalidad y los derechos de la comunicación a raíz del transcurso del tiempo. La normativa de protección de datos, como única herramienta de protección legal, resulta incompleta y su interpretación, a la luz de estos derechos de la personalidad, ofrece una tutela legal más integral.

---

2 MABEL GARCÍA, S., «El Derecho como ciencia», *Invenio: Revista de investigación académica*, n.º 26, pp. 13-38.

3 VERNENGO, R. J., «Ciencia jurídica o técnica política: ¿es posible una ciencia del Derecho?», 1986, pp. 289-294.

4 KELSEN, H., *Teoría pura del Derecho*, UNAM, 2.ª ed., 1982, pp. 17-30.

5 ATIENZA, M., *Tras la justicia. Una introducción al Derecho y al razonamiento jurídico*, Ariel, Barcelona, 1993, p. 246.

CAPÍTULO I

LA INFORMACIÓN EN LA ERA DIGITAL

1.1. El Estado de e-derecho y la democracia deliberativa 2.0

El Tribunal Constitucional tiene declarado que la formación de una opinión pública libre es una cuestión de especial relevancia, pues «al ser una condición previa y necesaria para el ejercicio de otros derechos inherentes al funcionamiento de un sistema democrático, se convierte, a su vez, en uno de los pilares de una sociedad libre y democrática»[6]. Del mismo modo, ha establecido que las libertades de expresión e información, reconocidas en el artículo 20, no solo forman parte de los derechos fundamentales de los ciudadanos, sino que a su vez son piedra angular en «el reconocimiento y la garantía de una institución política fundamental, que es la opinión pública libre, indisolublemente ligada con el pluralismo político que es un valor fundamental y un requisito del funcionamiento del Estado democrático»[7].

A parte de las diferencias existentes respecto a la estructura institucional de las democracias contemporáneas, hay algo que es inherente a todas ellas: la importancia de la libre formación de la opinión pública como concepto íntimamente ligado a la noción del Estado democrático. Sin embargo, la formación de la opinión social ha quedado condicionada desde el nacimiento de los medios de comunicación de masas, con la televisión a la vanguardia, por la notable influencia que estos medios ejercen. JUAN MANUEL HERREROS LÓPEZ advierte que la incidencia de estos medios ha adquirido tal magnitud que el proceso de formación de la formación pública se ha visto invertido,

---

6 STC 159/1986, de 16 de diciembre de 1986, FJ 6.°.

7 STC 104/1986, de 17 de julio de 1986, FJ 5.°.

pasando a ejercerse desde la cúspide política y televisiva hacia la ciudadanía, con un evidente calado de contenido subjetivo y partidista[8].

La actual crisis de nuestras democracias consiste en que existe una fuerte creencia en los valores democráticos, pero, sin embargo, hay un creciente rechazo, fruto de la desconfianza, hacia las instituciones públicas, cuando se supone que son precisamente estas las que deberían de encarnar y materializar dicho espíritu democrático. La polémica ha surgido por la propagación de la idea acerca de la ausencia de una verdadera práctica democrática. La mayor parte de las democracias actuales se han organizado institucionalmente como democracias representativas y, en ellas, toda la participación ciudadana queda reducida a la mera elección política en elecciones periódicas[9]. Nuestra Carta Magna recoge en su Título Preliminar que «la soberanía nacional reside en el pueblo español, del que emanan los poderes del Estado». Sin embargo, la ciudadanía no tarda en percatarse de que el ejercicio de dicha supuesta soberanía se reduce exclusivamente a su participación periódica en unas elecciones, donde simplemente pueden votar a unos representantes políticos elegidos frecuentemente por las propias formaciones políticas y que, a pesar de contar con un mandato representativo, en la práctica están sujetos a las instrucciones de esas formaciones políticas. Como ha dicho José Rubio Carracedo, la enfermedad común a todas las democracias actuales se caracteriza por una paulatina indiferencia de los ciudadanos hacia la esfera política, causada por el molde institucional cerrado de la democracia representativa, donde «ni siquiera los promotores de la democracia directa buscan resucitar la democracia asamblearia ateniense, que desde Tucídides ha sido desacreditada»[10]. No se trata de auspiciar un modelo de democracia directa, solución que no parecería viable en el complejo mundo actual, sino de remarcar que el modelo de democracia representativa tiene su base en el conjunto de la nación española. El «pueblo» y la «ciudadanía» son conceptos difusos, así se manifestaba Torcuato Fernández Miranda cuando decía: «yo, personalmente, no sé quién es el pueblo, pues nunca he tenido la suerte de desayunar con él». Pero, no por ello, el Estado puede pasar a operar como una maquinaria independiente y ajena al poder soberano que constituye su mandato.

Charles Montesquieu defendió la idea de que la representación política era una estructura necesaria dado que el masivo volumen que conforma el total de una población hace imposible la participación directa por parte de cada individuo y, por tanto, resulta necesario delegar las cuestiones políti-

8 Herreros López, J. M., «Reflexiones sobre la formación de la opinión pública en el estado democrático», *Teoría y Realidad Constitucional*, n.° 14, 2.° semestre, 2004, pp. 375-387.

9 García Alonso, R., «Representación política y democracia deliberativa. ¿Qué puede significar hoy la participación política?», *Estudios políticos*, n.° 47, p. 49.

10 Rubio Carracedo, J., «¿Cansancio de la democracia o acomodo de los políticos?», *Claves de Razón Práctica*, n.° 105, pp. 76-82.

cas en manos de unos dirigentes políticos previamente designados mediante mandatos representativos[11]. Ciertamente, parece incuestionable que la representación política sigue siendo una necesidad para el desarrollo de las estructuras democráticas, pues la complejidad organizativa que conllevaría la participación directa de la ciudadanía hace que esta no resulte factible. No obstante, no hay que olvidar que vivimos unos momentos democráticamente paradójicos por cuanto, mientras que los valores democráticos están en su momento más boyante, ha comenzado a surgir un importante descontento hacia las instituciones democráticas, concretamente hacia los gobiernos representativos[12], es por ello que se hace preciso encontrar soluciones a esta crisis democrática.

En parte, la deplorable percepción del panorama político se debe también a que la participación política de los ciudadanos ha quedado reducida, en el escenario comunicativo, a la simple recepción propagandística de noticias escogidas por parte de los medios de comunicación y de los gobernantes[13]. JUAN CARLOS GÁVARA DE CÁVARA alerta de que los grupos políticos y los medios de comunicación disponen, en la práctica, de un pacto colaborativo encubierto con el que controlan la dirección del debate y mantienen un poder absoluto sobre los temas de actualidad[14]. Recuérdese en este punto que los medios han sido calificados históricamente como el cuarto poder. A través de ellos, los grupos políticos que ostentan el mandato intentan que la información emitida se proyecte de la forma que les resulte más beneficiosa. John Thompson habla de «cuasi intervención mediática» para describir el constreñido margen de participación del que goza la ciudadanía para participar activamente en los medios de comunicación, que obedecen solamente a los agentes políticos[15].

Pero frente a esta crisis de la percepción ciudadana en los engranajes democráticos, algunos autores han venido tratando el concepto de la «democracia deliberativa» como aquel ideal por el que la sociedad en su conjunto habría de intervenir y ser parte activa en los escenarios de debate público. JOSEPH BESSETE planteó, por primera vez dentro de la controversia académica, el concepto de «democracia deliberativa» a fin de distinguirlo y

11 DE SECONDANT, C. L. y BARÓN DE MONTESQUIEU, "El espíritu de las leyes", *Altaya*, 1993, pp. 128-129.

12 GARCÍA ALONSO, R., «Representación política y democracia deliberativa. ¿Qué ùede significar hoy la participación política?»..., *op.cit.*, p. 61.

13 GIL RAMÍREZ, M., «El uso de YouTube en el Procés Catalán. Comunicación Política a través de los Social Media: ¿Prosumidores Mediatizados?», *Estudios sobre el Mensaje Periodístico*, n.º 25, 2019, pp. 213-234.

14 GAVARA DE CARA, J. C., «El control judicial de los medios de comunicación», *Bosch*, 2015, p. 17.

15 THOMPSON, J., *Los media y la modernidad. Una teoría de los medios de comunicación*, Barcelona, 1998.

diferenciarlo de la forma de democracia plasmada en la Constitución de los Estados Unidos[16]. JÜRGEN HABERMAS relaciona el poder constituyente con el foro público deliberativo y reafirma este como la piedra angular del sistema político: «Las élites implicadas en la comunicación pública deben por una parte recoger los impulsos procedentes de la sociedad civil y devolverlos en una forma elaborada al público de los electores y por otra deben introducir los temas relevantes y las contribuciones apropiadas en las agendas de las instituciones estatales, así como observar y comentar los propios procesos institucionalizados de deliberación y de toma de decisiones. El resultado que se debe obtener de esta circulación comunicativa entre el centro y la periferia son las opiniones públicas razonadas como producto peculiar de la esfera pública»[17]. Para JUAN CARLOS VELASCO, la democracia deliberativa no es una creación académica orientada a mantener vivos los foros de debate universitario, sino que tiene un enfoque directamente orientado a nutrir y reforzar el escenario político actual[18]. ROBERTO GARCÍA ALONSO define la democracia deliberativa como aquel proceso llamado a «adoptar las decisiones mediante un proceso intersubjetivo de carácter argumentativo: deliberar es dar y pedir razones, a favor o en contra de nuestras acciones y creencias. Este proceso se somete a una serie de criterios de calidad: la deliberación debe ser inclusiva y cada participante deberá tener la misma posibilidad de ser escuchado»[19]. La escisión entre el gobierno y la ciudadanía no es un aspecto posible dentro de una concepción deliberativa. De acuerdo al modelo deliberativo, el escenario público no puede limitarse a un espacio competitivo entre las diferentes fuerzas políticas, sino que debe de nutrirse y coordinar las iniciativas ciudadanas, pues estas tienen mucho que decir[20].

Durante los últimos años la formación de la opinión pública se alimentaba, en su mayor parte, por el contenido informativo distribuido a través de la televisión y de los periódicos —los *mass media*—. No obstante, en esta última década el nuevo entorno digital ha ido relegando a estos antiguos protagonistas hasta ocupar la primera posición como entorno informativo. Pero la novedad, no reside solamente en la renovación de la plataforma comunicativa, sino en las herramientas interactivas que este entorno Web 2.0 dispone

---

16 BESSETTE, J. M., «Deliberative Democracy: The Majority Principle in Republican Government», en GOLDWIN, R. y SCHAMBRA, W. A. (eds.), *How democratic is the Constitution?*, American Enterprise Institute, Washington, pp. 101-116.

17 HABERMAS, J., «Facticidad y validez», *Trotta*, Madrid, 1998, p. 252.

18 VELASCO, J.C., «Democracia y deliberación pública», *Confluencia XXI. Revista de pensamiento político*, n.º 6, 2009, pp. 70-79.

19 GARCÍA ALONSO, R., «Representación política y democracia deliberativa. ¿Qué puede significar hoy la participación política?», *op.cit.*, p. 53.

20 BENHABIB, S., «Nmodels of Public Space: Hannah Arendt, the Liberal Tradiction and Jürgen Habermas», en CALHOUN, C., (ed.), *Habermas and the Public Spherek,* MIT Press, Londres, pp. 73-98.

para los usuarios, donde pasan de ser meros consumidores de contenido a equipararse con los medios informativos en la creación y distribución de contenidos informativos.

MARTA GIL RAMÍREZ y RUTH GÓMEZ DE TRAVASEDO ROJAS sostienen que el impacto de las nuevas tecnologías de la comunicación ha revolucionado las premisas del campo de estudio relativo a la comunicación política, pues ha surgido un contexto digital que trae consigo recientes definiciones: ciberpolítica, ciberdemocracia, e-democracia o política 2.0. Los flujos de poder han visto alteradas sus premisas y los pilares de incidencia han cambiado. El discurso se ha ido trasladando progresivamente de los medios de comunicación, dirigidos por los grupos políticos, a la sociedad como protagonista del escenario internauta. En esta nueva estructura de comunicación mediante la red de redes, la sociedad ha dejado de ocupar un papel pasivo para pasar a ostentar un poder participativo y activo en el diseño de los contenidos discursivos[21]. Pedro García-Alonso-Montoya sostiene que con la aparición de la Web 2.0 el flujo unidireccional de la información ha quedado superado y que los consumidores de información han pasado a ser al mismo tiempo productores de contenido, «ya no mandan los "mass media" de las empresas, sino los "socialmedia" de las audiencias»[22].

Dentro de la evolución acaecida en el estudio de la comunicación política, la irrupción de la revolución digital ha alterado el escenario participativo de los tres protagonistas de esta interacción —grupos políticos, medios de comunicación y sociedad civil—, los cuales han visto equiparadas sus facultades deliberativas. Partiendo de la clasificación establecida por JAY BLUMLER y DENNIS KAVANAGH[23], la doctrina ha comenzado a hablar de una «cuarta fase de la comunicación política» para bautizar este nuevo escenario interactivo. Por ejemplo, ZIZI PAPACHARISSI define esta cuarta fase de la comunicación política como una audiencia masiva distribuida en pequeñas unidades personales cibernéticas que interactúan para conformar nuevas formas de pensamiento en asuntos de trascendencia social a través de Internet[24]. El ciudadano, hastiado de las formas tradicionales poco participativas, se baja del carro del consumo mediático para adoptar un rol más participativo en la agenda informativa y obtener su propia audiencia a fin de actuar como figura

21 GIL RAMÍREZ, M., y GÓMEZ DE TRAVESEDO ROJAS, R., «Repensar la comunicación política en el contexto digital. Ciberdemocracia ¿Democracia deliberativa?», *Vivat Academia. Revista de Comunicación,* n.° 154, 2021, pp. 65-72.

22 MONTOYA GARCÍA-ALONSO, P., «Nuevos usuarios de la empresa informativa», *Vivat Academia,* 2011, pp. 1391-1404.

23 BLUMLER, J. y KAVANAGH, D., «The third age of Political Communication: influences and features», *Political Communication*, n.° 16, pp. 175-200.

24 PAPACHARISSI, Z., *A private sphere: Democracy in a digital age*, Polity, pp. 51-78.

interactiva en la comunicación de audiencias digitales[25]. En definitiva, en esta cuarta fase surge un nuevo concepto de democracia digital, llamado «ciberdemocracia» o «democracia 2.0». Se trata de una democracia con un mayor nivel de participación, donde los ciudadanos se incorporan como actores comunicativos y surgen comunidades de internautas que se suman a las deliberaciones mediáticas.

Juan Ignacio Criado y Roberto García Alonso introducen el concepto de «blogosfera política» refiriéndose a aquel conjunto de blogs donde se tratan temas concernientes a la actualidad política y que conforman un nutrido surtido de diversidad comunicativa dentro del panorama político de Internet. Esta «blogosfera política» se ha materializado como un nuevo foro de participación ciudadana y es un nuevo canal de transmisión de la opinión pública en el entorno digital. Ha pasado a ser un importante campo de cultivo para la formación de la opinión, se trata de un canal abierto a todos los públicos de donde es posible introducir focos de interés generalizado para incorporarlos a las agendas corporativas y así conseguir una coherencia discursiva más centrada en las verdaderas cuestiones de incidencia social. Es decir, se abren las puertas a materias diferentes a las escogidas por los medios tradicionales de comunicación, introducidas y tratadas, en este caso, por los propios ciudadanos[26].

Laura McKenna y Antoniette Pole han criticado la capacidad del entorno creado por los blogs políticos para conformar verdaderos focos de formación de opinión pública. Indican que cuando una noticia de ideología contraria es analizada por el bando opuesto, no surgen verdaderos encuentros mediadores y canalizadores de debate, sino que se propician comentarios de burla y sarcasmo[27]. No obstante, quizás el problema no esté bien planteado, ya que los foros cibernéticos de debate no tienen por qué sustituir a los medios tradicionales de comunicación. Es admisible que el debate propiciado a través de las plataformas de Internet no se subsuma en los patrones más puros de la teoría del discurso, pero desde luego rompen con el monopolio comunicativo que venía impuesto y coopera en la calidad de una formación pública más democrática.

Pere Simón Castellano emplea los términos «Estado de e-Derecho y democracia deliberativa 2.0» para referirse al nuevo escenario de posibilidades que ofrecen las TIC, no solo en el campo de relaciones sociales y en los procesos de formación de la opinión pública, sino también en la participación

---

25 Dahlberg, L., «Re-constructing digital democracy: An outlike of four 'positions'», *New Media & Society*, n.° 13, 2011, pp. 855-872.

26 Ignacio Criado, J. y García Alonso, R., «¿Democracia 2.0? Un análisis del potencial deliberativo de la blogosfera política», *Revista de Estudios Políticos,* n.° 155, enero-marzo, 2012, 71-99.

27 Mckenna, L., y Pole, A., «What do bloggers do: An average day on political blog», *Public Choice,* vol. 134, n.° 1-2, pp. 97-108.

ciudadana dentro de la vida política. Para ello, se apoya en dos cuestiones de reciente actualidad. Una de ellas es la incorporación de la llamada iniciativa ciudadana europea, prevista en el artículo 11.4 del Tratado de Lisboa[28] y que consiste en una herramienta que sirve para encauzar el interés de la participación ciudadana en los procedimientos europeos y permite su implicación activa en la agenda política. Esta iniciativa ciudadana europea ha sido desarrollada mediante el Reglamento Europeo 211/2011 del Parlamento Europeo y del Consejo, de 16 de febrero de 2011, y en él se hace alusión de forma específica al uso de las TIC como elemento técnico de acceso a esta forma de participación. Por otro lado, se hace mención al proceso de elaboración de la que ha sido denominada en Islandia como «Constitución 2.0». Los procesos de redacción se han servido de la implicación activa de la ciudadanía mediante vías de acceso y colaboración electrónica, de forma que los procesos deliberativos no se han regido por el habitual protagonismo de los poderes públicos. El texto final ha sido el resultado de un «debate público, inclusivo y cooperativo producido previamente en el universo digital»[29].

En definitiva, puede afirmarse que el entorno deliberativo propiciado por el surgimiento de las plataformas digitales, donde se facilita el intercambio comunicativo de los usuarios, supone un verdadero desafío para el Derecho en sus diversas dimensiones. La paradoja acerca de la realidad democrática puede quedar subsanada con la implementación de herramientas que refuercen la participación ciudadana en la vida pública y reafirmen la esencia de la soberanía popular. Atendiendo al engranaje constitucional de España, una posible incorporación de estas herramientas participativas estribaría en la integración de procesos electrónicos de referéndum. El artículo 92 de nuestra Constitución prevé la posibilidad de que las decisiones políticas de especial trascendencia puedan ser sometidas al referéndum consultivo de los ciudadanos. Sin embargo, esta figura está en completo desuso. Teniendo en cuenta la expansión en el uso de los certificados digitales, como sistema de acreditación ante múltiples administraciones públicas, no sería descabellado incorporar a la agenda política la consulta ciudadana en cuestiones de relevancia pública. El acceso mediante el uso de certificado digital como sistema de identificación es una realidad consolidada —hoy en día casi la totalidad de trámites administrativos pueden realizarse mediante esta vía— que descarga a la administración de trámites presenciales. Consiguientemente, sería bastante sencillo para los poderes públicos el contar con la opinión ciudadana mediante breves y sencillos cuestionarios electrónicos.

---

28 Artículo 11.4 Tratado de la Unión Europea: «Un grupo de al menos un millón de ciudadanos de la Unión, que sean nacionales de un número significativo de Estados miembros, podrá tomar la iniciativa de invitar a la Comisión Europea, en el marco de sus atribuciones, a que presente una propuesta adecuada sobre cuestiones que estos ciudadanos estimen que requieren un acto jurídico de la Unión para los fines de la aplicación de los Tratados».

29 Simón Castellano, P., *El reconocimiento del derecho al olvido digital en España y en la UE. Efectos tras la sentencia del TJUE de mayo de 2014*, 1.ª ed., Barcelona, 2015, pp. 72-77.

1.2. La perennidad de la información en Internet

La innovación digital ha traído consigo profundas modificaciones en la forma de difundir y transmitir la información. Internet permite hoy el acceso indiscriminado a infinitas fuentes de información y es algo mucho más complejo que un conjunto de ordenadores conectados entre sí. Internet es más que un entramado digital de computadores, constituye una esfera de comunicación contemporánea de tal magnitud e importancia en las interacciones sociales que, como ha indicado TAMARA ÁLVAREZ ROBLES, se impone necesario contemplar el reconocimiento de un verdadero derecho de acceso a Internet[30]. Estamos inmersos en la llamada *era digital,* también conocida como la *era informática.*

Los avances tecnológicos se producen en prácticamente todas las áreas de la sociedad y del conocimiento. La transmisión de datos fluye de forma inmediata con tan solo un clic destruyendo las fronteras entre el espacio y el tiempo. Hoy en día es posible leer la noticia de un acontecimiento acaecido apenas minutos atrás en un periódico virtual, enviar un correo electrónico instantáneo a un destinatario ubicado en el otro hemisferio, publicar una vivencia presente en una red social, difundir información a través de páginas *web* o comprar cualquier producto o servicio en cuestión de segundos.

El mundo empresarial cuenta, gracias al crecimiento de las tecnologías de la información, con importantes ventajas competitivas, nuevas formas de publicidad y modernas estrategias de mercado. Por otro lado, el área de la gestión del conocimiento y la información se ha potenciado de forma casi inconcebible. El acceso a todo tipo de información deviene accesible desde un simple ordenador conectado a Internet pues posibilita al usuario o cibernauta la consulta rápida y sencilla de información a la que en el pasado solo podría acceder a través de periódicos, libros o bibliotecas. Todo ello redunda en una sorprendente simplicidad a la hora de consumir y producir información que fortalece la investigación y la publicación.

Esta información se encuentra almacenada en bases de datos ubicadas en el sistema de red de redes que conforma Internet a través de una red telefónica conmutada en servidores o *host*. Pero el montante de información digital crece de manera tan vertiginosa que sería imposible para el cibernauta localizar o encontrar aquellos resultados de su interés si para ello tuviera que rastrear de forma autónoma todas y cada una de las *webs* hasta encontrar el resultado pretendido. Por ello, aparte de estos directorios, existen los

---

30 ÁLVAREZ ROBLES, T., «Derechos digitales: especial interés en los derechos de acceso a Internet y a la ciberseguridad como derechos constitucionales sustantivos», en DUEÑAS CASTILLO, A., I., FERNÁNDEZ CAÑUETO, D., MORENO GONZÁLEZ, G., *Juventud y constitución: un estudio de la Constitución española por los jóvenes en su cuarenta aniversario,* Fundación Manuel Giménez Abad de Estudios Parlamentarios y del Estado Autonómico, 2018. p. 135-158.

denominados proveedores o motores de búsqueda, que son herramientas *software* diseñadas para encontrar información concreta entre las enormes bases de datos que conforman los innumerables documentos almacenados en la *web*. Se trata de programas diseñados para, de forma automática, localizar e indexar la información ubicada en las diferentes bases de datos, reportando al usuario aquellos documentos que contengan las palabras clave de búsqueda de una forma organizada y sistematizada, arrojando un listado organizado y jerarquizado de páginas *web* en una página de resultados del buscador, que brinda al usuario aquellas *webs* que contienen las palabras de búsqueda. Para ello, estos programas utilizan lo que se conoce como *spiders* o *arañas web* que son *bots* o *robots automáticos* los cuales de forma constante están inspeccionando el contenido de la *World Wide Web* y confeccionando una descarga organizada de contenidos que luego son procesados de cara a recolectar y estructurar toda esa información.

Puede decirse que Internet ha supuesto un fuerte avance social y que ofrece constantes y sucesivas ventajas y mejoras sociales. Ahora bien, este crecimiento ha sido tan repentino y vertiginoso que se ha de estudiar si existen aspectos también negativos o perjudiciales para la propia sociedad y una de estas cuestiones es el carácter imperecedero de la información difundida en Internet que, una vez publicada, deja un rastro eterno que nunca es borrado y, por tanto, accesible a futuro de forma indefinida. Estos motores de búsqueda de indudable utilidad a la hora de localizar datos concretos pueden llegar a operar como constantes proveedores del pasado. Desde antiguo diversos pensadores se han preocupado por reflexionar sobre las relaciones entre el paso del tiempo y la memoria de los hechos, pero Homero, en el siglo VIII a. de C. defendió con brillante concreción una idea clave en el pilar de este debate: «dejemos que el pasado sea el pasado».

Esta peligrosa situación ha sido bautizada como la perennidad de la información en Internet, es decir, la perpetua permanencia de datos e información que, de forma eterna en el tiempo, pueden ser localizados y encontrados en cualquier momento y lugar futuros. Sucede que, una vez publicada una información en un directorio *web* y salvo que fuera borrada, permanece de forma indefinida y eterna en el tiempo, dejando un rastro constante a futuro. Como se ha comentado previamente, en el pasado la información era facilitada y consultada mediante periódicos o libros que, por el paso del tiempo, acababan cayendo en el desuso y, por tanto, en el olvido. No obstante, en el presente, toda esta información se encuentra a merced de cualquier usuario de forma constante. La información no desaparece, el pasado no se borra y todo puede ser rastreado en cualquier momento.

En dicho sentido, María Álvarez afirma que «el carácter imperecedero de la información en Internet pone en jaque a la privacidad y ha hecho que surja un debate y una reflexión en torno a los conflictos entre innovación y desarrollo tecnológico, libre transmisión de datos, libertad de información de un lado y, por otro, la privacidad, la protección de datos personales y el derecho a la intimidad de las personas. ¿Los usuarios deben resignarse a soportar que sus datos permanezcan *sine die* en la Red al alcance de cualquiera a golpe de *click* en un buscador? ¿Cuánto tiempo debe soportarse el acceso universal en la Red a los datos personales?»[31].

Se ha abierto un debate en este sentido y es preciso saber si ha de ponerse algún límite, barrera o freno a la perennidad de la información en Internet, ya que ciertas informaciones que en el pasado revistieran de interés o relevancia social pueden lastrar a una persona de forma perpetua. Así manifiesta ALEJANDRO TOURIÑO, «es ya una realidad que el individuo se enfrenta a un rastro digital que no resulta ni mucho menos sencillo de eliminar»[32], o en palabras de ADRIAN DI PIZZO, «en el fenómeno de Internet la información persiste, siempre puede recuperarse y es de muy fácil distribución»[33]. Es decir, una vez que una información ha sido divulgada en Internet, no solo permanece de forma indefinida, sino que además puede ser copiada en otras *webs* o referenciada mediate *links* de acceso, dejando un cada vez más amplio rastro digital cuyo borrado no se plantea en absoluto sencillo.

Otro autor que reivindica esta cuestión es VIKTOR MAYER, quien opina que las reglas del juego en la forma de compartir la información han cambiado dando lugar a una realidad sin límites que tiene como principal protagonista este aumento progresivo de almacenamiento y difusión favorecido por las nuevas tecnologías de la información en que resulta llamativa la *perennidad* de los datos difundidos y registrados en la red, grabados como un «tatuaje» que nos persigue de por vida[34].

Finalmente, debemos citar a PERE SIMÓN, como autor de relevancia en el campo del derecho al olvido, quien en este aspecto también pone de manifiesto que «es fácil imaginar un futuro próximo, en el que la información que contiene la web —que difundida en su día disfrutaba de interés público y era noticiable, pero que con el paso del tiempo se ha convertido en irrelevante—, puede suponer un constante y excesivo recordatorio de unos hechos que pueden manchar o causar daños a los derechos de la personalidad. La casuística es infinita. Pero es incuestionable que la acumulación de datos personales en la red, accesibles a través de los buscadores, supone un alto riesgo para la intimidad y la reputación de las personas, hasta el punto de evitar que los

31 ÁLVAREZ CARO, M., *Derecho al olvido en Internet: El nuevo paradigma de la privacidad en la era digital,* Reus, Madrid, 2015, p. 19.

32 TOURIÑO, A., *El derecho al olvido y a la intimidad en Internet,* Catarata, Madrid, 2014, p. 44.

33 DI PIZZO CHIACCHIO, A., *La expansión del derecho al olvido digital. Efectos de «Google Spain» y el Big Data e implicaciones del nuevo Reglamento Europeo de Protección de Datos,* Atelier, Barcelona, 2018, p. 17.

34 MAYER-SCHÖNBERG, V., *Delete. The virtue of ofrgetting in the digital age,* Princeton University Press, New Jersey, 2009, p. 2.

ciudadanos puedan escabullirse de su pasado; afectando incluso, la libertad individual de actuar»[35].

Estas referencias doctrinales apoyan una misma idea y preocupación actual sobre el hecho de que la información, una vez difundida en Internet, permanece sin un marco temporal definido, lo cual ocasiona el recordatorio constante de hechos pasados impidiendo al individuo liberarse de ese rastro eterno.

1.3. De la memoria biológica y social a la memoria digital

De las definiciones que la RAE ofrece del verbo «olvidar» destacamos como acepciones más reseñables las siguientes: dejar de retener en la mente algo o a alguien; dejar de tener en cuenta algo; dejar de tener afecto o estima por alguien o algo; hacer perder la memoria de algo; o perder de la memoria de la consideración o de la estima. Es decir, olvidar supone, en definitiva, que el recuerdo de unos hechos, de ciertas emociones o de la estima por una persona se desvanezcan en la memoria, se borren del recuerdo.

El olvido es un fenómeno tanto social como biológico. En su aspecto biológico o individual, y aunque esté asimilado a algunas enfermedades patológicas, verbigracia el alzhéimer, el olvido es un suceso cerebral que no siempre tiene consecuencias negativas. Uno de los cuentos más famosos de Jorge Luis Borges, que lleva por nombre «Funes el Memorioso», narra el relato de un hombre con una memoria milagrosa que era capaz de recordar todos y cada uno de los sucesos de su pasado, lo cual, lejos de ser una fortuna, terminaba resultando una suerte de maldición, ya que en su mente afloraban constantemente recuerdos pasados de insignificante importancia que interferían en su discernimiento del presente. El cerebro humano dispone de mecanismos basados en proteínas, enzimas y *fosfatasas* que fortalecen la memoria, pero a su vez, y para que sea posible, estos mismos mecanismos operan como freno al soporte que constituye la memoria, permitiendo que todos aquellos recuerdos sin importancia se desvanezcan en el olvido[36]. Para el ser humano es necesario olvidar, forma parte de su desarrollo y evolución. Es necesario que los hechos pasados sin relevancia se diluyan en el olvido para poder vivir con suficiente atención el presente. Igual sucede con las experiencias traumáticas o dolorosas, si residieran eternamente en la mente del individuo, este se vería condenado al sufrimiento eterno. El propio desa-

35 Simón Castellano, P., *El régimen constitucional del derecho al olvido digital*, Tirant, Valencia, 2012, p. 39.

36 Morgado Bernal, I., «Cerebro humano: así funcionan el recuerdo y el olvido», *Cuerpo y Mente,* 2019. Disponible en https://www.cuerpomente.com/psicologia/cerebro/cerebro-humano-asi-funcionan-recuerdo-olvido_937 (fecha de consulta: 14-12-2019).

rrollo biológico ha propiciado que solo aquellos recuerdos de suficiente significancia permanezcan en la memoria, evadiéndose los restantes.

Pero el olvido no solo se manifiesta de forma aislada en el propio individuo, sino que, además, forma parte del fenómeno colectivo de la sociedad. Memoria y olvido no pueden ser reducidos a la esfera privada del sujeto. La memoria colectiva, como grupo o sociedad, cuenta con elementos propios que evocan y mantienen vivos los hechos del pasado; son mecanismos tales como la comunicación, la exteriorización o la publicidad. También se cuenta con herramientas propicias para el olvido, verbigracia la censura. Siguiendo a JORGE MENDOZA GARCÍA, mantener la memoria supone reducir al olvido; en sentido contrario, la prevalencia del olvido ocasiona, por imperativo lógico, la reducción de la memoria. Socialmente, podría hablarse de una lucha entre olvido y memoria. La relación entre la memoria y el olvido desvela la forma en que se construye una sociedad en base a su pasado y a su presente. La memoria es el procedimiento social por el que los recuerdos son evocados al presente, esto es, la dinámica social de reconstrucción de un pasado. Por otro lado, el olvido se describe como la incapacidad de rememorar acontecimientos que en un pasado tuvieron sitio en la vida del colectivo. Junto a lo anterior, cabe añadir otro tipo de olvido, el olvido voluntario. Este olvido se edifica en la desatención de asuntos que ya no revisten importancia para el grupo y esta forma de olvidar ha sido una práctica constante en el propio desarrollo humano, por ejemplo, borrando la memoria de las culturas doblegadas. Hacer desaparecer del pasado de las sociedades los acontecimientos concebidos como dramáticos y dolorosos, ha sido una herramienta al uso en la práctica institucional de las civilizaciones. En suma, se establece un pacto entre lo que ha de ser recordado y lo que ha de ser olvidado, por tanto, en la historia ha habido siempre olvido social[37]. En la misma línea, para JACQUES LE GOFF, el olvido no es sino una memoria que ha sido borrada[38].

Sin embargo, si analizamos al individuo como miembro de una sociedad, nace un tercer objeto de estudio, y es la opinión que la sociedad tiene de este segundo. Para el individuo, no solo importa lo que recuerda, sino que, en ocasiones, le es de mayor inquietud lo que otros piensen, sepan o recuerden de él. Entra en juego la propia estima del individuo, su honor y su prestigio. Desde siempre, el hombre, como miembro de un grupo social, ha buscado su aprobación, su aceptación y su reconocimiento. Lo que otros sepan de uno, las opiniones que tengan sobre su integridad son también elementos en juego y como todo en el devenir del transcurso de la vida, hay ciertas circunstancias o éxitos que dignifican su propia concepción como miembro, pero también pueden acontecer sucesos que mermen su respetabilidad pública.

37 MENDOZA GARCÍA, J., *Sucinto recorrido por el olvido social,* vol. 3, n.º 2, Polis, 2007, pp. 129-139.

38 LE GOF, J., *En el Este, la memoria recuperada,* Alfons El Magnànim, Valencia, 1992, pp. 11-17

Es de sobra conocida además la inclinación de los grupos sociales por husmear, fisgar y curiosear en la vida de otros. El cotilleo siempre ha estado a la orden del día. Las personas hablan sobre otros, a veces bien y otras no tanto. La información fluye de boca en boca y la gente gusta retransmitirla de forma ligeramente distorsionada. Por tanto, no siempre lo transmitido es verídico o real. Algunas veces el hombre cae en descrédito por su propio comportamiento, pero, en otras, surgen informaciones falsas que se propagan de unos a otros como la pólvora. Aunque, como dice el conocido refrán español, «no hay mal que cien años dure»[39], ya que el soporte de la información en este caso se basa en la comunicación entre unos y otros, de tal forma que, por mero olvido, desuso o desgaste, se termina evadiendo. Lo ocurrido o, bien lo inventado, se olvida y quedan las segundas oportunidades. En definitiva, y en palabras literales de MAX AUB, «el hombre está hecho de olvidos. Si nos acordáramos de todo, la vida sería imposible»[40].

No obstante, el nuevo escenario digital plantea circunstancias distintas en la forma de recordar. La información ya no se sustenta en el boca a boca, tampoco en periódicos o revistas que por antigüedad devinieran inaccesibles; ni siquiera en libros o hemerotecas a cuyo acceso siempre pudieran plantearse dificultades técnicas. Ahora, en la era de lo digital, la vida de los ciudadanos navega a la deriva del entramado de Internet, sin apenas filtros ni censuras. Es suficiente teclear el nombre y apellidos de una persona en un buscador para acceder en milésimas de segundo a todo su pasado digital. Por otro lado, antes de Internet, la información escrita que fluía vía papel, esto es periódicos o revistas, tenía unas barreras previas a su difusión. Los editores comprobaban el contenido de lo que se iba a publicar. En cambio, hoy en día, no existe control alguno previo de todo aquello que se difunde por Internet, basta un clic o el pulsado de una tecla *intro.* Y estos datos no están solo a ojos de unos pocos lectores, sino al acceso del mundo entero y, además, de forma *a priori* indefinida. Ya no se puede hablar solo de una memoria individual o social, sino que nace una nueva forma de recordar, una memoria digital. Así dice ADRIAN DI PIZZO que «la memoria son recuerdos y esos recuerdos ya no están sólo en la memoria humana; hace ya mucho tiempo que existe memoria digital que, esta sí, es ilimitada»[41].

Tanto el hombre como la sociedad olvidan. El mero transcurso del tiempo hace que, tanto en un caso como en otro, los datos pasados, sin importancia en el presente, se desvanezcan. Solo los hechos más significativos deben perdurar en el presente. Es decir, en uno y otro caso, la memoria ha resultado ser selectiva. Pero la web cuenta con un montante de datos que crecen de forma diaria, sin sumisión a filtros ni sometimiento a borrado alguno que

39 https://cvc.cervantes.es/lengua/refranero/ficha.aspx?Par=59186&Lng=0

40 AUB, M., *Nuevos diarios inéditos,* Editorial Renacimiento, Sevilla, 2003.

41 DI PIZZO CHIACCHIO, A., *La expansión del derecho al olvido digital..., op. cit.*, p. 17.

se mantienen en un recuerdo vivo y constante. Nada desaparece y todo es accesible de forma asombrosamente rápida y sencilla. Es decir, citando a MARÍA ÁLVAREZ, «la tecnología ha puesto de manifiesto que Internet no falla en su memoria frente a la fragilidad o memoria humana selectiva»[42].

La expresión castellana «borrón y cuenta nueva» destaca el interés social en desprenderse del pasado y la posibilidad de iniciar una nueva etapa, es algo consustancial al libre desarrollo de la personalidad del individuo. Tal y como señala RAFAEL GUERRA GONZÁLEZ, «no siempre es fácil olvidar, y menos, que los demás olviden. Qué más quisiéramos los seres humanos que disponer de un interruptor con el que apagar en las cabezas —la propia y las ajenas—, las imágenes de los lugares, las acciones y las personas que nos conviniesen»[43]. Sucede, en este presente cibernético, que el recuerdo permanente de las personas en la red digital está atentando contra esta especie de derecho social a las segundas oportunidades y en este sentido se ha pronunciado la excomisaria de Justicia de la Unión Europea, VIVIANE REDING, refiriendo «*someone once said: God forgives and forgets but the Web never does*». Su traducción al castellano significaría: Alguien me dijo una vez que Dios perdona y olvida, pero la *web* nunca lo hace[44].

La pugna entre memoria y recuerdo de la que hablaba JORGE MENDOZA donde una prevalecía en detrimento de la otra, y viceversa, se ha extinguido. Dentro del mundo digital, ya no hay lucha entre recuerdo y olvido, solamente eterno y constante recuerdo. Este argumento se resume en la frase de JEFFREY ROSEN, quien observa que «Internet recuerda todo, pero no olvida nada»[45].

Esta realidad se convierte en una circunstancia peligrosa para la propia sociedad. El constante recuerdo acarrea que las personas no puedan liberarse de su pasado en ninguna de las formas quedando atadas al constante recuerdo. Si hasta el propio Derecho, en sus diversas ramas, ha venido articulando mecanismos que impidan el ejercicio de acciones una vez transcurridos ciertos márgenes temporales, como por ejemplo la caducidad y la prescripción; o el recuerdo de un pasado transgresor como, por ejemplo, la cancelación de antecedentes penales, ¿por qué no habría de esperarse lo mismo del entorno digital? Al alcance del usuario está publicar cualquier información bochornosa de un tercero en un blog, las instituciones públi-

42 ÁLVAREZ CARO, M., *Derecho al olvido en Internet: El nuevo paradigma de la privacidad en la era digital..., op. cit.,* p. 19.

43 GUERRA GONZÁLEZ, R., «El lado poético del derecho al olvido», *Diario LA LEY*, n.º 10332, julio de 2023, p. 4.

44 30 de noviembre de 2010, en la conferencia *Privacy matters-Why the EU needs new personal data protection rules*.

45 ROSEN, J., «The Web Means the End of Forgetting», *New York Times,* 2010. Disponible en https://www.nytimes.com/2010/07/25/magazine/25privacy-t2.html (fecha de consulta: 07-12-2019).

cas cuelgan sus resoluciones en Internet y, a todo ello, se tiene acceso con una mera búsqueda por nombre y apellidos. El transcurso del tiempo ya no es suficiente para olvidar. En este sentido, hay que resaltar lo expuesto por Xavier Arbos, quien alerta de que «en estas condiciones, ya no es tan fácil que el paso del tiempo nos libere de nuestros errores pasados. No podemos confiar en que el olvido borre sus rastros, y nos encontramos así en unas circunstancias inéditas para el derecho constitucional. Mientras que la abundancia de información facilita el ejercicio de la democracia, su saturación la dificulta y las características de esa información se convierten en un riesgo para los derechos de las personas. Internet es, además de un instrumento que favorece la libertad, un formidable medio de inhibirla. Para el derecho positivo, la prescripción permite el desarrollo de la personalidad de los individuos sin las hipotecas de un pasado delictivo. Ante la sociedad, solamente el olvido nos cubre del reproche por nuestros errores del pasado. Pues bien, cualquier rastro pretérito que se haya introducido en Internet puede llegar a señalarnos en el futuro»[46].

Ya no solo es inquietante la forma en que el recuerdo perdura, sino cómo la información se divulga y se propaga. Si antes subsistía exclusivamente en soporte físico, el mundo digital permite un sinfín de posibilidades de captura y reenvío. Cualquier dato que, en un principio, el individuo quisiera preservar en la esfera de su intimidad, puede dar un salto instantáneo a lo público, basta con que un tercero lo publique en Internet. La información se propaga y se retransmite sin facultad de control ni freno por el perjudicado y, ya no solo verbalmente, sino que cuenta con el añadido de ser accesible por cualquier *ciberusuario* en cualquier parte del globo terráqueo. En esta línea se pronuncia mediante un reflexivo ejemplo Alejandro Touriño, «imagínese que, por el motivo que sea, una mañana se levanta, se dirige a la calle y, para su disgusto, todos los sujetos con los que se topa conocen algo de usted que usted jamás hubiese querido compartir con ellos. Imagínese además que este secreto que usted no había querido compartir no solamente ha sido hecho público, sino que además le perseguirá allá donde vaya, siendo conocido por todos, incluso más allá de su propia muerte. Ese secreto le privará de un puesto de trabajo digno, de su honra, de su tranquilidad, de su paz espiritual, pero también de las de su familia»[47].

En definitiva, y en palabras de Guillermo Federico Peyrano, «olvidar es humano, y como la técnica debe ser para el hombre, y no el hombre para ella —como una suerte de esclavo de la misma—, la técnica debe contemplar o admitir—para satisfacer los intereses humanos— que cuando se encuentra justificado y no se vean comprometidos intereses públicos o colectivos, el "olvido" impida que ciertos datos personales que fueron 'públicos', recobren

46 Arbós Marín, X., Prólogo en Simón Castellano, P., *El régimen constitucional del derecho al olvido digital..., op. cit.*, pp. 17-18.

47 Touriño, A., *El derecho al olvido y a la intimidad en Internet..., op. cit.*, p. 34.

la 'publicidad' que les da el recuerdo»[48]. Es decir, se deben imponer unos límites a la tecnología que fuercen un olvido digital, en la misma medida que el olvido ha formado siempre parte de la sociedad, y así se impida que las personas queden evocadas al constante de su pasado. En conclusión, se debe garantizar un olvido en el entorno digital, que de por sí nada olvida, que esté en sintonía con un olvido biológico y social, pues de otra suerte, el individuo corre el riesgo de quedar por siempre atado a su pasado y, por ende, impedido para el libre desarrollo de su futuro.

1.4. La difusión de la información en Internet

Internet ha modificado profundamente las normas sobre la difusión de información. Ha relegado en gran medida a otros medios de comunicación y ha revolucionado la forma de comunicar información y opinión. Es mucho más que una red informática mundial conectada mediante un protocolo especial de comunicación, es una comunidad de ámbito mundial que ha conseguido en poco tiempo cambiar nuestras costumbres y comportamientos, una comunidad que diariamente aumenta su número de usuarios, fundamentalmente gracias a la mejora tecnológica. Pero lo que es más importante, Internet es una realidad en continuo cambio.

El desarrollo de Internet ha sido subdividido en tres grandes fases, aunque ya se vaticina un cuarto estadio. El primer propósito de Internet, conocido como Web 1.0, era simplemente la búsqueda de información por el usuario que se conectaba con la voluntad de obtener informaciones concretas. Posteriormente, en el año 2004, Tim O´Reilly empleó el concepto Web 2.0 para identificar el nacimiento de ciertas páginas de Internet que permitían al usuario, no simplemente consumir información sino, además, colaborar en la confección de contenidos, en contraposición de la inicial Web 1.0 de carácter invariable.

En esta segunda etapa de la Web 2.0, se produce un importante cambio de escenario pues se pasa de un Internet donde el cibernauta era un simple observador a un Internet en el que puede aportar contenido propio a la red, interactuando con esta y enriqueciéndola. Este nuevo cambio reporta un valor añadido al resto de usuarios que cuentan ahora con la opinión de un tercero, a parte de la inicial descripción de la página que ofrece el bien o servicio. Quizá por ello, plataformas como *Amazon* (para la compra de produc-

48 Federico Peyrano, G, «El tratamiento de datos personales extraídos de informaciones periodísticas, y su acceso a través de Internet. La protección de los datos personales y el derecho a la autodeterminación informativa, ante las nuevas formas de procesar y comunicar la información», *Estudios de Derecho – Estudios de Derecho Privado – Estudios de Derecho Público – Derecho Público y Procesal. Homenaje a la Facultad de Derecho de la Universidad Católica Andrés Bello en su 50 aniversario*, Editorial Universidad Católica Andrés Bello, Caracas, 2004.

tos), *Booking* (para la reserva de hospedaje) o *Tripadvisor* (para servicios de ocio) han superado a su competencia al suministrar las opiniones del resto de usuarios y no simplemente la del sitio web que ofrece el bien o servicio.

Más que un cambio técnico, la Web 2.0 conlleva un cambio de concepto en la forma de entender Internet. Esta segunda fase supone una forma distinta de emplear la tecnología en la que prima el elemento social y en la que la información es, en parte, elaborada por los propios usuarios. La clave para este logro deriva de que es la propia Web 2.0 la que ofrece al ciberusuario unas herramientas de edición para que, de forma intuitiva, puedan difundir su propia información en Internet. En conclusión, la Web 2.0, Web social o Web colaborativa, es más una conducta que un avance tecnológico y es también una prueba del cambio sin freno al que se ven sometidas las estructuras tradicionales. Dentro de este escalón se pueden incluir los blogs o las redes sociales.

Sin embargo, la Web 2.0 ya ha quedado relegada por el siguiente estadio, la Web 3.0, también conocida como Web semántica. Se trata de un nuevo horizonte donde interaccionan el contenido y el conocimiento, donde las aplicaciones de la red se conectan unas a otras, donde el ciberusuario obtiene de Internet una solución más rápida y eficaz gracias a que toda su información se halla mejor estructurada debido a que la Web está dotada de más semántica, lo que permite, a su vez, brindar respuestas a problemas frecuentes en las búsquedas de información. Esta Web semántica dispone de un mayor nivel de inteligencia, lo que se traduce en una mayor facilidad en la recepción de la información por el internauta.

La Web 3.0 es capaz de crear una base de conocimientos teniendo en cuenta las peculiaridades concretas del usuario. De esta forma, se conjuga el contenido disponible en la red con las necesidades concretas del usuario en aras a atender con mayor exactitud su demanda de información. Se tienen en cuenta, a la hora de ofrecer los resultados, datos tales como la ubicación del usuario, la hora en que se realiza la búsqueda o sus búsquedas previas (almacenadas mediante *cookies* o galletas informáticas). Algunos ejemplos de este tipo de búsqueda serían: «gasolinera más cercana» o «cartelera cine hoy». En ellas la web nos reporta contenidos exactos sobre los que no es generalmente necesario hacer una segunda búsqueda manual ya que conoce nuestra ubicación y, por ello, puede ofrecernos el resultado de la gasolinera más cercana sin tener que introducir de forma manual nuestra dirección para acceder a un mapa virtual, como sucedería con anterioridad en las Web 1.0 y 2.0 o, del mismo modo, darnos los resultados de cartelera de nuestra provincia para la fecha del día de mañana, sin tener que especificar de forma concreta en qué zona o ciudad o para qué fecha exacta se efectúa la búsqueda, toda vez que la Web semántica dispone de estos datos y los relacionada para satisfacer resultados más precisos. En conclusión, en pocos años se ha pasado de un Internet limitado meramente al consumo de información a una web donde el cibernauta es el principal protagonista, por ser quien aporta contenido propio a la red, para terminar en la conocida como Web semántica, donde la inteligencia aplicada sobre los contenidos y dirigida hacia el usuario reporta una búsqueda más exacta y simple.

No obstante, lo anterior, comienza a hablarse de Internet 4.0 o Web predictiva, en referencia a un Internet donde no solo se aporta información sino que, además, se dan soluciones predictivas adaptadas a las necesidades del usuario sin necesidad de búsqueda. Sin embargo, la realidad es que dentro de esta fase aún queda mucho por avanzar, pero teniendo en cuenta estas predicciones, la Web 4.0 sería paralela al pensamiento humano; un ejemplo de ello sería la notificación por el teléfono móvil a su usuario alertándole de que llega tarde a una reunión al disponer de su calendario digital, su localización y del tráfico en esa hora concreta[49].

El 30 de junio de 2022 entró en vigor la nueva Ley 11/2022, de 28 de junio, General de Telecomunicaciones, que sustituía a su antecesora Ley 9/2014, de 9 de mayo. Con la nueva Ley General de Telecomunicaciones se transpuso al ordenamiento jurídico español la Directiva Europea del Parlamento Europeo y del Consejo, de 11 de diciembre de 2018, por la que se establecía el Código Europeo de las Comunicaciones Electrónicas[50]. El artículo 37.1.a) de esta ley garantiza el acceso a Internet como «servicio universal» de acceso adecuado y disponible, con una velocidad mínima de 10 *Mbps —Megabytes* por segundo— desde ubicaciones fijas de conexión —viviendas u oficinas conectadas a Internet—[51]; si bien, según la Disposición Adicional 13.ª esta velocidad mínima habría de ser ampliada a 100 *Mbps* en el plazo de un año

---

49 Touriño, A., *El derecho al olvido y a la intimidad en Internet..., op. cit.*, pp. 17-20.

50 Diario Oficial De La Unión Europea, *Directiva (UE) 2018/1972 del Parlamento Europeo y del Consejo de 11 de diciembre de 2018 por la que se establece el Código Europeo de las Comunicaciones Electrónica*, Disponible en: https://www.boe.es/doue/2018/321/L00036-00214.pdf (fecha de consulta: 15 de noviembre de 2022).

51 Artículo 37.1.a) Ley 11/2022, de 28 de junio, General de Telecomunicaciones: «1. Se entiende por servicio universal el conjunto definido de servicios cuya prestación se garantiza para todos los consumidores con independencia de su localización geográfica, en condiciones de neutralidad tecnológica, con una calidad determinada y a un precio asequible. Los servicios incluidos en el servicio universal, en los términos y condiciones que mediante real decreto se determinen por el Gobierno, son: a) Servicio de acceso adecuado y disponible a una Internet de banda ancha a través de una conexión subyacente en una ubicación fija, que deberá soportar el conjunto mínimo de servicios a que se refiere el anexo III. La velocidad mínima de acceso a una Internet de banda ancha se fija en 10 Mbit por segundo en sentido descendente. Mediante real decreto, teniendo en cuenta la evolución social, económica y tecnológica y las condiciones de competencia en el mercado, se modificará la velocidad mínima de acceso a una Internet de banda ancha, en particular, escalando dicha velocidad mínima a 30 Mbit por segundo en sentido descendente tan pronto como sea posible en función de la extensión de las redes y del estado de la técnica, así como se determinarán sus características y parámetros técnicos, y se podrá modificar el conjunto mínimo de servicios que deberá soportar el servicio de acceso a una Internet de banda ancha a que se refiere el anexo III».

desde la entrada en vigor de la ley[52]. Además, como apunta Ana Isabel Mendoza Losana, la principal novedad en este sentido estriba en la obligación prevista en el artículo 38.3[53] en base a la cual todos los operadores que presten servicios de acceso a Internet habrán de ofrecer tarifas de precios asequibles para consumidores con rentas bajas o necesidades especiales[54]. También se reconoce el derecho de acceso a una red abierta de Internet, acorde al principio de neutralidad tecnológica —artículo 76.1[55]— que se define como la prohibición cualquier censura de contenidos, de cualquier injerencia o de la suspensión de Internet[56]. En definitiva, la Ley General de Telecomunicacio-

52 Disposición Adicional 13.ª Ley 11/2022, de 28 de junio, General de Telecomunicaciones: «El Gobierno desarrollará las medidas adecuadas que tengan como objetivo lograr en el plazo de un año a contar desde la entrada en vigor de esta ley la universalización del acceso a Internet de banda ancha a una velocidad mínima de 100 Mbit por segundo en sentido descendente y, adicionalmente, que dicho acceso se produzca a unos precios asequibles para los ciudadanos, con independencia de su localización geográfica, en aras de impulsar la cohesión social y territorial mediante el despliegue de las más modernas redes de telecomunicaciones que posibilite el acceso de los ciudadanos a los más diversos y necesarios servicios, cada vez más básicos y esenciales, que se prestan a través de estas redes, como el teletrabajo, la telemedicina o la enseñanza online, y con ello fortalecer la vertebración social y territorial, coadyuvando al objetivo de afrontar el reto demográfico y de ayudar a la fijación de la población en el territorio, combatiendo la despoblación rural».

53 Artículo 38.3 Ley 11/2022, de 28 de junio, General de Telecomunicaciones: «Todos los operadores que presten servicios de acceso a una Internet de banda ancha y los servicios de comunicaciones vocales que se presten a través de una conexión subyacente en una ubicación fija deben ofrecer a los consumidores con rentas bajas o con necesidades sociales especiales opciones o paquetes de tarifas que difieran de las aplicadas en condiciones normales de explotación comercial en condiciones transparentes, públicas y no discriminatorias. A tal fin se podrá exigir a dichos operadores que apliquen limitaciones de precios, tarifas comunes, equiparación geográfica u otros regímenes similares. Mediante real decreto se podrá establecer si los operadores, en el marco de estas opciones o paquetes de tarifas, disponen de la posibilidad o no de fijar un volumen máximo de datos a transmitir en el servicio de acceso a Internet de banda ancha. Entre estas opciones o paquetes de tarifas deberán figurar un abono social para servicios de comunicaciones vocales que se presten a través de una conexión subyacente en una ubicación fija, un abono social para servicios de acceso a una Internet de banda ancha que se presten a través de una conexión subyacente en una ubicación fija y un abono social que incluya de manera empaquetada ambos servicios.».

54 Mendoza Losana, A. I., *Los usuarios en la nueva Ley General de Telecomunicaciones: servicio universal y contratos*, https://www.ga-p.com/wp-content/uploads/2022/07/Ley_General_Telecom._Usuarios.pdf (fecha de consulta: 15 de noviembre de 2022).

55 Artículo 76.1 Ley 11/2022, de 28 de junio, General de Telecomunicaciones: «Los usuarios finales tienen el derecho a acceder, a través de su servicio de acceso a Internet, a la información y contenidos, así como a distribuirlos, usar y suministrar aplicaciones y servicios y utilizar los equipos terminales de su elección, con independencia de la ubicación del usuario final o del operador o de la ubicación, origen o destino de la información, contenido, aplicación o servicio, sin perjuicio de la normativa aplicable relativa a la licitud de los contenidos, aplicaciones y servicios».

56 Fuertes López, M., *Neutralidad de la red:¿ realidad o utopía?*, Marcial Pons, 2014.

nes introduce el reconocimiento normativo del derecho de acceso universal a Internet como un derecho sustantivo[57].

PERE SIMÓN centra su atención sobre la ya expuesta Web 2.0 y la define como el concepto empleado para «hacer referencia a una serie de aplicaciones y páginas de Internet que, a través de sistemas de inteligencia colectiva, proporcionan servicios interactivos en red, y que en su conjunto integran la segunda generación de la *World Wide Web*. Al principio, la web estaba integrada por páginas estáticas programadas por *Hyper Text Mark Kanguage*; tan solo se podía acceder a la información que allí se ofrecía. Internet, en los años de exclusiva vigencia de la web 1.0, actuaba como un medio de comunicación social de masas; las administraciones, las empresas y los particulares informaban, comunicaban o vendían un producto a través de la red de redes. Así, las empresas colgaban sus catálogos en la web 1.0, a los que podía acceder todo el mundo que tuviese conexión a Internet, pero no dejaba que los usuarios interactuaran con el contenido de la página o entre ellos, ni contemplaba la posibilidad que los ciudadanos difundieran vídeos o audios»[58]. Con respecto a la evolución experimentada, el autor sigue añadiendo que: «A partir del año 2004 se empezó a utilizar el neologismo Web 2.0 para hacer referencia a un nuevo paradigma: la web que permite a los ciudadanos interactuar a tiempo real, sin control y de manera pública. Así, cuando hablamos de Web 2.0 estamos haciendo referencia a motores de búsqueda como *Google;* bitácoras o *Weblogs* con servidores gratuitos como *Blogger* y *Wordpress*; espacios web para colgar imágenes y comentarlas como *Flikr y Picasa*; plataformas educativas como *Moodle*; redes sociales como *Twitter, Facebook, Google+* y *Tuenti;* plataformas para publicar y compartir opiniones sobre vídeos como *Youtube* y *Vimeo, wikis* o páginas web corporativas donde personas autorizadas elaboran contenidos como *Wikipedia.* Todos esos espacios que la red dispone, al ser utilizados por la ciudadanía con finalidades lúdicas o profesionales, acumulan grandes cantidades de información sobre los mismos, cosa que a la larga les puede ser perjudicial. [...] Es la Web 2.0 la que permite una comunicación multidireccional entre ciberusuarios que se comunican sin jerarquía, hasta el punto de dejar la mayoría de los intentos de censura previa en papel mojado»[59].

En efecto, hay que concluir, tal como apunta el autor que, dentro del desarrollo experimentado por Internet, en sus diversas fases, se ha de marcar con especial incidencia la aparición de la Web 2.0, pues es aquí donde surgen las webs que permiten participar en la *World Wide Web* a los cibernautas como productores de contenido y donde se pasa de una mera fuente de informa-

---

57 ÁLVAREZ ROBLES, T., «Las garantías de los derechos fundamentales en y desde la red: el contexto español», *Revista Chilena de Derecho y Tecnología*, vol. 11, n.º 1, 2022, p. 18.

58 SIMÓN CASTELLANO, P., *El régimen constitucional del derecho al olvido digital... op. cit.* p. 24.

59 *Ídem*, p. 24-25.

ción a una plataforma de trabajo cooperativo; y si bien este avance reporta innumerables ventajas y alimenta de contenido al propio Internet, toda vez que son los usuarios quienes enriquecen la información con los comentarios de sus propias experiencias y valoraciones, este paso también trae consigo un vertiginoso e incontrolable riesgo cual es que el contenido de la red ya no se nutra únicamente por la información difundida mediante medios profesionales de la información, de los que cabe esperar una cierta ética. La Web 2.0 da rienda suelta a que cualquier usuario pueda verter cualquier clase de contenido. Es aquí, en el nuevo escenario de la Web 2.0, donde Pere Simón analiza las circunstancias que pueden afectar a la sociedad. Una de las cuestiones revolucionarias, en esta nueva forma de compartir información, es la desaparición de la distancia espacio-temporal. Antaño, cuando un ciudadano quería publicar cierta información, debía aguardar el transcurso de un tiempo y ceñirse a un espacio determinado, por lo cual, existía posibilidad de censura. Dicho de otra forma, tenía lugar una división de espacio y tiempo entre los instantes en que se quería publicar y el momento final en que la información resultaba publicada. Entre tanto, resultaba factible la existencia de intermediarios que supervisaban y limitaban la información. Ello sucedía tanto a la hora de escribir una columna de opinión en un diario como de publicar una fotografía capturada en una revista, o bien, de divulgar un vídeo en un medio televisivo. En contraposición, actualmente no hay disrupción entre el deseo de comunicar y la transmisión material, por tanto, no hay posibilidad de censura previa, cualquier censura debe realizarse *a posteriori*. Pero esa censura posterior no es igual de efectiva pues, en principio, el daño queda producido y, en segundo lugar, deja un rastro de difícil borrado.

Otra particularidad es la que el mismo autor denomina «formulación de nuevos espacios de deliberación pública ciudadana» y que permite la aparición de foros de polémica entre los usuarios de cualquier parte del mundo. Aquí, Umberto Eco diferencia entre dos grupos o tipos de posiciones frente al avance de la tecnología, de una parte, estarían los «apocalípticos», según los cuales este avance conlleva un efecto espantoso, amenazante y devastador sobre la sociedad; y por otro lado, estarían los «integrados», esto es, aquellos que se dejan llevar por un ánimo entusiasta[60]. Según los primeros, esta cualidad dispone del refuerzo de las características comerciales de las tecnologías; según los segundos, conlleva una situación magnífica para la democracia deliberativa, es decir, para la decisión fruto del debate entre usuarios. En definitiva, se considera que la Web 2.0 reporta un espacio de debate público en que los usuarios pueden nutrirse de la información común del resto, aunque le dispone unas facultades a la hora de comunicar, respecto a las que posiblemente no estén a la altura de responsabilizarse debidamente.

60 Eco, U., *Apocalípticos e integrados,* Debolsillo, Barcelona, 2004, pp. 74-80.

Por otro lado, Pere Simón habla de «los ciudadanos como emisores y difusores de la información» refiriéndose a que Internet opera como un medio de información social donde los usuarios intervienen como emisores pues a través de redes sociales como *Twitter, Facebook o Tuenti*, se pueden verter todo tipo de contenidos donde, a su vez, otros usuarios comentan y opinan. Sucede, sin embargo, que los ciudadanos no son generalmente verdaderos profesionales de la comunicación y, por ende, desconocen dónde deben estribar los límites de sus publicaciones. Estos límites, si bien circunscritos al ámbito de la red, no deberían diferir de los que imperan en otras esferas del área de la comunicación. En este nuevo modelo, donde cualquier ciudadano es libre de difundir información con absoluta inmediatez, ya no bastaría tampoco como medio de limitación la censura previa, tradicionalmente dirigida a los medios tradicionales, pues ahora son los propios ciudadanos quienes comunican libremente o incluso comentan y cuestionan, lo ya transmitido por los medios de información.

Junto a lo anterior, alerta del «aspecto afectivo, pasional o emocional en la transmisión de la información». *A priori,* los ciudadanos saben diferenciar entre la información que perciben de medios reconocidos, verbigracia un periódico, y aquella otra que les llega a manos de amigos o conocidos. Son conscientes de que la primera tiene un enfoque más real o verídico y, la segunda, un aspecto más afable o discernido. Pero, esta diferenciación en el grado de confianza que se aporta a uno u otro medio deja las puertas abiertas a que se difunda información con una voluntad meramente recreativa. Es aquí donde surge el problema, esto es, en la indiferencia y despreocupación sobre lo que se divulga en Internet.

En Internet flotan a la deriva diversos comentarios con un prisma jocoso que pueden llegar a atentar contra el honor de los individuos junto al hecho de que, además, en la Web 2.0 no es posible conocer con certeza la voluntad real de quien difundió cierto comentario en un contexto concreto, pudiéndose derivar interpretaciones diferentes a la inicialmente deseada[61]. Este fue el anecdótico y reciente caso de Raúl Álvarez, que cuenta en la plataforma *Youtube* con diecisiete millones de seguidores y quien, después de que el jugador Neymar abandonara el Club, vertió diversos comentarios de crítica en tono jocoso a través de la red social *Twitter* frente al presidente del Fútbol Club Barcelona, tales como «Nobita, vamos a por ti». Motivo de ello, el presidente Josep María Bartomeu interpuso una querella frente al conocido *youtuber* por un presunto delito de amenazas. Si bien la misma no fue admitida a trámite, sirva para apreciar la descontextualización informativa sufrida ya que, lo que inicialmente era una broma, pudo llegar a ser entendido como un delito de amenazas[62].

61 Simón Castellano, P., *El régimen constitucional del derecho al olvido digital... op. cit.* pp. 26-43.

62 ABC, *Bartomeu denunció al conocido «youtuber» Auronplay por llamarle Nobita.* Disponible en: abc.es/deportes/futbol/abci-bartomeu-denuncio-conocido-youtuber-auronplay-llamar-

En sentido parecido, se pronuncia BEGOÑA LÓPEZ, señalando como principales cuestiones problemáticas de este nuevo entorno digital de comunicación, «en primer lugar, la manipulación en el escrutinio y datos disponibles por los usuarios; en segundo lugar, el hecho de que los ciudadanos son fuente y destino de la información disponible en la red; y, en tercer lugar, las dificultades para establecer algún tipo de censura sobre la actividad informativa desarrollada en la web pues los parámetros de espacio y tiempo se difuminan en la misma»[63].

El desarrollo de Internet, y concretamente el paso de la Web 1.0 a la Web 2.0, ha agravado los riesgos que ya de por sí pudiera ocasionar el acceso a la información de forma púbica y con carácter mundial. En sus inicios, Internet no estaba exento de riesgos pues, como ya se ha expuesto, la información perduraba con carácter indefinido en la red. En igual sentido, era posible ubicar y localizar cualquier información relacionada con un ciudadano introduciendo en un buscador su nombre y apellidos. No obstante, todas esas publicaciones tenían al menos origen en medios profesionales de información, quedaban limitadas a comunicados técnicos vertidos por páginas con cierta competencia donde había cierto margen espacio-temporal previo a su publicación y, por ende, posibilidad de censura. No obstante, el nacimiento de la Web 2.0 ha dado rienda suelta a la capacidad comunicativa dentro del entramado mundial de la red de redes. Los usuarios dejaron de ser meros consumidores de información para pasar a gozar del mismo protagonismo que los medios difusores, pudiendo comentar u opinar sobre noticias, reenviarlas, retransmitirlas o modificarlas; también pueden publicar informaciones de carácter propio en diversos canales, blogs o plataformas como *Youtube, Facebook, Twitter, Instagram,* etc.

En definitiva, el usuario puede interactuar con la propia información en sí, comunicarse con los medios de publicación y, por último, contactar con otros usuarios. El carácter expansivo de la información resulta incontrolable y se produce una especie de efecto «bola de nieve» donde la información se retransmite sin límites ni censuras de forma tan trepidante que es difícil ejercer un control sobre la misma. Además, los usuarios han pasado a comunicarse de manera cada vez más cercana por Internet, en una especie de foro de relaciones sociales, en un ágora donde la seriedad se diluye en un manto de jocosidad y se ignora si se atenta contra los derechos personales de un tercero, con el grave añadido, además, de que todo puede ser visto por cualquier usuario del mundo.

---

le-nobita-201909042152_noticia.html (fecha de consulta: 10 de enero de 2020).

63 LÓPEZ PORTAS, B., «La protección de datos personales en el universo 3.0: el derecho al olvido en la Unión Europea tras la sentencia del TJUE de 13 de mayo de 2014», *Revista Aranzadi de Derecho y Nuevas Tecnologías,* número 38, 2015, p. 272.

1.5. Los motores de búsqueda en Internet. La indexación de información

Aunque Internet y las distintas redes sociales han multiplicado casi *ad infinitum* el número de emisores de información y opinión, no deja de ser cierto que los destinatarios reales de esa difusión son menores que en la época dominada, exclusivamente, por los medios de comunicación impresos y audiovisuales —especialmente en los años sesenta, setenta, ochenta e incluso noventa—, donde el número de emisoras o canales era mucho más reducido que el actual. La televisión de los años ochenta, por ejemplo, llegaba a todo el mundo, de suerte que se llegó a decir que lo que no salía en la televisión no existía —en una forma de hiperbolizar—. Por ello, se puede considerar que la televisión de los años ochenta tenía más impacto, pues, aunque la difusión de las redes es literalmente universal, la realidad es que solo consultamos una mínima parte de lo que se difunde por dichas redes ya que la cantidad de información existente es desbordante e inabarcable. Tal es así, que algunos escritores han empleado la locución latina «*quod non est in google non est in mundo*», cuya traducción es «lo que no está en *Google* no está en el mundo», lo cual, entendido *a sensu contrario*, vendría también a decir que todo lo que existe en el mundo existe en *Google*.

Por primera vez en la evolución de la humanidad, el hombre tiene a su alcance de forma fácil mucha más información de la que puede llegar a consultar y, a su vez, un problema de sobrecarga que le fuerza a tener que escoger, tanto la información que va a consultar, como la que finalmente va a poder conservar. Por ello, actualmente la sociedad apenas se preocupa por conservar la información; gracias a Internet, el coste de su obtención es menor al de su almacenamiento, de tal forma que, cuando las personas la necesiten de nuevo, podrán buscarla en Internet para, una vez utilizada, borrarla de su memoria hasta la siguiente ocasión en que la vuelvan a necesitar. Antes de la aparición de los motores de búsqueda, la mayor parte de la información que aparecía en Internet estaba en lo que se conocía como «oscuridad práctica», es decir, permanecía oculta —por el elevado coste que suponía encontrarla—, pero gracias a estas herramientas, la información se obtiene de forma rápida y ajustada a los intereses de cada usuario a partir de búsquedas que precisan solo de unos pocos términos.

Los motores de búsqueda operan como robots que extienden sus tentáculos a través de toda la información contenida en la red para extraer la información deseada. Desde un punto de vista técnico, los motores de búsqueda podrían ser estudiados como «proveedores de contenidos», es decir, herramientas capaces de encontrar la información publicada e indexarla de forma instantánea, almacenarla durante un margen de tiempo y, por último, ponerla a disposición del usuario por orden de importancia[64]. La definición,

64 Platero Alcón, A., «El derecho al olvido en Internet. El fenómeno de los motores de búsqueda», *Opinión Jurídica*, n.º 29, 2016, p. 247.

según la RAE, del término «indexar» es hacer índices de algo o registrar ordenadamente datos e informaciones, para elaborar su índice; y este es, en definitiva, el cometido principal de los motores de búsqueda.

El problema a la hora de encontrar resultados en Internet por el masivo volumen de información existente, amén de todas las modificaciones que se producen en sus recursos, está solventado por los motores de búsqueda, cuyo objetivo es, precisamente, seleccionar aquellas webs que satisfagan las solicitudes emitidas por los usuarios. Para ello, rastrean las páginas web e indexan la información mediante métodos que, si bien son diferentes en cada motor de búsqueda, suelen tener un elemento común conocido como *crawler* (araña) encargado de registrar las páginas web y, por ello, se le conoce también como *softbot* —robot de software—. Por lo común, los motores de búsqueda recogen la búsqueda que efectúa el usuario mediante la introducción de una o varias palabras clave, rastrean la base de datos recogida por el *crawler* y elaboran una lista que contiene los documentos relacionados con la consulta de forma ordenada. Este orden se elabora en base a criterios de puntuación que atribuye el motor a cada documento cuando efectúa la búsqueda y depende, por ejemplo, del número de veces que se repitan las palabras o la proximidad entre ellas. En cambio, para este proceso de indexación, uno de los motores de búsqueda más conocidos —*Google*—, cuenta con una tecnología denominada *PageRank*, encargada de estudiar los vínculos existentes entre las diferentes páginas web como herramienta para organizar la información. Google entiende que el vínculo de una página web a otra es como un voto que se hace a aquella. Además, si el *PageRank* de la página que emite el voto es elevado, también dará mayor puntuación a la página nombrada, es decir, *Google* emplea algoritmos complejos que analizan las estructuras de los vínculos en base a su *PageRank* junto a técnicas de coincidencia de texto[65].

Pero la potencia de los motores de búsqueda para recopilar información también alcanza a todos aquellos datos personales contenidos en la red y relativos a una persona en concreto, en cualquier momento, desde cualquier sitio y sin que la persona que efectúa la búsqueda deba acreditar su identidad, lo cual ocasiona también un grave peligro[66]. La eficacia de los motores de búsqueda para encontrar hasta la información más irrelevante de una persona concreta, fuera de su contexto originario, implica que se pueda reconstruir rápidamente su retrato digital y esto, junto al factor de la perennidad de la información en Internet, puede arrojar un retrato de características pasadas que resulte perjudicial[67]. Eso fue lo que ocurrió en el famoso caso

---

65 Stark, N. S., *Motores de búsqueda en Internet.* Disponible en: http://www.unlu.edu.ar/~tyr/tyr/TYR-motor/stark-motor.pdf (fecha de consulta: 02 febrero 2020).

66 De Terwangne, C. «Privacidad en Internet y el derecho a ser olvidado/derecho al olvido», *IDP. Revista de Internet, Derecho y Política*, n.° 13, 2012, p. 56.

67 *Ídem*, p. 60.

de MARIO COSTEJA, un abogado español cuyo nombre apareció, en el año 1998, en dos anuncios publicados en el diario La Vanguardia relativos a una subasta de inmuebles por un embargo de deudas a la Seguridad Social y donde se le mencionaba como propietario. Posteriormente, el diario publicó en Internet su versión electrónica y, desde ese momento, en que el buscador lo indexó, Mario Costeja constató que, al introducir su nombre y apellidos en el motor de búsqueda *Google*, se reflejaban enlaces a la página del periódico que incluía esos anuncios. En el año 2009, inició un proceso tendente a su retirada, ya que consideraba que dicha información carecía de importancia, pues dichos embargos se habían trabado años atrás, no revestían ninguna utilidad pública y suponían una grave invasión a su intimidad. Si bien este caso será desarrollado de forma exhaustiva más adelante, cabe adelantar que, finalmente el día 13 de mayo de 2014, el TJUE mediante Sentencia dictada en el asunto C-1313/12, dio la razón al reclamante obligando a *Google* a desindexar la información para que no pudiera ser encontrada desde el buscador y sentó las primeras bases del derecho al olvido en el entorno digital. El TJUE entiende que el tratamiento de datos desarrollado por un motor de búsqueda es diferente al efectuado por las propias webs, pero que no es discutible que los motores de búsqueda tienen un protagonismo crucial en la difusión de información toda vez que permiten, mediante una simple búsqueda por nombre y apellido, ubicar una información a la que de otra suerte no habrían podido llegar, es decir, si bien los motores de búsqueda no son por sí responsables del contenido directo de la información, sí que, en cuanto al tratamiento de los datos, deben responsabilizarse por las labores de indexación que generan, pues son estas las que permiten encontrar instantáneamente un contenido al que, de no ser por ellos, difícilmente se llegaría[68].

Alcanzado tal punto, no resulta discutible que los motores de búsqueda sean una herramienta fundamental para que Internet funcione hoy en día, tal y como lo entendemos. La cantidad de información existente en la red es desorbitante e inabarcable, la búsqueda de cualquier dato en Internet sería incluso más difícil que en los medios anteriores de información —libros, revistas, documentales, etc.—, pero gracias a los motores de búsqueda y al rastreo basado en unas pequeñas palabras clave, puede localizarse con suma rapidez cualquier registro de información. Ahora bien, este tipo de búsqueda, del mismo modo, permite rastrear toda la información sobre una persona concreta a partir de su nombre y apellidos, y es aquí donde surgen nuevos riesgos para la privacidad de las personas. En esta línea, ANA ISABEL BERROCAL explica que los motores de búsqueda contribuyen a que los usuarios puedan conocer la ingente información y datos que circulan por la red, pero advierte que «ciertamente, en este ámbito digital resulta esencial

68 DERECHO DE LA UNIÓN EUROPEA, STJUE, *Asunto C-131/2012, de 13 de mayo de 2014, Declaraciones 1 y 3*. Disponible en: https://eur-lex.europa.eu/legal-content/ES/TXT/?qid=1597170265001&uri=CELEX:62012CJ0131#t-ECR_62012CJ0131_ES_01-E0001 (fecha de consulta: 11 de agosto de 2020).

respetar todos los derechos y libertades fundamentales y, en particular, el respeto de la vida privada y familiar, del domicilio y de las comunicaciones, la protección de datos de carácter personal, la libertad de pensamiento, de conciencia, y de religión, la libertad de expresión e información, y, la libertad de empresa. Esto no impide que, se puedan vulnerar los derechos fundamentales como el derecho al honor, a la intimidad y la propia imagen; asimismo, se puede acceder por los usuarios a un listado de información de una persona de manera automatizada, instantánea, y continuada en el tiempo sin que tal información caiga en el olvido —memoria digital «eterna»— y, además compartirla en tiempo real; y, en fin, se puede llevar a cabo una utilización y cesión lícita —consentida— o ilícita de los datos»[69].

ADRIAN DI PIZZO, por su parte, al hablar sobre «las operaciones de rastreo, indexación y almacenamiento de ingentes cantidades de información por los motores de búsqueda en Internet ("MBI") y su puesta a disposición de los usuarios internautas a partir de criterios próximos de búsqueda —que funcionan como palabras clave en el proceso de consulta—, asociadas, asimismo, a la promoción y venta de publicidad por el proveedor o gestor de servicios de motores de búsqueda («PSMB»)»[70]; avisa de que «esta efervescente realidad, que tiene a *Google Search* como máximo exponente del inaudito apogeo de las libertades informativas en Internet, ha incidido en el planteamiento de innumerables retos para la protección de datos personales»[71].

Interesa añadir la opinión de PERE SIMÓN, quien expone que se trata de «una situación agravada por el efecto multiplicador de los motores de búsqueda que operan en la red —*Google, Yahoo!, Bing,* entre otros—, y que permiten encontrar, siempre que se realice una investigación meticulosa, información publicada antaño que eventualmente puede contener datos personales. Los motores de búsqueda actúan como un todo aglutinante de noticias, valoraciones, opiniones, información publicada en los boletines oficiales —provinciales y estatales—, información judicial, etc., que está dispersa en el universo de la red. Además de acumular toda esta información, los buscadores son capaces de ponerla a disposición de los *ciberusuarios* con cierta facilidad, sin necesidad de que estos tengan un gran aprendizaje o conocimientos técnicos sobre Internet. Con otras palabras, la red propicia el recuerdo constante de hechos del pasado y facilita el acceso a unos archivos que eventualmente contienen datos personales. Precisamente, el conocimiento de tal información, en determinados casos, puede suponer una

69 BERROCAL LANZAROT, A. I., *Derecho de supresión de datos o derecho al olvido,* Reus, Madrid, 2017, pp. 7-8.

70 DI PIZZO CHIACCHIO, A., *La expansión del derecho al olvido digital..., op. cit.*, p. 28.

71 . *Ibídem.*

hipoteca para el honor, la intimidad y el libre desarrollo de la personalidad»[72]. Esta cita resulta especialmente destacable porque conecta de forma directa la labor de indexación de los motores de búsqueda con el recuerdo constante del pasado y esto es así en la medida en que el hecho de que sea posible ubicar cualquier información en la web, independientemente de su fecha o lugar de publicación, unido al hecho de que la información no desaparezca de la red y sin que tampoco lo haga la indexación de la misma, impone el recuerdo eterno y una atadura vitalicia a cualquier tipo de pasado personal.

De todo lo anterior, se puede concluir que los motores de búsqueda funcionan como una formidable herramienta de rastreo de información, indexando los resultados y poniéndolos a disposición del usuario para encontrar, de forma rápida e intuitiva, el resultado pretendido de entre la inmensidad de información que flota en la red. Ahora bien, cuando estas operaciones son tendentes a la recopilación de datos personales sobre una persona cierta, se ponen en riesgo las libertades individuales de los ciudadanos; nos encontramos ante motores de búsqueda que trabajan como máquinas de recuerdo de un pasado del que, con dichas labores de indexación, resulta difícil zafarse. Tal y como dice Pola Oloixarac: «estamos inmersos en una narrativa inmersa, el mayor emprendimiento de la representación en la historia: Google. Google es la contranovela de la novela humana. Organiza e indexa todo lo que hiciste, lo que deseas y lo que aún no sabes que vas a desear, las estadísticas de tus amores y de tus odios, la posibilidad de tus futuros. Los personajes, es decir, los usuarios, cada día son más, y cada día escriben más: cada uno se interpreta a sí mismo. El género de los personajes que llenan una autoficción, jugar a ser reales. Somos los personajes que llenan la novela omnisciente que se indexa y organiza la lectura para otros lectores, que no son humanos. Estos lectores también buscan algo real, algo mucho más real y preocupante, que lleva a la vigilancia, al control»[73].

1.6. Las redes sociales y el *big data*

La *Wikipedia* define a las redes sociales como «servicios de redes sociales» —en inglés *Social Networking Services, SNS*— refiriéndose a ellas como el medio social que permite establecer contacto con otras personas a través de una plataforma web y que está conformado por un conjunto de equipos, servidores, programas, conductores, transmisores, receptores y, sobre todo, por personas que comparten alguna relación, principalmente de amistad, y que mantienen intereses y actividades en común o se encuentran interesados en explotar los intereses y las actividades de otros usuarios y a los que

72 Simón Castellano, P., *El régimen constitucional del derecho al olvido digital... op. cit.* pp. 20-21.

73 Oloixarac, P., *Mona*, Literatura Random House, 2019, p. 93.

se accede frecuentemente por medio de computadoras, tabletas y celulares avanzados, entre otros dispositivos inteligentes. Las redes sociales han sido definidas, además, por el Grupo de Trabajo del Artículo 29, en el Dictamen 5/2009 de fecha 12 de junio del mismo año, como «plataformas de comunicación en línea que permiten a los individuos crear redes de usuarios que comparten intereses comunes»[74]. Y, ciertamente, mediante las redes sociales se difunden datos propios para crear su perfil, se comparte virtualmente el contenido propio y se interactúa con una lista de usuarios —«amigos», «seguidores» o «seguidos», según la plataforma— o incluso con los conocidos de nuestra lista, aumentando así el efecto de la red social.

Las redes sociales han evolucionado notablemente en los últimos años hasta acabar por arraigarse en lo más hondo de la vida de los ciudadanos, creando un nuevo espacio virtual donde compartir e interaccionar en diversos aspectos de la vida cotidiana. Las redes sociales no dejan de ser páginas web evolucionadas que otorgan al usuario la capacidad de crear y construir un espacio propio donde publicar y compartir contenido personal. Sus orígenes pudieran estar posiblemente en los primeros *fotoblogs,* que eran plataformas en línea donde el usuario podía publicar una fotografía acompañada de un pequeño texto o comentario —generalmente sobre su propia vida o actividades— y que podía ser consultado por los contactos que tuviera agregados en su perfil. No obstante, como se ha dicho, han evolucionado rápidamente hasta acabar por especializarse en las diversas áreas o intereses de la sociedad; de esta forma surgieron plataformas destinadas a facilitar encuentros profesionales —*LinkedIn*, la más conocida en ese aspecto permite al usuario compartir su experiencia y currículum en línea de suerte que pueda ser consultado por empresas interesadas en su perfil—; compartir breves citas o comentarios de actualidad —*Twitter,* denominado ahora *X,* permite enviar mensajes de corta longitud con un máximo de 280 caracteres que se muestran en la página principal del usuario y pueden ser leídos por sus seguidores, ha tenido un marcado impacto en la esfera pública hasta el extremo que actualmente los propios medios televisivos aluden a los *tweets* publicados por diversas personalidades—; buscar pareja —*Tinder* o *Badoo*, por ejemplo, donde el usuario puede publicar fotos y descripciones propias—; publicar las actividades deportivas practicadas —*Strava, Endomondo* o *Garming*, entre otras, permiten al usuario compartir sus entrenamientos—; y, por último, pero con más arraigo que las anteriores, aquellas destinadas al ocio y a compartir toda clase de contenidos sobre la vida propia y personal —*Tuenti,* actualmente en desuso, marcó un importante origen que posteriormente dio paso a *Facebook,* donde el usuario publica fotografías, eventos, gustos, vídeos, ubicación, viajes y un largo etcétera, y aunque con funcio-

74 GRUPO DE TRABAJO SOBRE PROTECCIÓN DE DATOS DEL ARTÍCULO 29, *Dictamen 5/2009 sobre las redes sociales en línea*, https://www.samuelparra.com/wp-content/uploads/2010/01/dictamen-5-2009-g29.pdf (fecha de consulta: 13 de julio de 2023).

nes más limitadas, tal vez la red social por antonomasia de la actualidad, *Instagram*, donde los usuarios publican fotografías y vídeos propios en una pugna casi competitiva por acaparar el mayor número de seguidores—.

Actualmente, tras veinte años desde su aparición, la magnitud de contenido en línea en las redes sociales se ha disparado y arraigado hasta el extremo de que muchos individuos no pasan un solo día de su vida sin difundir en las redes qué están comiendo, con quién están acompañados, a dónde han viajado, qué están celebrando, leyendo o escuchando; y todo ello, acompañado generalmente de fotografías propias que atestiguan el evento a vista de su público, podría casi decirse que muchos ciudadanos viven con más fervor sus vidas virtuales que sus vidas reales. Las conexiones *wifi* o de datos —*3G, 4G*, etc.— en dispositivos electrónicos portátiles y con cámara integrada permiten este tipo de actividades.

Sucede que, como en otras cuestiones, en el desbocado crecimiento de Internet, esta novedosa y trepidante realidad que han traído consigo las redes sociales apenas ha dejado tiempo para plantearse si el volumen de información que sus miembros difunden, tanto de sí mismos como de sus conocidos, pudiera atentar contra la privacidad de los individuos. En este sentido, María Álvarez refiere que este escenario plantea varias preguntas en materia de protección de datos, ya que la normativa de aplicación es anterior al surgimiento de Internet —la Directiva 95/46/CE es de fecha 1995, cuando Internet todavía había llegado a pocos hogares—. El impacto de las redes sociales ha desencadenado la transformación de varios aspectos sociales donde queda anticuada la mencionada normativa de protección de datos. Como dato curioso, en 1995 no había siquiera nacido el fundador de *Facebook* y esta red, como se ha indicado, ha tenido un gran impacto en el arraigo de las redes sociales. Su impacto social es de tal envergadura que podría incluso compararse con el nacimiento de la imprenta en el siglo XV, pero con una importante diferencia, pues si bien a la imprenta le costó trescientos años llegar a afianzarse en el mundo, para *Facebook* solo han sido cinco años. Internet proporciona los medios para que estas herramientas alcancen su apogeo en un tiempo récord y es precisamente este elemento temporal el que más importancia tiene pues, como es sabido, el Derecho siempre ha avanzado con cierto retraso respecto a la evolución de la sociedad, teniendo que adaptarse *ex post* a sus necesidades, pero ahora que el avance es más veloz que nunca, el Derecho corre el riesgo de quedarse especialmente rezagado en su persecución y, precisamente por eso, se deben aunar esfuerzos para lograr que la tecnología y el Derecho puedan algún día caminar de la mano[75].

75 Álvarez Caro, M., *Derecho al olvido en Internet: El nuevo paradigma de la privacidad en la era digital*... op. cit. p. 18.

En palabras de José Miguel Beltrán, «no todo son bondades y dada la entidad, tamaño e incidencia que están tomando las redes sociales, existen gran cantidad de acciones y actos que las diferentes plataformas están realizando sin conocer o al menos sin cumplir principios básicos de la normativa española de protección de datos de carácter personal, de protección de la intimidad, la publicidad y la protección de la propiedad intelectual e industrial respecto a los contenidos creados y alojados por los usuarios en sus perfiles de usuarios»[76]. Expone cuatro principales problemas, el primero sería la falta de conciencia del usuario a la hora de verter en su vida digital información especialmente protegida que nunca revelaría en su vida física, como su ideología político-religiosa; el segundo es que lo publicado puede ser utilizado por terceras personas de forma ilícita al conocer, por ejemplo, el domicilio familiar, el colegio al que acuden los hijos o los horarios diarios, así como que se publique información no autorizada sobre terceros, falsa o real, que desemboque en supuestos jurídicos perseguibles penalmente —injurias o calumnias—; el tercero sería el acceso a las redes sociales de los menores de edad que, faltos de madurez, no en pocas ocasiones, publican fotografías propias de carácter inapropiado; en cuarto lugar, estaría el riesgo que alcanza incluso a las personas que no son usuarios pero que aparecen en fotografías junto a personas usuarias que las suben, indicando que se afectaría el derecho al honor, a la intimidad personal y familiar y a la propia imagen. Añade, por último, que cuando un usuario causa baja en una red social, no se eliminan todos sus datos, especialmente aquellos que quedan en las cuentas de otros usuarios —por ejemplo, una fotografía en que estuviera «etiquetado»—[77]. Sucede que ha parecido consolidarse la máxima de que «quien no está en Internet no existe»[78], y evidentemente este efecto ha propiciado el auge de las redes sociales, pero Artemi Rallo, el exdirector de la Agencia Española de Protección de datos, llama la atención sobre la difusión de información no revelada ni consentida por terceros, extremo que frecuentemente acontece en el manejo de las redes sociales, y lo hace de la siguiente manera, «superado este espejismo de notoriedad otorgado por la presencia de Internet, son cada vez más las voces que reclaman la necesidad de unos límites y de dotar al ciudadano de mecanismos de garantía de sus derechos, principalmente cuando se tratan de informaciones no difundidas ni reveladas por ellos»[79].

Viviane Reding, vicepresidenta de la Comisión Europea y comisaria de Justicia, Derechos Fundamentales y Ciudadanía, ha mostrado especial

76 Castellanos Beltrán, J. M., «Aproximación al régimen jurídico de las redes sociales», *Cuaderno electrónico de estudios jurídicos*, n.º 2, 2014, p. 65.

77 *Ídem*, pp. 65-67.

78 Rallo, A.: «El derecho al olvido y su protección», *Revista Telos Cuadernos de Comunicación e Innovación*, n.º 85, 2010, pp. 1-5.

79 *Ibídem.*

preocupación respecto al uso que los menores y adolescentes hacen de las redes sociales al publicar fotografías sin ningún género de consciencia sobre el infortunio que tal comportamiento les pueda acarrear en su futuro, concretando además en cuanto al almacenamiento de tales datos que «if an individual no loger wants his personal data to be processed or stored by a data controller and if there is no legimitate reason for keeping it, the data should be removed from their system»[80] —su traducción al castellano sería «si una persona no quiere que sus datos personales sigan siendo procesados o almacenados por un controlador de datos y si no hay una razón legítima para mantenerlos, los datos deben eliminarse de su sistema»—.

En relación con el uso indebido que los menores hacen de las redes sociales, Ana Isabel Berrocal se inclina por «evitar los efectos negativos que pueden causar a los menores cuando sus datos se tratan en espacios virtuales como redes sociales —donde, precisamente, se proporcionan voluntariamente información y se comparte— o cuando se elaboran perfiles de su personalidad»[81]. Resulta fundamental que los menores de edad y adolescentes sean conscientes de los riegos que entraña Internet y de lo importante que es preservar su privacidad. Se debe formar a estos jóvenes en dos aspectos; por un lado, respecto a la nueva era tecnológica y, por otro lado, precisamente en lo relativo a la privacidad y a la protección de sus datos personales. Al lograr que un menor de edad sea consciente tanto del peligro como de las consecuencias que implica el compartir fotografías en las redes sociales, se consigue dar un importante paso; y no solo para los jóvenes, pues también los mayores de edad han de percatarse de que su libre intercambio virtual supone, en mayor o menor medida, una pérdida potencial de privacidad[82].

En el epígrafe anterior se analizó la problemática que los motores de búsqueda suponían para la privacidad de las personas, dado que hasta la información más remota y escondida puede encontrarse mediante una mera búsqueda, pero sucede además que las propias redes sociales tienen buscadores internos propios —hemerotecas—, por tanto, aun en el caso de que el motor de búsqueda del navegador no indexase el perfil de la red social de un usuario, bastaría con acceder —presuponiendo que hoy en día son muchísimas las personas que tienen perfil en estas famosas redes sociales— a la propia red social para rastrear en su propio buscador interno y acceder a su perfil. En esta línea, indica María Álvarez que «aunque la cuota de mercado

80 Reding, V., vicepresidenta Comisión Europea, *The EU Data Protection Reform 2012: Making Euhttrope the Standard Setter for Modern Data Protection Rules in the Digital Age,* https://ec.europa.eu/commission/presscorner/detail/en/SPEECH_12_26 (fecha de consulta: 29 de febrero de 2020).

81 Berrocal Lanzarot, A. I., *Derecho de supresión de datos o derecho al olvido... op. cit.*, p. 104.

82 Álvarez Caro, M., *Derecho al olvido en Internet: El nuevo paradigma de la privacidad en la era digital... op.. cit.,* p. 134.

de Google como buscador sea muy elevada, hay unos cuantos buscadores en el mercado, así como otro tipo de páginas webs, blogs o redes sociales, en las que se podría seguir haciendo referencia a la información y, en algunos casos, dar con la misma utilizando el nombre y apellidos de una persona como parámetro de búsqueda, igual que en el supuesto planteado»[83]. Si bien en estos casos el manantial de información personal al que se accede es más desbordante que ninguno, pues generalmente los usuarios no tienen freno a la hora de ceder hasta la más íntima esfera de su privacidad, sí que se puede limitar mediante simples estrategias que no habrían de escapar al usuario concienciado, tales como por ejemplo marcar la cuenta como «privada» —todas las redes sociales, de una u otra forma, permiten esta opción— de forma que solo puedan acceder a ella los usuarios autorizados, o registrarse en la cuenta mediante un *nick* que no contenga su nombre y apellidos exactos, impidiendo así al tercero ubicar el perfil por mucho que conociese dicho nombre y apellidos.

Existe, además, otro ataque contra la privacidad de los individuos proveniente de la venta y cesión que las redes sociales hacen de los datos de sus usuarios a empresas de publicidad y es que nadie se pregunta por qué las redes sociales son gratuitas para el usuario, pero, aun así, el enfoque seguiría estando mal planteado, puesto que el usuario no es el consumidor, sino el producto final, el bien de intercambio de las redes sociales. Bruce Scheiner, en su conferencia del 26 de mayo de 2011 ante la Casa de América de Madrid, dijo que «los usuarios de Facebook no somos sus clientes; somos su producto, que vende a sus clientes. Facebook gana dinero a partir de lo que la gente cuenta en su red. Y cuantos más usuarios tenga y cuantas más cosas expongan de su vida mejor, porque esto significa más ingresos para ellos». Evidentemente, cualquier usuario prefiere utilizar una plataforma sin coste, pero, por otro lado, las propias redes sociales requieren, a su vez, de una fuente de ingresos, ¿cuál es dicha fuente de ingresos?, según Bruce Scheiner «la mayor parte de la contribución a las finanzas de la empresa proviene de la publicidad. Facebook maneja tres diferentes tipos de anuncios en su sitio: publicidad dirigida (los anunciantes escogen a quién llegar), anuncios interactivos (las empresas piden a los usuarios que hagan algo en su publicidad) y, finalmente, los anuncios contextuales en los que se muestra cuáles de nuestros amigos gustan de cierta marca o producto».

Aunque las redes sociales obtengan ciertos rendimientos por otros medios, su principal fuente de ingresos es la publicidad. Ahora bien, esta publicidad tiene algo de diferente a como haya podido ser entendida anteriormente, ya es una publicidad dirigida que se apoya en los datos que la propia red social maneja, teniendo en cuenta tanto los datos personales de registro, como los gustos —los «me gusta», por ejemplo, en las redes sociales *Facebook* o *Instragram*— preferencias, comentarios u opiniones sobre otras publica-

83 *Ídem*, p. 117.

ciones o anuncios. Resulta que las redes sociales pueden llegar a recopilar datos de suma precisión respecto a cada uno de sus usuarios: edad, sexo, amistades, grupos de música preferidos o películas favoritas, deportes practicados, viajes realizados, etc. Y es precisamente este nutrido *pack* de datos lo que las redes sociales venden a los medios de publicidad para orientar de forma mucho más exacta cada uno de sus anuncios y dirigirlos a un público concreto. A diferencia de, por ejemplo, el anuncio de una marquesina de autobús —que ofrece publicidad a todos los ciudadanos de forma indiscriminada—, aquellas técnicas de publicidad permiten dirigir anuncios a usuarios concretos en base a sus datos y preferencias —por ejemplo, raquetas a un practicante de tenis—. En cuanto a la legalidad de estas prácticas, quedan amparadas generalmente en la aceptación de las condiciones de uso, aunque habría que determinar hasta qué punto el usuario tiene claro conocimiento de la cesión que otorga sobre su privacidad[84]. En este aspecto, apunta María Álvarez que «en lo que respecta a empresas como Facebook, Google, LinkedIn, Myspace o Instagram la información es mucho más. En el caso de este tipo de empresas, la información es su moneda de cambio. Dicho de un modo coloquial, para ellas, la información es petróleo»[85].

Este es el problema principal de lo que ha sido nombrado como *big data* y que podría traducirse como tratamiento masivo de datos. El *big data* implica un flujo en el tratamiento informativo tan extraordinariamente amplio que desborda la capacidad de los sistemas de software tradicional para su análisis y tratamiento. Se trata de un patrimonio de datos basado en el modelo de las tres «v» —volumen, velocidad y variedad—[86] y cuya amplitud precisa de procedimientos tecnológicos específicos, tales como el empleo de inteligencia artificial, a fin de poder gestionar su aprovechamiento. Por ello, deviene de vital importancia la característica del valor —como cuarta «v»—, es decir, la capacidad para el tratamiento en tiempo real de los ingentes volúmenes de datos para que resulten económicamente rentables.

Lo cierto es que durante los últimos años las empresas tradicionales de bienes y servicios han sido rápidamente relevadas por multinacionales que se han focalizado en el mundo digital. Estas empresas son plataformas digitales que han centrado su modelo de negocio en el escenario de Internet y que han sido bautizadas con el acrónimo GAFA en referencia a sus cuatro principales potencias: *Google, Amazon, Facebook* y *Apple.* Aunque solo una de estas plataformas es propiamente una red social —*Facebook*— la potencialidad de sus competidoras se basa en un mismo principio, «la «cua-

84 Touriño, A., *El derecho al olvido y a la intimidad en Internet..., op. cit.*, pp. 47-51.

85 Álvarez Caro, M., *Derecho al olvido en Internet: El nuevo paradigma de la privacidad en la era digital... op. cit.*, p. 130.

86 Escobar Borja, M., y Mercado Pérez, M., «Big Data: Un análisis documental de su uso y aplicación en el contexto de la era digital», *Revista La Propiedad Inmaterial*, n.° 28, 2019, pp. 273-293.

si-apropiación» de cantidades ingentes de datos personales de los ciudadanos, que posteriormente se monetizan a partir de su uso con fines publicitarios»[87]. Aunque *a priori* sus objetivos comerciales parecen ser otros —motor de búsqueda, plataforma de compras online, red social y sistema operativo de dispositivos móviles—, la realidad es que la circunstancia que las ha colocado en las primeras posiciones del mercado consiste en que todas ellas han orientado su estructura de negocio sobre la captación y el aprovechamiento de la información asociada a los usuarios[88]. Por ejemplo, si en los días previos un cliente ha realizado una compra en *Amazon* de cierto material de acampada, es posible que durante los días consecutivos se le muestren ofertas de otros productos asociados y que incluso estas ofertas sean acertadas ideas de artículos en los que no hubiera pensado, pero que ciertamente le sean de utilidad, y por ello también los acabe adquiriendo también.

El hecho es que los datos que estas plataformas utilizan para seleccionar la publicidad dirigida a cada concreto usuario no se basa únicamente en la información facilitada de forma voluntaria y consciente en su operación de registro —por ejemplo, su edad o género—, sino que se centra principalmente en la «huella digital» que ha generado durante su interacción dentro de la plataforma[89] —por ejemplo, los vídeos que ha visto, las búsquedas que ha realizado, los productos que ha comprado o los contenidos con los que ha interaccionado—. El tratamiento avanzado mediante procedimientos de inteligencia artificial de toda esta información permite predecir patrones de consumo que generan una gran ventaja competitiva para estas plataformas.

La STJUE se ha pronunciado al respecto en el asunto C-252/21[90]. Dicha sentencia tenía como objeto resolver la cuestión prejudicial planteada por el *Oberlandesgericht* Düsseldorf —Tribunal Superior Regional de lo Civil y Penal de Düsseldorf— a raíz del recurso presentado por la red social *Facebook* frente a la resolución contra ella impuesta por el *Bundeskartellamt* —la Autoridad Federal de Defensa de la competencia en Alemania—. El modelo económico de la red social *Facebook* se sustenta gracias a la publicidad que dirige directamente a sus usuarios y que se selecciona expresamente en base a un conocimiento detallado de sus intereses. Tales patrones de comportamiento eran extraídos de las actividades realizadas en la propia red

---

87 Díez Estella, F., y Ribera Martínez, A., «Big data, privacidad y mercados digitales: los nuevos desafíos de la regulación en la UE. Análisis desde una perspectiva económica, regulatoria y antitrust», *Revista CEFLegal*, n.º 252, enero 2022, p. 77.

88 Allende Salazar, R., «Plataformas digitales y big data: retos para el derecho de la competencia; especial referencia al control de concentraciones», *Anuario de Derecho de la Competencia*, 2020, p. 6.

89 Quadra-Salcedo Fernández del Castillo, T., «Retos, riesgos y oportunidades de la sociedad digital», en Quadra-Salcedo Fernández del Castillo, T., y Piñar Mañas, J. L., *Sociedad digital y Derecho*, Boletín Oficial del Estado, pp. 35–36.

90 Sentencia TJUE (Gran Sala), de 4 de julio de 2023, apartados 26 a 154.

social como fuera de ella y conocidos «datos *off Facebook*» —tales como consulta de páginas web, otras aplicaciones de terceros u otras herramientas del propio grupo como, por ejemplo, *Instagram*—. Este tratamiento de datos se exponía en un contrato al que los usuarios se debían adherir mediante una aceptación automática de sus condiciones al realizar el registro y dicha aceptación era ineludible para poderse registrar en la plataforma. Por ello, la Autoridad Federal de Defensa de la Competencia prohibió a *Facebook* que condicionaran el uso de la red social a la aceptación obligatoria de tales condiciones pues suponía un aprovechamiento abusivo de su posición dominante en el mercado de las redes sociales. Tras el recurso interpuesto por *Facebook*, el TJUE ha aclarado que las autoridades nacionales en defensa de la competencia también pueden aplicar y constatar una infracción del RGPD en el contexto del posible abuso de una posición dominante en el mercado. Sin embargo, deberán comprobar que no verse ningún otro procedimiento por el órgano competente en materia de protección de datos y, en su caso, atenerse a sus indicaciones. Además, ha precisado el TJUE que los datos recogidos por *Facebook* pueden implicar categorías especiales de datos tales como el origen racial de los usuarios, sus opiniones religiosas o su orientación sexual y que el tratamiento de dichos datos sensibles resulta injustificado, ya que el hecho de que el usuario consulte ciertas páginas en absoluto implica una divulgación de tal información. Asimismo, destaca que la posición dominante en el mercado es un elemento de peso a tener en cuenta a la hora de analizar si el consentimiento de los usuarios es válido, pues se produce un desequilibrio que puede afectar a la libertad de elección.

Otro problema que plantean las redes sociales en la actualidad es que «hoy en día, las personas voluntariamente deciden crear y publicar información y exponerla a una audiencia inmensa en muchos casos. Es necesario que seamos conscientes de que los registros públicos caminan hacia una digitalización y las redes sociales en una universalización en su uso, adquiriendo la información personal un carácter cada vez más omnipresente. Por ello, la privacidad ha de ser vista desde la perspectiva del mayor control individual de la información personal, unida a una transparencia ejercida y llevada a cabo por parte de los agentes implicados de algún modo en la privacidad»[91]. También ha de tenerse en cuenta la consideración de ADRIAN DI PIZZO, quien apunta que esta realidad «permite que el internauta comparta información de manera libre, pública y —muchas veces— sin la debida consideración de aquello que se publica y sin el preceptivo consentimiento que, en su caso, los terceros que forman parte de sus publicaciones (sobre todo en lo que concierne a imágenes y vídeos) deberían prestar. Es así como las imágenes, los vídeos y los comentarios abundan en una espiral de información digital que deriva en una *descontextualización* continua, y que relega dichos datos a

91 ÁLVAREZ CARO, M., *Derecho al olvido en Internet: El nuevo paradigma de la privacidad en la era digital... op. cit.*, p. 128.

una *perennidad* que podría comprometer o condicionar el futuro del proyecto vital del individuo identificado —o identificable— entre ellos»[92]. Resalta que «obviamos las profundas amenazas a los derechos fundamentales que en el seno de los SRS (Servicios de Redes Sociales *online*) coexisten —máxime, para los tantas veces citados derechos del art. 18 de la CE—»[93].

En definitiva, la aparición de las redes sociales ha desencadenado una potente maquinaria de distribución de datos privados, sobre la que hay que concienciar primeramente a los usuarios y, en segundo lugar, articular sistemas, tanto técnicos como jurídicos, que protejan la privacidad de sus usuarios. En esta realidad, debe entrar en juego el derecho al olvido para permitir el borrado de toda información que, bien no se hubiese querido compartir, o bien, una vez compartida, no se desease que perdurase en la red. Para ISABEL BERROCAL «el derecho a ser olvidado podría ser especialmente útil en el contexto de los servicios de la sociedad de la información —redes sociales—»[94] precisando, además, que «la necesidad de clarificar el llamado «derecho al olvido», en especial en Internet e, igualmente, [...] que aparecer en buscadores o redes sociales plantea, para muchos usuarios, problemas personales, sociales y laborales; y que muchos de ellos desearían que dicha información personal dejase de estar disponible en la Red, borrándose el rastro creado durante el tiempo que, utilizaron Internet»[95].

1.7. La impunidad en la red de redes y la tutela de los derechos en Internet

Según la «catarsis aristotélica» la observación de tragedias teatrales tenía como resultado un efecto positivo en el individuo, denominado «purificación», toda vez que la contemplación de escenarios irreales, donde se materializaban acciones contrarias a la moral, sin consecuencias empíricas, permitía al observador segregar un concepto de rechazo y, por tanto, comprender la idea de la bondad por mero antagonismo. ¿Podría extrapolarse esta teoría en aras a equiparar la escena teatral con el mundo virtual de Internet como si este fuera un supuesto imaginario? La respuesta es claramente negativa, pero lo cierto es que esta es la confusión que muchos cometen. Considerar que el mundo virtual es un escenario hipotético ajeno a la realidad, es precisamente el error en el que incurren bastantes usuarios y, quizás, el motivo por el cual Internet se ha convertido en el caldo de cultivo de ciertas actividades y manifestaciones que cruzan la línea roja. Cualquier salto a la pantalla tiene consecuencias reactivas

92 DI PIZZO CHIACCHIO, A., *La expansión del derecho al olvido digital... op. cit.*, p. 85.

93 *Ídem*, p. 86.

94 BERROCAL LANZAROT, A.I., *Derecho de supresión de datos o derecho al olvido... op. cit.*, p. 32.

95 *Ídem*, p. 33.

en la vida física de las personas. Internet no es una realidad virtual hipotética que una vez consumada se desvanece, sino que se trata de la plataforma de intercambio de comunicación con mayor impacto en la historia de la humanidad. Además, como apunta TAMARA ÁLVAREZ ROBLES, quien defiende un derecho en el acceso a Internet, la situación acaecida por la pandemia COVID-19 propició una, todavía más marcada, aceleración del proceso de digitalización social —teletrabajo, trámites virtuales con las administraciones públicas, reuniones virtuales, etc.—[96]. Con ello, Internet se ha impuesto con más fuerza que nunca en el día a día de las personas.

MARGARITA SCHULTZ ha tratado esta situación mediante una metáfora donde relaciona lo real con lo irreal. Considera que en las mentes de los ciudadanos Internet opera como una especie de escenario de ficción, en donde se diluye la sensación de realidad y se cree estar funcionando en una especie de simulacro informático en el que es posible materializar, gracias a las facilidades informáticas, todos los posibles imaginarios de una forma mucho más sencilla que en el mundo físico. Pero de esta forma se cae en el riesgo de considerar que en la red todas las acciones ficticias son ejecutables. Esto da pie a que en la actividad cibernética se diluyan las normas éticas de la vida material: «¿Es suficiente eso de estar 'escrito en la arena' de la virtualidad informática para invalidar las barreras éticas del humanismo, automáticamente, como si nunca hubiesen existido?»[97].

Por otro lado, hay quienes ven Internet como un espacio carente de normas y exento de control, lo consideran un lugar donde poder obrar con absoluta impunidad. Esto ha hecho que Internet se haya convertido en un escenario atractivo para la actividad de ciertos delincuentes que, ya no por descuido o desvanecimiento con lo real, sino de forma intencionada, buscan aprovechar las herramientas informáticas para desarrollar actividades delictivas. En este contexto, algunos consideran que, pese al constante esfuerzo de los Estados para limitar la impunidad a través de la red, la disputa para mantener el control de Internet está abocada al fracaso. Sin embargo, son muchos los mecanismos dedicados a tutelar la seguridad en Internet y la realidad viene siendo más bien la contraria: ciertas expresiones o manifestaciones, que pasarían a la deriva en un coloquial debate de taberna, pueden terminar incurriendo en delitos de considerable gravedad en caso de ser vertidos en la red.

1.7.1. El anonimato en Internet

LUIS DE SALVADOR CARRASCO define el anonimato en Internet como «la capacidad de realizar cualquier acceso, comunicación o publicación en la

96 ÁLVAREZ ROBLES, T., «El derecho de acceso universal a Internet en el marco normativo español», *Derecho Digital e Innovación*, n.º 7, 2020, p. 4.

97 SCHULTZ, M., «Imagen, impunidad informática y autognosis», *Revista de Filosofía*, 1996, pp. 19-22.

red sin que terceros tengan la posibilidad de identificar o localizar al autor de dicha acción»[98]. Para este autor, el anonimato consiste en la ocultación de tres variables que, si bien son diferentes, están estrechamente relacionadas entre sí, de tal suerte que en la mayoría de las circunstancias se podrían inferir todas solo a través de una de ellas. Estas variables son: «quién soy», «dónde estoy» y «qué hago». Por ejemplo, aunque no se conozca la identidad de una persona, si se sabe en qué dispositivo está conectado y cuál está siendo su actividad en la red, sería posible deducir quién es. La salvaguarda de estas tres incógnitas reside en técnicas informáticas conocidas como redes de anonimización —por ejemplo: *TOR, JAP* y *I2P*—, pero también encuentran su protección a través de los derechos fundamentales reconocidos por la Constitución en el artículo 18.1 CE —derecho al honor, a la intimidad y a la propia imagen—[99]. Patricio Cabezas Logan y Fernando Moya Muñoz entienden que deviene de imperiosa necesidad la existencia de un derecho al anonimato en la red y lo definen como «el derecho que tiene el usuario de Internet para que su identidad permanezca oculta o en forma reservada ante la mirada de otros actores que se desenvuelven en la Red»[100].

No obstante, el anonimato en Internet ha suscitado una fuerte polémica por los riesgos que esta despersonalización entraña dentro de las prácticas comunicativas de la sociedad internauta. Esto se debe a que muchos usuarios creen actuar bajo una aparente impunidad por el hecho de que sus comentarios o publicaciones sean vertidos, parapetando su verdadera identidad, bajo un *nick* o un seudónimo, al resultar, *a priori*, anónimos e inidentificables, sienten que están fuera del alcance de cualquier sanción o que, al menos, no son atribuibles a su persona y, bajo esta sensación de aparente impunidad, caen en el libertinaje. En dicho sentido, advierte Jorge Franganillo Fernández de que «el acceso fácil y sin un filtro moderador favorece la publicación de contenidos inapropiados u ofensivos que se escudan en el anonimato de sus autores»[101]. Ciertamente, la irrupción de comentarios injuriosos y amenazantes en los foros de discusión no es una realidad poco frecuente y es bastante posible que estas prácticas se incentiven ante el escudo del anonimato. Surgen así actitudes contrarias a la libre comunicación que, en vez de favorecer un tráfico interactivo de aportaciones libres, atentan contra la propia participación cívica[102]. A su vez, la posibilidad de verter comentarios u opi-

98 Salvador Carrasco, L., «Redes de anonimización en Internet: cómo funcionan y cuáles son sus límites», *Pre-bie3*, n.° 1, 2012, p. 2.

99 *Ídem*, pp. 2-7.

100 Cabezas Logan, P., Moya Muñoz, F., «El Derecho al Anonimato del usuario de Internet», *Universidad de Chile*, 2008, p. 11.

101 Franganillo Fernández, J., «Contenido responsable en la Internet colaborativa», *op.cit.*, p. 60.

102 Samper, D., «Adiós a los foros con tristeza e indignación», *El Tiempo*, https://www.eltiempo.com/archivo/documento/MAM-2422612 (fecha de consulta: 05 de octubre de 2021).

niones bajo seudónimos falsos puede radicar en la proliferación de críticas infundadas con fines ilegítimos. Imagínese una empresa plagando la red de reproches contra otra empresa competidora haciéndose pasar por supuestos clientes descontentos o bien un empleado que hubiera sido despedido con el ánimo de perjudicar los intereses de su antiguo centro de trabajo[103].

El anonimato en Internet también trae consigo dificultades técnicas a la hora de acotar la responsabilidad entre las plataformas web y los autores materiales de las publicaciones. El Grupo de Trabajo del artículo 29 explicaba en su Dictamen 4/2007[104], sobre el concepto de datos personales, que hoy en día las herramientas informáticas de tráfico de datos admiten la posibilidad de determinar la identificación de un equipo informático y, por ende, la del usuario que se encuentra conectado. Sin embargo, esto no es del todo así. Durante la investigación de esta modalidad de infracciones pueden surgir graves márgenes de impunidad a causa del indudable escollo que el anonimato impone a la averiguación de la identidad del sujeto transgresor que ha actuado bajo una identidad simulada[105]. Muchas reclamaciones por intromisiones en el derecho al honor y a la propia imagen se efectúan contra los prestadores de servicios web a raíz de las publicaciones efectuadas por sus usuarios con comentarios injuriosos o fotografías de terceros de carácter íntimo. La complicación se presenta cuando llega el momento de identificar al autor de dichas divulgaciones pues, aunque es posible determinar el equipo informático gracias al rastreo de la dirección *IP*, no siempre resulta sencillo concretar con suficiente margen de certeza la identidad de su usuario infractor —sería el caso, por ejemplo, de un ciudadano conectado a Internet a través de una biblioteca pública sin ningún registro identificativo—.

En línea con lo anterior, se suscita un fuerte debate acerca del margen de responsabilidad, subsidiaria o solidaria, que resultaría atribuible para las páginas web por la aplicación de lo dispuesto en los artículos 120.2[106], 211[107]

---

103 *Ibídem*.

104 Grupo de Trabajo del Artículo 29, *Dictamen 4/2007 sobre el concepto de datos personales*, https://ec.europa.eu/justice/article-29/documentation/opinion-recommendation/files/2007/wp136_es.pdf (fecha de consulta: 06 de octubre de 2021).

105 Marabel Matos, J. J., «Delitos de odio y redes sociales: El Derecho frente al reto de las nuevas tecnologías», *Revista de Derecho UNED*, n.º 27, 2021, p. 141.

106 Artículo 120.2 CP: «Son también responsables civilmente, en defecto de los que lo sean criminalmente: [...] Las personas naturales o jurídicas titulares de editoriales, periódicos, revistas, estaciones de radio o televisión o de cualquier otro medio de difusión escrita, hablada o visual, por los delitos cometidos utilizando los medios de los que sean titulares, dejando a salvo lo dispuesto en el artículo 212».

107 Artículo 211 CP: «La calumnia y la injuria se reputarán hechas con publicidad cuando se propaguen por medio de la imprenta, la radiodifusión o por cualquier otro medio de eficacia semejante».

y 212[108] del CP. Según tales preceptos penales, las personas jurídicas, a través de las que se hubieran difundido los contenidos, serían responsables civiles subsidiarias y, para el caso de injurias o calumnias, responsables civiles solidarios. Sin embargo, la Ley 34/2002, de 11 de julio, de servicios de la sociedad de la información y de comercio electrónico, por la cual se traspone al derecho nacional la Directiva 2000/31/CE del Parlamento Europeo y del Consejo —Directiva del comercio electrónico—, de 8 de junio de 2000, establece en su artículo 16 que los prestadores de un servicio de intermediación, consistente en albergar datos proporcionados por el destinatario de este servicio, no serán responsables por la información almacenada a petición del destinatario, siempre que no tengan conocimiento efectivo de que la actividad o la información almacenada es ilícita o de que lesiona bienes o derechos de un tercero susceptibles de indemnización y, si lo tienen, hayan actuado con la debida diligencia procediendo al retirar el contenido o imposibilitando su acceso. Por tanto, en los litigios judiciales, las páginas web siempre pedirán que se aplique la Ley de Servicios de la Sociedad de la Información. Sin embargo, surge la controversia sobre si cuando un medio difunde una publicación anónima, debería asumir la responsabilidad derivada de su contenido. Estamos ante un vacío legal a la hora de considerar si una página web es responsable, responsable subsidiaria o solidaria, o si única y exclusivamente es responsable su autor. En este aspecto, el debate está inconcluso y los expertos aceptan que la controversia trasciende otros presupuestos de aplicación normativa[109].

La Web 2.0 o web colaborativa facilita el intercambio de conocimiento entre la sociedad, pero tal cesión de confianza debe llevar aparejada la responsabilidad de obrar bajo unos principios éticos. Sin embargo, el sentimiento de libertad, la falta de supervisión directa de los comentarios y la creencia de estar operando bajo un aparente anonimato da pie a que muchos transgredan estos principios y, llegando al extremo de atentar contra los derechos de otras personas, hagan que esta estructura participativa se tambalee. Por tanto, la mayoría de las redes sociales han instalado mecanismos para detectar comentarios injuriosos y han activado mecanismos de «denuncia» para que los usuarios puedan alertar sobre esta clase de comentarios[110].

---

108 Artículo 212 CP: «En los casos a los que se refiere el artículo anterior, será responsable civil solidaria la persona física o jurídica propietaria del medio informativo a través del cual se haya propagado la calumnia o injuria».

109 SAHUQUILLO, M. y MUÑOZ, R., *Insultar en el blog se paga*, https://elpais.com/diario/2007/10/23/sociedad/1193090401_850215.html (fecha de consulta: 29 de agosto de 2021).

110 OLEAQUE, J. M., *Racismo en Internet: webs, redes sociales y crecimiento internacional*, https://www. gitanos.org/upload/53/79/Informe-Racismo-Digital.pdf (fecha de consulta: 09 de octubre de 2021).

Ante la circunstancia de que el anonimato de los usuarios, en su interacción a través de las redes sociales, propicie la fatalidad de actitudes transgresoras de las normas penales[111], se ha discutido acerca de la posibilidad de que los usuarios no puedan operar en Internet sino con su identidad verdadera, verificada previamente por los propios prestadores de servicios o redes sociales. Este fue el caso de *Facebook*, quien inició batalla contra el uso de seudónimos o nombres artísticos bajo la amenaza de cerrar la cuenta. Fue popularmente conocido el caso de una artista transexual de San Francisco, conocida como Sister Roma, quien empleaba en *Facebook* el nombre con el que era conocida por su entorno de seguidores hasta que se vio obligada a tener que reflejar su nombre propio, MICHAEL WILLIAMS, cuando *Facebook* le cerró su cuenta. Pero, en realidad, esta política de nombres reales no pretendía un beneficio para la comunidad virtual, sino que perseguía un fin exclusivamente propio para la compañía, dado que las grandes remesas de perfiles falsos hacen que sus bases de datos pierdan interés para las empresas de publicidad dirigida[112]. Las autoridades de protección de datos de Alemania prohibieron esta medida en *Facebook* al considerar que era contraria al RGPD. Actualmente, *Facebook* permite el uso público de seudónimos, pero siempre que el usuario esté registrado en la aplicación con una identidad real[113]. Esta sea quizás la forma más inteligente de conjugar todos los intereses en juego, ya que se garantiza la intimidad y seguridad frente a terceros a la vez que se permite que las autoridades policiales puedan identificar con facilidad a quien haya cometido actividades ilícitas.

Pese a que el anonimato en Internet pueda desatar ciertas prácticas abusivas, también entraña indudables ventajas. En el terreno de la filosofía, ERIK BORDELEAU defiende el anonimato como una útil herramienta que ayuda al individuo a desprenderse de la presión social adherida a su identidad para implicarse de forma activa en la interpretación de la realidad y en la exposición de su pensamiento, sin la carga del prejuicio que supondría la relación entre sus argumentos y su persona. Para ello, emplea el aforismo «escribir para perder el rostro tal vez sea la única manera de escuchar el estruendo de la batalla»[114]. Ciertamente, se ha evidenciado que el anonimato permite un contexto de libertad donde se favorece que las personas puedan manifes-

111 TAMARIT SUMALLA, J. M., «Los delitos de odio en las redes sociales», *Revista de Internet, Derecho y Política*, n.º 27, 2018, p. 19.

112 EL DIARIO, *Facebook, más estricto con su política de nombres reales*, eldiario.es/turing/redes_sociales/facebook-nombre-real-drag-queen_1_4642798.html (fecha de consulta: 05 de octubre de 2021).

113 EL DIARIO, *¿Usas en Facebook tu nombre real?*, https://www.eldiario.es/tecnologia/diario-turing/facebook-nombres-reales_1_2536198.html (fecha de consulta: 05 de octubre de 2021).

114 BORDELEAU, F., *Foucault Anonimato*, Cactus, 2018, pp. 12-80.

tarse con más espontaneidad[115]. Es decir, el anonimato permite el desarrollo pleno del derecho a la libertad de expresión a través de Internet liberando al usuario de la censura social que pudiera derivarse de opiniones constructivas para una sociedad democrática. En tal sentido, Luis García San Miguel ha señalado que «si alguien nos mira nos juzga y, cuando nos juzga, en cierta medida nos domina»[116]. Para MARÍA PAULA SAFFON «la idea del anonimato es lograr una comunicación mejor o más fluida entre personas que, de tener que dar su identidad, se verían inhibidas o preferirían no participar en ciertos espacios de discusión»[117]. Además, debe recordarse que los motores de búsqueda permiten encontrar en cuestión de segundos todos los resultados asociados al nombre y apellidos de una persona. En definitiva, no resultaría coherente que el ejercicio de una expresión libre quedase amarrado por una huella imperecedera. Si bien el derecho al olvido sería la herramienta adecuada para solventar estas vulnerabilidades, siempre es mejor prevenir que curar.

Aunque no es sencillo asegurar un pleno anonimato en Internet, este es demandado por los usuarios de forma activa, dado que se concibe como un muro de contención frente a las intromisiones en la intimidad y contra los ataques a la seguridad[118]. RAMÓN MARÍA ORZA LINARES defiende que, aunque el derecho al anonimato es una circunstancia sumamente controvertida en el escenario comunicativo de Internet, «no nos cabe ninguna duda sobre el hecho de que su protección y mantenimiento deben constituir una garantía para el ejercicio de las libertades públicas, del mismo modo que lo son también el secreto de las comunicaciones o la protección de datos»[119]. LAURENCE LESSIG opina que, mientras que el anonimato es algo que en la vida real ha de buscarse expresamente, en la vida virtual viene determinado de base[120]. Sin embargo, parece más propio considerar que el anonimato es algo que viene determinado por la propia existencia real. La interacción social de la gente fluctúa desde el anonimato pleno hacia la participación de ciertos datos identificativos en la medida de su confianza y vínculo —solo las Fuerzas y Cuerpos de Seguridad pueden realizar labores de identificación por motivos de

115 BARGH, J., MCKENNA, K., FITZSIMONS, G., «Can you se the real me? Activation and expression of the 'True Self' on the Internet», *Journal of Social Issues*, n.° 58, 2001, pp. 33-58.

116 GARCIA SAN MIGUEL, L., *Estudios sobre el Derecho a la Intimidad*, Tecnos, Madrid, 1992, p. 9.

117 SAFFON, M.P., «El derecho a la comunicación: un derecho emergente», *Friedrich Ebert Stiftung*, 2007, p. 31.

118 MICROSIERVOS, *Anonimato en Internet: usos, abusos y falacias*, https://www.microsiervos.com/archivo/Internet/anonimato-Internet.html (fecha de consulta: 05 de octubre de 2021).

119 ORZA LINARES, R. M., «El derecho al anonimato en Internet», *Revista Telos*, https://telos.fundaciontelefonica.com/archivo/numero089/el-derecho-al-anonimato-en-Internet (fecha de consulta: 06 de octubre de 2021).

120 LESSIG, L., "El Código y otras leyes del ciberespacio", *Editorial Taurus*, 2001, p. 72.

seguridad ciudadana[121]—. Siendo que, por lo general, se viene defendiendo la necesidad de unas normas que equiparen la vida virtual con los derechos preexistentes en la vida normal, parece razonable que en Internet la identidad esté oculta tras un velo que solo pueda ser levantado por las autoridades competentes en casos tasados. En caso contrario, como advierte MANUEL CASTELLS, sucedería que, «como vivimos existencias compuestas, se puede derivar en una existencia esquizofrénica de acuerdo a la cual seríamos nosotros mismos off line y una imagen de nosotros mismos online»[122].

El derecho al anonimato guarda una estricta relación con los derechos de la personalidad[123] y, especialmente, con el derecho a la intimidad. Se trata también de una realidad que debe ser reconocida por su estrecha relación con los derechos a la libertad informática y a la autodeterminación informativa, de los que habla ANTONIO ENRIQUE PÉREZ LUÑO[124]y, por último, su reconocimiento viene impuesto por la propia aplicación de la normativa de protección de datos personales. Pese al debate académico sobre el derecho al anonimato, lo cierto es que se trata de una realidad reconocida y amparada por la normativa de la Unión Europea. En primer lugar, la Directiva 2002/58/CE del Parlamento Europeo y del Consejo, de 12 de julio de 2002, relativa al tratamiento de los datos personales y a la protección de la intimidad en el sector de las comunicaciones electrónicas, establece en su noveno considerando que «los Estados miembros, los proveedores y usuarios afectados y las instancias comunitarias competentes deben cooperar para el establecimiento y el desarrollo de las tecnologías pertinentes cuando sea necesario para aplicar las garantías previstas en la presente Directiva y teniendo especialmente en cuenta el objetivo de reducir al mínimo el tratamiento de los datos personales y de tratar la información de forma anónima o mediante seudónimos cuando sea posible». En segundo lugar, el RGPD que, si bien no hace una mención directa al concepto del anonimato, sí que efectúa un total de quince referencias al concepto del seudónimo como medida de seguridad en garantía de la protección de datos personales. Su artículo 25[125] establece

121 Artículo 16 Ley Orgánica 4/2015, de 30 de marzo, de protección de la seguridad ciudadana: «En el cumplimiento de sus funciones de indagación y prevención delictiva, así como para la sanción de infracciones penales y administrativas, los agentes de las Fuerzas y Cuerpos de Seguridad podrán requerir la identificación de las personas en los siguientes supuestos [...]».

122 CASTELLS, M., *La Galaxia Internet*, Editorial Areté, Barcelona, 2001, p. 206.

123 CABEZAS LOGAN, P., MOYA MUÑOZ, F., «El Derecho al Anonimato del usuario de Internet»..., *op. cit.,* p. 12.

124 PEREZ LUÑO, A., *Del Hábeas Corpus al Hábeas Data,* Aranzadi, Madrid, 1991, p. 194.

125 Artículo 25.1 RGPD: «Teniendo en cuenta el estado de la técnica, el coste de la aplicación y la naturaleza, ámbito, contexto y fines del tratamiento, así como los riesgos de diversa probabilidad y gravedad que entraña el tratamiento para los derechos y libertades de las personas físicas, el responsable del tratamiento aplicará, tanto en el momento de determinar los medios de tratamiento como en el momento del propio tratamiento, medidas

un sistema de protección de datos basado en el diseño por defecto según el cual los responsables del tratamiento deberán incorporar en los medios de tratamiento medidas técnicas apropiadas tales como la seudonimización. El artículo 32[126] especifica que, para un nivel de seguridad adecuado al riesgo en la seguridad del tratamiento, se deberá incluir la seudonimización y el cifrado de los datos personales. De la redacción de los Considerandos 26[127] y 29[128] se extrae que el empleo de seudónimos es compatible con una recogida de información adicional que permita la identificación de la persona, siempre que dicha información adicional se mantenga por separado y revista de las garantías en materia de protección de datos establecidas por el Reglamento pues, aunque no esté identificada, puede resultar identificable.

Por nuestra parte, consideramos que la solución al debate estribaría en garantizar el derecho al anonimato de los cibernautas en sus interacciones

---

técnicas y organizativas apropiadas, como la seudonimización, concebidas para aplicar de forma efectiva los principios de protección de datos, como la minimización de datos, e integrar las garantías necesarias en el tratamiento, a fin de cumplir los requisitos del presente Reglamento y proteger los derechos de los interesados».

126 Artículo 32.1 RGPD: «Teniendo en cuenta el estado de la técnica, los costes de aplicación, y la naturaleza, el alcance, el contexto y los fines del tratamiento, así como riesgos de probabilidad y gravedad variables para los derechos y libertades de las personas físicas, el responsable y el encargado del tratamiento aplicarán medidas técnicas y organizativas apropiadas para garantizar un nivel de seguridad adecuado al riesgo, que en su caso incluya, entre otros: a) la seudonimización y el cifrado de datos personales [...]».

127 Considerando 26 RGPD: «Los principios de la protección de datos deben aplicarse a toda la información relativa a una persona física identificada o identificable. Los datos personales seudonimizados, que cabría atribuir a una persona física mediante la utilización de información adicional, deben considerarse información sobre una persona física identificable. Para determinar si una persona física es identificable, deben tenerse en cuenta todos los medios, como la singularización, que razonablemente pueda utilizar el responsable del tratamiento o cualquier otra persona para identificar directa o indirectamente a la persona física. Para determinar si existe una probabilidad razonable de que se utilicen medios para identificar a una persona física, deben tenerse en cuenta todos los factores objetivos, como los costes y el tiempo necesarios para la identificación, teniendo en cuenta tanto la tecnología disponible en el momento del tratamiento como los avances tecnológicos. Por lo tanto, los principios de protección de datos no deben aplicarse a la información anónima, es decir información que no guarda relación con una persona física identificada o identificable, ni a los datos convertidos en anónimos de forma que el interesado no sea identificable, o deje de serlo. En consecuencia, el presente Reglamento no afecta al tratamiento de dicha información anónima, inclusive con fines estadísticos o de investigación».

128 Considerando 29 RGPD: «Para incentivar la aplicación de la seudonimización en el tratamiento de datos personales, debe ser posible establecer medidas de seudonimización, permitiendo al mismo tiempo un análisis general, por parte del mismo responsable del tratamiento, cuando este haya adoptado las medidas técnicas y organizativas necesarias para garantizar que se aplique el presente Reglamento al tratamiento correspondiente y que se mantenga por separado la información adicional para la atribución de los datos personales a una persona concreta. El responsable que trate datos personales debe indicar cuáles son sus personas autorizadas».

virtuales, si bien permitiendo —o incluso imponiendo— a las plataformas —especialmente redes sociales— el registro de sus usuarios con verificación de identidad. Dicha información del registro debería quedar oculta y, en todo caso, amparada por la normativa en materia de protección de datos personales. De esta forma, se garantizaría un entorno libre y seguro en todos los aspectos pues, si mediase denuncia o demanda, el Juzgado o Tribunal podría oficiar a la red social en cuestión solicitando los datos identificativos del titular del contenido. En similar sentido, indica CARLOS SÁNCHEZ ALMEIDA que «el ciudadano tiene derecho a ser anónimo. Y el Estado, a través del Poder Judicial, puede levantar ese anonimato en caso de delito»[129].

1.7.2. Los delitos informáticos

Para TOMÁS ENRIQUE FUENTES MARRUFO, RODRIGO MANZÚN CRUZ y MELINA CANCINO GIANNY los delitos informáticos están integrados por todas aquellas acciones típicas, antijurídicas, culpables y punibles que constituyen un delito penal por atentar contra bienes jurídicamente protegidos, pero con la salvedad de que su ejecución se desarrolla través del espacio informático[130]. Es decir, los delitos informáticos o *ciberdelitos* son aquellos en los que de alguna forma se utiliza la informática, bien sea para la comisión de hechos que únicamente pueden realizarse por este medio o delitos habituales de la vida ordinaria pero perpetrados a través de medios informáticos. La Fiscalía General del Estado, a través de su Instrucción 2/2011[131], ha clasificado los delitos informáticos en tres tipos: aquellos en los que la actividad delictiva recae en los propios sistemas informáticos; aquellos en los que la actividad delictiva se perpetra mediante el uso de los sistemas informáticos; y aquellos donde, además de prevalecerse de las ventajas informáticas, su investigación presenta una mayor dificultad por precisar de conocimientos especiales.

Es importante aclarar que el Código Penal no dispone de ningún título específico dedicado de forma expresa a los delitos informáticos, sino que estos se encuentran distribuidos en función del bien jurídico protegido por cada Título. Los delitos informáticos más comunes son aquellos que atentan contra: la libertad —amenazas o acoso—, la integridad moral —trato degradante—, la

---

129 PDLI, *La PDLI advierte que no puede prohibirse el anonimato en Internet*, https://libertadinformacion.cc/la-pdli-advierte-que-no-puede-prohibirse-el-anonimato-en-Internet/ (fecha de consulta: 28 de agosto de 2021).

130 FUENTES MARRUFO, T. E., CRUZ, MÉNDEZ MAZÚN, R., y MELINA CANCINO, G., «Perspectiva sobre los delitos informáticos: Un punto de vista de estudiantes del Tecnológico Superior Progreso», *Advances in Engineering and Innovation*, 2017, vol. 2, n.º 4, pp. 1-8.

131 FISCALÍA GENERAL DEL ESTADO, *Instrucción 2/2011, de 11 de octubre, sobre el Fiscal de Sala de Criminalidad Informática y las secciones de criminalidad informática de las Fiscalías*, https://www.boe.es/buscar/abrir_fiscalia.php?id=FIS-I-2011-00002.pdf (fecha de consulta: 31 de agosto de 2021).

libertad sexual —corrupción de menores, *child grooming* o pornografía infantil—, la intimidad —descubrimiento y revelación de secretos, ataques a sistemas informáticos o su interceptación—, el honor —injurias o calumnias—, el patrimonio y el orden socioeconómico —estafa, descubrimiento de secretos empresariales, daños informáticos, sabotaje, delitos de propiedad intelectual, delito contra servicios de radiodifusión—, falsificación y delitos de apología o incitación a la discriminación, al odio y a la violencia[132].

La mayor parte de la piratería informática tiene como finalidad obtener beneficios económicos de forma ilícita. En el entorno empresarial, los delitos más habituales son aquellos que están relacionados o vinculados al espionaje informático[133]. A su vez, el entorno digital da pie a nuevas modalidades delictivas constitutivas de estafa y que han sido acuñadas con términos propios: *phishing* —los atacantes contactan con la víctima mediante un mensaje por el que se hacen pasar por una institución bancaria solicitándole que acceda a un *link* donde se le pide introducir sus claves—, *pharming* —los atacantes utilizan un código malicioso para redirigir al usuario a un servidor diferente que suplanta la plataforma bancaria del usuario cuando este pretende acceder—, *vishing* —de forma similar al *phishing* los atacantes contactan telefónicamente con la víctima solicitando confirmación de sus claves bancarias— y *smishing* —los atacantes, simulando ser una entidad legítima, solicitan una confirmación de datos personales a través de un mensaje telefónico mediante el empleo de una premisa falsa—. También han surgido nuevas modalidades de delincuencia informática relacionadas con la infiltración de virus informáticos —los más habituales son los gusanos o troyanos—[134].

Las nuevas tecnologías han dado pie a un amplio espectro de delincuencia informática. No obstante, es preciso centrar la cuestión en aquellos delitos que pueden derivar de ciertas manifestaciones vertidas en Internet por los propios usuarios. Gracias a las posibilidades brindadas por la web colaborativa, los usuarios tienen la facultad de opinar y verter comentarios de forma pública. Sin embargo, un uso extralimitado de este derecho de expresión puede acabar constituyendo, a pesar de la falta de conciencia o voluntad concisa, un ilícito penal, máxime cuando tales expresiones se propagan por un canal de publicidad de alcance mundial, como es Internet.

El punto clave en la toma de conciencia sobre la ilicitud penal de las manifestaciones realizadas a través de Internet tuvo lugar en el año 2014 cuando,

---

132 Ertzaintza – Departamento De Seguridad, *¿Qué es el delito informático?*, https://www.ertzaintza.eus/lfr/web/ertzaintza/que-es-el-delito-informatico (fecha de consulta: 31 de agosto de 2021).

133 Loredo, J., «Delitos informáticos: Su clasificación y una visión general de las medidas de acción para combatirlo», *Revista Clerinet*, n.° 2, pp. 44-51.

134 Temperine, M., *Delitos informáticos en Latinoamérica: Un estudio de derecho comparado*, http://conaiisi.unsl.edu.ar/ingles/2013/82-553-1-DR.pdf (fecha de consulta: 29 de agosto de 2021).

tras el asesinato de la presidenta de la Diputación Provincial de León, ISABEL CARRASCO, se propiciaron un aluvión de publicaciones y comentarios a través de la red social *Twitter,* con un contenido manifiestamente extralimitado, que tuvieron como consecuencia múltiples detenciones. El primer caso de todos fue la detención de un joven quien, a través de sus comentarios, incitaba al asesinato de otros políticos. Se le imputaba un delito de apología del asesinato por mensajes tales como: «Así se hace ostia!! A matarlos a todos!!!! Más tiros en la cabeza de PPeros!! Isabel CarrasKO»[135]. Otro caso notorio fue el enjuiciado por el Juzgado de lo Penal número 24 de Madrid, donde se condenó a un chico de veintiséis años por los comentarios injuriosos vertidos a través de la red social *Twitter* —«calla puta, que no tienes dignidad»— contra la que entonces era Delegada de Gobierno, CRISTINA CIFUENTES. Se le impuso la pena de multa de trescientos euros por un delito de injurias y otros mil euros de responsabilidad civil, además de la obligación de publicar la sentencia en la referida red social, procediendo al cierre de la cuenta[136]. Otro caso conocido fue el del cantante PABLO HASÉL, quien ingresó en prisión por dos condenas, de dos años una y nueve meses otra, por dos delitos de enaltecimiento del terrorismo. Las letras de sus canciones contenían mensajes de alabanza hacia los grupos terroristas de ETA y los GRAPO e incluían claros mensajes de incitación a la reincidencia terrorista —»no me da pena tu tiro en la nuca, pepero»—[137]. Estos casos constatan que no todo vale a través de Internet y que hay que ser especialmente cauteloso con las expresiones que se difunden.

En relación con las actividades constitutivas de ilícitos penales a través de Internet, es preciso mencionar que el TS ha establecido recientemente que *retuitear* —concepto empleado en redes sociales, por analogía con *Twitter,* para publicar en el perfil propio el contenido idéntico de un tercero— contenidos ilícitos es a su vez un hecho punible, aunque no medie autoría. No es necesario que: «el acusado asuma como propio, razone o argumente la imagen y su mensaje, ni tampoco que sea el que lo haya creado; basta que de un modo u otro accedan a él, y le den publicidad, expandiendo el mensaje a gran cantidad de personas»[138].

---

135 EL MUNDO, *El joven detenido por incitar al asesinato de políticos en Twitter queda en libertad con cargos*, https://www.elmundo.es/comunidad-valenciana/2014/05/16/5375cc24268e3eb87a8b456b.html (fecha de consulta: 28 de agosto de 2021).

136 ABC, *Condenado a pagar 1.300 euros por el «calla puta, que no tienes dignidad» a Cifuentes*, https://www.abc.es/madrid/20140507/abci-cifuentes-injurias-201405071622.html (fecha de consulta: 28 de agosto de 2021).

137 EL PAÍS, *Las rimas que llevaron a Hasél a la cárcel*, https://elpais.com/espana/2021-02-18/las-rimas-que-llevaron-a-hasel-a-la-carcel.html (fecha de consulta: 28 de agosto de 2021).

138 STS 706/2017, de 27 de octubre, FJ 1.°.

En Internet, los supuestos más habituales relacionados con comentarios extralimitados suelen ser aquellos constitutivos de delitos de calumnias[139] e injurias graves hechas con publicidad[140]. En una exposición más radical de la opinión política, también pueden darse supuestos constitutivos de delitos de enaltecimiento del terrorismo[141]. Pero, es preciso realizar una mención especial a los delitos de odio. Es un hecho notorio que las redes sociales se han convertido en plataformas idóneas para promulgar contenidos discriminatorios propios de esta clase de delitos. Por tanto, mediante la LO 1/2015, de 30 de marzo, por la que se modificó la LO 10/1995, de 23 de noviem-

139 Artículo 205 CP: «Es calumnia la imputación de un delito hecha con conocimiento de su falsedad o temerario desprecio hacia la verdad».

140 Artículo 208 CP: «Es injuria la acción o expresión que lesionan la dignidad de otra persona, menoscabando su fama o atentando contra su propia estimación. Solamente serán constitutivas de delito las injurias que, por su naturaleza, efectos y circunstancias, sean tenidas en el concepto público por graves, sin perjuicio de lo dispuesto en el apartado 4 del artículo 173. Las injurias que consistan en la imputación de hechos no se considerarán graves, salvo cuando se hayan llevado a cabo con conocimiento de su falsedad o temerario desprecio hacia la verdad». Artículo 209 CP: «Las injurias graves hechas con publicidad se castigarán con la pena de multa de seis a catorce meses y, en otro caso, con la de tres a siete meses».

141 Artículo 578 CP: «1. El enaltecimiento o la justificación públicos de los delitos comprendidos en los artículos 572 a 577 o de quienes hayan participado en su ejecución, o la realización de actos que entrañen descrédito, menosprecio o humillación de las víctimas de los delitos terroristas o de sus familiares, se castigará con la pena de prisión de uno a tres años y multa de doce a dieciocho meses. El juez también podrá acordar en la sentencia, durante el período de tiempo que él mismo señale, alguna o algunas de las prohibiciones previstas en el artículo 57. 2. Las penas previstas en el apartado anterior se impondrán en su mitad superior cuando los hechos se hubieran llevado a cabo mediante la difusión de servicios o contenidos accesibles al público a través de medios de comunicación, Internet, o por medio de servicios de comunicaciones electrónicas o mediante el uso de tecnologías de la información. 3. Cuando los hechos, a la vista de sus circunstancias, resulten idóneos para alterar gravemente la paz pública o crear un grave sentimiento de inseguridad o temor a la sociedad o parte de ella se impondrá la pena en su mitad superior, que podrá elevarse hasta la superior en grado. 4. El juez o tribunal acordará la destrucción, borrado o inutilización de los libros, archivos, documentos, artículos o cualquier otro soporte por medio del que se hubiera cometido el delito. Cuando el delito se hubiera cometido a través de tecnologías de la información y la comunicación se acordará la retirada de los contenidos. Si los hechos se hubieran cometido a través de servicios o contenidos accesibles a través de Internet o de servicios de comunicaciones electrónicas, el juez o tribunal podrá ordenar la retirada de los contenidos o servicios ilícitos. Subsidiariamente, podrá ordenar a los prestadores de servicios de alojamiento que retiren los contenidos ilícitos, a los motores de búsqueda que supriman los enlaces que apunten a ellos y a los proveedores de servicios de comunicaciones electrónicas que impidan el acceso a los contenidos o servicios ilícitos siempre que concurra alguno de los siguientes supuestos: a) Cuando la medida resulte proporcionada a la gravedad de los hechos y a la relevancia de la información y necesaria para evitar su difusión. b) Cuando se difundan exclusiva o preponderantemente los contenidos a los que se refieren los apartados anteriores. 5. Las medidas previstas en el apartado anterior podrán también ser acordadas por el juez instructor con carácter cautelar durante la instrucción de la causa.»

bre, se incluyó un desarrollo pormenorizado del delito de odio a través del artículo 510 CP y se añadió, en su apartado tercero, un subtipo agravado para los supuestos perpetrados a través de medios de comunicación social o mediante el uso de tecnologías de la información[142]. El delito de odio, ade-

142 Artículo 510 CP: «1. Serán castigados con una pena de prisión de uno a cuatro años y multa de seis a doce meses: a) Quienes públicamente fomenten, promuevan o inciten directa o indirectamente al odio, hostilidad, discriminación o violencia contra un grupo, una parte del mismo o contra una persona determinada por razón de su pertenencia a aquél, por motivos racistas, antisemitas u otros referentes a la ideología, religión o creencias, situación familiar, la pertenencia de sus miembros a una etnia, raza o nación, su origen nacional, su sexo, orientación o identidad sexual, por razones de género, enfermedad o discapacidad. b) Quienes produzcan, elaboren, posean con la finalidad de distribuir, faciliten a terceras personas el acceso, distribuyan, difundan o vendan escritos o cualquier otra clase de material o soportes que por su contenido sean idóneos para fomentar, promover, o incitar directa o indirectamente al odio, hostilidad, discriminación o violencia contra un grupo, una parte del mismo, o contra una persona determinada por razón de su pertenencia a aquél, por motivos racistas, antisemitas u otros referentes a la ideología, religión o creencias, situación familiar, la pertenencia de sus miembros a una etnia, raza o nación, su origen nacional, su sexo, orientación o identidad sexual, por razones de género, enfermedad o discapacidad. c) Públicamente nieguen, trivialicen gravemente o enaltezcan los delitos de genocidio, de lesa humanidad o contra las personas y bienes protegidos en caso de conflicto armado, o enaltezcan a sus autores, cuando se hubieran cometido contra un grupo o una parte del mismo, o contra una persona determinada por razón de su pertenencia al mismo, por motivos racistas, antisemitas u otros referentes a la ideología, religión o creencias, la situación familiar o la pertenencia de sus miembros a una etnia, raza o nación, su origen nacional, su sexo, orientación o identidad sexual, por razones de género, enfermedad o discapacidad, cuando de este modo se promueva o favorezca un clima de violencia, hostilidad, odio o discriminación contra los mismos. 2. Serán castigados con la pena de prisión de seis meses a dos años y multa de seis a doce meses: a) Quienes lesionen la dignidad de las personas mediante acciones que entrañen humillación, menosprecio o descrédito de alguno de los grupos a que se refiere el apartado anterior, o de una parte de los mismos, o de cualquier persona determinada por razón de su pertenencia a ellos por motivos racistas, antisemitas u otros referentes a la ideología, religión o creencias, situación familiar, la pertenencia de sus miembros a una etnia, raza o nación, su origen nacional, su sexo, orientación o identidad sexual, por razones de género, enfermedad o discapacidad, o produzcan, elaboren, posean con la finalidad de distribuir, faciliten a terceras personas el acceso, distribuyan, difundan o vendan escritos o cualquier otra clase de material o soportes que por su contenido sean idóneos para lesionar la dignidad de las personas por representar una grave humillación, menosprecio o descrédito de alguno de los grupos mencionados, de una parte de ellos, o de cualquier persona determinada por razón de su pertenencia a los mismos. b) Quienes enaltezcan o justifiquen por cualquier medio de expresión pública o de difusión los delitos que hubieran sido cometidos contra un grupo, una parte del mismo, o contra una persona determinada por razón de su pertenencia a aquél por motivos racistas, antisemitas u otros referentes a la ideología, religión o creencias, situación familiar, la pertenencia de sus miembros a una etnia, raza o nación, su origen nacional, su sexo, orientación o identidad sexual, por razones de género, enfermedad o discapacidad, o a quienes hayan participado en su ejecución. Los hechos serán castigados con una pena de uno a cuatro años de prisión y multa de seis a doce meses cuando de ese modo se promueva o favorezca un clima de violencia, hostilidad, odio o discriminación contra los mencionados grupos. 3. Las penas previstas en los apartados anteriores se impondrán en su mitad superior cuando los hechos se hubieran llevado a cabo

más de delito sustantivo, también está contemplado como circunstancia agravante en el artículo 22.4 CP[143].

La tipificación del delito de odio nace de la necesidad, en palabras de JACINTO J. MARABEL MATOS, de tutelar «la dignidad y libre desarrollo de la personalidad de los colectivos vulnerables que se relacionan»[144], pero es preciso añadir que dicha necesidad se acrecienta por el hecho de que la difusión de cualquier manifestación vejatoria puede llegar a conseguir un alcance incontrolable si se difunde por medios digitales. Como indica JOSEP MARÍA TAMARIT SUMALLA, los delitos de odio crecen a la vez que se extiende el uso de las redes sociales[145]. En tal sentido, el TS ha especificado que la publicación de ciertos contenidos a través de la red «intensifica de forma exponencial el daño de afirmaciones o mensajes que, en otro momento, podrían haber limitado sus perniciosos efectos a un reducido y seleccionado grupo de destinatarios. Quien hoy incita a la violencia en una red social sabe que su mensaje se incorpora a las redes telemáticas con vocación de perpetuidad. Además, carece de control sobre su zigzagueante difusión»[146].

Debido al aumento de los casos de comentarios constitutivos de delitos de odio vertidos a través de las redes sociales, en el 2016, la Comisión Euro-

---

a través de un medio de comunicación social, por medio de Internet o mediante el uso de tecnologías de la información, de modo que, aquel se hiciera accesible a un elevado número de personas. 4. Cuando los hechos, a la vista de sus circunstancias, resulten idóneos para alterar la paz pública o crear un grave sentimiento de inseguridad o temor entre los integrantes del grupo, se impondrá la pena en su mitad superior, que podrá elevarse hasta la superior en grado. 5. En todos los casos, se impondrá además la pena de inhabilitación especial para profesión u oficio educativos, en el ámbito docente, deportivo y de tiempo libre, por un tiempo superior entre tres y diez años al de la duración de la pena de privación de libertad impuesta en su caso en la sentencia, atendiendo proporcionalmente a la gravedad del delito, el número de los cometidos y a las circunstancias que concurran en el delincuente. 6. El juez o tribunal acordará la destrucción, borrado o inutilización de los libros, archivos, documentos, artículos y cualquier clase de soporte objeto del delito a que se refieren los apartados anteriores o por medio de los cuales se hubiera cometido. Cuando el delito se hubiera cometido a través de tecnologías de la información y la comunicación, se acordará la retirada de los contenidos. En los casos en los que, a través de un portal de acceso a Internet o servicio de la sociedad de la información, se difundan exclusiva o preponderantemente los contenidos a que se refiere el apartado anterior, se ordenará el bloqueo del acceso o la interrupción de la prestación del mismo.

143 Artículo 22.4 CP: «Cometer el delito por motivos racistas, antisemitas u otra clase de discriminación referente a la ideología, religión o creencias de la víctima, la etnia, raza o nación a la que pertenezca, su sexo, edad, orientación o identidad sexual o de género, razones de género, de aporofobia o de exclusión social, la enfermedad que padezca o su discapacidad, con independencia de que tales condiciones o circunstancias concurran efectivamente en la persona sobre la que recaiga la conducta».

144 MARABEL MATOS, J. J., «Delitos de odio y redes sociales: El Derecho frente al reto de las nuevas tecnologías», *Revista de Derecho UNED*, n.° 27, 2021, p. 152.

145 TAMARIT SUMALLA, J. M., «Los delitos de odio en las redes sociales»...*op. cit.,* p. 18.

146 STS 4/2017, de 18 de enero, FJ 2.°

pea firmó conjuntamente con las cuatro principales empresas en este sector —*Facebook, Twitter, Youtube* y *Microsoft*— un Código de Conducta para la Lucha contra la Incitación Ilegal al Odio[147]. A través del mismo, estas cuatro grandes empresas se comprometían a activar dispositivos para la detección de comentarios que albergasen discurso de odio en un plazo no superior a veinticuatro horas. Lo cierto es que, en la cuarta evaluación que se realizó tras su firma, se pudo comprobar un resultado ciertamente positivo: las empresas estaban siendo capaces de supervisar el 89 % de los comentarios en un plazo de 24 horas y estaban eliminando el 72 % del contenido ofensivo[148]. La Fiscalía General del Estado, consciente de que la Memoria Anual de 2017[149] apuntaba un incremento de estos delitos, publicó la Circular 7/2019, de 14 de mayo, a fin de establecer una serie de pautas para interpretar los delitos de odio tipificados en el artículo 510 del Código Penal[150].

1.7.3. Mecanismos de ciberseguridad

España ratificó el Convenio de Budapest el 1 de octubre de 2010, conocido como el Convenio sobre *cibercriminalidad*[151]. Mediante este Convenio se traspusieron ciertas conductas ilícitas a nuestra legislación interna con el enfoque de consensuar una política penal común en materia de *ciberdelincuencia* informática mediante una normativa específica y un marco de cooperación internacional. Dicho convenio recoge un elenco de ilícitos que deben ser incorporados al derecho penal sustantivo nacional, en tres bloques:

1. Delitos contra la confidencialidad, la integridad y la disponibilidad de los datos y sistemas informáticos.
    - Acceso ilícito.

---

147 Comisión Europea, *Código de Conducta para la Lucha contra la Incitación Ilegal al Odio*, https://ec.europa.eu/newsroom/just/document.cfm?doc_id=42855 (fecha de consulta: 31 de agosto de 2021).

148 Comisión Europea, *Lucha contra la incitación ilegal al odio en línea: el Código de conducta de la UE garantiza una rápida respuesta*, https://ec.europa.eu/commission/presscorner/detail/es/IP_19_805 (fecha de consulta: 31 de agosto de 2021).

149 Fiscalía General Del Estado, *Memoria elevada al Gobierno de S. M. presentada al inicio del año judicial por el Fiscal General del Estado Excmo. Sr. Don José Manuel Maza Martín*, Madrid, 2017, https://www.fiscal.es/memorias/memoria2017/FISCALIA_SITE/recursos/pdf/MEMFIS17.pdf (fecha de consulta 16 de septiembre de 2021).

150 BOE, *Circular 7/2019, de 14 de mayo, de la Fiscalía General del Estado, sobre pautas para interpretar los delitos de odio tipificados en el artículo 510 del Código Penal*, https://www.boe.es/diario_boe/txt.php?id=BOE-A-2019-7771 (fecha de consulta 16 de septiembre de 2021).

151 BOE, *Instrumento de Ratificación del Convenio sobre la Ciberdelincuencia, hecho en Budapest el 23 de noviembre de 2001*, https://www.boe.es/diario_boe/txt.php?id=BOE-A-2010-14221 (fecha de consulta: 31 de agosto de 2021).

- Interceptación ilícita.
- Interferencia en los datos.
- Interferencia en el sistema.
- Abuso de los dispositivos.

2. Delitos informáticos.
   - Falsificación informática.
   - Fraude informático.
3. Delitos relacionados con el contenido.
   - Delitos relacionados con la pornografía infantil.
   - Delitos relacionados con infracciones de la propiedad intelectual y de los derechos afines.

El 11 de enero de 2013, la Comisión Europea creó el Centro Europeo de Cibercrimen —EC3— con el objeto de favorecer la cooperación policial internacional en la persecución de delitos *online*. Como manifestaba la comisaria MALMSTRÖM: «Los ciberdelincuentes son inteligentes y rápidos en la utilización de nuevas tecnologías con fines delictivos; el EC3 nos ayudará a ser aún más inteligentes y rápidos que ellos para poder contribuir a prevenir y combatir sus delitos»[152].

Posteriormente, en 2013, la Unión Europea publicó la Directiva 2013/40/UE del Parlamento Europeo y del Consejo, de 12 de agosto de 2013, relativa a los ataques contra los sistemas de información[153] y por la que se sustituye la Decisión marco 2005/222/JAI del Consejo. A través de ella, se establecieron una serie de directrices acerca de la clasificación penal y sanciones aplicables.

Por último, en el marco europeo, hay que mencionar el programa de investigación Horizonte 2020, un programa de la Comisión Europea, con un presupuesto de prácticamente ochenta mil millones de euros destinados al periodo comprendido entre los años 2014 y 2020, orientado a la financiación de proyectos de investigación relacionados con la seguridad tecnológica[154].

El 5 de diciembre de 2013, el Consejo de Ministros aprobó la Estrategia de Ciberseguridad Nacional a la vez que constituía un Consejo de Seguri-

152 COMISIÓN EUROPEA, *El Centro Europeo de Ciberdelincuencia (EC3) se inaugura el 11 de enero*, https://ec.europa.eu/commission/presscorner/detail/es/IP_13_13 (fecha de consulta: 31 de agosto de 2021).

153 DIARIO OFICIAL DE LA UNIÓN EUROPEA, *Directiva 2013/40/UE del Parlamento Europeo y del Consejo, de 12 de agosto de 2013, relativa a los ataques contra los sistemas de información y por la que se sustituye la Decisión marco 2005/222/JAI del Consejo*, https://www.boe.es/doue/2013/218/L00008-00014.pdf (fecha de consulta: 31 de agosto de 2021).

154 MINISTERIO DE CIENCIA E INNOVACIÓN, *ESHORIZONTE2020*, https://eshorizonte2020.es (fecha de consulta: 16 de septiembre de 2021).

dad Nacional, que funcionaría como comisión delegada, todo ello con el objeto de analizar amenazas incipientes derivadas del entorno tecnológico que pudieran afectar a la seguridad nacional[155]. Dicha Estrategia de Ciberseguridad Nacional fue revisada y reforzada el 12 de abril de 2019, con la implementación de un Foro Nacional de Ciberseguridad, a fin de facilitar la coordinación entre los sectores público y privado[156].

El Ministerio del Interior —a través de la Guardia Civil y el Cuerpo Nacional de Policía—, junto al Instituto de Ciencias Forenses y de Seguridad de la Universidad Autónoma de Madrid y el Grupo S21Sec, de forma conjunta, han constituido el Centro Nacional de Excelencia en Ciberseguridad —CNEC—, especializado en la investigación y formación de excelencia en el ámbito de la *ciberseguridad* y de la *ciberinteligencia* con el objetivo de ofrecer una respuesta más eficiente en la lucha contra la delincuencia informática.

Por último, es preciso apuntar que las Fuerzas y Cuerpos de Seguridad del Estado cuentan con unidades especializadas en la investigación y persecución de los delitos informáticos. La Guardia Civil cuenta con el Grupo de Delitos Telemáticos, dependiente de su Unidad Central Operativa, que junto con el soporte de los Equipos de Investigación Tecnológica —EDITE's—, ubicados en cada provincia, se encarga de la investigación de la delincuencia en las redes[157]. El Cuerpo Nacional de Policía, por su parte, cuenta con la Brigada Central de Investigación Tecnológica, dependiente de la Unidad de investigación Tecnológica, como unidad dedicada a la persecución de los delitos cibernéticos[158].

En definitiva, se constata una profunda implicación por parte de las instituciones en la detección y persecución de cualquier actividad ilícita que pueda perpetrarse a través de la red. La norma penal se ha adaptado a las especialidades de la era digital y se han creado múltiples organismos encargados de perseguir la delincuencia en Internet. Por tanto, y si bien queda aún mucho por andar, Internet es cada vez un entorno más seguro en el que tiene difícil cabida la impunidad pues, además, lo realizado queda volcado en la red a merced del rastreo de las autoridades competentes. Todo ello, debe ir de la

155 Presidencia Del Gobierno, *Aprobada la Estrategia de Seguridad Nacional de 2013*, https://www.lamoncloa.gob.es/consejodeministros/paginas/enlaces/310513Enlace%20%20seguridad.aspx (fecha de consulta: 16 de septiembre de 2021).

156 Centro Criptológico Nacional, *España cuenta con una nueva Estrategia de Ciberseguridad Nacional*, https://www.ccn-cert.cni.es/seguridad-al-dia/noticias-seguridad/7970-espana-cuenta-con-una-nueva-estrategia-de-ciberseguridad-nacional.html (fecha de consulta: 16 de septiembre de 2021).

157 Guardia Civil, *Grupo de Delitos Telemáticos,* https://www.gdt.guardiacivil.es/webgdt/la_unidad.php (fecha de consulta: 16 de septiembre de 2021).

158 Portal Web De La Policía Nacional, *Brigada Central de Investigación Tecnológica (B.C.I.T.)*, https://www.policia.es/_es/tupolicia_conocenos_estructura_dao_cgpoliciajudicial_bcit.php (fecha de consulta: 16 de septiembre de 2021).

mano de una «educación 2.0», concepto empleado por MARCOS ROS MARTÍN para definir la formación digital, que no solo debe incorporar una instrucción técnica en su uso, sino también un adiestramiento ético acerca de lo que se puede hacer Internet y qué limites no hay que cruzar[159].

159 ROS MARTÍN, M., «La autoregulación de la blogosfera», *Anuario Think EPI*, 2009, p. 62.

CAPÍTULO II

DERECHOS DE LA COMUNICACIÓN Y DERECHOS DE LA PERSONALIDAD (HONOR, INTIMIDAD Y PROPIA IMAGEN)

2.1. El ejercicio de las libertades de expresión e información en la era digital y de Internet

Los ciudadanos han venido obteniendo la información relativa a la vida pública a través de los medios de comunicación tradicionales, destacando entre ellos la televisión por su extraordinario poder de influencia en la formación de la opinión pública[160]. En el primer constitucionalismo —siglos XVIII y XIX—, el debate público se desarrollaba en foros tales como ateneos o salones de debate; posteriormente, con la aparición de la prensa escrita, aconteció en la sociedad una transformación sustancial respecto a la forma de comunicarse, pues mediante aquella se podía llegar a un público mayor y abarcar un mayor número de receptores de información; hasta que, a partir del siglo XX, quedó relegada por la irrupción de los medios de audiovisuales de comunicación, que se convirtieron en protagonistas de la tarea informativa[161].

Sin embargo, el surgimiento de nuevas vías de comunicación a través de Internet y de las nuevas tecnologías de la información ha revolucionado nuevamente el escenario de la comunicación y, con su vertiginoso crecimiento, se ha propiciado un escenario comunicativo radicalmente nuevo que ha puesto en jaque las habituales garantías tanto de los derechos de la comuni-

160 Sobre la opinión pública y la influencia de la televisión en su formación puede verse, entre otros, HERREROS LÓPEZ, J. M., «Reflexiones sobre la formación de la opinión pública en el Estado Democrático», *Teoría y realidad constitucional,* UNED, n.º 14, 2.º semestre, 2004, p. 378.

161 *Ídem*, pp. 383-376.

cación como de los derechos de la personalidad que normalmente colisionan con los primeros[162].

Teniendo en consideración que hoy en día la mayor parte de los medios de comunicación tienen plataformas de transmisión digital y páginas web propias, es preciso comprender el comportamiento de estos medios de comunicación más allá de lo que, hasta la fecha, habían venido siendo sus usos tradicionales. En dicho sentido, indica Mónica Arenas Ramiro que «los avances sufridos en el terreno de los medios de comunicación, en concreto, en el sector televisivo —y no sólo en cuanto a su forma, sino especialmente en cuanto a su contenido— han influido profundamente en la percepción que los ciudadanos tienen de este nuevo derecho (a la protección de datos)»[163]. Los medios de comunicación difunden sus contenidos a través de Internet, de tal forma que estos pasan a ser accesibles en cualquier momento y lugar. Además, sus contenidos pueden ser republicados en otros sitios web y cualquier página web puede incorporar un *link* de acceso a la noticia publicada en otra página.

El contenido difundido por los medios de comunicación a través de la red tiene un alcance exponencial, pues no solo se publica, sino que, además —dicho en términos de redes sociales—, se «comparte» y, de esta forma, la noticia no solo deviene accesible en la fuente principal sino en todos aquellos dominios en donde los propios internautas la hayan difundido. Sucede que, si el contenido no se borra, su consulta queda a la deriva del tiempo en una especie de eterna difusión. La AEPD se ha concernido especialmente con esta cuestión y ha destacado la gravedad que alberga para los derechos de los ciudadanos el hecho de la perennidad de la información en la red. En su conocida Resolución TD/266/2007, realiza una exposición a favor de articular medios de defensa contra la perpetuidad de la información en Internet:

> «Cabe proclamar que ningún ciudadano que ni goce de la condición de personaje público ni sea objeto de hecho noticiable de relevancia pública tiene que resignarse a soportar que sus datos de carácter personal circulen por la red sin poder reaccionar ni corregir la inclusión ilegítima de ellos mismos en un sistema de comunicación universal como Internet. Si requerir el consentimiento individualizado de los ciudadanos para incluir sus datos personales en Internet o exigir mecanismos técnicos que impidieran o filtraran la incorporación inconsentida de datos personales podría suponer una insoportable barrera al libre ejercicio de las libertades de expresión e información a modo de censura previa (lo que resulta constitucionalmente proscrito), no es menos cierto que resulta palmariamente legítimo que el ciudadano que no esté obligado a someterse a la disciplina del ejercicio

162 Fernández García-Armero, P., «El derecho al olvido. The right to be forgotten», *Cadernos de Dereito Actual*, n.º 9, 2018, p. 423.

163 Arenas Ramiro, M., «El valor de la información personal: protección de datos personales y la sociedad del espectáculo»..., *op. cit.*, p. 276.

de las referidas libertades (por no resultar sus datos personales de interés público ni contribuir, en consencuencia, su conocimiento a forjar una opinión pública libre como pilar básico del Estado democrático) debe gozar de mecanismos reactivos amparados en Derecho [...] que impidan el mantenimiento secular y universal en la red de su información de carácter personal».

Y es que, en la actualidad tecnológica, los medios de comunicación nos inducen a una realidad en la que cada vez se cede una mayor cantidad de datos personales. La gente muestra en las redes sus ideas, emociones e imágenes sin pudor alguno, en el anhelo de atraer a una mayor audiencia de seguidores[164]. Pero la realidad es que esto es una situación creada, es un escenario elaborado por los medios de comunicación donde se hace creer al individuo que la cesión de la información es un acto libre cuando la realidad es que se trata de una circunstancia inducida[165].

Es en este momento donde nace la necesidad de reconocer nuevos derechos que protejan y satisfagan nuevos bienes e intereses del individuo inserto en una sociedad cibernética, donde la información se publica y difunde de forma indiscriminada, con un volumen incontrolable que reside de forma indeterminada en plataformas informáticas de acceso automático a merced de sofisticados buscadores. Entre esos nuevos derechos se encuentra el derecho al olvido que cobra un sustancial protagonismo a la hora de permitir al individuo solicitar el borrado de informaciones caducas u obsoletas relativas a su persona. No obstante, el ejercicio del derecho al olvido va a chocar en la práctica con dos derechos fundamentales: el derecho a la libertad de expresión y el derecho a la libertad de información[166].

El derecho al olvido, como todos los derechos, tiene su fundamento en el respeto a la dignidad de la persona reconocido en el artículo 10 CE. Por otro lado, el derecho al olvido guarda estrecha relación con los derechos al honor, a la intimidad y a la propia imagen, al tiempo que, como estos, suele colisionar con las libertades de expresión e información. Resulta complicado que el legislador hubiera podido anticiparse a todos los conflictos que pudieran producirse entre todos los derechos contemplados. El abanico de posibilidades es tan amplio que no se puede dibujar un croquis cerrado que ofrezca una solución clara y anticipada, sino que los conflictos deberán resolverse por los tribunales ordinarios atendiendo a las circunstancias concretas de cada caso, y, llegado el caso, por el Tribunal Constitucional.

---

164 PRADO PICO, E., «Telerrealidad: globalización y uniformización», en BENEYTO VIDAL, J., *La ventana global*, Taurus, Madrid, 2002.

165 ZAMORA, J. A., *Medios de comunicación. Información, espectáculo, manipulación*, EVD, Navarra, 2004.

166 GUASCH PORTAS, V., SOLER FUENSANTA, J. R., «El derecho al olvido en Internet. The right to be forgotten in Internet», *Revista de Derecho UNED*, n.º 16, 2015, p. 991.

En este sentido, es importante no olvidar que, en caso de colisión entre los derechos de la comunicación y los derechos de la personalidad, los primeros pueden prevalecer siempre y cuando la información verdaderamente tenga interés público o general. Ello se debe a que el derecho a la libertad de expresión tiene una doble vertiente, de libertad individual y de garantía institucional, como resultado de la libre formación de la opinión pública —indispensable en democracia—[167]. En relación con este aspecto, Pablo Fernández García-Amero precisa que un punto a destacar de la STJUE de 13 de mayo de 2014, es el conjunto de reglas que se derivan respecto del derecho al olvido: no es preciso para su borrado que la información suponga un perjuicio para el afectado; el derecho a la intimidad ha de priorizarse sobre el interés económico del buscador de datos; y, por último, que la intimidad del individuo debe estar por encima el interés público, salvo cuando por motivos concretos se determine lo contrario —caso que resultaría, por ejemplo, si el interesado fuese una persona de relevancia pública—[168]. El propio RGPD ha dispuesto de forma específica al respecto, en su artículo 17.3, que el derecho al olvido no podrá ejercerse cuando el tratamiento resulte necesario para ejercer el derecho a la información o a la libertad de expresión.

Habida cuenta de que el derecho al olvido guarda una estrecha vinculación con las libertades de expresión e información, deviene preciso realizar un sucinto estudio acerca de cómo la jurisprudencia ha venido ponderando la aplicación de estos derechos en la tradición jurisprudencial. En cierto modo, el derecho al olvido es la aplicación de los derechos de la personalidad en el mundo virtual, por lo que es preciso analizar los pronunciamientos respecto a la ponderación de dichos derechos constitucionales, pues seguirán operando como base teórica salvo las precisiones propias que se susciten por las vicisitudes de lo telemático.

La Sentencia de la Audiencia Nacional, Sala de lo Contencioso-administrativo, analiza del caso de una persona que fue condenada a prisión por homicidio durante las fiestas de los San Fermines y que solicitaba el derecho al olvido frente a *Google LLC* respecto a unas *url* donde se refiere que además cometió un delito sexual sobre la víctima, lo cual considera inexacto. La Sentencia razona que debe priorizarse el interés general de las publicaciones, pues el hecho de que las noticias traten sobre un asunto de índole penal las reviste de mayor relevancia pública; además «El demandante, que ejercita el derecho de supresión, fue condenado a una pena de 12 años de prisión por un delito de homicidio que tuvo una especial repercusión por las circunstancias del hecho y el momento en que se produjo y sigue siendo objeto de atención de los medios de comunicación que, en ocasiones, lo han asociado con

167 Fernández García-Armero, P., «El derecho al olvido. The right to be forgotten»..., *op. cit.,* pp. 427-428.

168 Fernández García-Armero, P., «El derecho al olvido desde el ordenamiento comunitario», *Análise crítica do direito Ibero-americano*, 2020, p. 278.

otros hechos castigados como delitos contra la libertad sexual de las víctimas ocurridos en la misma localidad durante la celebración de la fiesta del Patrón, hechos que causan una particular repugnancia en la sociedad y que pueden ser considerados como de interés general; no se trata, pues, de una información "manifiestamente inexacta", sino que trata del hecho por el que fue condenado que asocia con otros en que las víctimas fueron también mujeres. La supresión que pide no es la de la totalidad de los enlaces, sino la de los que se refieren al hecho mencionado, de gran repercusión en su momento y más allá. En esas condiciones, esclaro que debe prevalecer el derecho a la libertad de información»[169]. De forma similar, la Sala de lo Contencioso del Tribunal Supremo, rechazó mediante la STS 5992/2023 el derecho al olvido a un conocido actor que solicitaba la supresión de unos enlaces donde se le relacionaba como implicado en la «Operación Púnica» por considerar que «el derecho a la información y el interés público a la información veraz que versa sobre la declaración testifical del recurrente en cuanto administrador de una empresa de servicios en una relevante operación penal que afecta a un partido político nacional y su posterior cambio de sector profesional prevalece sobre el derecho al olvido propugnado, al concurrir un interés público vigente en acceder a la forma y detalles de la investigación de graves hechos constitutivos de delito que impactan de forma manifiesta en la opinión pública»[170].

2.2. La colisión entre los derechos de la personalidad y las libertades de expresión e información

Los derechos fundamentales al honor, a la intimidad y a la propia imagen están reconocidos en el artículo 18.1 CE. Sin embargo, ni la propia Carta Magna ni las leyes de desarrollo han precisado una definición concreta acerca de lo que ha de entenderse por honor, intimidad o propia imagen. Tales definiciones se han tenido que ir construyendo por la jurisprudencia del Tribunal Constitucional, a la vez que se han empleado como base los preceptos normativos contenidos en la Ley Orgánica 1/1982, de 5 de mayo, de protección civil del derecho al honor, a la intimidad personal y familiar y a la propia imagen, especialmente aquellos en los que se determinan las intromisiones ilegítimas sobre los mismos —el desarrollo normativo de estos derechos fundamentales se encuentra en la citada ley orgánica y en los artículos 197 a 204 de la Ley Orgánica 10/1995, de 23 de noviembre, del Código Penal—.

169 SAN 1211/2024, de 6 de junio, FJ 7.°.

170 STS, Sala de lo Contencioso-Administrativo, 5992/2023, de 21 de diciembre, FJ 6.°.

Tal y como sostiene la STC 231/1988, los derechos fundamentales reconocidos en el art. 18.1 CE aparecen como derechos directamente vinculados a la propia personalidad e ineludiblemente ligados a la dignidad de la persona —reconocida en el art. 10 CE—. Estos derechos autónomos tienen como objetivo común el preservar un margen individual propio que quede protegido frente a la acción de los demás y en la medida en que resulte preciso, en base a las pautas sociales del momento, para garantizar una calidad de vida elemental. Es decir, se constituyen como derechos personalísimos asociados a la mera existencia de la persona[171]. La convivencia en sociedad lleva consigo un sentimiento de reputación del individuo frente a los demás, es por ello que debe contar con unos márgenes de recelo en la privacidad personal y en el empleo de la imagen de las personas, como cuestiones indispensables para un correcto desarrollo de la personalidad y una convivencia cívica adecuada. Somos ciudadanos sociales, pero precisamos de un elemental margen de reserva en nuestras interacciones.

La ubicación de estos derechos fundamentales —art. 18.1 CE— dentro de la estructura de la Carta Magna —Sección Primera, «de los derechos fundamentales y de las libertades públicas», del Capítulo Segundo, «Derechos y libertades», del Título Primero, «de los derechos y libertades fundamentales»—, implica que les sean otorgados los máximos niveles de protección constitucional: Al amparo del artículo 81 CE, su desarrollo legislativo tiene reserva de ley orgánica; en base al artículo 53.1 CE estos derechos vinculan a todos los poderes públicos y su regulación normativa, frente a la que cabe recurso de inconstitucionalidad —art. 161.1.a) CE—, deberá respetar en todo caso su contenido esencial; y según el artículo 53.2 CE cualquier ciudadano podrá recabar su tutela ante los tribunales ordinarios mediante un procedimiento basado en los principios de preferencia y sumariedad y, en su caso, a través del recurso de amparo ante el Tribunal Constitucional.

La STC 236/2007 aclaraba que la expresión de «libertades públicas» contenida en el artículo 13 CE no había de ser interpretada de forma restrictiva, es decir, el disfrute de los extranjeros no queda reducido en exclusiva a las libertades públicas, sino que se extiende también a todos los derechos reconocidos en el Título I CE[172]. Este razonamiento se sustenta en el hecho de que dichos derechos fundamentales merecen su reconocimiento, más allá del hecho de ser o no ciudadano, por la mera condición de ser persona. Dicho de otra manera, son derechos esenciales a la dignidad humana que, al amparo del art. 10.1 CE, opera como fundamento del orden político y de la paz social[173], por lo cual el TC también se ha venido refiriendo a ellos como derechos inherentes a la dignidad de la persona humana[174].

171 STC 231/1988, de 2 de diciembre, FJ 3.°.

172 STC 236/2007, de 7 de noviembre, FJ 3.°.

173 Véase la STC 107/1984, de 23 de noviembre, FJ 3.°; STC 99/1985, de 30 de septiembre, FJ 2.°; y STC 130/1995, de 11 de septiembre, FJ 2.°.

174 STC 91/2000, de 30 de marzo, FJ 7.°.

Estos derechos fundamentales tienen un ámbito de protección común que se centra, *grosso modo*, en la protección del prestigio de las personas y en la defensa de un espacio privado de desenvolvimiento propio y ajeno a los demás. En este sentido, el TC considera que al resguardar la reputación y la privacidad de un individuo se salvaguarda la esfera más íntima de su personalidad[175].

Una gran parte de las lesiones a los derechos de la personalidad se han venido produciendo por un extralimitado ejercicio de los conocidos como derechos de la comunicación —libertad de expresión y libertad de información reconocidos en el artículo 20 CE, cuyo apartado cuarto, precisamente en previsión de esta circunstancia, establece que estas libertades de expresión e información encuentran su límite, especialmente, en el respeto a los derechos de la personalidad. Así advierte la STC 12/2012 que «resulta indudable que el ejercicio de las libertades contenidas en el art. 20 CE puede colisionar, en ocasiones, con otros derechos fundamentales, especialmente y por lo que aquí interesa, con los derechos al honor y a la intimidad que, por mandato del art. 20.4 CE, constituyen un límite externo al correcto ejercicio de aquellas»[176]. Por otro lado, las libertades de expresión e información se ubican en el umbral natural de los derechos de la personalidad[177].

A priori, los derechos de la comunicación están a la misma altura que los derechos del artículo 18.1 CE y, por tanto, ninguno de ellos prevalece sobre el otro; siendo que, en caso de conflicto, habrá que ponderar, atendiendo a las circunstancias concretas de cada caso y al criterio de proporcionalidad, qué derechos deben ceder y de qué forma. Respecto a este juicio de ponderación, la STC 104/1986 precisa que cuando en el ejercicio de los derechos de la comunicación resulta afectado alguno de los derechos de la personalidad, se plantea un supuesto de conflicto entre dos derechos fundamentales, ambos de rango fundamental, lo que no implica que ninguno de ellos resulta preponderante en beneficio del otro, sino que se plantea un supuesto de inevitable ponderación entre unos y otros que habrá de resolverse atendiendo a las circunstancias del caso en concreto[178].

Los derechos del artículo 18.1 CE presentan elementos en común con características propias a todos ellos, pero deviene preciso desligar las particularidades propias de estos tres derechos, claramente distintos, y profundizar en los elementos propios de cada uno. En esta línea, la STC 14/2003 recuerda que la doctrina del Tribunal Constitucional tiene asentado que, si bien se trata de derechos de la personalidad, relacionados con la protección de la dignidad humana y la esfera moral de la persona, cada uno tiene un contenido

---

175 Véase STC 231/1988, de 2 de diciembre, FJ 3.°.

176 STC 12/2012, de 30 de enero, FJ 6.°.

177 STC 190/2013, de 18 de noviembre, FJ 3.°.

178 STC 104/1986, de 17 de julio de 1986, FJ 5.°.

propio y un ámbito específico[179]. Es decir, son tres derechos autónomos con sustantividad propia, de tal forma que la vulneración de uno de ellos no tiene por qué acarrear obligatoriamente la vulneración de los demás[180], a la par que tal carácter autónomo implica que ninguno tenga frente a los demás el carácter de derecho genérico[181]. Por todo ello, se plantea necesario hacer un estudio por separado de cada uno de los derechos del artículo 18.1 CE, con una previa introducción de los derechos de la comunicación contemplados en el artículo 20 CE.

2.2.1. La dimensión constitucional de los derechos de la comunicación

Juan Manuel Herreros López explica que la diferencia entre los derechos de la comunicación —libertad de expresión y libertad de información—, contemplados en el artículo 20 CE, estriba en que «la libertad de expresión protege la difusión de ideas, pensamientos y opiniones, con la inevitable carga de subjetividad de los correspondientes mensajes difundidos, mientras que la libertad de información protege la difusión de hechos noticiosos veraces, sin intercalar opiniones subjetivas»[182]. No obstante, lo anterior, estas libertades informativas tienen una cobertura constitucional tan próxima que muchas veces deviene imposible desligarlas dentro de una misma práctica comunicativa. Pese a ello, el TC ha tratado de delimitar el contorno de cada una con tal de poder identificar sus límites dentro de cada supuesto posible[183].

Hay que destacar que ambas libertades alcanzan su máximo umbral de protección en todos aquellos supuestos en los que se pueda favorecer la libre formación de una opinión pública libre y, muy especialmente, cuando se practique por los profesionales de la información a través de los medios de prensa —comprendidos en una acepción amplia del concepto—[184]. Pese a ello, el TC también ha señalado que la titularidad de los derechos de la comunicación no pertenece únicamente a los periodistas, sino a la totalidad de la ciudadanía[185]; esta puntualización no puede pasar desapercibida en la realidad en que nos encontramos donde, como se ha detallado,

179 STC 14/2003, de 28 de enero de 2003, FJ 4.º.

180 Véase STC 81/2001, de 26 de marzo, FJ 2.º.

181 STC 156/2001, de 2 de julio, FJ 3.º.

182 Herreros López, J. M., «La responsabilidad por lesión de los derechos al honor, intimidad y propia imagen», en *Responsabilidad en el ámbito del Derecho Público y por la lesión de los derechos fundamentales*, UDIMA, p. 8.

183 STC 6/2020, de 27 de enero de 2020, FJ 3.º.

184 STC 105/1990, de 6 de junio, FJ 4.º.

185 STC 89/2018, de 6 de septiembre, FJ 2.º.

los usuarios tienen la facultad de diseñar y publicar contenidos, los cuales pueden tener una finalidad técnicamente informativa. Resulta curioso que, si bien en tiempos anteriores la libertad de información fuese ejercitada únicamente por los medios de prensa y la libertad de expresión quedase destinada a los ciudadanos, actualmente los propios individuos puedan realizar labores informativas o simplemente expresarse de forma libre en Internet, por lo que habrá que prestar especial atención a la finalidad concreta de la dimensión comunicativa en cuestión, ya que, según el contexto, los usuarios podrán manifestarse en la red conforme a la libertad de expresión o también ejercer la libertad de información en la misma medida que los medios tradicionales de prensa.

Conforme a la reiterada doctrina del TC, el artículo 20 CE, aparte de garantizar la libertad de expresión y el derecho a comunicar libremente información veraz, también consagra la voluntad constitucional de asegurar una opinión pública libre que, como pilar imprescindible en el funcionamiento de un sistema democrático, opera como presupuesto necesario para el ejercicio de otros derechos inmanentes a una sociedad libre y democrática[186]. Los derechos de la comunicación secundan la formación de una voluntad propia y autónoma en el ciudadano a fin de que pueda participar con conocimiento de causa en las cuestiones políticas, para lo cual debe disponer de un abanico informativo de opiniones enfrentadas[187]. El Tribunal Europeo de Derechos Humanos ha venido sosteniendo este criterio al enunciar que las libertades reconocidas en el artículo 10 CEDH[188] conforman uno de los pilares fundamentales de una nación democrática y una de las razones ineludibles del progreso social, por lo que toda restricción normativa debe estar justificada por una exigencia comunitaria acuciante[189] y estas, a su vez, deben ser interpretadas de manera restrictiva[190].

186 STC 9/2007, de 15 de enero, FJ 4.°.

187 STC 79/2014, de 28 de mayo, FJ 6.°.

188 1. Toda persona tiene derecho a la libertad de expresión. Este derecho comprende la libertad de opinión y la libertad de recibir o de comunicar informaciones o ideas, sin que pueda haber injerencia de autoridades públicas y sin consideración de fronteras. El presente artículo no impide que los Estados sometan a las empresas de radiodifusión, de cinematografía o de televisión a un régimen de autorización previa. 2. El ejercicio de estas libertades, que entrañan deberes y responsabilidades, podrá ser sometido a ciertas formalidades, condiciones, restricciones o sanciones previstas por la ley, que constituyan medidas necesarias, en una sociedad democrática, para la seguridad nacional, la integridad territorial o la seguridad pública, la defensa del orden y la prevención del delito, la protección de la salud o de la moral, la protección de la reputación o de los derechos ajenos, para impedir la divulgación de informaciones confidenciales o para garantizar la autoridad y la imparcialidad del poder judicial.

189 STEDH, de 13 de marzo de 2018, asunto Stern Taulats y Roura Capellera c. España, § 31.

190 STEDH de 23 de abril de 1992, asunto Castells c. España, § 42.

Este enfoque objetivo dota a estas libertades de cierta preeminencia dentro del ordenamiento jurídico[191] pues, en cuanto a fundamentos del orden constitucional, deben gozar de una posición preferente y ser objeto de especial atención[192]. Es decir, deben estar dotadas de un «amplio espacio», esto es, un margen de desenvolvimiento lo suficiente amplio como para que su contenido pueda desarrollarse sin estrecheces[193]. Consiguientemente, la libre transmisión de informaciones y opiniones, consagrada en el artículo 20 CE, implica un mandato a todos los poderes públicos y vincula, concretamente, a la función interpretativa de la jurisdicción ordinaria[194].

El TC ha destacado que la posición preferente que alcanzan los derechos de la comunicación, al tener como objeto la transmisión de noticias de relevancia para la sociedad, se exterioriza muy particularmente en aquellos supuestos que versan acerca de personas de relevancia pública o de aquellas que resultan comprometidas en asuntos de trascendencia social. A la hora de dirimir los posibles conflictos frente a otros derechos fundamentales —principalmente los recogidos en el artículo 18.1 CE— se debe tener presente que, al haber optado voluntariamente por tal condición, merecen soportar un mayor nivel de intromisión que los ciudadanos privados por tratarse de la difusión de hechos u opiniones de interés general[195]. De forma similar, el TEDH ha subrayado que en estas ocasiones el punto determinante en la ponderación entre tales derechos radica en el grado de aportación de la información al debate público[196].

2.2.1.1. La libertad de expresión

La STC 89/2018, recapitulando la jurisprudencia consolidada respecto a este derecho, recuerda que el objeto de la libertad de expresión reside en la libre manifestación de pensamientos, ideas y opiniones, conceptos que deben comprenderse en su sentido más amplio y entre los que se deben incluir las opiniones y los juicios de valor[197]. El TC ha venido reiterando que la libertad de expresión protege las manifestaciones de carácter crítico hacia la conducta de otra persona, pese a que estas sean desabridas y puedan molestar, inquietar o disgustar a quien se dirigen[198]. El TEDH sostiene este

191 STC 18/2015, de 16 de febrero, FJ 4.º.

192 STC 101/2003, de 2 de junio, FJ 3.º.

193 STC 127/2004, de 19 de julio, FJ 4.º.

194 STC 177/2015, de 22 de julio, FJ 2 d).

195 STC 127/2003, de 30 de junio de 2003, FJ 4.º.

196 STEDH de 24 de junio de 2004, asunto Von Hannover c. Alemania, § 65 y 76.

197 STC 89/2018, de 6 de septiembre, FJ 2 a).

198 Véanse STC 6/2000, de 17 de enero, FJ 5.º; STC 49/2001, de 26 de febrero, FJ 4.º, y 204/2001, de 15 de octubre, FJ 4.º.

mismo razonamiento indicando que se trata de una premisa indispensable para el pluralismo, la tolerancia y el espíritu de apertura, como elementos indefectibles en una sociedad democrática[199].

Es importante destacar que, según la jurisprudencia del TC, la libertad de expresión cuenta con un margen de protección más amplio que la libertad de información al no revestir del requisito de veracidad que sí es aplicable a esta segunda[200]. Es decir, se trata del derecho a expresar ideas, opiniones o juicios de valor de carácter subjetivo que no tienen por qué quedar sometidos a una demostración de exactitud[201]. Lo que se pretende es que los ciudadanos sean libres a la hora de debatir en los asuntos de relevancia pública y cuenten con un margen amplio de impunidad para intervenir en la difusión de opiniones orientadas a la formación de la opinión pública[202]. Es decir, la libertad de expresión salvaguarda la circulación de ideas y juicios de valor llamados al desarrollo de una comunicación pública libre[203].

En línea con este planteamiento, el TEDH se ha pronunciado declarando que, en las materias propias del discurso político y en las cuestiones de relevancia general, el contenido del artículo 10.2 del CEDH no deja apenas margen de restricción y prevalece frente a posibles intromisiones en el derecho al honor[204]. El TEDH también ha concretado que estos juicios de valor de ámbito público pueden versar sobre el funcionamiento de las instituciones públicas, pero también pueden propasar esta esfera para ahondar en la apreciación de enfoque crítico acerca de la evolución de la propia sociedad. En este punto, es preciso resaltar que el TC ha sostenido que la cobertura constitucional de la libertad de expresión ampara perfectamente la facultad de manifestarse en contra del propio sistema y valores constitucionales[205].

Además, la libertad de expresión da cobertura a un cierto margen de crítica contra el desempeño profesional de un tercero, sin que dicha reprobación haya de suponer, por sí misma, un atentado al honor[206]. En estos casos, el TC ha sentado incluso que los límites de lo permisible pueden ampliarse, pero que como patrón de estudio acerca de tal ponderación, se ha de centrar el objeto de valoración en las circunstancias concurrentes donde se producen las expresiones, la intensidad y el contenido de las oraciones, su sentido humorístico o mordaz, la subsistencia de un evidente ánimo injurioso y, por

199 STEDH de 23 de abril de 1992, asunto Castells c. España, § 42.

200 STC 107/1988, de 8 de junio, FJ 2.°.

201 STC 51/1989, de 22 de febrero, FJ 2.°.

202 STC 29/2009, de 26 de enero, FJ 5.°.

203 STC 9/2007, de 15 de enero, FJ 4.°.

204 STEDH de 13 de marzo de 2018, asunto Stern Taulats y Roura Capellera c. España, § 32.

205 STC 184/2021, de 28 de octubre de 2021, FJ 12.°.

206 STC 9/2007, de 15 de enero, FJ 3.°.

encima de todo ello, la posible relevancia pública de las expresiones en aras a la formación de una opinión pública libre[207].

Ahora bien, si tales enunciados con fundamento crítico se pronuncian acerca de alguna institución pública u organismo del Estado de forma genérica y abstracta, en lugar de dirigirse frente a una persona concreta de relevancia pública, la libertad de expresión cobra un refuerzo todavía mayor frente a los derechos de la personalidad, que tendrían un margen de protección muy débil en este caso. Sin infravalorar la consideración de las instituciones públicas, el margen debe ser mayor por cuanto se dirigen de forma indeterminada y abstracta contra los individuos que lo conforman, como conjunto, y no contra personas concretas[208], pero siempre que no supongan un ataque directo frente a la honra de tal colectivo público[209]. A modo de ejemplo, puede señalarse la STC 170/1994, de 7 de junio, donde, respecto a una reprobación de holgazanería municipal, se aceptó la cobertura de la libertad de expresión por no subyacer una voluntad directa de injuria, sino una manifestación sumida en el derecho de crítica contra el improductivo funcionamiento de las instituciones públicas[210].

Lo que en todo caso escapa al ámbito de protección de la libertad de expresión, como apunta la STC 180/1999, son «aquellas críticas que, pese a estar formalmente dirigidas a la actividad profesional de un individuo, constituyen en el fondo una descalificación personal, al repercutir directamente en su consideración y dignidad individuales, poseyendo un especial relieve aquellas infamias que pongan en duda o menosprecien su probidad o su ética en el desempeño de aquella actividad; lo que, obviamente, dependerá de las circunstancias del caso, de quién, cómo, cuándo y de qué forma se ha cuestionado la valía profesional del ofendido»[211]. Pese al amplio margen de cobertura de la libertad de expresión respecto a los juicios de valor que puedan molestar a una persona, lo que la Constitución no reconoce en ningún caso es un supuesto derecho al insulto, por lo que en modo alguno cabe incluir en el ejercicio del derecho a la libertad de expresión manifestaciones inequívocamente injuriosas[212].

El derecho de expresión alcanza su límite constitucional en la imposibilidad de verter declaraciones con un contenido absolutamente vejatorio[213]. Dicho de otro modo, quedan prohibidas las manifestaciones que «dadas las concre-

---

207 STC 107/1988, de 8 de junio, FJ 3.°.

208 STC 51/1989, de 22 de febrero, FJ 2.°.

209 STC 371/1993, de 13 de diciembre, FJ 8.°.

210 STC 170/1994, de 7 de junio, FJ 4.°.

211 STC 180/1999, FJ 5.°.

212 STC 192/1999, de 25 de octubre, FJ 3.°.

213 STC 9/2007, de 15 de enero, FJ 4.°.

tas circunstancias del caso, y al margen de su veracidad o inveracidad, sean ofensivas u oprobiosas y resulten impertinentes para expresar las opiniones o informaciones de que se trate»[214]. De muy difícil forma podrían darse amparo a tales manifestaciones, cuando la dignidad de la persona —art. 10.1 CE— opera como fundamento del orden político y de la paz social, sobre la que se asientan los demás derechos fundamentales y que, como esencia espiritual y moral del ser humano, precisa de respeto por parte de los demás. Por tanto, la libertad de expresión no puede nunca servir de herramienta para el menoscabo de la dignidad del ser humano a través del insulto[215].

2.2.1.2. La libertad de información

Por lo que concierne a la posible colisión entre la libertad de información y los derechos de la personalidad, el TC ha dictaminado que, para que la difusión de una noticia informativa quede cubierta por el mayor rango de protección establecido en el artículo 20.1.d) CE y pueda llegar a prevalecer sobre los derechos del artículo 18.1 CE, deben darse dos condiciones[216], las cuales también han sido postuladas como exigencias de necesidad por el TEDH[217]: Que contenga hechos veraces y que verse sobre hechos noticiables.

La primera condición supone que la información contenga hechos veraces, lo que también ha sido denominado como sucesos contrastados, es decir, acontecimientos comprobados bajo unos elementales mínimos de diligencia profesional[218]. Esta regla de veracidad no significa que los hechos relatados en la noticia deban de ser rigurosamente idénticos a lo acaecido, sino que deben precisar de un deber de comprobación razonable acerca de su certeza y existencia, aunque se incurra en errores puntuales, pero siempre que no se altere la identidad propia del suceso. En esencia, la libertad de información no daría cobertura a la transmisión de simples rumores desprovistos de contraste, ni a inventivas o insinuaciones malintencionadas.

En ese marco jurisprudencial, la STC 172/1992 precisa que «el deber de diligencia en la comprobación razonable de la veracidad de la información no se satisface con la pura y genérica remisión a fuentes indeterminadas, que, en ningún caso, liberan al autor de la información del cumplimiento de dicho deber, pues, al asumir y transmitir a la opinión pública la noticia, también asume personalmente su veracidad o inveracidad, en cuanto que la obligación de contrastar la verosimilitud de la noticia es un deber propio

214 STC 41/2011, de 11 de abril, FJ 5.°.

215 STC 53/1985, de 11 de abril, FJ 8.°.

216 STC 6/2020, de 27 de enero de 2020, FJ 3.°.

217 Véanse STEDH de 17 de diciembre de 2004, asunto Cumpânâ y Mazârê c. Rumanía y STEDH de 31 de enero de 2006, asunto Stângu y Scutelnicu c. Rumania.

218 STC 107/1988, de 8 de junio de 1988, FJ 2.°.

y específico de cada informador, que es el que está ejerciendo el derecho a informar, y, por tanto, aquel al que incumbe no exceder sus límites, evitando la propagación de noticias que, aun procediendo de sedicentes fuentes bien informadas, no se ha preocupado de contrastar con diligencia razonable y resulten después ser lesivas del derecho al honor o a la intimidad personal, cuya falta de fundamento pudo comprobar si hubiera desplegado esa diligencia, que, a tal efecto, exige el ejercicio serio y responsable del fundamental derecho a comunicar información»[219].

Empero, el TC ha resaltado que el requisito de veracidad no opera de la misma manera cuando la información divulgada guarda relación con menores. En tal supuesto, ha de considerarse que es interés legítimo del menor que no se divulguen datos que contengan información de carácter personal o familiar. La STC 134/1999 establece un límite infranqueable a la libertad de expresión en la vida privada de los menores, sin que en dicho caso la presunta veracidad de lo desvelado pueda dispensar al medio de comunicación de responsabilidad por la intromisión realizada[220].

La segunda condición, para que la labor informativa quede subsumida bajo el abanico de protección constitucional, es que recaiga sobre hechos noticiables. Por hechos noticiables deben entenderse aquellas cuestiones de transcendencia pública, en base a los temas o a las personas que medien en el suceso, que revistan de interés colectivo para la formación de la opinión pública[221]. Esta condición es especialmente importante para los casos relacionados con personas de relevancia pública donde no basta con su mera presencia, sino que deben darse unas circunstancias concurrentes a la noticia que revistan de importancia o relevancia pública por sí mismas, la cual no se satisface con la simple aparición de la persona por el único motivo de ser conocida. Como concreta la STC 18/2015, de 16 de febrero, los «hechos deben versar sobre aspectos conectados a la proyección pública de la persona a la que se refiere, o a las características del hecho en que esa persona se haya visto involucrada»[222]. Y es que la simple proyección pública no puede servir de excusa para que la persona que la ostente pierda, en el ámbito del derecho a la intimidad personal, todo margen de protección constitucional respecto a sus relaciones privadas[223]. Juan Manuel Herreros López precisa que tales personas de relevancia pública «no pierden en modo alguno la protección de sus derechos al honor, intimidad y propia imagen, lo que ocurre

219 STC 172/1990, de 12 de noviembre de 1990, FJ 3.°.

220 STC 134/1999, de 15 de julio, FJ 6.°.

221 STC 18/2015, de 16 de febrero, FFJJ 4.° y 5.°.

222 STC 18/2015, de 16 de febrero de 2015 FJ 5.°.

223 STC 7/2014, de 27 de enero, FJ 4.° a).

es que su actividad pública está sujeta a mayor juicio crítico»[224]. Ciertamente, las personas de relevancia pública, de forma inevitable, sufren una reducción en su esfera de intimidad, pero, pese a ello, en lo que escapa a las materias expuestas al conocimiento público, su intimidad debe subsistir y, consiguientemente, la protección constitucional de este derecho, en todas las cuestiones ajenas a la opinión pública, debe ser de igual rango que la de cualquier persona exenta de notoriedad[225].

También es importante resaltar que la condición del hecho noticiable implica que hayan de producirse unos hechos de trascendencia pública, más allá de que la captación u obtención de la información se haya desarrollado en un lugar de tránsito público. Dicho de otro modo, el carácter público del emplazamiento en el que se realiza la captación no es suficiente para que se limite el ámbito de protección inmanente al derecho a la intimidad. La STC 7/2014 lo explica del siguiente modo: «el carácter público de los lugares donde fueron captadas las fotografías [...] no tiene la capacidad de situar la acción de los demandantes extramuros del ámbito de protección del derecho a la intimidad»[226].

En esta misma línea, el Tribunal Europeo de Derechos Humanos ha venido precisando que el punto clave en el estudio de la colisión entre el derecho a la vida privada y a la libertad de expresión reside en el nivel de aportación con que la noticia contribuya a una cuestión de interés público; no teniendo cabida en esta participación al debate público la mera publicación de elementos relativos a la vida privada de una persona orientados a la simple satisfacción de la curiosidad por parte de los espectadores[227].

2.2.2. Los conflictos con el derecho al honor

El honor es una noción que ha estado presente a lo largo de toda la historia. Ya en la Antigua Grecia se fomentaba una sociedad de carácter meritocrático, en donde se valoraba al individuo por sus logros, donde la virtud —*areté* o excelencia de la cosa— tenía un ámbito eminentemente público y el valor moral de las personas dependía de su reputación[228]. En tal sentido, cabe destacar las siguientes palabras de Héctor en la Ilíada: «No quisiera morir cobardemente y sin gloria, sino realizando algo grande, que llegara a conocimiento de los venideros». Pero desde antiguo, este concepto había

224 Herreros López, J. M., «La responsabilidad por lesión de los derechos al honor, intimidad y propia imagen», *op. cit.,* p. 12.

225 STC 115/2000, de 5 de mayo, FJ 5.°.

226 STC 7/2014, de 27 de enero, FJ 4.° b).

227 STEDH de 24 de junio de 2004, caso Von Hannover c. Alemania, §§ 65 y 76.

228 Gómez Sánchez, C., y Muguerza Carpintier, J., *La aventura de la moralidad (paradigmas, fronteras y problemas de la ética)*, Alianza Editorial, Madrid, 2020, pp. 56-57.

quedado reservado únicamente para los estratos más poderosos de la sociedad, tales como la aristocracia, la nobleza o el clero. En España, este concepto se fue ampliando durante el Antiguo Régimen hacia la burguesía, la cual podía disponer de este prestigio mediante la compra de títulos nobiliarios o a través del acceso a ciertos cargos públicos. Pero no es hasta la llegada del Estado Constitucional cuando los principios del honor, emanados del concepto de la dignidad de la persona, se hacen extensibles a la totalidad de la ciudadanía. Actualmente, si bien no existe una definición inequívoca del honor, sí que puede afirmarse que este es un concepto igualitario para todos, entendido como el prestigio inmanente a toda persona inserta en la convivencia social. El objeto principal del honor es amparar y proteger al individuo frente a declaraciones que, por incurrir en descrédito o menosprecio, afecten negativamente a su consideración por parte de terceros y afecten a su reputación acarreando el desmerecimiento ajeno.

El TC ha recalcado que el derecho al honor es un concepto lábil, fluido y cambiante[229], por lo que una de sus peculiaridades primordiales estriba en ser un concepto jurídico cuya concreción deriva de las normas, valores e ideas sociales vigentes en cada momento[230]. Pese a ello, la imprecisión suscitada por la imposibilidad de establecer una definición cerrada y absoluta no implica que este derecho no goce de un contenido constitucional abstracto pero sólido, el cual, según a la STC 180/1999, está orientado a preservar «la buena reputación de una persona, protegiéndola frente a expresiones o mensajes que le hagan desmerecer en la consideración ajena al ir en su descrédito o menosprecio o que sean tenidas en el concepto público por afrentosas»[231].

Por otro lado, el derecho al honor no opera exclusivamente como límite al ejercicio de las libertades de expresión e información, sino que es un derecho fundamental —consagrado por el art. 18.1 CE— el cual, por derivación del reconocimiento de la dignidad de la persona, concede al individuo el derecho a no ser ofendido ni menospreciado ante otros[232]. Es decir, el derecho al honor está llamado a resguardar a la persona frente al «desmerecimiento en la consideración ajena»[233], toda vez que su objeto es tutelar la indemnidad de la reputación que tenga la sociedad de una persona[234].

También es importante destacar que la protección que la Constitución hace del derecho al honor se extiende también a todo lo relacionado con la vida profesional de individuo, esfera en la que tampoco puede ser menospre-

229 STC 170/1994, de 7 de junio, FJ 4.°.

230 STC 46/2002, de 25 de febrero, FJ 6.°.

231 STC 180/1999, de 11 de octubre, FJ 4.°.

232 STC 204/2001, de 15 de octubre, FJ 7.°.

233 STC 52/2002, de 25 de febrero, FJ 4.°.

234 STC 180/1999, de 11 de octubre, FJ 5.°.

ciado de forma ilegítima o caprichosa[235]. Ciertamente, existe un resguardo de crítica respecto a la pericia profesional en el desempeño de una actividad profesional, pero no puede confundirse con aquellas críticas que, pese a estar inicialmente encaminadas a cuestionar un desempeño profesional, supongan en su fondo una ofensa individual al incidir negativamente en su dignidad personal[236].

En cuanto a la titularidad del derecho al honor, pese a que principalmente tenga un carácter personalísimo, el TC ha valorado que algunas personas jurídicas pueden merecer su reconocimiento, a fin de que la fama de índole profesional también sea valorada y respetada en el tráfico jurídico, aunque aquí el nivel de protección constitucional de este derecho fundamental sería menos intenso que el reservado para las personas físicas[237].

Por otro lado, inicialmente la STC 231/1988 negó el reconocimiento del derecho al honor a las personas fallecidas, sosteniendo que este derecho fundamental concluía en su esfera constitucional con la muerte de la persona y, por tanto, cualquier área de protección de este derecho fundamental, como es el contemplado por la LOPH, opera fuera del área de protección destinado al TC, como es el recurso de amparo[238]. Ahora bien, posteriormente con la STC 51/2008 el TC cambió su propia doctrina pasando a admitir cierta protección al honor para los fallecidos, pero precisando la concurrencia de un menor grado de tutela en estos casos, ya que «con la muerte de las personas su reputación se transforma en gran medida, vinculándose sobre todo a la memoria o al recurso por parte de sus allegados. De ahí que no pueda postularse que su contenido constitucional y la intensidad de su protección sean los mismos que en el caso de las personas vivas»[239]. No obstante, hay que apuntar que esta interpretación restringida del derecho al honor *post morten* tiene una dimensión exclusivamente constitucional en la vía del recurso extraordinario, pero los artículos 4, 5 y 6 de la LOPH dejan las puertas abiertas para la reclamación a través de la jurisdicción civil.

El derecho al honor no es un derecho absoluto, por lo que los conflictos que se susciten frente a las libertades de expresión e información deberán tratarse mediante criterios de ponderación y, aunque hayan de ponderarse en cada caso concreto en base a las circunstancias concurrentes, estos segundos, en términos generales, gozan de prevalencia según el TC, siempre que concurran los requisitos que más abajo se exponen.

235 STC 216/2013, de 19 de diciembre, FJ 5.°.

236 STC 65/2015, de 13 de abril, FJ 3.°.

237 STC 183/1995, de 11 de diciembre, FJ 2.°.

238 STC 231/1988, de 2 de diciembre, FJ 3.°.

239 STC 51/2008, de 14 de abril, FJ 6.°.

Pese a que no nos conste una definición inequívoca del honor, lo cierto es que el legislador sí que se ha preocupado de establecer una definición acerca de las intromisiones ilegítimas en este derecho fundamental. El artículo 7.7 de la Ley Orgánica 1/1982 incluye como consideración de intromisión ilegítima en el ámbito de protección del derecho al honor la imputación de hechos o la manifestación de juicios de valor a través de acciones o expresiones que de cualquier modo lesionen la dignidad de otra persona, menoscabando su fama o atentando contra su propia estimación. A este respecto, es importante recapitular que la imputación de sucesos únicamente constituirá una intromisión ilegítima en el honor si se acredita que tales hechos son falsos —requisito de veracidad de la libertad de información—, mientras que los meros juicios de valor —libertad de expresión— solamente serán constitutivos de intromisión cuando sobrepasen la mera opinión e incurran en un insulto o grave menosprecio que atente contra el prestigio de la persona.

Respecto al conflicto entre el derecho al honor y la libertad de información, la STS 170/2020, de 11 de marzo[240], y la STS 252/2019[241], de 7 de mayo, realizan una recapitulación jurisprudencial acerca de los requisitos establecidos para que el derecho a la libertad de información pueda prevalecer sobre el derecho al honor, que son los tres siguientes:

1. **Veracidad de la información**. Este aspecto no supone técnicamente que la información deba ser completamente cierta, sino que la tarea realizada por el informador revista de una mínima diligencia a la hora de emplear fuentes fiables y la obtención de un resultado al que un lector medio hubiera llegado por sus propios fines; es lo que se conoce como la teoría del «reportaje neutral».
2. **Interés general o de relevancia pública**. Dicho interés puede tener un enfoque material, es decir, que se trate de un interés legítimo por parte de la opinión pública y no meramente de la satisfacción de la curiosidad; un enfoque por razón de la persona, esto es, que el individuo sea una persona que ejerza un cargo público o tenga proyección pública; o bien ambos a la vez.
3. **Proporcionalidad**. El desarrollo de la información debe realizarse de forma imparcial y sin emplear expresiones injuriosas o vejatorias.

En cuanto a la colisión entre el derecho al honor y el derecho a la libertad de expresión, cabe mencionar la STS 384/2020, de 1 de julio de 2020[242], la cual, resumiendo la abundante jurisprudencia constitucional existente al respecto, recuerda que de los tres requisitos por los que cabe aplicar la preeminencia de los derechos a la libertad de información y expresión, dos de ellos

240 STS 170/2020, 11 de marzo, FJ 3.°.

241 STS 252/2019, 7 de mayo, FJ 6.°.

242 STS 384/2020, 1 de julio, FJ 7.°.

son comunes —«que la información comunicada o la valoración subjetiva, la crítica u opinión divulgada, vengan referidas a un asunto de interés general o relevancia pública, sea por la materia, por razón de las personas o por las dos cosas, y la proporcionalidad, es decir, que en su exposición pública no se usen expresiones inequívocamente injuriosas o vejatorias»—, mientras que el tercer requisito, la veracidad, no es preceptivamente legitimador del derecho a la libertad de expresión. En dicho sentido, SERGIO CÁMARA LAPUENTE considera que «la libertad de expresión tradicionalmente se viene considerando que tiene un campo de actuación más amplio, al versar sobre la emisión de juicios, opiniones o ideas y no de mera transmisión de hechos como en la libertad informativa»[243].

Sin perjuicio de lo anterior, entre la más reciente jurisprudencia encontramos pronunciamientos como el de la STS 236/2019, de 23 de abril de 2019[244], que destacan que, dentro del derecho a la libertad de expresión, puede resultar exigible cierto grado de veracidad en los argumentos expresados cuando estos supongan una crítica o desacrediten a una persona, sin que quepa entender con ello la descalificación directa y, especialmente, cuando supongan la atribución en la comisión de un ilícito penal. Esta cuestión no deja de ir de la mano con los artículos 205 y 207 del Código Penal ya que la calumnia, como imputación de un delito con conocimiento de su falsedad o temerario desprecio hacia la verdad, estará exenta de pena cuando se pruebe el hecho criminal que se hubiera imputado.

2.2.3. Los conflictos con el derecho a la intimidad

El derecho a la intimidad tiene un origen más próximo en el tiempo que el derecho al honor. La intimidad es un concepto que ha derivado de la noción del derecho a la privacidad en el Derecho anglosajón. La doctrina[245] sitúa la irrupción histórica del derecho a la privacidad en el derecho constitucional estadounidense en 1890, tras la publicación del artículo «*The right to privacy*» en la revista *Hardward Law Review* por los jóvenes abogados LUIS BRANDEIS y SAMUEL WARREN[246]. Si bien este concepto será desarrollado más extensamente en el siguiente capítulo, en lo que aquí interesa, procede espe-

243 CÁMARA LAPUENTE, S., «La lesión por medios digitales de la personalidad pretérita del fallecido. Vulneraciones del honor, intimidad, imagen y datos personales del difunto en redes sociales, publicaciones digitales y otros canales de difusión electrónica», *Revista de Derecho Civil,* vol. VII, n.º 5, 2020, p. 136.

244 STS 384/2020, 1 de julio de 2020, FJ 7.º.

245 NIEVES SALDAÑA, M., ««The right to privacy". La génesis de la protección de la privacidad en el sistema constitucional norteamericano: el centenario legado de warren y brandeis», *UNED, Revista de Derecho Político*, n.º 85, septiembre-diciembre, 2012, p. 197.

246 BRANDEIS, L., WARREN, S. «The right to privacy», *Harvard law review*, vol. 4, n.º 5, 1890, pp. 193-220.

cificar que el derecho a la privacidad surge con un ámbito de protección, ligado al *right to be let alone*[247] —derecho a estar solo—, acotado al ámbito más reservado de la vida privada y familiar de cada persona, dentro de los mínimos culturales necesarios para disfrutar de una calidad humana básica. Posteriormente, ese núcleo básico de protección se ha ido extendiendo y ampliando. La protección al derecho fundamental a la intimidad se ha venido exponiendo por la jurisprudencia constitucional en dos vertientes, desde el ámbito de la intimidad corporal y, en un sentido más amplio, como derecho a la intimidad personal[248].

En cuanto el derecho a la intimidad corporal, el TC ha especificado que se trata de una cuestión de índole más cultural que física, dado que es consecuencia de la noción cultural del recato corporal, por lo que solamente resultarán intromisivas en el derecho a la intimidad aquellas actuaciones que recaigan sobre las partes del cuerpo pudorosas[249]. Consiguientemente, el desnudo integral de una persona se subsume dentro del ámbito constitucionalmente protegido de la intimidad corporal[250] por lo que, incluso en una relación de especial subordinación, como pudiera ser el internamiento penitenciario, ninguna persona puede ser obligada a enseñar su cuerpo desnudo en contra de su voluntad sin injerencia en su intimidad corporal[251]. Ahora bien, puede suceder que una acción resulte legítima desde el prisma de la intimidad corporal, pero suponga una injerencia en la intimidad personal. Imagínese una extracción de cabello como prueba de análisis para determinar el consumo de sustancias estupefacientes. El área corporal del cuero cabelludo no se ubica, desde las máximas culturales actuales, en una zona de intimidad corporal; pero la pesquisa acerca del consumo de drogas sí puede suponer una injerencia en la esfera de la intimidad personal por ser una información reservada al ámbito, ya que su descubrimiento puede conllevar un desmerecido juicio de valor por parte de la sociedad[252].

Por otro lado, el derecho a la intimidad personal es la manifestación del derecho fundamental asociado a la personalidad del individuo que dimana de la dignidad personal —art. 10.1 CE—. Aquí, la intimidad personal se manifiesta como el espacio propio y cerrado al conocimiento ajeno que, dentro de las costumbres sociales, resulta necesario para disfrutar de una calidad de vida suficiente[253]. Es el aspecto de la vida privada o de lo íntimo que reviste

247 Braxton Craven, J., «Personhood: The right to be let alone», *Duke LJ*, 1976, p. 699.

248 STC 172/2020, de 19 de noviembre de 2020, FJ 4.° b).

249 STC 57/1994, de 28 de febrero, FJ 5.° b).

250 STC 196/2006, de 3 de julio, FJ 5.°.

251 STC 57/1994, de 28 de febrero, FJ 7.°.

252 STC 207/1996, de 16 de diciembre, FJ 3.° b).

253 STC 143/1994, de 9 de mayo, FJ 6.°.

una dimensión puramente personal[254] y, a raíz de ello, cada individuo tiene derecho a delimitar y restringir su acceso y conocimiento por parte de los demás[255]. Como afirma la STC 206/2007, se «confiere a la persona el poder jurídico de imponer a terceros el deber de abstenerse de toda intromisión en la esfera íntima y la prohibición de hacer uso de lo así conocido»[256].

Las intromisiones ilegítimas en el derecho a la intimidad personal han quedado reflejadas en los cuatro primeros apartados del artículo 7 de la LOPH. El apartado primero indica que constituye intromisión ilegítima el emplazamiento en cualquier lugar de aparatos de escucha, de filmación, de dispositivos ópticos o de cualquier otro medio apto para grabar o reproducir la vida íntima de las personas. Este precepto prohíbe el mero emplazamiento de estos dispositivos de grabación, aunque no lleguen a ser utilizados —o lo fueran por otras personas diferentes a quienes los colocaron—. Estas actuaciones devienen ilícitas, ya que la protección de la esfera más íntima de la persona prohíbe su grabación, independientemente de que de ella se derive o no perjuicio.

El segundo apartado, contempla la utilización de aparatos de escucha, dispositivos ópticos, o de cualquier otro medio para el conocimiento de la vida íntima de las personas o de manifestaciones o cartas privadas no destinadas a quien haga uso de tales medios, así como su grabación, registro o reproducción. Con ello, se aumenta el margen de prohibición, más allá de su colocación, a los supuestos de recopilación de datos personales. Esta noción de la intimidad deberá ser interpretada en base al desarrollo tecnológico del momento y a las herramientas electrónicas operantes, tal y como fundamentaba la STC 114/1984: «El bien constitucionalmente protegido es así la libertad de comunicaciones, siendo cierto que el derecho puede conculcarse tanto por la interpretación en sentido estricto (que suponga aprehensión física del soporte del mensaje —con conocimiento o no del mismo— o captación, de otra forma, del proceso de comunicación) como por el simple conocimiento antijurídico de lo comunicado»[257]. Ahora bien, la protección del derecho a la intimidad en soportes tecnológicos e informáticos guarda una estrecha vinculación con el derecho fundamental consagrado en el artículo 18.4 CE[258], por lo que de la interpretación conjunta de ambos preceptos constitucionales surgirá el concepto doctrinal del derecho a la autodeterminación informativa, que se desarrollará en el siguiente capítulo.

---

254 STC 207/1996, de 16 de diciembre, FJ 3.° b).

255 STC 196/2006, de 3 de julio, FJ 5.°.

256 STC 206/2007, de 24 de septiembre, FJ 4.°.

257 STC 114/1984, de 29 de noviembre, FJ 7.°.

258 Art. 18.4 CE: «La ley limitará el uso de la informática para garantizar el honor y la intimidad personal y familiar de los ciudadanos y el pleno ejercicio de sus derechos».

Se añade como supuesto de intromisión ilegítima, en el apartado tercero, la divulgación de hechos relativos a la vida privada de una persona o familia que afecten a su reputación y buen nombre, así como la revelación o publicación del contenido de cartas, memorias u otros escritos personales de carácter íntimo. Mediante este apartado se vetan las acciones tendentes a promulgar informaciones de carácter personal que afecten al prestigio y buen nombre, así como a difundir comunicaciones de carácter privado. El primer supuesto guarda una estrecha conexión con el derecho al honor; recuérdese que el TC ha establecido que los derechos consagrados en el artículo 18.1 CE, si bien son derechos autónomos e independientes, están estrechamente conectados entre sí, por lo que en muchas ocasiones será difícil que una acción intromisiva afecte de forma totalmente desligada a un solo derecho.

Por último, el apartado cuarto especifica que constituye injerencia la revelación de datos privados de una persona o familia conocidos a través de la actividad profesional u oficial de quien los revela. Lo que aquí se censura es la vulneración de la confianza depositada en un profesional o funcionario público el cual, prevaleciéndose de la confianza depositada y en base a la cual es titular de una información personal, divulga los datos que le han sido confiados. Este supuesto estaría estrechamente ligado con una transgresión de la normativa de protección de datos personales —que será tratada en el capítulo tercero—, lo cual patenta, una vez más, la relación de los derechos de la personalidad con el derecho al olvido —elaborado en su base doctrinal, en un primer momento, por derivación del derecho a la protección de datos personales—.

Acerca del derecho a la intimidad frente a los derechos a la libertad de información y expresión, la STS 91/2017, de 15 de febrero de 2017[259], hace una amplia exposición acerca de cómo los requisitos previamente expuestos para el derecho al honor rigen también para este derecho. Es decir, en la colisión del derecho a la intimidad frente al derecho a la libertad de información, se exigen los requisitos de veracidad, interés general o relevancia pública, y proporcionalidad; mientras que, frente al derecho a la libertad de expresión, al gozar de un margen más amplio e informal, no se precisa del requisito de veracidad, salvo con la salvedad previamente señalada. Sin embargo, como puntualiza la sentencia, «se trata de una materia en la que es difícil establecer pautas generales que sirvan para todos los casos, porque las circunstancias concurrentes en cada caso pueden inclinar la decisión por la prevalencia de uno u otro derecho». También, es preciso señalar que, en relación con el derecho a la intimidad, tanto la jurisprudencia del Tribunal Constitucional[260] como del Tribunal Supremo[261], han venido señalando que las noticias que

259 STS 91/2017, 15 de febrero de 2017, FJ 3.°.

260 STC 178/1993, de 31 de mayo, FJ 4.°.

261 STS 129/2014, de 5 de marzo, FJ 7.°.

difundan hechos de transcendencia penal tienen la consideración de relevancia pública aunque el afectado sea una persona de ámbito privado y siempre que no exista una «extralimitación morbosa», es decir, que la difusión de datos íntimos sean los estrictos necesarios para la narración del hecho informativo. A ello, deviene procedente añadir la apreciación de MATILDE VICENTE DÍAZ y SORAYA CALLEJO CARRIÓN: «cuando se afecta al derecho a la intimidad, lo determinante para resolver el conflicto de derechos es la relevancia pública de la información y no la veracidad del contenido de la información divulgada, en cuanto que, a diferencia de lo que sucede en las intromisiones en el honor, la veracidad no es paliativo sino presupuesto de la lesión de la intimidad»[262].

2.2.4. Los conflictos con el derecho a la propia imagen

El TC ha considerado que el derecho a la propia imagen es un derecho fundamental que, al igual que los otros derechos de la personalidad, dimana del derecho a la dignidad humana y tiene como objetivo el salvaguardar la esfera moral de la persona mediante su derecho a decidir qué contenido gráfico, auditivo o visual vinculado a su identidad física es susceptible de difusión a terceros. El aspecto físico es el elemento principal en la configuración de la esfera personal de las personas y conforma el mecanismo primordial para su identificación y reconocimiento[263]. Empero, es importante recalcar que el derecho a la propia imagen no se limita únicamente a los datos relacionados con la imagen en un sentido exclusivo, sino que, como precisa la STC 117/1997, trata «respecto de los atributos más característicos, propios e inmediatos como son la imagen física, la voz o el nombre, cualidades definitorias del ser propio y atribuidas como posesión inherente e irreductible a toda persona»[264]. Es decir, los bienes protegidos por el derecho a la propia imagen son la imagen física de la persona, su voz y su nombre. La diferencia que caracteriza al derecho a la imagen, respecto los derechos al honor y a la intimidad, estriba en que se protege la difusión de rasgos relativos a la identidad física del individuo, independientemente de que afecten a su reputación o divulguen hechos concernientes a su vida íntima. ESPERANZA GÓMEZ CORONA apunta que el problema con este derecho fundamental es que en la conciencia social la intimidad y la imagen son conceptos que se presumen muy entrelazados, por lo que la captación de imágenes en zonas concurridas

262 VICENTE DÍAZ, M., y CALLEJO CARRIÓN, S., «Libertad de expresión: límites de un derecho fundamental en entredicho», *CEFLegal*, n.º 246, 2021, p. 123.

263 STC 156/2001, de 2 de julio, FJ 6.º.

264 STC 117/1994, de 25 de abril. FJ 3.º.

no es algo que cause extrañeza[265]. En este sentido, hay que destacar que la protección constitucional del derecho a la imagen engloba las llamadas «fotografías neutrales», es decir, aquellas que, aunque no sean lesivas para el honor o la intimidad del individuo, desvelen rasgos físicos propios que lo hagan identificable.

El derecho a la propia imagen tutela, frente a la intromisión no consentida, un ámbito propio y reservado, imprescindible para disponer con libertad el ejercicio de la propia personalidad. Como proclama la STC 14/2003, es «ese bien jurídico [que] se salvaguarda reconociendo la facultad de evitar la difusión incondicionada de su aspecto físico, ya que constituye el primer elemento configurador de la esfera personal de todo individuo, en cuanto instrumento básico de identificación y proyección exterior y factor imprescindible para su propio reconocimiento como sujeto individual»[266]. A ello hay que añadir que el derecho a la propia imagen no se circunscribe exclusivamente al ámbito de la difusión indeseada, sino también de la captación o grabación inconsentida; en tal sentido, la STC 81/2001 indicaba que «conlleva tanto el derecho a determinar la información gráfica generada por los rasgos físicos que le hagan reconocible que puede ser captada o tener difusión pública, como el derecho a impedir la obtención, reproducción o publicación de su propia imagen por un tercero no autorizado»[267].

Ahora bien, el derecho a la propia imagen no es tampoco un derecho absoluto y, por ende, su protección ha de ser contemplada en proporción a la de otros derechos constitucionales en juego[268]. Es decir, «no puede deducirse del art. 18.1 CE que el derecho a la propia imagen, en cuanto límite al obrar ajeno, comprenda el derecho incondicionado y sin reservas de impedir que los rasgos físicos que identifican a la persona se capten o se difundan»[269]. El derecho a la propia imagen se encuentra regido por su titular, que es a quien corresponde, en primer lugar, decidir si aprueba la grabación y difusión de sus rasgos. Pese a ello, pueden darse circunstancias donde el interés social de la difusión de las grabaciones deba prevalecer frente a la voluntad de su titular para impedirlas; por tanto, en estos casos habrá que hacer un juicio ponderado de valoración para discernir qué interés jurídico merece de mayor protección constitucional[270]. Cuando, aunque no haya mediado aceptación, se capte gráficamente a una persona que aparezca de forma principal en

265 Gómez Corona, E., «Derecho a la propia imagen, nuevas tecnologías e Internet», *Libertades de expresión e información en Internet y las redes sociales: ejercicio, amenazas y garantías*, 2011, p. 450.

266 STC 14/2003, de 28 de enero de 2003, FJ 5.°.

267 STC 8/2001, de 26 de marzo, FJ 2.°.

268 STC 156/2001, de 2 de julio, FJ 6.°.

269 STC 99/1994, de 11 de abril, FJ 5.°.

270 STC 156/2001, de 2 de julio, FJ 6.°.

un evento de relevancia pública y carácter noticiable, y concretamente si se trata de un personaje público cuya popularidad guarde relación con el acontecimiento, el derecho a la imagen habrá de sacrificarse en pos del derecho a la información[271]. Pero, cuando el ejercicio de la libertad de información no necesite del expreso sacrificio del derecho a la propia imagen, cualquier intromisión deviene ilícita, especialmente en los supuestos donde simplemente se publiquen imágenes o vídeos con el mero objeto de satisfacer la curiosidad o alimentar el interés[272].

La LOPH especifica, en su artículo 7.5, que la captación, reproducción o publicación por fotografía, filme, o cualquier otro procedimiento, de la imagen de una persona en lugares o momentos de su vida privada o fuera de ellos constituye una intromisión en el derecho a la propia imagen, con las excepciones que la propia LOPH prevé en su artículo 8.2, y que son las siguientes: La captación, reproducción o publicación por cualquier medio cuando se trate de personas que ejerzan un cargo público o una profesión de notoriedad o proyección pública y la imagen se capte durante un acto público o en lugares abiertos al público; la utilización de la caricatura de dichas personas, de acuerdo con el uso social, la información gráfica sobre un suceso o acaecimiento público cuando la imagen de una persona determinada aparezca como meramente accesoria. No obstante, las excepciones primera y segunda no serán de aplicación para aquellas personas que, en el desarrollo de su actividad, necesiten mantenerse en el anonimato.

El derecho a la propia imagen tiene un contenido positivo que impone un límite a los derechos de la comunicación, pero, a su vez, su ámbito de protección va a verse acotado por las libertades de expresión e información[273]. Ante esta colisión de derechos constitucionales en juego, la prevalencia de las libertades de expresión e información tiene mayor intensidad que en los supuestos de los derechos al honor y a la intimidad. Es decir, la protección constitucional del derecho a la propia imagen tiene una cobertura más tenue que los otros dos derechos de la personalidad, porque la mera difusión de rasgos identificativos implica una lesión sobre la dignidad personal más suave que si se atentara directamente contra su reputación o intimidad[274].

El tercer derecho fundamental reconocido en el artículo 18.1 CE garantiza que la persona pueda disponer de los rasgos propios de su aspecto físico —se incluye la propia voz— precisos para su identificación y decidir cuáles de estos pueden trascender o no a la esfera pública. Tiene un carácter principalmente excluyente, pues faculta al titular para impedir la reproducción de su propia imagen o su voz por terceros en ausencia de un consentimiento

271 STC 19/2014, de 10 de febrero, FJ 6.°.

272 STC 171/1990, de 12 de noviembre, FJ 5.°.

273 STC 139/2001, de 18 de junio, FJ 5.°.

274 ATC 176/2007, de 1 de marzo.

expreso. El Tribunal Supremo ha venido poniendo de manifiesto que el derecho a la propia imagen está estrechamente vinculado con los derechos al honor y a la intimidad, pero, no por ello, deja de ser un derecho constitucional autónomo provisto de un ámbito propio de protección frente a reproducciones inconsentidas de la imagen que, sin atentar contra su dignidad ni revelar hechos de su vida íntima, afecten a su esfera personal[275].

2.3. Reflexiones sobre los derechos de la comunicación en la era de Internet (especial referencia a las redes sociales)

Las redes sociales son actualmente la principal plataforma de activismo en la que los usuarios ejercen su libertad de expresión e información. Entre otras cuestiones, los usuarios emplean estas plataformas para verter duras críticas o entablar agresivos debates. Por consiguiente, se debe garantizar que no haya márgenes de impunidad que permitan la comisión de actividades ilícitas. Del mismo modo, se ha de asegurar el derecho a los derechos de la comunicación, pero sin que su ejercicio pueda extralimitarse hasta el extremo de perjudicar a la convivencia democrática.

2.3.1. La libertad de expresión en Internet y en redes sociales

La STC 184/2021 considera que, a pesar de los múltiples provechos que reportan las interacciones mediante las redes sociales, habida cuenta de sus especiales singularidades y, en especial, del anonimato bajo el que se ocultan algunos usuarios, estas comportan un potencial riesgo de lesión para los derechos fundamentales de la personalidad. Pero advierte de que esta revolución comunicativa suscitada por las redes digitales no deja vacíos de contenido dichos derechos fundamentales ni trastoca, sustantiva o materialmente, los criterios jurisprudenciales consolidados a la hora de decidir si ha existido un ejercicio extralimitado de la libertad de expresión que haya conculcado la protección de los derechos al honor, a la intimidad o a la propia imagen. Es decir, si un comportamiento es lesivo en la vida cotidiana, también lo será en Internet[276]. En este sentido, tal y como recoge la STS 819/1998, llamar a alguien «hijo de puta» en una red social, excede ampliamente los márgenes de la libertad de expresión[277].

275 STS 397/2019, de 05 de julio, FJ 5.°.

276 STC 184/2021, de 28 de octubre de 2021, FJ 2.°.

277 STS 819/1998, de 31 de julio, FJ 2.°.

El Senado en pleno aprobó, en la sesión celebrada el 17 de diciembre de 1999, el Informe de la Comisión Especial sobre Redes Informáticas. Mediante este informe se reconocía que Internet conformaba un espacio de encuentro universal, el ágora en el que se iba a desarrollar la sociedad del siglo XXI. Por tanto, el acceso a Internet debía resultar libre e indiscriminado para todas las personas, correspondiendo a los poderes públicos «establecer las condiciones para que la libertad y la igualdad de las personas en la red sean una realidad, eliminando los obstáculos que impidan el acceso de todos los ciudadanos a tal red y facilitando la participación de todos los españoles», resultando como únicas limitaciones posibles aquellas que vinieran impuestas por la Carta Universal de Derechos Humanos[278].

El 30 de marzo de 2015 se aprobó en España la Ley Orgánica 4/2015, de protección de la seguridad ciudadana. Esta Ley ha sido apodada, por un sector de la sociedad, como «Ley Mordaza» y ha sido objeto de múltiples críticas. Por ejemplo, el periódico americano *New York Times* apremió a la Comisión Europea a reprobar esta nueva ley haciendo alusión a las críticas vertidas por el relator de las Naciones Unidas, Maina Kiai[279]. En una noticia posterior, se plasmaron los argumentos de Amnistía Internacional y la de la ONG *Human Rights Watch,* quienes sostenían que suponía una grave limitación del derecho a la libertad de expresión en España[280]. Esta ley sanciona administrativamente algunas conductas tales como: el uso no autorizado de imágenes o datos personales y profesionales de autoridades o miembros de las Fuerzas y Cuerpos de Seguridad y las faltas de respeto y consideración cuyo destinatario sea un miembro de las Fuerzas y Cuerpos de Seguridad en el ejercicio de sus funciones de protección de la seguridad. Por tanto, las manifestaciones plasmadas en Internet se ven también afectadas por esta norma que impone unos límites en el ejercicio de la libertad de expresión, de tal forma que las manifestaciones o contenidos vertidos por los usuarios no podrán revelar datos identificativos de los miembros de las fuerzas del orden público ni albergar comentarios ultrajantes contra aquellos.

En 1859, Stuart Mill manifestó que «debería existir la libertad más plena de profesar y discutir, como una cuestión de convicción ética, cualquier doctrina, por inmoral que pueda ser considerada»[281]. Hoy en día, dentro del frenético debate doctrinal sobre el derecho a la libertad de expresión en Inter-

278 Boletín Oficial de las Cortes Generales, *Acuerdo del Pleno del Senado por el que se aprueba el Informe de la Comisión Especial sobre redes informáticas*, https://www.senado.es/pdf/legis6/senado/bocg/I0812.PDF (fecha de consulta: 28 de agosto de 2021).

279 The New York Times, *Spain's Ominous Gag Law*, https://www.nytimes.com/2015/04/23/opinion/spains-ominous-gag-law.html?_r=0 (fecha de consulta: 28 de agosto de 2021).

280 The New York Times, *Spain's New Public Safety Law Has Its Challengers*, https://www.nytimes.com/2015/07/01/world/europe/spains-new-public-safety-law-has-its-challengers.html (fecha de consulta: 28 de agosto de 2021).

281 Stuart Mill, J., *Sobre la libertad*, vol. 285, Akal, 2017, p. 22.

net, JORGE FRANGANILLO FERNÁNDEZ opina que es importante realizar una reflexión acerca de la existencia de material ofensivo en la red colaborativa y ponderar si pueden sostenerse bajo la cobertura del derecho a la libertad de expresión o si deben ser templados para la salvaguarda del derecho al honor, a la intimidad y a la propia imagen: «Los blogs, foros y otras webs colaborativas ¿son espacios para la libertad o para el libertinaje?»[282]. EDITH HERNÁNDEZ NEGRÍN afirma que «Internet evoluciona a mayor velocidad que el Derecho, de modo que no existe una solución absoluta para este intenso debate y ello se debe a que otorgar amplitud a la libertad de expresión por ser un elemento esencial en la sociedad democrática supondría atentar y desproteger derechos tan importantes como el honor o la intimidad»[283]. Internet debe ser un espacio abierto donde se pueda ejercer el derecho de expresión con autonomía y libertad, pero, sin que quepa la aplicación de censuras previas, sí que debe ejercerse una labor de control que garantice la convivencia armónica en Internet. Aunque, conforme manifiesta NATALIA MAGARÍN CRESPO, «las peculiares características, totalmente nuevas, de la Sociedad de la Información no permiten abordar la regulación de esta nueva realidad con los conceptos jurídicos tradicionales y, por tanto, exigen una nueva respuesta por parte del Derecho»[284], lo cierto es que lo único nuevo ahora es el medio donde se vierten estas manifestaciones, ya que la web colaborativa ha facilitado el acceso de medios de difusión a millones de usuarios, pero existe material jurídico suficiente para abordar un conflicto de derechos que no es en absoluto nuevo.

La Declaración Universal de Derechos Humanos, a la cual se remite expresamente el artículo 10 CE para la interpretación de las libertades y derechos fundamentales, recoge en su artículo 19 que «todo individuo tiene derecho a la libertad de opinión y de expresión; este derecho incluye el de no ser molestado a causa de sus opiniones, el de investigar y recibir informaciones y opiniones, y el de difundirlas, sin limitación de fronteras, por cualquier medio de expresión». En materia de libertad de expresión, el CEDH, con mayor vinculación y eficacia sobre nuestro Derecho, establece en el apartado primero de su artículo 10 que todas las personas tienen derecho a dicha libertad de expresión, la cual comprende la libertad de opinión así como la libertad de recibir o de comunicar informaciones o ideas sin que pueda haber injerencia de autoridades públicas y sin consideración de fronteras; lo cual no obsta para que los Estados puedan imponer un régimen de autorización previa a

282 FRANGANILLO FERNÁNDEZ, J., «Contenido responsable en la Internet colaborativa», *Anuario ThinkEPI*, vol. 3, n.º 1, 2009, p. 59.

283 HERNÁNDEZ NEGRÍN, E., «Los límites a la libertad de expresión en Internet. Especial referencia al delito de enaltecimiento terrorista como forma de discurso de odio», *Universidad de La Laguna*, 2018, p. 44.

284 MAGARÍN CRESPO, N., *La libertad de expresión: el conflicto con el derecho al honor*, Tesis de Posgrado, Universidad de la Rioja, pp. 89-90.

las empresas de radiodifusión, de cinematografía o de televisión. Continúa el segundo apartado detallando que el ejercicio de la libertad de expresión, que entraña tanto deberes como responsabilidades, puede ser sometido a ciertas formalidades, condiciones, restricciones o sanciones previstas por la ley, que constituyan medidas necesarias, en una sociedad democrática, para la seguridad nacional, la integridad territorial o la seguridad pública, la defensa del orden y la prevención del delito, la protección de la salud o de la moral, la protección de la reputación o de los derechos ajenos, para impedir la divulgación de informaciones confidenciales o para garantizar la autoridad y la imparcialidad del poder judicial.

La Declaración Conjunta sobre Libertad de Expresión e Internet, donde intervino el relator especial de la ONU para la libertad de opinión y expresión, destacaba el enfoque transformador de Internet como medio que posibilitaba la expresión de las opiniones de personas de todo el mundo facilitando, a su vez, el acceso a la información y reconocía que el ejercicio de la libertad de expresión, que debía aplicarse en Internet del mismo modo que en los demás medios de comunicación, podía ser objeto de restricciones siempre que estuvieran recogidas en la ley y fueran precisas para la prevención de delitos y la protección de los derechos fundamentales[285]. El RGPD, por su parte, recoge en el artículo 85 que «los Estados miembros conciliarán por ley el derecho a la protección de los datos personales en virtud del presente Reglamento con el derecho a la libertad de expresión y de información, incluido el tratamiento con fines periodísticos y fines de expresión académica, artística o literaria».

La STS 1070/2019, de 2 de abril, realiza un pronunciamiento sobre las fronteras que deben regir el ejercicio de la libertad de expresión. En ella, el TS aclara que «el derecho a la libertad de expresión permite, inicialmente, no solo asumir cualquier idea, y expresarla e, incluso, difundirla, siempre con los límites que imponga la convivencia respetuosa con los derechos de los demás. La restricción del derecho, y más aún cuando se recurre a la sanción penal, requiere de una justificación que sólo se encuentra, en palabras del Tribunal Constitucional, cuando colisiona con otros bienes jurídicos defendibles que se revelen acreedores de una mayor protección tras la necesaria y previa labor de ponderación»[286]. Es decir, el TS sostiene un ámbito de protección bastante amplio de la libertad de expresión, lo cual tiene su reflejo en el ejercicio que le corresponde dentro de la actividad propia de Internet; pero ello sin perjuicio de que en cada caso concreto de conflicto habrá que aplicar el correspondiente juicio de proporcionalidad. En dicho sentido, el TS ha venido sosteniendo que el derecho a la libertad de expresión, de acuerdo

---

285 OEA, *Declaración Conjunta sobre Libertad de Expresión e Internet*, http://www.oas.org/es/cidh/expresion/showarticle.asp?artID=849&lID=2 (fecha de consulta: 30 de agosto de 2021).

286 STS 1070/2019, de 2 de abril, FJ 2.°.

con lo dispuesto en el art. 20.4 CE[287], está acotado por el respeto al resto de derechos fundamentales y, especialmente, por el derecho al honor, a la intimidad y a la propia imagen[288].

El TC tiene reconocido que el derecho a la libertad de expresión ampara la libertad de crítica, «aun cuando la misma sea desabrida y pueda molestar, inquietar o disgustar a quien se dirige, pues así lo requieren el pluralismo, la tolerancia y el espíritu de apertura, sin los cuales no existe "sociedad democrática"»[289]. Es decir, la garantía de la libertad de expresión acoge argumentos que, pese a resultar equivocados o comprometidos, o incluso opinen en contra del propio sistema constitucional, deben verse también protegidos[290]. Esto ha de ser así por cuanto la libertad de expresión ha de interpretarse con sustancial intensidad en un régimen constitucional de libertades ideológicas y de participación[291]. Sin embargo, el TC ha aclarado que «el deliberado ánimo de menospreciar y discriminar a personas o grupos por razón de cualquier condición o circunstancia personal, étnica o social el que, en estos casos, priva de protección constitucional a la expresión»[292]. Consiguientemente, el derecho a la libertad de expresión tiene un ámbito de cobertura bastante amplio[293], que solamente queda acotado por la presencia de manifestaciones intrínsecamente vejatorias, que resulten impertinentes e innecesarias para su exposición[294] o adolezcan de relevancia social[295]. Por consiguiente, estos parámetros que rigen la extensión de la libertad de expresión son los mismos que deben concretar el debido, pero comedido, empleo de esta libertad dentro del entorno virtual.

2.3.2. La libertad de información en Internet y en redes sociales

Con la irrupción de Internet y, concretamente, con la participación que la Web 2.0 posibilita a todos los usuarios, acontece una realidad sin paradigmas

287 Artículo 20.4 CE: «Estas libertades tienen su límite en el respeto a los derechos reconocidos en este Título, en los preceptos de las leyes que lo desarrollen y, especialmente, en el derecho al honor, a la intimidad, a la propia imagen y a la protección de la juventud y de la infancia».

288 STS 551/2021, de 20 de julio, FJ 3.º.

289 STC 235/2007, de 7 de noviembre de 2007, FJ 4.º.

290 STC 176/1995, de 11 de diciembre, FJ 2.º.

291 STC 48/2003, de 12 de marzo, FJ 10.º.

292 STC 176/1995, de 11 de diciembre, FJ 5.º.

293 STC 107/1988, FJ 2.º.

294 STC 56/2008, de 14 de abril, FJ 5.º.

295 STC 51/1989, de 22 de febrero, FJ 2.º.

que trastoca los métodos de información tradicionales. Por un lado, estos medios de información han trasladado sus servicios a la red digital, posibilitando su acceso inmediato a través de sus portales digitales propios, aunque también mediante la creación de cuentas o perfiles en las redes sociales más habituales, de tal forma que la labor informativa se realiza mediante publicaciones al acceso de sus seguidores. Hasta aquí, la cuestión no suscita mayores controversias ya que cambian simplemente los canales de difusión que se trasladan a la red digital ofreciendo mayor difusión e inmediatez a un menor coste. Pero, por otro lado, sucede que los propios ciudadanos tienen la facultad de incorporarse a las funciones informativas y es aquí donde se plantea el debate.

El derecho a la información plantea diferentes prismas. En primer lugar, atendiendo a su carácter subjetivo y en base al tenor literal del artículo 20.1.d) CE[296] se extrae que, en verdad, lo que se reconoce es un doble derecho, tanto de transmitir como de recibir información. Es decir, la titularidad de este derecho fundamental recae en los emisores, pero también en los receptores. En segundo lugar, atendiendo al contenido del que le ha nutrido la jurisprudencia del TC, es preciso que se respeten unos principios de carácter objetivo que operan como fundamentos imprescindibles para el conveniente desarrollo de este derecho fundamental y para la salvaguarda del propio sistema democrático.

Así las cosas, el primer aspecto sobre el que debe centrarse el estudio es el referido a la titularidad de la libertad de información. Como se ha dicho, esta titularidad tiene un doble enfoque, transmisor y receptor. Resulta indiscutible que el conjunto de la sociedad goza del derecho a recibir información. No obstante, habida cuenta de los citados progresos tecnológicos y de la profunda transformación en la manera de transmitir información mediante la que los ciudadanos pueden compartir información a través de Internet con un alcance muy próximo al de los propios medios de comunicación, se plantea el interrogante de si el otro enfoque de la libertad de información —en la condición de emisor— alcanza también al conjunto de la ciudadanía o si se trata de un margen reservado para los profesionales del periodismo.

A este respecto, la STC 165/1987[297] esclareció que no se trataba de un aspecto restringido a los profesionales de la información, sino que todo ciudadano era titular de dicho derecho. En tal sentido, aclara JOAQUÍN URÍAS que «una cosa es quién puede sacarle más partido a un derecho y otra bien distinta quién puede ejercerlo efectivamente. Desde este punto de vista no plantea grandes dificultades teóricas la cuestión de los legitimados constitu-

---

296 Art. 20.1.d) CE: «Se reconocen y protegen los derechos: [...] A comunicar o recibir libremente información veraz por cualquier medio de difusión. La ley regulará el derecho a la cláusula de conciencia y al secreto profesional en el ejercicio de estas libertades».

297 STC 165/1987, de 27 de octubre de 1987, FJ 10.°.

cionalmente para ejercer el derecho a comunicar información: todos los ciudadanos»[298]. Lo que sí es cierto, es que dicha STC 165/1987 le reconoce un valor de mayor protección, en caso de conflicto con los derechos de la personalidad, a la información vertida por los profesionales del periodismo como medios institucionalizados para la formación de la opinión pública. En base a ello, puntualiza Marc Carrillo que «el derecho a la información no es un monopolio de los periodistas y su titularidad no admite distinciones, aunque los profesionales sean destinatarios de un tratamiento jurídico especial»[299].

Si bien es cierto que la libertad de información es ejercida principal y mayoritariamente por los medios especialmente dedicados a ello, la otrora verticalidad informativa se ha tornado en una nueva horizontalidad. Los diques de contención han caído y en la actualidad cualquier usuario con acceso a Internet puede comunicar libremente información, crearla, reeditarla o compartir la información publicada por otros. En palabras de Antoni Roig, dentro de Internet «todos seríamos ahora ya periodistas; el periodismo no sería ya una profesión, sino una actividad»[300] —si bien se comparte esta afirmación, merece matizarse que el público suele valorar de forma diferente la información procedente de la profesión periodística de la que simplemente procede de ciudadanos particulares—. Aunque hay otros tantos canales al efecto, en estos instantes, las redes sociales cobran el mayor protagonismo dentro de los medios cibernéticos de comunicación y son el principal canal de intercambio de información dentro del entorno digital. Ha surgido así un pseudo-periodismo de índole ciudadana y que ha sido acuñado como *open source journalism*, caracterizado por la conversión de los antiguos ciudadanos receptores de información en usuarios informadores mediante el empleo de las redes sociales[301].

Los usuarios no solo vierten comentarios en base a su libertad de expresión al opinar sobre cualquier materia, sino que esta labor de comunicación puede consistir además en una verdadera tarea informativa; imagínese, por ejemplo, alguien que sube un vídeo a una historia de Instagram alertando en tiempo real sobre un incendio. Pero esa inmediatez comunicativa opera como un puñal de doble filo; por un lado, reporta una sustantiva ventaja ya que la información llega más ágilmente que la de los medios de comunicación, que precisan de una labor de digerido y edición; pero por otro, la comunicación en tiempo real acarrea peligros para el necesario requisito de veracidad. No obstante, lo cierto es que el requisito de veracidad, que no puede confundirse con la verdad inequívoca —sino que en los parámetros constitucionales impone una mínima diligencia

298 Urías, J., *Principios de Derecho de la Información*, 3.ª ed., Tecnos, 2014, p 72.

299 Carrillo, M., «Internet como espacio público de la información», *Derechos y espacio público: Cátedra de amparo de derechos y libertades*, 2013, p. 12.

300 Roig Batalla, A., «Tecnología, libertad y privacidad», *Libertades de expresión e información en Internet y las redes sociales: ejercicio, amenazas y garantías*, 2011, p. 49.

301 Miguel Bárcena, J., «Las transformaciones del derecho de la información en el contexto del ciberperiodismo», *Revista de Estudios Políticos*, n.º 173, 2016, pp. 150-151.

informativa—, tampoco puede exigirse de forma estricta en ningún medio por lo que, menos aún, en Internet, por cuanto que un exceso de rigurosidad sería perjudicial para la propia libertad de información[302].

El problema es que en toda esta información ciudadana lo emocional tiene un mayor peso que lo racional en la elaboración del discurso[303]. Por ello, no en pocas ocasiones, se da un falseamiento informativo totalmente intencionado y con fines espurios, a lo cual se lo ha denominado con el concepto de «postverdad». Este término ya se encuentra reconocido por la RAE como la «distorsión deliberada de una realidad, que manipula creencias y emociones con el fin de influir en la opinión pública y en actitudes sociales». Sin ir más lejos, la propia red social Facebook publicó una guía de consejos para identificar noticias falsas[304]. Por tanto, no se trata tanto de evaluar el grado de cumplimiento del requisito de veracidad en la nueva realidad informativa, como de atacar el problema de la información deliberadamente falsa; pero estas aguas son fangosas, máxime cuando se trata de una información que trata sobre asuntos de relevancia pública o política, pues es sabido que en toda labor informativa hay notables pinceladas de opinión. ¿Acaso hay una sola verdad posible? ¿Puede entonces haber noticias fraudulentas o es que se quiere que los medios de comunicación tengan el monopolio de la verdad bajo el influjo de la gobernanza política? Como dijo George Orwell en 1984: «Cuanto más se desvíe una sociedad de la verdad, más odiará a aquellos que la proclaman». Sentenciar como falsas cualesquiera noticias puede acercarnos a la más peligrosa censura bajo la dictadura de una sola de todas las verdades posibles.

Otro aspecto de trascendencia en el que hay que centrar la atención es la necesidad de relevancia pública en el hecho noticioso. La STC 6/1988[305] establecía que, a fin de que cierta comunicación se encontrara protegida por la libertad de información, era preciso que esta afectase a asuntos de transcendencia pública y de interés general en base a las cuestiones y personas de las que se tratara. La STC 41/1994[306] aclaraba que el requisito de la relevancia pública de la noticia era una cuestión muy amplia que debía ser interpretada de forma abierta pues, en definitiva, eran cuestiones que quedaban a merced de los tiempos y las sociedades. La cuestión es que el espectro de posibilidades de debate dentro de Internet es tan sumamente amplio que la esfera de lo público se ha expandido a un sinfín

302 Escobar Roca, G., «Reflexiones en torno a los principios de comunicación pública en el ciberespacio», *Libertad en Internet: la red y las libertades de expresión e información*, Tirant lo Blanch, 2007. p. 130.

303 Arias Maldonado, M., «La digitalización de la conversación pública: redes sociales, afectividad política y democracia», *Revista de estudios políticos*, n.° 173, 2016, pp. 27-54.

304 Facebook, *Consejos para detectar noticias falsas*, https://www.facebook.com/formedia/blog/third-party-fact-checking-tips-to-spot-false-news?locale=es_LA (fecha de consulta: 10 de agosto de 2022).

305 STC 6/1988, de 21 de enero de 1988, FJ 8.°.

306 STC 6/1988, de 21 de enero de 1988, FJ 4.°.

de temáticas. Sin embargo, como dice el filósofo HANBYUNG-CHUL, «la hiperinformación y la hipercomunicación no inyectan ninguna luz en la oscuridad»[307]. La información no es algo fútil, por lo que, pese a lo positivo de esta inquietud participativa por parte de los ciudadanos, se debe preservar el requisito de la relevancia pública a fin de desligar la libertad de información de la mera libertad de expresión. Es decir, la relevancia pública de las manifestaciones puede permitir diferenciar de aquellos comentarios de Internet que transcienden la mera manifestación para adentrarse en el terreno de la información.

Por otro lado, cabe cuestionarse si las publicaciones vertidas a través de las redes sociales por los usuarios operan como medios de información constitucionalmente válidos. El artículo 20.1.d) CE reconoce el derecho a «comunicar o recibir libremente información veraz por cualquier medio de difusión». Es decir, ocurre aquí algo similar al elemento de la titularidad, pues no dejan de ser dos cuestiones conexas[308]. La STC 165/1987[309] otorgaba cierta prevalencia a la libertad de información cuando esta se desarrollara no solo por profesionales del periodismo, sino «a través del vehículo institucionalizado de formación de la opinión pública, que es la prensa, entendida en su más amplia acepción». En efecto, como ya se ha mencionado, la nueva dimensión comunicativa se desarrolla a través de Internet —páginas web, foros, blogs y, principalmente, redes sociales— lo cual hace plantearse si se cumple con el requisito de medio institucionalizado[310]. Pues bien, *a priori* no debería suponer ningún problema el traslado de los medios profesionales de comunicación —periódicos, revistas y canales de televisión y radio— donde simplemente se cambia el soporte papel o analógico por la pantalla de un dispositivo electrónico y digital. Tampoco aquellos nuevos medios que puedan nacer en Internet y cuenten con servicios profesionales dedicados a la información. Todos ellos son medios institucionalizados que merecen la más elevada protección constitucional[311]. En definitiva, el medio de difusión no cambia el estado de la cuestión en este aspecto, pues la incorporación de los ciudadanos como difusores de información no disipa la clara diferencia que hay entre estos y los medios de índole profesional.

Es preciso mencionar que en la libertad de información no tienen ningún ápice de cobertura las injurias o insultos. Como ya se ha comentado, la pantalla informática propicia una sensación de anonimato y despersonalización que, en ocasiones y de forma lamentable, da pie a un discurso ofensivo. La

---

307 HAN, B. C., *La sociedad de la transparencia*, Herder Editorial, 2013, p. 80.

308 URÍAS, J., *Principios de Derecho de la Información*, 3.ª ed., Tecnos, Madrid, 2014, pp. 72-74.

309 STC 165/1987, de 27 de octubre de 1987, FJ 10.º.

310 CEBRIÁN ZAZURCA. E., «Internet, posverdad y periodismo ciudadano. El derecho a la información en el siglo XXI a la luz de la jurisprudencia del Tribunal Constitucional», *Estándares e indicadores para la calidad informativa en los medios digitales*, 2018, p. 40.

311 MIGUEL BÁRCENA, J., «Las transformaciones del derecho de la información en el contexto del ciberperiodismo», *Revista de Estudios Políticos*, n.º 173, 2016, p. 148.

STC 105/1990 es clara y contundente a la hora de indicar que la libertad de información no excusa el empleo de «expresiones, afirmaciones, o calificativos claramente vejatorios desvinculados de esa información, y que resultan proferidos, gratuitamente, sin justificación alguna, en cuyo caso cabe que nos hallemos ante la mera descalificación, o incluso el insulto y sin la menor relación con la formación de una opinión pública libre»[312].

La Gran Sala del TEDH aborda el tema en la Sentencia de fecha 4 de julio de 2023, caso Hurbain contra Bélgica, sentando doctrina acerca de la libertad de información en relación con el derecho al olvido. El caso trataba acerca de la solicitud de anonimización formulada por quien había resultado culpable y condenado por la comisión de un accidente de tráfico mortal, contra el periódico digital *Le Soir*. El accidente había tenido lugar en el año 1994, veinte años antes de la solicitud de anonimización, siendo que la noticia aún permanecía vigente en el diario digital y accesible a través de Internet. Lo que el solicitante reclamaba es que su nombre y apellidos fueran sustituidos en la versión digital de la noticia por una letra «X». Se trata de un supuesto en el que se produce un conflicto entre el derecho a la vida privada y la libertad de información. El TEDH considera que este tipo de conflictos deben resolverse en base a un juicio de ponderación que se fundamente en los siguientes elementos: la gravedad o importancia del delito objeto de información, el tiempo transcurrido desde su publicación, el posible interés para el debate general a fecha presente, el carácter público o mediático de quien solicita el derecho al olvido, la afectación negativa para la reputación del afectado por la permanencia de la información en la red, la facilidad digital de acceder a la publicación y el grado de intromisión que la medida implicaría para la libertad de prensa[313]. En consecuencia, los tribunales nacionales deberán valorar estos criterios de ponderación a la hora de estimar una solicitud de derecho al olvido a fin de que se produzca la mejor interferencia en los derechos contemplados en el artículo 10 CEDH.

2.4. Reflexiones sobre los derechos de la personalidad en la era de internet (especial referencia a las redes sociales)

2.4.1. Los derechos al honor y a la intimidad en Internet y en las redes sociales

El término «red social» ha sido ya incorporado en la RAE, la cual le otorga la siguiente definición: «plataforma digital de comunicación global que pone en

312 STC 105/1990, de 6 de junio de 1990, FJ 8.º.

313 TEDH, *Case of Hurbain v. Belgium*, https://hudoc.echr.coe.int/spa?i=001-225814 (fecha de consulta:14 de noviembre de 2023).

contacto a gran número de usuarios». Aunque se puede encontrar una exposición más desarrollada en la definición ofrecida por Rudy Morales Viales y Rolando Urgarte Ibarra: «una estructura que gestiona las relaciones, comunicaciones o ligámenes entre grupos de personas, las cuales están conectadas por una o varios tipos de relaciones, tales como: amistad, parentesco, intereses comunes o bien, que comparten conocimientos»[314]. Es decir, las redes sociales son, en principio, conexiones virtuales entre amigos o conocidos y esta sensación de confianza suscita un sentimiento equívoco de intimidad o aislamiento. Los usuarios comparten contenido de carácter personal ante un público compuesto por «amigos» y en un sitio virtual catalogado como «muro», con lo que se propicia una percepción de blindaje y seguridad[315].

Pero las redes sociales son una moneda de dos caras porque este contenido, inicialmente compartido para un séquito selecto, puede ser fácilmente retransmitido al resto de la comunidad virtual, bien porque el perfil personal resulte accesible para el resto de los usuarios o bien porque esos «amigos» lo compartan en sus propias cuentas, pudiéndose repetir este ciclo de forma infinita. La difusión de móviles inteligentes con captación de imagen y vídeo, junto a la posibilidad de compartir en tiempo real ese contenido en las redes sociales a merced de su visualización por un público de seguidores, ha sido el caldo de cultivo ideal para el surgimiento de una realidad propicia para la lesión de los derechos de la personalidad. En palabras de Lucía Gil Vallilengua, «se ha generalizado el nacimiento de situaciones variadas y novedosas, como la difusión inconsentida de imágenes, otorgando a los viejos conflictos una nueva dimensión»[316].

Otro efecto curioso que se ha derivado de la extensión de las redes sociales ha sido el surgimiento de una nueva «personalidad virtual». Esta es el resultado del conjunto de fotografías, vídeos y comentarios compartidos por cada individuo en su perfil virtual, es la amalgama de recuerdos publicados y que permiten hacerse una idea del perfil personal del usuario. Ahora bien, esta personalidad virtual nace del entorno físico de la persona y, del mismo modo, tiene influjo sobre la esfera de la vida real, básicamente porque, en su mayor parte, los usuarios que consumen ese contenido son personas conocidas en el mundo real. Ya en la Grecia Antigua el filósofo Aristóteles remarcaba que el hombre era un «animal político», es decir, que no podía concebirse al hombre fuera de una relación interactiva con su comunidad de semejantes. Pero ahora, una gran parte de toda esa actividad social se desarrolla en el

314 Morales Viales, R., Ugarte Ibarra, R., «Tutela de los derechos de la personalidad virtual y protección de datos de carácter personal en las redes sociales online», *Instituto de Investigaciones Jurídicas de la Universidad de Costa Rica*, 2012, p. 101.

315 Soler Presas, A., «Am I in Facebook?», *InDret*, vol. 3, 2011, p. 6.

316 Gil Vallilengua, L., «Los derechos al honor, a la intimidad y a la propia imagen en las redes sociales: la difusión no consentida de imágenes», *Revista electrónica de Derecho de la Universidad de La Rioja*, n.º 14, 2016, p. 190.

entorno digital y, por tanto, el estatus del que goza un ciudadano en la red afecta notablemente a su desarrollo personal y a su dignidad[317]. Consiguientemente, cualquier agravio a la personalidad virtual conlleva una lesión a los derechos de la personalidad del individuo. Es decir, la personalidad virtual es objeto de atribución e imputación de consecuencias jurídicas[318] y las redes sociales, que coronan las dinámicas virtuales vigentes, son un cañón de asedio contra los derechos de la personalidad[319].

En una época donde las relaciones sociales han quedado tan profundamente marcadas por los dispositivos móviles con grabación y por el uso masivo de las redes sociales, se presenta una realidad plagada de numerosas prácticas vulneradoras de los derechos del artículo 18.1 CE. Como reza la STC 93/2021, «a las indudables ventajas que resultan de la comunicación a través de las redes sociales, les acompañan, dadas las características descritas y el anonimato en que se amparan muchos usuarios, una mayor potencialidad lesiva de los derechos fundamentales, entre otros, al honor, a la intimidad personal y familiar y a la propia imagen»[320]. La facilidad para publicar rápidamente una fotografía o un vídeo recién obtenidos conlleva que muchas de estas injerencias tengan que ver con la falta de consentimiento en la difusión de tales imágenes o vídeos[321]. Por lo general, el derecho al honor se verá afectado por comentarios escritos, mientras que los derechos a la intimidad y a la propia imagen se verán mayormente amenazados por la difusión de vídeos o fotografías[322]. Evidentemente, esta apreciación tiene matices, pues una caricatura, pese a su condición visual, puede herir gravemente el honor de una persona[323]; por otro lado, ciertas revelaciones relacionadas con la esfera privada del individuo pueden afectar a la intimidad de la persona, pese a que se viertan mediante comentarios.

Entre la doctrina del TC reciente se encuentra la STC 8/2022, la cual trata un caso de notoriedad donde un periodista acusó falsamente, por su relación de manifiesta enemistad, a otro periodista de haberle agredido físicamente mediante un «tuit» en el que además añadía el peyorativo de «maltratador».

---

317 Rodotà, S., «A Bill of Rights for the Internet Universe», *The Federalist Debate*, n.º 1, 2008, p. 9.

318 Morales Viales, R., Ugarte Ibarra, R., *Tutela de los derechos de la personalidad virtual y protección de datos de carácter personal en las redes sociales online..., op. cit.*, p. 20,

319 Fernández Esteban, M. L., «El impacto de las nuevas tecnologías e Internet en los derechos del artículo 18 de la Constitución», *Anuario de la Facultad de Derecho. Universidad de Extremadura*, n.º 17, 1999, p. 528.

320 STC 93/2021, de 10 de mayo de 2021, FJ 2.º.

321 Gil Vallilengua, L., «Los derechos al honor, a la intimidad ya la propia imagen en las redes sociales: la difusión no consentida de imágenes»..., *op. cit.*, p. 161.

322 Viejo Nova, S., «La responsabilidad civil por la vulneración del derecho al honor en redes sociales», *Universidad de Alcalá,* 2020, p. 1.

323 Véase STC 23/2010, de 27 de abril de 2010, FJ 5.º y STC 176/1995, de 11 de diciembre, FJ 5.º.

En este supuesto, el TC resolvió que no concurriendo *exceptio veritaris* no podía acogerse margen de tutela en el derecho a la información para estos argumentos que eran claramente vulneradores del derecho al honor del otro periodista. Esta sentencia recoge una serie de consideraciones para articular el derecho al honor como límite del ejercicio de las libertades de comunicación canalizadas a través de las redes sociales:

1. Las redes sociales cuentan con el poder de la inmediatez y de la rapidez en la difusión potencialmente amplia y difícilmente controlable de los contenidos; además, facilitan el efecto multiplicador de la publicación haciendo que se propague fácilmente. Todo ello supone un mayor riesgo de lesión en los derechos de la personalidad.
2. Es importante prestar atención a los elementos propios de la autoría para formular el juicio de proporcionalidad: anonimato, condición de personaje público del usuario, que se trate de un profesional de la información o que se trate de un perfil institucional.
3. El impacto de la publicación difundida en las redes y los destinatarios —potenciales y definitivos— del mensaje marcan un elemento valorativo en el daño a la percepción de la estima de la persona por terceros y, por tanto, en la afectación del derecho al honor.
4. En base a la jurisprudencia del Tribunal de Estrasburgo —STEDH de 13 de julio de 2012, asunto Mouvement Raëlien Suisse c. Suiza—, el margen de restricción que el artículo 10.2 CEDH otorga a los Estados a la hora de restringir el derecho a la libertad de expresión habrá de valorarse en relación a los ámbitos susceptibles de ofender convicciones personales íntimas de carácter moral.
5. El artículo 10 CEDH no ampara comentarios en línea que sobrepasen el marco de un debate cabal mediante cualquier género de ataque personal.
6. La valoración de la intensidad de la sanción respecto a su cuantía debe prever el efecto disuasorio de la misma a fin de que propicie un efecto de desaliento en el uso extralimitado del ejercicio del derecho de expresión a través de las redes sociales[324].

Igualmente, merece traerse a colación la STC 93/2021 por su relevancia e impacto social. Sucedió que, con motivo de la muerte de un torero famoso durante una corrida, la entonces concejala del Ayuntamiento de Catarroja realizó una publicación a través de la red social *Facebook* donde adjuntaba una fotografía del torero muerto junto a un texto donde se proferían manifestaciones del siguiente calibre: «no puedo sentirlo por el asesino que ha muerto más que por todos los cadáveres que ha dejado a su paso mientras vivió». El TC falló que se había producido una lesión en el honor del fallecido

324 STC 8/2022, de 27 de enero, FJ 3.º.

pues «la Constitución no tutela ni alienta, a quienes invocando la libertad de expresión socavan la dignidad humana que es a la vez sustento y límite de dicha libertad y del resto del orden jurídico (art. 10.1 CE), ni tampoco a quienes con su ejercicio menoscaban el derecho al honor de los demás mediante una injerencia innecesaria o desproporcionada (arts. 18.1 y 20.4 CE)»[325].

Volviendo sobre el tema de las fotografías, hay que plantearse si es posible hablar de intimidad dentro de las redes sociales. Es decir, si el derecho a la intimidad se basa precisamente en sostener un ámbito reservado y propio frente al conocimiento ajeno y la función principal de las redes sociales versa en publicar fotos de índole personal, ¿es compatible la intimidad con la actividad propia de las redes sociales? Por contradictorio que pueda resultar, la respuesta ha de ser afirmativa, puesto que precisamente la intimidad se basa en definir el alcance del conocimiento ajeno y, por consiguiente, el margen de difusión de dicho contenido. Al respecto, el derecho anglosajón ha acogido dos posturas: de una parte, se mantiene que las redes sociales han aniquilado cualquier margen de privacidad o intimidad[326]; de otra, se defiende que la vida *online* es el reflejo virtual de la vida física y que no hay tanta diferencia de cuando se comparte una publicación en un perfil a cuando se comenta una experiencia entre un grupo de colegas de trabajo[327]. Es esta segunda postura la que defiende nuestra normativa y jurisprudencia; con ello, lo desvelado en un entorno digital no avala su captación o redistribución en otros lugares[328] ya que se agota en el propio acto de difusión efectuado por el titular.

El artículo 1.3 de la LOPH establece que los derechos de la personalidad son irrenunciables, inalienables e imprescriptibles; no obstante, el artículo 2.2 del mismo texto legal añade que no habrá intromisión cuando el titular del derecho hubiera otorgado su consentimiento expreso. Deviene chocante que la norma indique que un derecho es irrenunciable y seguidamente manifieste que no cabe apreciar la intromisión si el titular ha otorgado consentimiento expreso, ¿no sería esto una renuncia a la tutela del derecho? RAMÓN MÉNDEZ TOJO sostiene que justamente es esta aparente contradicción la que determina las bases del régimen del consentimiento[329] y una parte de la doc-

325 STC 93/2021, de 10 de mayo de 2021, FJ 7.º.

326 KEEN, A., *Sharing Is a Trap*, https://www.wired.co.uk/article/sharing-is-a-trap?page=all (fecha de consulta: 14 de agosto de 2022).

327 JOHNSON, S., *Your Life Torn Open*, https://www.wired.co.uk/article/zuckerbergs-next-move?page=all (fecha de consulta: 14 de agosto de 2022).

328 RICO CARRILLO, M., «El derecho al honor, intimidad e imagen y la protección de datos personales en las redes sociales», *Anuario Iberoamericano de Derecho notarial*, n.º 1, 2012, p. 445.

329 MÉNDEZ TOJO, R., «Los conflictos entre el derecho al honor, la intimidad personal y la propia imagen y las libertades de expresión e información ¿son derechos fundamentales irreconciliables?», *Diario La Ley*, n.º 8573, 2015, p. 9.

trina apunta que donde la ley refiere «consentimiento expreso» quizás debió decir «consentimiento inequívoco»[330]. Y es que no es lo mismo posar para unas fotografías profesionales como modelo de vestimenta, de donde puede deducirse un consentimiento expreso para su publicación en una revista publicitaria, que posar en una fotografía tomada durante la celebración del cumpleaños de un compañero de empresa, de donde no es tan fácil concluir la aprobación para su publicación en una red social pública. De hecho, un ejemplo frecuente y habitual, pero que supone una ilegítima intromisión, son las fotografías de los asistentes que muchos locales de ocio nocturno publican en sus cuentas como reclamo publicitario[331]. Si además se trata de menores, debe tenerse presente que, en base al artículo 3 de la LOPH[332], su consentimiento cede ante su condición de vulnerabilidad planteando una excepción a la regla general[333].

Ante este contexto, se presentan dos variables de consentimiento: objetivo y subjetivo. El consentimiento objetivo se fundamenta en el interés que plantea la propia imagen y el consentimiento objetivo se relaciona con la condición de la persona que aparece en la misma. Imagínese, respecto al primero, las fotografías o imágenes tomadas con motivo de un concierto, de un desfile o de una nevada repentina. En estos casos, las prácticas sociales avalan la difusión de estas fotografías sin necesidad de consentimiento, pero en estas circunstancias también está jurídicamente permitida[334] la captación de personas anónimas con razón de un evento público sin que ello implique una intromisión ilegítima.

Dentro de las excepciones de índole subjetiva encontramos, en primer lugar, las relacionadas con la captación puramente accesoria de personas anónimas. En este aspecto, hay que advertir que, de base, el artículo 7.5[335]

330 Salvador Coderch, P., Rubí Puig, A., Ramírez Silva, P., «Imágenes Veladas. Libertad de Información, derecho a la propia imagen y autocensura de los medios», *InDret*, n.° 1, 2011, p. 18

331 Gil Vallilengua, L., «Los derechos al honor, a la intimidad ya la propia imagen en las redes sociales: la difusión no consentida de imágenes», *Revista electrónica de Derecho de la Universidad de La Rioja*, n.° 14, 2016, p. 176.

332 Artículo 3 LO 1/1982: «1., El consentimiento de los menores e incapaces deberá prestarse por ellos mismos si sus condiciones de madurez lo permiten, de acuerdo con la legislación civil. 2. En los restantes casos, el consentimiento habrá de otorgarse mediante escrito por su representante legal, quien estará obligado a poner en conocimiento previo del Ministerio Fiscal el consentimiento proyectado. Si en el plazo de ocho días el Ministerio Fiscal se opusiere, resolverá el Juez».

333 Rueda Martín, M., «La relevancia penal del consentimiento del menor de edad en relación con los delitos contra la intimidad y la propia imagen», *InDret*, n.° 4, 2013, p. 23.

334 Artículo 8.1 LO 1/1982: «No se reputará, con carácter general, intromisiones ilegítimas las actuaciones autorizadas o acordadas por la Autoridad competente de acuerdo con la ley, ni cuando predomine un interés histórico, científico o cultural relevante».

335 Artículo 7.5 LO 1/1982: «Tendrán la consideración de intromisiones ilegítimas en el ámbito de protección delimitado por el artículo segundo de esta Ley: [...] La captación, reproduc-

de la LOPH considera ilegítima la captación de personas en el desarrollo de su vida privada, salvo los casos previstos en su artículo 8.2.c)[336] que permite tal captación durante un suceso o acaecimiento público, cuando la imagen de personas anónimas aparezca como meramente accesoria; salvedad que es reflejo del derecho fundamental contemplado en el artículo 20 CE. La STS 619/2005 aclara a este respecto que en el supuesto de una filmación debe considerarse la fugacidad en la aparición de la persona afectada y la condición meramente subsidiaria y supeditada a la información que pretendía transmitirse, como es el caso del cuerpo de un fallecido tendido en el suelo, durante el reportaje de un accidente de tráfico que propició un atasco multitudinario[337]. Otro elemento subjetivo de la excepción sería la condición de personaje público de la persona, esta cuestión se encuentra amparada por el artículo 8.2.a)[338] y se ajusta a los parámetros de ponderación respecto a la libertad de información explicados *ut supra*.

La LO 1/2015 introdujo importantes reformas respecto a los delitos contra la intimidad de importante aplicación práctica en el ámbito de las redes sociales. Previamente, simplemente resultaba sancionable la información íntima que se hubiera revelado mediante un previo acceso ilícito; de esta forma, la difusión de un material previamente suministrado por la persona afectada en un ámbito de confianza resultaba atípico y quedaba sin reproche penal —un ejemplo muy habitual es el de la persona que comparte material sexual íntimo a quien posteriormente lo cuelga en redes sociales—, lo cual resulta ahora punible por la vía del artículo 197.2 CP[339]. Con una finalidad similar, el actual artículo 197.3 CP tipifica como punible la redifusión por terceros de dicho material íntimo en cuya obtención no han intervenido pero cuyo origen ilícito conocen —volviendo sobre el ejemplo del material sexual íntimo, se sanciona a quienes lo redistribuyan en cadena—. No obstante,

---

ción o publicación por fotografía, filme, o cualquier otro procedimiento, de la imagen de una persona en lugares o momentos de su vida privada o fuera de ellos, salvo los casos previstos en el artículo octavo, dos».

336 Artículo 8.2.c) LO 1/1982: «En particular, el derecho a la propia imagen no impedirá: [...] La información gráfica sobre un suceso o acaecimiento público cuando la imagen de una persona determinada aparezca como meramente accesoria».

337 STS 619/2005, de 15 de julio, FJ 2.°.

338 Artículo 8.2.a) LO 1/1982: «En particular, el derecho a la propia imagen no impedirá: [...] Su captación, reproducción o publicación por cualquier medio cuando se trate de personas que ejerzan un cargo público o una profesión de notoriedad o proyección pública y la imagen se capte durante un acto público o en lugares abiertos al público».

339 Artículo 197.2 CP: «Las mismas penas se impondrán al que, sin estar autorizado, se apodere, utilice o modifique, en perjuicio de tercero, datos reservados de carácter personal o familiar de otro que se hallen registrados en ficheros o soportes informáticos, electrónicos o telemáticos, o en cualquier otro tipo de archivo o registro público o privado. Iguales penas se impondrán a quien, sin estar autorizado, acceda por cualquier medio a los mismos y a quien los altere o utilice en perjuicio del titular de los datos o de un tercero».

la norma penal no tipifica, al menos de momento, la difusión por terceros de las imágenes que un usuario haya colgado exclusivamente en su perfil —téngase presente, que aquí la intimidad también se ve afectada, ya que se trata de imágenes que solamente se han querido compartir en un foro de confianza como, por ejemplo, aquellas en que se consume alcohol durante una celebración—. Al respecto, Carmen Tomás-Valiente Lanuza indica que parece conveniente «que aquello que ya se ha compartido con terceros (en un círculo que, si hablamos de redes sociales, siempre implica ya una cierta amplitud) no entraría en el círculo de la intimidad penalmente protegible»[340].

Empero, la ausencia de tipicidad penal no significa que la actuación resulte jurídicamente lícita, civil y constitucionalmente. La STS 476/2018 resuelve un caso en que la superior jerárquica de un trabajador que se encontraba en situación de baja laboral publicó varios «tuits» empleando fotografías obtenidas de otras redes sociales —incluidas las de terceros— donde el trabajador aparecía en varios eventos de ocio y haciendo comentarios sarcásticos sobre su situación de baja laboral. El TS declara la viabilidad de la crítica sarcástica y la ausencia de intromisión en el derecho al honor del demandante, pero considera que se ha producido una intromisión ilegítima en el derecho a la intimidad y la propia imagen, pues «la previa publicación en Internet [...] no legitima la reutilización pública de tales imágenes»[341]. Es decir, divulgar contenidos concretos fuera del sitio donde la persona afectada los haya compartido atenta contra su intimidad[342].

2.4.2. El derecho a la propia imagen en las redes sociales: el uso inconsentido de las fotografías publicadas (especial mención a la STC 27/2020, de 24 de febrero)

Expuesto lo anterior, y atendiendo especialmente a las nuevas formas de comunicación tecnológica, entre las que cabe destacar las redes sociales, es necesario puntualizar que aunque la publicación de una fotografía pudiera no suponer por sí misma un atentado contra el honor —porque esta no atentase contra la dignidad del afectado—, ni contra la intimidad —al no revelar datos propios de su vida íntima—, no significa que no implique una intromisión ilegítima en el derecho a la propia imagen de la persona, si su difusión ha sido inconsentida y, por ende, ha ocasionado una injerencia en la salvaguarda del ámbito propio y reservado de los rasgos físicos identificativos de la persona.

340 Tomás-Valiente Lanuza, C., «Delitos contra la intimidad y redes sociales (en especial, en la jurisprudencia más reciente)», *Revista de Internet, derecho y política*, n.º 27, 2018, p. 37.

341 STS 476/2018, de 20 de julio, FJ 7.º.

342 Calaza López, S., «Delimitación de la protección civil del derecho al honor, a la intimidad y a la propia imagen», *Revista de Derecho UNED*, n.º 9, 2011, p. 55.

Como apunta MÓNICA ARENAS RAMIRO, «se dice que el tiempo lo borra todo, pero ¿quién hace desaparecer una imagen difundida por Internet, donde las barreras del espacio y el tiempo se han roto?»[343]. Y es que, ciertamente, la difusión fuera de los márgenes del consentimiento del titular puede implicar que una fotografía o vídeo empiece a propagarse como la pólvora a través del entorno virtual, pasando a ser cada vez más difícil su detención. Por tanto, es importante tutelar de forma estricta esta cuestión desde el primer momento.

Esta circunstancia reviste suma importancia, pues en los tiempos presentes la mayoría de la gente tiene publicadas sus fotografías en las redes sociales, con cuentas en las que se han registrado con su propio nombre y apellidos, y a las que se le ha dado acceso público. Lo cierto es que hoy en día los usuarios usan las redes sociales bajo la creencia errónea de estar operando en un ámbito de restringida intimidad, caen en la ilusión de estar en un entorno de confianza y comunicación directa con sus conocidos, creen estar comunicándose en un entorno blindado y ajeno a la intromisión ajena, cuando la realidad es que mayoritariamente están publicando contenidos privados en plataformas con un gran impacto público[344]. Es decir, el hecho de que los individuos divulguen tal grado de datos personales no deriva de una renuncia expresa al nivel de privacidad, sino a la ficticia sensación de hallarse en un entorno cercano e inmediato, por más extenso que en realidad pueda llegar a ser. Pero que estas cuentas sean públicas no significa que cualquiera pueda aprovechar su libre acceso a ellas para capturar y utilizar dichas fotografías con otros fines. Como señala la STS 91/2017, de 15 de marzo[345], el hecho de que una persona haya publicado en una cuenta abierta de una red social de Internet una fotografía suya, que resulte accesible a un público concreto, no da derecho a que un tercero pueda reproducir dicha imagen en un medio de propagación diferente sin el consentimiento de su titular. Dicho proceder no puede ampararse, en modo alguno, como el resultado natural de la difusión por su titular en una red social pública de Internet, ya que el objetivo de dicha publicación es su difusión con los terceros que busquen interactuar con el sujeto titular, pero, en ningún caso, que tales terceros puedan difundir dicha fotografía a través de otros canales o medios de comunicación distintos al primero. Es decir, que un individuo publique una foto en su muro virtual no da derecho a otros usuarios a retransmitir ese contenido, que solamente habrá de ser accesible en la forma y lugar explícitamente consentidos por su titular. El TS ha reivindicado en múltiples pronunciamientos

---

343 ARENAS RAMIRO, M., «El valor de la información personal: protección de datos personales y la sociedad del espectáculo», *Anuario Facultad de Derecho – Universidad de Alcalá II*, 2009, p. 289.

344 SOLER PRESAS, A., «Am I in Facebook? Sobre la responsabilidad civil de las redes sociales on-line por la lesión de los derechos de la personalidad, en particular por los usos no consentidos de la imagen de un sujeto», *InDret*, n.° 3, 2011, p. 6.

345 STS 91/2017, de 15 de marzo, FJ 5.°.

que la publicación de una imagen en una plataforma de Internet no legitima su uso para otro fin[346].

El titular del contenido tiene derecho a mantener acotada su publicación al medio seleccionado, durante el tiempo que estime oportuno y en la modalidad de acceso que haya autorizado, lo que, además, podrá deshacer o modificar cuando considere preciso, así como impedir que los contenidos puedan seguir fluctuando por Internet. Es decir, aunque la libertad de la información primase sobre los derechos de la personalidad del individuo, en lo relativo a la propia imagen, los medios de comunicación —o los internautas que operen con la misma finalidad— solamente podrán emplear el material que resulte de los hechos en cuestión, pero nunca estará legitimada la difusión de una imagen personal obtenida a través de una red social como *Facebook* o *Instagram,* aunque se difunda en relación con los hechos noticiosos. Dicho de otra forma, la prevalencia, en un caso concreto, del derecho a la información frente al derecho a la intimidad ha de entenderse limitada al hecho noticioso y en ningún caso puede considerarse extensible o ilimitada hasta el extremo de obtener y difundir los contenidos privados de la red social del individuo en cuestión.

Aunque en ciertos casos la utilidad de informar a la sociedad sobre unos sucesos de relevancia legitime la grabación y difusión de elementos reservados a la propia imagen[347], no es lícito que, con motivo de estos hechos, se publiquen imágenes que lejos de haber sido obtenidas en el lugar de los hechos, se hayan extraído de la red social del implicado. En este aspecto, la STS 91/2017 asevera lo siguiente: «Que en la cuenta abierta en una red social en Internet, el titular del perfil haya 'subido' una fotografía suya que sea accesible al público en general, no autoriza a un tercero a reproducirla en un medio de comunicación sin el consentimiento del titular, porque tal actuación no puede considerarse una consecuencia natural del carácter accesible de los datos e imágenes en un perfil público de una red social en Internet. La finalidad de una cuenta abierta en una red social en Internet es la comunicación de su titular con terceros y la posibilidad de que esos terceros puedan tener acceso al contenido de esa cuenta e interactuar con su titular, pero no que pueda publicarse la imagen del titular de la cuenta en un medio de comunicación»[348].

En consonancia con esta cuestión, deviene de especial relevancia la STC 27/2020 en la que se estudia la legitimidad de que los medios de comunicación puedan emplear las imágenes publicadas en las redes sociales de alguien que no haya dado consentimiento y utilizarlas como elemento de

346 Véanse STS 1225/2003, de 24 de diciembre, FJ 1.°; STS 1184/2008, de 3 de diciembre, FJ 2.° y STS 311/2010, de 2 de junio, FJ 3.°.

347 STS 587/2016, de 4 de octubre, FJ 6.°.

348 STS 91/2017, de 15 de febrero, FJ 5.°.

refuerzo informativo en una noticia. Esta cuestión fue analizada en recurso de amparo en base al derecho a la propia imagen, pues, aunque también pudieran estar afectados el derecho a la intimidad y el derecho a la protección de datos[349], estos no fueron invocados por ninguna de las partes. Tras hacer un análisis de la genealogía del derecho a la propia imagen, el TC comenzó destacando que el derecho a la propia imagen ha de ser sacrificado, en beneficio del derecho a la información, en aquellos supuestos en los que, pese a que no obre consentimiento expreso, se distribuyan contenidos gráficos vinculados a un suceso de carácter noticiable donde la persona aparezca de forma no accesoria y, con mayor motivo, si el evento tiene relación directa con el ámbito público por el que esta es conocida. Pero, por otro lado, cuando se trate de una persona privada, anónima o desconocida, su imagen no podrá ser empleada, pese a que haya sido tomada en un lugar público, salvo en dos supuestos concretos: que la persona particular figure en el lugar del hecho noticiable de forma secundaria, es decir, sin protagonismo ni trascendencia; o que su participación hubiera acontecido en calidad de protagonista, con lo que la persona inicialmente desconocida hubiera asumido voluntariamente un papel principal en el evento noticioso.

La sentencia prosigue destacando el abanico de opciones que permiten las redes sociales; donde, gracias al desarrollo de la Web 2.0, se posibilita una notable actividad participativa de los usuarios en la confección de los contenidos informativos. Añade que, en este contexto, resulta indiscutible que los derechos fundamentales al honor, a la intimidad y a la propia imagen, como principios constitucionales de salvaguarda a la vida privada de las personas, se vean atacados por la alteración de los parámetros sociales y que la difusión de información que posibilita el empleo de las redes sociales también puede conllevar una pérdida de control en dicha difusión. En este sentido, advierte que por mucho que las personas compartan conscientemente sus datos de carácter personal en la red, siguen conservando el control de su esfera privada de dominio, el cual no decae por la simple publicación de contenidos en sus perfiles virtuales y cuyos contenidos no podrán ser empleados para otros fines salvo consentimiento conciso.

El TC advierte que, aunque a través de Internet circulen datos de carácter privado, esto no supone, en absoluto, que lo privado se haya convertido en público, ya que el escenario digital no es asimilable a la idea de «lugar público» que se menciona en la LOPH y no puede proclamarse que los usuarios de la era virtual queden desprovistos de los derechos consagrados en el artículo 18.1 CE. Lejos de ello, para afrontar los nuevos riesgos propiciados por el entorno digital se ha de seguir partiendo de los mismos fundamentos

349 Augut García, M. T., «El uso de fotografías obtenidas de las redes sociales: nueva doctrina constitucional sobre la colisión del derecho fundamental a la propia imagen con el derecho a la información. Comentario a la Sentencia del Tribunal Constitucional 27/2020, de 24 de febrero», *Revista de Trabajo y Seguridad Social, CEF*, n.° 448, p. 183.

que regían en la era analógica; por consiguiente, toda persona tiene derecho a controlar los datos que obran en su perfil en la misma medida que sus rasgos identificativos en la vida ordinaria. El consentimiento prestado para la publicación de un contenido no es extensible a otras publicaciones o difusiones posteriores, así se refiere expresamente en la referida sentencia: «Por ello, el usuario de Facebook que "sube", "cuelga" o, en suma, exhibe una imagen para que puedan observarla otros, tan solo consiente en ser observado en el lugar que él ha elegido (perfil, muro, etc.)»[350].

Un aspecto relevante de la STC 27/2020 es la manera en que se aborda la problemática suscitada por el uso no autorizado de los contenidos obrantes en las redes sociales. Primeramente, es de precisar que la cuestión es resuelta en base al derecho a la propia imagen. Con ello, el tercer derecho reconocido en el artículo 18.1 CE, y en ocasiones el más olvidado, cobra así un sustancial protagonismo para la defensa de la privacidad y salvaguarda de los derechos de la personalidad en el entorno digital. Es también digno de destacar cómo a lo largo de la fundamentación jurídica el TC ha empleado de forma alternativa conceptos como «privacidad», «vida privada», «intimidad personal», «derecho a la protección de datos de carácter personal», «datos privados», etc. Todos estos términos se vierten homólogamente en una fundamentación jurídica que, valga recordar, tiene como objeto resolver un recurso de amparo donde se invoca el derecho a la propia imagen. Esta cuestión llama poderosamente la atención, pues precisamente el artículo 18.4 CE indica que «la ley limitará el uso de la informática para garantizar el honor y la intimidad personal y familiar de los ciudadanos y el pleno ejercicio de sus derechos», es decir, la Carta Magna conecta la protección de la informática con el derecho al honor y el derecho a la intimidad, sin hacer mención al derecho a la propia imagen; lo cual, tal y como indica Esperanza Gómez Corona, no tiene mucha razón de ser[351].

Si bien se profundizará más adelante sobre este aspecto, cabe adelantar que al amparo del artículo 18.4 de la Constitución se ha fundamentado la construcción jurídica del derecho a la autodeterminación informativa o a la libertad informativa. En tal sentido, con relación al artículo 18.4 CE, reza la STC 94/1998: «no sólo entraña un específico instrumento de protección de los derechos del ciudadano frente al uso torticero de la tecnología informática, sino que consagra un derecho fundamental autónomo a controlar el flujo de informaciones que conciernen a cada persona»[352]. El derecho a la autodeterminación informativa ha propiciado un intenso debate teórico entre quienes sostienen que el *nomen iuris* de este régimen jurídico de protección

350 STC 27/2020, de 24 de febrero, FJ 2.°, 3.°, 4.° y 5.°.

351 Gómez Corona, E., «La construcción jurisprudencial de la propia imagen constitucional», *Estudios de Deusto: revista de Derecho Público*, vol.58, n. 1, 2010, pp. 11-46.

352 STC 94/1998, de 4 de mayo, FJ 6.°.

debe recaer mayormente en el derecho a la intimidad y, por otro lado, quienes sostienen que la autodeterminación informativa se consagra, al amparo del artículo 18.4 CE, como un derecho fundamental con contenido propio y autonomía subjetiva. Sin entrar a valorar los fundamentos de ambas posturas, lo que está claro es que ni en una ni en otra posición argumentativa, habría cabida para el derecho a la propia imagen, bien porque el derecho a la intimidad es un derecho autónomo o bien porque el artículo 18.4 de la Norma Suprema no hace alusión al derecho a la propia imagen.

Tal y como precisa Pablo Lucas Murillo de la Cueva, «sabemos que la técnica jurídica de la protección de los datos personales ante el uso de la informática nace y existe para hacer efectivo el derecho a la autodeterminación informativa que brota del artículo 18.4 de la Constitución»[353]. Así las cosas, *a priori*, cabría pensar que entonces el derecho a la protección de datos personales es una construcción jurídica en la que no tiene cabida el derecho a la propia imagen, pues en dicho precepto constitucional se elude el tercero de los derechos de la personalidad. Sin embargo, puede observarse cómo la STC 27/2020 emplea en su fundamentación términos relativos a la protección de datos personales en un recurso de amparo interpuesto exclusivamente respecto al derecho a la propia imagen. Ante esta circunstancia, pueden elaborarse principalmente dos conclusiones. Primeramente, podría defenderse que la STC 27/2020 impone la necesidad de reelaborar las definiciones jurisprudenciales y doctrinales del derecho a la autodeterminación informativa y del derecho a la protección de datos para incluir expresamente el derecho a la propia imagen, que pasa a ser una piedra angular en «el derecho a la libertad frente a las potenciales agresiones a la dignidad y a la libertad de la persona provenientes de un uso ilegítimo [...] [de] lo que la Constitución llama la informática»[354]. Pero, sin oponerse explícitamente a lo anterior, hay otra conclusión que parece más acertada en lo que aquí interesa, el hecho de que la normativa de protección de datos no debe ser la única herramienta jurídica que tutele los derechos y libertades en la era digital ya que, como se ha detallado, plantea lagunas o, como poco, merece ser reforzada junto a la aplicación de los derechos constitucionales de la personalidad. Los derechos consagrados en el artículo 18.1 CE, de la mano de toda la jurisprudencia elaborada al respecto en la era analógica, ofrecen un amplio espectro de cobertura frente al uso indebido de la informática y tienen conminada la nueva misión de ser readaptados e invocados en la jurisdicción ordinaria como herramientas jurídicas frente a las nuevas intromisiones ilegítimas acaecidas en el entorno digital. De hecho, entre la jurisprudencia que concreta el contenido del derecho a la propia imagen encontramos pronunciamientos como el de la STC 117/1994, donde no solo se incluyen los rasgos

353 Murillo de la Cueva, P. L., «La construcción del derecho a la autodeterminación informativa», *Revista de Estudios Políticos (Nueva Época)*, n.º 104, 1999, p. 53.

354 STC 254/1993, de 20 de julio, FJ 6.º.

físicos y la voz, sino también el nombre, como identidad de la persona[355]. Este paralelismo entre el derecho a la protección de datos personales y el derecho a la propia imagen ofrece una gran potencialidad para la reclamación en vía judicial civil al amparo de este derecho fundamental.

355 STC 117/1994, de 25 de abril, FJ 3.°.

CAPÍTULO III

EL DERECHO FUNDAMENTAL A LA PROTECCIÓN DE DATOS PERSONALES

3.1. La privacidad

Los anteriores epígrafes han tratado de la perennidad de la información en Internet, las nuevas formas de recordar en el entorno digital, la difusión masiva de información en Internet, los efectos de la indexación de datos desarrollada por los motores de búsqueda y de las redes sociales, llegando a la conclusión de que todo este desarrollo tecnológico ha traído consigo importantes cambios sin precedentes que suponen una importante injerencia en la privacidad de los individuos. Pero, dentro de este escenario, cabe preguntarse qué se ha de entender por «privacidad».

La RAE define la privacidad como el ámbito de la vida privada que se tiene derecho a proteger de cualquier intromisión. En efecto, en un sentido sociológico, se ha de entender la privacidad como la facultad del ciudadano para mantener protegida, y sin posibilidad de acceso, toda aquella información que se desee mantener dentro de su esfera de control; aquello a lo que, por pudor, vergüenza o mero capricho, se quiere privar de su acceso a terceros. La privacidad es una cualidad inherente al desarrollo del individuo y de la propia sociedad, ha estado presente desde que el hombre empezara a construir viviendas para protegerse de las miradas ajenas tras el amparo de sus muros, es decir, a disponer de un espacio físico propio y aislado donde desarrollar su vida propia y familiar al margen de su alrededor. Un conocido refrán popular dice «cada uno en su casa, y Dios en la de todos», y con él se pretende destacar la necesidad de disponer de un espacio íntimo donde vivir conforme al propio criterio y fuera del alcance de la opinión social. Ya en el Antiguo Testamento de la Biblia se aprecia cómo Adán y Eva, nada más ser creados, lo primero que hicieron fue tapar sus partes nobles mediante hojas, de lo que se desprende un anhelo de intimidad. Este deseo de privacidad ha estado siempre presente, si bien ha ido evolucionando y ampliando su terreno según las demandas sociales, en un constante reclamo de lo íntimo. Lo privado nace como una necesaria confrontación a lo público, conformándose dos esferas diferenciadas de comportamiento, con diferentes condicionantes y modos de obrar. En lo público, las normas sociales precisan de unos protocolos de comportamiento mientras que, en lo privado, el individuo se desenvuelve conforme a su propia voluntad y, es por eso, que quiera proteger este espectro de las injerencias ajenas, sin que sus usos más íntimos puedan quedar expuestos a la opinión de lo ajeno.

Pero la idea del derecho a la privacidad, tal y como puede ser entendido en la actualidad, tiene su origen en los Estados Unidos, concretamente en el pronunciamiento del Juez Thomas Cooley, quien, en 1888, lo formulara como «*the right to be let alone*» (el derecho a poder estar solo)[356]. Una idea similar de este concepto de privacidad se encuentra en la filosofía de Ortega y Gasset: «sólo reparo en quién soy verdaderamente cuando me desentiendo de lo que me rodea y me retiro del mundo»[357]. Esa idea fue continuada por SAMUEL WARREN y LOUIS BRANDIES quienes manifestaron que «*in every such case the individual is entitled to decide whether that wich is his shall be given to the public. No other has the right to publish his production in any form, whithout his consent*», lo que en síntesis supondría el derecho que tiene toda persona a determinar la forma en que se hace pública su obra. Warren y Brandies terminaron por concluir que «*the principle which protects personal writtings and any other productions of the intellect or of the emotions, is the right to privacy, and the law has no new principle to formulate when it extends this protection to the personal appearance, sayings, acts, and to personal relation, domestic or otherwise*»[358]; su traducción al castellano es: «el principio que protege los escritos personales y cualquier otra producción del intelecto o de las emociones, es el derecho a la privacidad, y la ley no tiene un principio nuevo que formular cuando extiende esta protección a la apariencia personal, dichos actos y personales, relación doméstica o de otro tipo».

Así pues, el concepto inicial de privacidad, entendido como la restricción de acceso a la intimidad del hogar, fue evolucionando hasta dar cobertura a la idea de que el ciudadano tiene la facultad de imponer unos límites en su interacción con el entorno, habiendo sido definido incluso como «el derecho a estar solo». En esta línea, JOSE LUIS PIÑAR considera que «el derecho debe preservarnos frente a las invasiones de los sagrados límites de nuestra vida privada y doméstica. El derecho a la privacidad supone, pues, el derecho a

356 COOLEY, T. A., *Treatise on the Law of Torts or the Wrongs wich arise independent of contract,* 2.ª ed., Callagan, Chicago, 1888.

357 ORTEGA Y GASSET, J., *Principios de la Metafísica según la razón vital del curso,* vol. 8, Taurus, Madrid, 2008, p. 587.

358 WARREN, S., y BRANDEIS, L., *The Right to Privacy,* vol. 4, n.º 5, Hardvard Law Review, 1890, p. 195.

poder estar solo, con el alcance que cada uno desee, incluso completamente solo, sin sufrir injerencias no deseadas y sin interferir en el derecho de los demás»[359].

El derecho a la privacidad suele estar confrontado a la libertad de información, manifestada en la difusión de noticias que, a su vez, incorporan datos personales. Para LUIS JAVIER MIERES «el control sobre la información personal es un modo de precaverse frente al comportamiento irracional de los demás basado en los prejuicios o los estereotipos. El conocimiento de determinados datos de manera aislada puede generar reacciones adversas por parte de los terceros, con incidencia negativa en nuestra carrera profesional, nuestro crédito o las posibilidades de entablar o fortalecer nuestras relaciones sociales. Si esos datos son obsoletos y no se corresponden con la realidad actual, el riesgo de que sean mal interpretados aumenta»[360]. Se trata, en definitiva, de que el ciudadano tenga la facultad de aislar su desarrollo más íntimo, sus usos y sus hábitos más interiores, de aquellas otras circunstancias vinculadas con la interrelación social. El objetivo de esto es disfrutar de una «válvula de escape» donde poder ceñir el comportamiento al propio antojo, lejos del alcance de posibles reproches que, por prejuicios, pudieran suscitarse de las miradas ajenas. Es la capacidad de mantener bajo control la esfera íntima, sin que otros tengan acceso, pero, también, debe tratarse de la disposición de control respecto al alcance de la divulgación de datos íntimos que hubieran sido cedidos, con la idea o esperanza de que no serían difundidos a otros terceros, es decir, la facultad de control de los datos que atañen a una persona en concreto. Para JUAN ANTONIO GALLO «la privacidad de las personas tiene que ser entendida, debido a la fuerte carga ética que emana del concepto, como aquella figura jurídica que trata de evitar interferencias indebidas en asuntos privados, así como de asegurar que terceras personas no puedan efectuar un control sobre las materias que pueden afectar a la persona y que menoscaban su dignidad y autonomía»[361]. En mayor o menor medida, la privacidad siempre ha sido objeto de preocupación por la sociedad, eso no ha cambiado; no obstante, las amenazas sí lo han hecho. La transmisión de contenido privado por el boca a boca, mediante medios periodísticos o televisivos debe ser una preocupación menor frente a las amenazas del entorno digital, pues cualquier divulgación informativa queda ahora de forma eterna a merced de su consulta en la red. Ya en 1890, los juristas SAMUEL WARREN y LOUIS BRANDIES, profetizaron con bastante acierto: «lo que se susurre en la intimidad, será proclamado a los cuatro vientos». En colación con lo anterior, Ángel Acedo advierte de las injerencias tecnológicas sobre la privacidad al decir que «la universalización de la informática, unida a la masiva, imparable

---

359 PIÑAR MAÑAS, J. L., *¿Existe privacidad?*, Apertura Solemne Curso Académico Universidad San Pablo CEU, Madrid, 2008, pp. 26-27.

360 MIERES MIERES, L.J., «El derecho al olvido digital», *Fundación Alternativas*, 2014, p. 6.

361 GALLO SALLENT, J.A., *El derecho al olvido en Internet. Una propuesta de solución*, p. 11.

y vertiginosa propagación del uso de Internet, con sus inagotables recursos, pero también con los más variados instrumentos que permiten, casi al alcance de cualquiera, la invasión de la privacidad de los ciudadanos, ha derivado en una preocupación general por este fenómeno y puesto de manifiesto la necesidad de su regulación jurídica»[362].

En el ámbito de la Unión Europea, su Carta de los Derechos Fundamentales reconoce el derecho a la privacidad al garantizar, en su artículo séptimo, que «toda persona tiene derecho al respeto de su vida privada y familiar, de su domicilio y de sus comunicaciones». El TJUE ha establecido que estos derechos han de prevalecer frente al interés de los usuarios de Internet y que su equilibrio debe valorarse en base al tipo de información que se intente salvaguardar, a la gravedad que su divulgación resulte para la privacidad del afectado y del interés público en acceder a esa información[363].

Dentro de nuestro sistema judicial nacional, la jurisprudencia del TS, en Sentencia de 20 de febrero de 1989, destacaba que la esfera privada «incluye aquel sector de circunstancias que, sin ser secretas ni de carácter íntimo, merecen, sin embargo, el respeto de todos, por ser necesarias para garantizar el normal desenvolvimiento y la tranquilidad de los titulares particulares»[364]. Queremos destacar la importancia de cómo el Alto Tribunal refiere que la esfera privada no tiene, necesariamente, que incluir informaciones secretas o íntimas, basta cualquier género que merezca de respeto y exclusión para la estabilidad de los ciudadanos. En la STC 110/1984, de 26 de noviembre, ofreció una explicación bastante esclarecedora sobre el concepto de la privacidad en el entorno digital —es de observar la fecha de que data la Sentencia, cuando la tecnología estaba aún lejos de llegar a los umbrales actuales—. Explicaba que el reconocimiento expreso del derecho a la intimidad era, en aquel entonces, una realidad muy reciente y con amparo en escasas Constituciones; sin bien, su sentido esencial se basaba en el respeto a la vida privada y nacía de las libertades más tradicionales, como la inviolabilidad del domicilio y de la correspondencia, y cuyo objetivo no dejaba de ser el respeto a la vida privada, con exclusión de intromisiones ajenas. Pero advertía que el avance tecnológico, junto a los medios de comunicación de masas, había auspiciado la impostergable extensión de tal protección, con mayor margen de cobertura que el derecho al amparo domiciliario —como el espacio físico en que se ejercía, por lo habitual, la intimidad—, o del respeto de la correspondencia —como cauce de intromisión a las cuestiones de la vida privada—. Era, por tanto, necesario el formular una tutela global sobre el derecho a la intimidad y a la vida privada para impedir las posibles injerencias

362 Acedo, A., «El derecho al olvido en Internet como componente esencial del derecho al honor en el siglo XX», *A. Sabaris & C. Strapazzon*, 2012, pp. 191-219.

363 STJUE de 13 de mayo de 2014, apartado 70.

364 STS de 20 de febrero de 1989, FJ 2.°.

que pudieran suscitarse, por medio de cualquier conducto tecnológico, en el ámbito más reservado de la vida[365].

De forma similar, la privacidad ha sido entendida como el derecho a la autodeterminación informativa. Este derecho fue reconocido por primera vez mediante STC 292/2000 al declarar inconstitucionales algunos apartados de los artículos 21 y 24 de la Ley Orgánica 15/1999, de 13 de diciembre, de Protección de Datos de Carácter Personal (actualmente derogada), por entender que se vulnerarían los derechos de los artículos 18.1 y 18.4 CE si se facultase a las administraciones públicas para servirse de los datos almacenados y emplearlos en fines de índole diferente al que había motivado su recogida. En ella se explica que la finalidad del derecho fundamental a la intimidad del artículo 18.1 CE es la de impedir invasiones dentro de ámbito de la vida personal y familiar en contra de la voluntad del ciudadano, pero que el artículo 18.4 CE, inherentemente vinculado, ofrece un margen de cobertura más amplio respecto a la facultad de disposición sobre los datos personales y constata una dimensión mayor ya que garantiza la facultad de control sobre datos personales sin ser necesario que estos revistan un carácter estrictamente íntimo[366]. En sus sentencias más recientes, el TC ha seguido empleando el concepto de autodeterminación informativa, siempre en relación con los derechos a la intimidad y a la limitación de la informática —contenidos en los artículos 18.1 y 18.4, respectivamente—[367]. Por ello, cabe interpretar el concepto de la privacidad como un derecho natural que encuentra su base normativa en la confluencia de dichos derechos constitucionales. Para Isabel Victoria Lucena, la definición del término intimidad es una cuestión farragosa, pues «observamos que esta locución pertenece a múltiples 'juegos del lenguaje', a distintos contextos extralingüísticos que hace que su significado y definición sean tan escurridizo como apremiante la necesidad de abordarlo para establecer un marco de comprensión en la realidad de un nuevo 'juego de lenguaje o contexto lingüístico y extralingüístico', en nuestro caso, el entorno de la sociedad de la información»[368]. En idéntico sentido, para Daniel Solove la intimidad es «*a concept in disarray*»[369] (un concepto en desorden) y para André Vitalis una «*definition introuvable*»[370] (definición inencontrable). Si bien su significado es amplio y ambiguo, John Stuart ofrece una aproximación al concepto al entenderlo como la autonomía individual

365 STC 110/1984, de 26 de noviembre, FJ 3.°.

366 STC 292/2000, de 30 de noviembre, FJ 6.° y 7.°.

367 Véase STC 58/2018, de 4 de junio, FJ 7.°, STC 39/2016, de 3 de marzo, FJ 3.° y STC 135/2014, FJ 1.°, de 8 de septiembre.

368 Lucena Cid, I. V., «The Protection of Privacy in the Technological Age: Towards a Reconceptualization», *Revista Internacional Pensamiento Politico*, vol. 7, 2012, p. 117.

369 Solove, D. J., «Conceptualizing privacy», *California Law Review*, vol. 90, 2002, p. 1087.

370 Vitalis, A., «Informatique, pouvoir et libertés», *Paris: Económica*, 1981 , p. 151.

de la persona que se basa en el principio de que hay una serie de elementos que atañen solo a la persona y sobre los cuales puede ejercer una completa autodeterminación, sería el último escollo de la personalidad, la esfera donde la persona es única dueña y opta por un comportamiento privado[371]. Desde dicho prisma, la intimidad sería la disposición de las personas de escoger qué exponer al resto, sería la barrera que la sociedad no puede traspasar en el libre desarrollo de la personalidad de un individuo.

La STC 231/1988, de 2 de diciembre, describía el derecho a la intimidad personal y familiar reconocido en el art. 18.1 CE como «derechos fundamentales estrictamente vinculados a la propia personalidad, derivados sin duda de la «dignidad de la persona», que reconoce el art. 10 CE, y que implican la existencia de un ámbito propio y reservado frente a la acción y conocimiento de los demás, necesario —según las pautas de nuestra cultura— para mantener una calidad mínima de la vida humana. Se muestran así esos derechos como personalísimos y ligados a la misma existencia del individuo»[372]. Esta definición es similar a lo ya expuesto respecto a la privacidad, con un añadido, el de la dignidad de la persona como presupuesto reconocido constitucionalmente. Una exposición más amplia es la que realiza la STC 12/2012, de 30 de enero, según la cual el derecho a la intimidad se funda en la necesidad de «garantizar un ámbito privado y reservado frente a la acción y conocimiento de los demás, necesario, según las pautas de nuestra cultura, para mantener una calidad mínima de la vida humana», insiste en que el derecho a la intimidad atribuye al titular «el poder de resguardar ese ámbito reservado por el individuo para sí y su familia de publicidad no querida» y, por tanto, «el poder jurídico de imponer a terceros el deber de abstenerse de toda intromisión en la esfera íntima y la prohibición de hacer uso de lo así conocido». Prosigue precisando que la idea de vida privada no puede tampoco reducirse a esa esfera íntima, sino que ha de extenderse a otros ámbitos —trabajo o profesión— en donde se desarrollan interacciones humanas y relaciones que son entendidas como pertenecientes a la vida privada. Es decir, el concepto de intimidad no se reduce exclusivamente a círculo íntimo, sino que engloba también otros escenarios de interacción social[373].

Una posible conclusión de todo lo anterior estaría en la postura de María Álvarez Caro, para quien cabe apreciar los diferentes significados asociados al concepto de la privacidad. Por un lado, derivaría del concepto anglosajón de *privacy*, como sinónimo de vida privada, por otro, se trata de un sinónimo de intimidad o, incluso, de un precepto que excede a la intimidad[374]. En

371 Mill, J. S., *Sobre la libertad*, Ediciones Akal, 2017.

372 STC 231/1988, de 2 de diciembre, FJ 3.°.

373 STC 12/2012, de 30 de enero, FJ 5.°.

374 Álvarez Caro, M., *Derecho al olvido en Internet: El nuevo paradigma de la privacidad en la era digital..., op. cit.,* p. 57.

sentido parecido, FERNANDO HERRERO considera que la privacidad es interpretada generalmente en la doctrina española como el concepto anglosajón *privacy* (vida privada) y que puede ser conformada con una génesis de todos los derechos reconocidos en el artículo 18 CE[375].

Algunos autores han sostenido la teoría de las tres esferas. Según esta teoría, la intimidad, la privacidad y la vida privada, son esferas individuales e independientes. No obstante, no parece propio dar excesivo apoyo a la teoría de las tres esferas, pues parece más proclive de forzar una individualización aislada de aspectos que, en realidad, tienen una connotación sumamente común y que, en todo caso, han de retroalimentarse para dar sustento a una misma necesidad, esto es, la protección de la esfera privada del individuo frente a las injerencias tecnológicas. El concepto de privacidad no existe como tal, de forma directa, en la CE, sino que emana de derechos contenidos en su artículo 18, como base y sustento. Se trata de cuestiones sumamente relacionadas que conforman aspectos tales como la autodeterminación informativa, la cual, si bien la doctrina mayoritaria ha entendido vinculada al artículo 18.4 CE, no puede olvidarse que también lo está, y quizá en mayor medida, con el derecho fundamental a la intimidad, ya que de él nace y brota la base constitucional de la privacidad. Resulta, además, que el contenido del propio artículo 18.4 CE —«la ley limitará el uso de la informática para garantizar el honor y la intimidad personal y familiar de los ciudadanos y el pleno ejercicio de sus derechos»—, hace por sí mismo alusión al concepto de intimidad. Es decir, es el derecho a la intimidad quien, dentro del derecho positivo, sirve como pilar de soporte para invocar la tutela de la privacidad.

Dentro del derecho al olvido, se ha dado mayor importancia a la protección de datos cuando, por ejemplo, para RAPAHEL GELLER y SERGE GUTWIRTH, en ocasiones, no es operativa la aplicación independiente del derecho a la protección de datos de forma aislada al derecho a la vida privada pues, aunque la antigua Directiva 94/95/CE así lo entendiese, el hecho de que el Convenio Europeo de Derechos Humanos simplemente refiera el derecho a la vida privada —artículo 8—, ha conllevado que el TEDH haya fundamentado varios casos de protección de datos con base en el derecho a la privada[376].

Otra forma de entender la privacidad en relación con la intimidad sería el concepto de «reservas de intimidad» —el TC ha especificado que la intimidad «es un concepto de carácter material, que atiende al ámbito que cada persona reserva para sí o su familia»[377]—. Las reservas de intimidad son aquellas barreras que separan lo social de lo personal, son aquellos escollos que, de forma intencionada, el individuo entiende necesarios para protegerse de la

375 HERRERO TEJEDOR, F., *Honor, intimidad y propia imagen,* Editorial Colex, 1994, p. 72.

376 GELLERT, R., y GUTWIRHT, S., «The legal construction of privacy and data protection computer», *Computer Law & Security Review,* n..° 29, p. 522.

377 STC 18/2020, de 10 de febrero de 2020, FJ 3.°.

intromisión ajena sobre lo propio, lo personal. Son muchos los ejemplos de reserva de intimidad transformados en verdaderos derechos fundamentales, algunos de los cuales ya se han mencionado: la intimidad del domicilio propio, el secreto de las comunicaciones, etc. Sin embargo, dentro de la era de Internet, hay una importante reserva de intimidad para la privacidad, y es el factor tiempo, esto es, la esperanza sostenida en el individuo de que el paso del tiempo conforme un marco de privacidad futura. Ciertas noticias que en un cierto momento puedan revestir el amparo de la libertad de expresión o publicad han de verse limitadas por una reserva de intimidad por el transcurso del tiempo, conformando un nuevo muro de contención que impida su divulgación. Cuando el suceso haya dejado de tener interés social y su mantenimiento en la red no ocasione más que perjuicios para el propio individuo, sin beneficio para la sociedad, no parece razonable la intromisión en tales cuestiones del pasado, habría que proceder a su borrado y entender el pasado del individuo como una zona delimitada por el margen decisorio de su vida privada. Esta noción se vincula estrechamente con el concepto, ya expuesto, de autodeterminación informativa en su vertiente de protección de datos. Se trata, como manifiesta ESTHER MITJANS, «que el pasado no se convierta en presente continuo»[378]. El derecho al olvido nace de la necesidad de postular el derecho a la intimidad del pasado del individuo, motivada por las herramientas tecnológicas de acceso que impiden que su recuerdo se desvanezca por sí solo; «el derecho al olvido es la última manifestación de la necesidad de preservar la privacidad de las personas frente a las amenazas que entraña el progreso tecnológico»[379].

3.2. El derecho a no ser encontrado

El filósofo FRIEDRICH NIETZSCHE exponía en su obra «Aurora» el siguiente pensamiento: «En medio de la multitud vivo como la mayoría y no pienso como pienso; al cabo de cierto tiempo acabo por experimentar el sentimiento de que se me quiere desterrar de mí mismo y quitarme mi alma, y empiezo a malquerer a todo el mundo y a temer a todo el mundo. Entonces tengo necesidad del desierto para volver a ser bueno». Y, en su obra «Así habló Zaratustra», sugiere: «¡Amigo mío! ¡Refúgiate en tu soledad!». El poeta y dramaturgo español, miembro de la Generación del 27, PEDRO SALINAS, plasmó en su conocido poema «Razón de Amor» el siguiente verso: «Vivir, desde el principio, es separarse». Y es que el ser humano merece poder crear un pensamiento y un comportamiento propios, independientes del estereotipo impuesto. Para ello, necesita que le sea respetado un ámbito de privacidad

378 MITJANS I PERELLÓ, E., «Neutralidad de la Red y Derecho al olvido», *Segunda Jornada de VII Congreso Internacional sobre Internet, Derecho y Política*, http://edcp.uoc.edu/symposia/idp2011, (fecha de consulta: 12-06-2016).

379 *Ídem*, p. 6.

donde pueda regir la propia disposición autónoma de su persona, sin injerencias exteriores, dentro de un espacio de individualidad exclusivamente propio y al margen de todo alcance social. Resulta preciso que el individuo goce de un margen de libertad lo bastante amplio y verdadero como para que pueda rehusar de estar ineludiblemente conducido por la masa y, solo de esta manera, goce de una vida inalienable. Es decir, el hombre debe tener derecho a disponer de su aislamiento, cuando lo precise, sin que la sociedad le persiga o, cuanto menos, a vivir su vida ordinaria, dentro de los usos rutinarios, sin que esta sea espiada.

JUAN ANTONIO GALLO SALLENT ha hecho uso de la expresión, poco tratada aún por el resto de la doctrina, del «derecho a no ser encontrado». Para él la privacidad es un concepto íntimamente ligado con el derecho al olvido y a la protección de datos personales, es la deferencia que ha de tenerse ante el desarrollo de la vida privada, que debe ir acompañada de un fuerte enfoque moral, como esencia inherente al ser humano, llamada a repeler el control de terceros acerca de materias exclusivamente concernientes a la propia persona. Pero el «derecho a no ser encontrado», aunque reconoce que no es ninguna figura jurídica, es una realidad que ha de ser tenida en consideración. Se trataría de un derecho ubicado dentro del derecho a la privacidad y más concretamente dentro del derecho a la autonomía personal. La motivación de conjugar este concepto, de forma separada, derivaría del hecho de que frecuentemente se esgrima el derecho al olvido para solicitar el borrado de datos en situaciones que no se insertarían estrictamente dentro del derecho al olvido, pero de cuya ocultación se habría de poder disponer por el único hecho de existir[380].

El citado autor no desarrolla este concepto en profundidad y, por tanto, se trata de un concepto todavía abierto, sobre el que cabe ahondar. Quizás la realidad actual de la que la sociedad hace mayor eco de alarma, asociada a este concepto, sea la expuesta por MIGUEL PASQUAO LIAÑO, quien alerta sobre la invasión de los poderes públicos en la información concerniente al libre desarrollo de las vidas privadas. Advierte que, de forma peligrosa, damos por descontado que los servicios de inteligencia disponen de la facultad de intervenir nuestras comunicaciones y datos digitales, pero que mayor riesgo alberga el hecho de que algunas empresas de comunicación tengan, hoy en día, el mismo poder. Argumenta que la mayor parte de nuestros derechos han sido pensados como oposición a los excesos de poder del Estado y que la falta de blindaje ante las injerencias en los canales de comunicación atenta gravemente contra la intimidad de los individuos. Termina por manifestar: «Reivindico el derecho a mentir, a fingir, a ocultar, a disfrazarme, y sobre todo a esconderme»[381]. Merece ser traída a colación la frase «no hay ciudadanía

380 GALLO SALLENT, J. A., *El derecho al olvido en Internet..., op. cit.*, pp. 11-12.

381 PASQUAO LIAÑO, M., *El derecho a esconderse*, https://www.miguelpasquau.es/el-derecho-esconderse/ (fecha de consulta: 20 de agosto de 2021).

sin ámbitos exentos de control y conocimiento públicos», del escritor Orwell, recogida en su conocida obra «1984».

En junio del 2013, el exanalista de la agencia de seguridad estadounidense NSA —*National Security Agency*— Edward Snowden difundió a través de la revista *The Guardian* una serie de revelaciones relacionadas con el nivel de vigilancia que los gobiernos estadounidense y británico aplicaban sobre la ciudadanía. Se trataba de una información que había obtenido gracias a su puesto cualificado en la agencia y que había decidido filtrar a los medios de comunicación, dada la gravedad de la situación, para ello viajó, por motivos de seguridad, a Hong Kong, donde comenzaron las publicaciones de prensa. A través de ellas, revela que la NSA, gracias a una orden judicial confidencial, podía acceder a registros telefónicos y de Internet a través de la operadora estadounidense Verizon, la cual remitía los datos al FBI —*Federal Bureau of Investigation*— quien, a su vez, los reenviaba a la NSA. Por otro lado, descubre la existencia del programa de vigilancia denominado PRISM, el cual posibilitaba a esta agencia el acceso indiscriminado a la información obrante en los servidores de las más potentes compañías de Internet —*Microsoft, Yahoo, Google, Facebook, AOL, Skype, Youtube y Apple*—. Estas operaciones de vigilancia se coordinaban paralelamente con Reino Unido, a través de su agencia GCHQ —*Government Communications Headquarters*— donde, además, se captaba información de diplomáticos internacionales junto a grandes cantidades de datos interceptados de las fibras ópticas, mediante el programa *Tempora.* Además, la GCHQ tenía un equipo especializado en crear «grietas» en el flujo de datos de compañías como Hotmail, Google, Yahoo y Facebook. La NSA y la GCHQ disponían de la colaboración secreta de Francia, Alemania, Italia, Suecia e Israel. Entre su *software* se encontraba el programa *XkeyScore*, con el que se interceptaban datos que permitían determinar la ubicación de quien accedía a una cuenta o enviaba un mensaje. La NSA no solo ha interceptado datos relativos a diversas misiones diplomáticas desarrolladas por la UE, sino que, en lo relativo a España ha vigilado un total de sesenta millones de llamadas telefónicas entre los años 2012 y 2013[382].

Un problema añadido al hecho de que las comunicaciones electrónicas sean filtradas es la implementación en todos los soportes digitales de sistemas de geolocalización asociados a la identidad del usuario, conlleva también la posibilidad de averiguar la ubicación espacial del dispositivo y, consiguientemente, la de su usuario; por tanto, es posible conocer la ubicación de cualquier persona mediante el acceso a sus dispositivos electrónicos. Las principales tecnologías inalámbricas que facultan esta realidad son las estaciones GSM —*Global System for Mobile Communications*—, la navegación mediante conexión WIFI —*Wireless Fidelity*— y, muy especialmente, el posi-

382 The Guardian, *Edward Snowden: the whistleblower behind the NSA surveillance revelations*, https://www.theguardian.com/world/2013/jun/09/edward-snowden-nsa-whistleblower-surveillance (fecha de consulta: 21 de agosto de 2021).

cionamiento GPS —*Global Positioning System*—; todas ellas implementadas hoy en día en los teléfonos inteligentes portados y utilizados constantemente por prácticamente todos los ciudadanos. Consiguientemente, la invasión de las comunicaciones digitales alcanza tal calado que, entre otras muchas cuestiones, llega al extremo de poder tener constantemente ubicada la posición de cada persona[383].

Concepción Delgado Franco expone que el poder de la información social nunca antes había cobrado un nivel tan elevado y que parece impensable concebir que vivamos en un tiempo en el que agencias de información como la NSA y la CHCQ tengan la capacidad de fisgar en las vidas privadas de las personas. Este contexto ha surgido del debate entre seguridad o privacidad, pero lo que está sucediendo es que la privacidad está siendo avasallada por aplastantes acciones intromisivas ejecutadas bajo el estandarte de la seguridad. El equilibrio entre seguridad y privacidad es una falacia de base, ambos conceptos nunca pueden ir enfrentados, pues se trata de cuestiones íntimamente vinculadas, no puede haber seguridad sin privacidad. La actividad terrorista ha dado pie a una normativa invasiva donde, con la excusa de la seguridad, se avasalla la intimidad de todos los ciudadanos en una búsqueda incierta y sin pruebas. Ciertamente, la vigilancia desarrollada por los gobiernos puede estar justificada en muchas ocasiones y la cultura de inteligencia, como análisis estratégico para la salvaguarda de la defensa, no es una cuestión baladí para la integridad de los ciudadanos, pero esta debe estar amparada en sospechas fundadas y ejecutada con congruencia y proporcionalidad. Sostiene la tesis de que «la vigilancia masiva es una realidad de nuestros días, propiciada por el desarrollo de unas nuevas tecnologías al servicio de los poderes públicos y empresas privadas y el creciente valor de la información en nuestra sociedad. Una realidad que es manifiestamente contraria a Derecho y especialmente invasiva de nuestra privacidad»[384].

La Asamblea General de Naciones Unidas aprobó la Resolución 68/167, el 18 de diciembre de 2013, donde observaba que el crecimiento de las nuevas tecnologías conllevaba la facultad de los gobiernos para llevar a cabo actividades de vigilancia, lo cual podía constituir una violación de los derechos humanos y, concretamente, del derecho a la privacidad —reconocido en el artículo 12 de la Declaración Universal de Derechos Humanos—. Reafirmando la importancia de este derecho, indicaba que la intervención indiscriminada de las comunicaciones podía también violar el derecho a la libertad de expresión, amén de ser un comportamiento antagónico en una sociedad democrática. Mostró su profunda preocupación por «los efectos negativos

---

383 Grupo de Trabajo sobre protección de los datos establecidos por el art. 29. *Dictamen 13/2011, de 16 de mayo de 2011, sobre los servicios de geolocalización en los dispositivos móviles inteligentes*.

384 Delgado Franco, C., «Vigilancia masiva y el derecho a la protección de los datos personales», *Revistas de ciencias jurídicas y sociales*, n.° 1, vol. 22, 2019, pp. 18-54.

que pueden tener para el ejercicio y goce de los derechos humanos la vigilancia y la interceptación de las comunicaciones, incluidas la vigilancia y la interceptación extraterritoriales de las comunicaciones y la recopilación de datos personales, en particular cuando se llevan a cabo a gran escala»[385].

El Parlamento Europeo también dio la voz de alarma sobre estos sucesos y publicó el 11 de diciembre de 2013, a través de la Dirección General de Políticas Interiores, la nota informativa titulada «Los programas de vigilancia de los Estados Unidos y sus repercusiones sobre los derechos fundamentales de los ciudadanos de la UE». En esta nota, el Parlamento Europeo, a la luz del descubrimiento del programa PRISM, consideraba que los medios de comunicación habían infravalorado el potencial espionaje de los Estados Unidos, que no solo se circunscribía a los ciudadanos de su país, sino a los de todo el mundo; sostiene que esta vigilancia tiene una importante trascendencia para la soberanía de los países pertenecientes a la UE y para la protección de datos de sus residentes[386]. Posteriormente, el 12 de marzo de 2014, publica la Resolución 2013/2188 sobre el programa de vigilancia de la Agencia Nacional de Seguridad de los EE.UU., los órganos de vigilancia en diversos Estados miembros y su impacto en los derechos fundamentales de los ciudadanos de la UE y en la cooperación transatlántica en materia de justicia y asuntos de interior. En ella se hace un llamamiento a las instituciones y Estados de la UE a fin de que se promueva el «habeas corpus digital europeo» —la protección de los derechos fundamentales en una era digital— y se desarrolle una estrategia europea que pretenda una mejor independencia en el ámbito informático que refuerce el concepto de intimidad frente a las actividades de vigilancia[387].

Como dijo Chris Soghoian, actual asesor principal del senador estadounidense Ron Wyden para privacidad y *ciberseguridad*, «la única forma de esconder el lugar en donde uno está es desconectarse del sistema de comunicaciones modernas y vivir en una cueva»[388]. A las múltiples posibilidades

---

385 Asamblea General de Naciones Unidas. *Resolución 68/167 aprobada el 18 de diciembre de 2013*, https://undocs.org/pdf?symbol=es/a/res/68/167 (fecha de consulta: 22 de agosto de 2021).

386 Parlamento Europeo, Dirección General de Políticas Interiores, *Los programas de vigilancia de los Estados Unidos y sus repercusiones sobre los derechos fundamentales de los ciudadanos de la UE*, https://www.europarl.europa.eu/doceo/document/LIBE-DT-524799_ES.pdf, (fecha de consulta: 22 de agosto de 2021).

387 Parlamento Europeo, *Resolución 2013/2188, de 12 de marzo de 2014, sobre el programa de vigilancia de la Agencia Nacional de Seguridad de los EE.UU., los órganos de vigilancia en diversos Estados miembros y su impacto en los derechos fundamentales de los ciudadanos de la UE y en la cooperación transatlántica en materia de justicia y asuntos de interior*, https://www.europarl.europa.eu/doceo/document/TA-7-2014-0230_ES.pdf, (fecha de consulta: 22 de agosto de 2021).

388 El Mundo, *La NASA recopila 5.000 millones de datos al día sobre móviles en todo el mundo*, https://www.elmundo.es/internacional/2013/12/05/529fc5a461fd3daa058b4581.

con que la tecnología amenaza los derechos de la ciudadanía en un mundo cada vez más informatizado, hay que sumar el uso privilegiado de los gobiernos para acceder a los dispositivos, vigilar las comunicaciones privadas y obtener incluso la ubicación en tiempo real de una persona. El ser humano merece del derecho a que su privacidad sea respetada en el entorno digital y que la intimidad de sus dispositivos electrónicos no sea asaltada por parte de potencias públicas o privadas, a desenvolverse con autonomía e independencia en la seguridad de que nadie le vigila.

3.3. Los datos personales

Los «datos personales» son toda la información que identifica o permite identificar a un individuo, así como aquella que refleja sus gustos o prioridades; ejemplos de datos personales serían: la edad, el domicilio, el estado civil, la ideología política, las creencias religiosas, las singularidades físicas, el número de teléfono, la matrícula de su vehículo, etc. Según la RAE, el «dato», del latín «*datum*» —lo que se da—, es la información sobre algo concreto que permite su conocimiento exacto o sirve para deducir las consecuencias derivadas de un hecho, documento, testimonio o fundamento; es la información dispuesta de manera adecuada para su tratamiento por una computadora. Ya de esta definición se deriva la idea del dato como el almacenamiento de la información en un medio informático y, por ende, la correlación de la información con lo digital. Tales datos permiten que en la interacción social la identidad de una persona en concreto pueda ser determinada. No obstante, sucede que la incorporación de la tecnología puede acarrear la fuga masiva de datos y su acceso indiscriminado, con una finalidad muy diferente al hecho que motivó su almacenamiento[389]. A su vez, dentro de la red, cabe diferenciar dos supuestos vinculados a los datos personales. Uno de ellos sería la difusión de datos por la propia web como fuente principal de la información y el segundo sería el resultado arrojado por el motor de búsqueda redirigiendo a la página principal que contiene dichos datos. Si bien la STJUE, de 13 de mayo de 2014, será analizada más adelante en profundidad, cabe adelantar que esta entendió por primera vez, y así se viene aplicando desde entonces, que ambas operaciones suponen un tratamiento de datos personales y, en tal sentido, cabe mencionar la aportación de Ricardo Pazos, quien manifiesta que «la protección de datos personales engloba una situación tripartita en la cual la información que contiene datos personales no refiere al usuario de Internet, sino a un tercero con el que no tiene relación tal usuario y quizá tampoco el prestador de servicios. Los motores de búsqueda y otras herramientas como las redes sociales no solamente tratan los datos

html (fecha de consulta: 22 de agosto de 2021)

389 Gallo Sallent, J. A., *El derecho al olvido en Internet..., op. cit.*, p. 10.

de las personas que utilizan esos medios, sino que son un mecanismo a través del cual los usuarios pueden conocer información sobre terceros, incluyendo datos personales de éstos»[390]. ANA ISABEL BERROCAL se refiere a los datos personales alertando sobre las peligrosas facilidades que los avances tecnológicos suponen para el almacenamiento, acceso y difusión de información de terceros, y advierte que «el uso de Internet multiplica las oportunidades de recopilar datos, elaborar perfiles de los usuarios, personalizar la publicidad y promoción en la red y, asimismo, contribuye al riesgo de incumplimiento de los derechos y libertades de las personas, en especial el derecho a la vida privada»[391]. La Agencia Estatal de Protección de Datos (en adelante AEPD) ha llamado la atención sobre esta circunstancia de la siguiente manera, «el hecho de que un extraño tuviera toda la información de nuestra familia, hasta el último detalle íntimo, aunque en teoría de forma segura ¿nos tranquilizaría? Hasta el momento, la respuesta en los foros en los que se ha planteado esta pregunta ha sido siempre negativa, y el sentimiento compartido y generalizado es que se estaría produciendo una injerencia en la vida familiar, en nuestra intimidad y en nuestra privacidad. Más aun, tanta seguridad en la conservación y recogida de cada uno de los datos, nuestros datos, nos daría miedo, pues no podemos pretender que la seguridad de los datos sustituya a la protección de los datos. Es un hecho histórico, y que desafortunadamente nos resulta familiar, que seguridad y derechos fundamentales no siempre caminaron juntos»[392].

La doctrina ha apreciado, aun con ciertas diferencias, una similitud conceptual entre la protección de datos y el derecho a la intimidad. Una parte de los autores han relacionado los datos personales con la intimidad, los han venido denominando como una «intimidad informática»[393]. Es decir, para ellos los datos personales son el reflejo de la intimidad en la realidad tecnológica y la necesidad de dar cobertura a la intimidad frente a los recursos informáticos. En esta línea FERMÍN MORALES comenta que los datos personales son «aspectos en los que se viene a reconocer el carácter institucional de garantía, presupuesto del ejercicio de otros derechos constitucionales»[394]; ÁLVARO A. SÁNCHEZ advierte que los datos personales no permiten «determinar su carácter autónomo o su dependencia

---

390 PAZOS CASTRO, R., «El funcionamiento de los motores de búsqueda en Internet y la política de protección de datos personales ¿una relación imposible?», *Indret*, 2015, p. 11.

391 BERROCAL LANZAROT, A. I., *Derecho de supresión de datos o derecho al olvido... op. cit.*, p. 8.

392 AGENCIA ESTATAL DE PROTECCIÓN DE DATOS (España), *Prensa y Comunicación*, https://www.aepd.es/es/prensa-y-comunicacion/blog/proteccion-datos-seguridad (fecha de consulta: 28 de abril de 2020).

393 RUIZ MIGUEL, C., *La configuración constitucional del Derecho a la intimidad,* Universidad Complutense, Madrid, 1992, p. 94.

394 MORALES PRATS, F., «Protección de la intimidad: delitos e infracciones administrativas», *Cuadernos de Derecho Judicial,* CGPJ, 1997, pp. 43-44,

respecto de valores o de derechos formulados con anterioridad»[395], este es el caso del derecho a la intimidad, pues añade que «la intimidad o el libre desarrollo de la personalidad no constituye el objeto a proteger sino que son el punto de partida que nos introduce en una nueva dimensión»[396]. Se aprecia una cierta polémica suscitada en cuanto a la formulación de los datos personales como una garantía autónoma, pero contemplada en el artículo 18 CE. Para autores como Antonio Enrique Pérez Luño[397], el derecho a la intimidad sería el concepto de origen sobre el cual se incardinan los datos personales, Pablo Lucas Murillo de la Cueva, de forma acertada, apoya esta tesis y además entiende que el artículo 18.4 CE no sería, por sí mismo y de forma autónoma, suficiente para formular la tutela de los datos personales frente a las amenazas informáticas[398]. Es decir, que para construir válidamente el derecho a los datos personales es necesario valerse del derecho a la intimidad. En una posición contraria, pueden encontrarse otros autores como Ignacio Villaverde quien defiende que no puede dotarse a los derechos fundamentales de una protección más amplia que la de su específico contenido, ni incorporar nuevas valoraciones jurídicas a estos, ya que sería prácticamente elaborar nuevos derechos constitucionales, por lo tanto, los datos personales deben formularse al margen del derecho a la intimidad[399]. En un punto más intermedio, se encuentran autores que entienden que, si bien los datos personales ya están suficientemente protegidos mediante el derecho a la intimidad, el nacimiento de las nuevas tecnologías de la información con sus nuevas amenazas plantea la necesidad una nueva cobertura con un enfoque informático. Este es el caso de Miguel Ángel Dávara, para quien «la protección de los datos personales está suficientemente protegida en las modernas legislaciones, mediante el derecho a la intimidad. Es cuando surge la informática, y la posibilidad de tratamiento automatizado de la información y su transmisión telemática cuando aparece una nueva relación entre datos y personas que necesitan ser protegidas más allá de las normas referentes a la intimidad. El derecho que se trata de proteger no es solo el derecho a la intimidad, sino algo con mayor profundidad, que en los ordenamientos de ámbito anglosajón se ha dado en llamar *privacy* y que nosotros hemos traducido por «privacidad»[400]. Esta postura,

---

395 Sánchez Bravo, A. A., *La protección del derecho a la libertad informática en la UE,* Publicaciones de la Universidad de Sevilla, 1998, p. 58.

396 *Ibídem.*

397 Pérez Luño, A. E., *Derechos Humanos, Estado de Derecho y Constitución,* Editorial Tecnos, Madrid, 1984, p. 318.

398 Murillo de la Cueva, P. L., *El derecho a la autodeterminación informativa,* Editorial Tecnis, Madrid, 1990, p. 19

399 Villaverde Menéndez, I., «Protección de datos, derecho a ser informado y autodeterminación informativa del individuo. A propósito de la STC 254/1993», *Revista Española de Derecho Constitucional,* n.° 41, 1994, p. 36.

400 Dávara Rodríguez, M. A., *La protección de datos en Europa,* Grupo Asnef-Equifax, Madrid, 1998, p. 19.

junto a la tesis de la «autodeterminación informativa» liderada por PABLO LUCAS MURILLO, resulta más razonable pues, más allá de posturas reduccionistas, los datos personales son un reflejo de la intimidad en un mundo amenazado por la informática que necesita de respuestas más amplias. Ciertamente el derecho a la intimidad se encuentra protegido, pero requiere una interpretación más amplia frente a las nuevas intromisiones digitales. No se trata solamente de elaborar un nuevo derecho autónomo, sino de conjugar las bases jurídicas existentes para dar cobertura a la intimidad en un entorno completamente informatizado. ANTONIO ORTÍ entiende que, pese a que no resultara estrictamente necesario elaborar un nuevo derecho respecto a los datos personales, es una realidad que merece ser apoyada, ya que «la informática constituye un nuevo poder de dominio social sobre el individuo»[401]. Como ya se expuso en el epígrafe interior, la privacidad está estrictamente relacionada con la intimidad, pero va más allá de la esfera interior para dotar de cobertura a toda la información sobre la que el individuo considere preciso mantener el control para impedir su libre acceso o difusión. En consonancia con PABLO LUCAS MURILLO DE LA CUEVA, este concepto de los datos personales, que son todos aquellos datos vinculados con la identidad de la persona, merece de salvaguarda frente a injerencias o difusiones ilegítimas, pues no solamente supondrían un atentado al derecho a la intimidad sino, además, a la propia identidad personal[402].

Dentro del ámbito de estudio de los datos personales, es decir, de la intimidad informática o de la protección de la identidad personal, es preciso hacer una referencia a las *cookies*. Según la *Wikipedia*, una «*cookie*» (su significado inglés es «galleta») o «galleta informática», es una porción de información enviada por una página web que el navegador del usuario almacena en su propio dispositivo, de forma que la propia web registra la actividad anterior del internauta. La función de las *cookies* es, básicamente, dar a conocer a la página web los hábitos de rastreo y navegación del usuario; esto tiene algunas ventajas, por ejemplo, que queden almacenados nombres de usuario y contraseñas sin tener que volverlos a introducir cada vez, ahora bien, también supone una cesión de los usos de navegación de gran valor para las empresas de publicidad. La mayor parte de usuarios se habrán percatado ya hoy en día de un hecho asombroso, si por ejemplo efectúan búsquedas sobre un producto de su interés, durante los días siguientes recibirán publicidad emergente, de forma constante, en otras webs o redes sociales sobre ese mismo producto. Las *cookies* son un claro ejemplo de intromisión en la intimidad informática por lo que, ya en 2013, la AEPD publicó la Guía Europea de uso de *cookies*, basada en la Directiva 2009/136/CE, de *Cookies*.

Los datos personales son una manifestación de la intimidad nuevamente interpretados desde la vertiente informática. Como ya se ha venido expo-

---

401 ORTÍ VALLEJO, A., «Cinco años de la LOARTAD», *Revista La Ley,* Editorial La Ley, n.º 4438, Madrid, 1997, p. 2.

402 MURILLO DE LA CUEVA, P. L., *El derecho a la autodeterminación informativa..., op. cit.*, p. 177.

niendo, resulta más oportuno rechazar posiciones excesivamente reduccionistas y tomar tales definiciones como puntos de partida o presupuesto de avance hacia construcciones interpretativas que permitan disponer de la tutela pretendida. Estos conceptos de intimidad y vida privada han de servir de apoyo en el proyecto de preservar la esfera personal del individuo, no solo en su vida personal sino, además, en su vida virtual, máxime porque estos peligros derivados de la fácil difusión de datos en lo digital pueden afectar drásticamente en el desarrollo de la vida real. Es por ello que el ciudadano debe disponer de unos derechos y garantías que le permitan controlar e impedir la transmisión indebida de informaciones con contenido personal. Según la AEPD, «el derecho fundamental a la protección de datos es la capacidad que tiene el ciudadano para disponer y decidir sobre todas las informaciones que se refieran a él»[403].

Si bien la jurisprudencia española no se ha hecho eco de ello, una gran parte de la doctrina ha escalonado, no sin objeciones, los derechos en tres generaciones y, a ellos, hay quienes opinan que habría de añadirse otra cuarta. La primera generación engloba aquellas garantías civiles o políticas que amparan al ciudadano de los excesos de poder del Estado. Su aparición se fundamenta bajo el prisma filosófico del iusnaturalismo racionalista, cuando los derechos civiles y políticos comienzan a reconocerse en las primeras declaraciones de derechos y en los primeros procesos constitucionalistas y, en este sentido, los hallamos ya en el constitucionalismo no escrito de Inglaterra, siglo XVII y, desde luego, en la Declaración de Virginia y en la Constitución de EE. UU., siglo XVIII, anteriores a la Revolución francesa, muy anteriores a la declaración de la ONU. La segunda generación de derechos empezó a cobrar sustancia tras la Primera Guerra Mundial, engloba aquellos derechos vinculados con lo social, la igualdad, lo económico, lo cultural, lo natural y lo social, reconocidos por primera vez en la Constitución mexicana de 1917 y en la Constitución alemana de Weimar de 1929. Es, sobre todo, tras la Segunda Guerra Mundial cuando aparece una tercera generación de derechos que se preocupaba por la solidaridad, la calidad de vida y la paz. Desde hace algún tiempo es usual oír hablar de una cuarta generación de derechos que englobaría nuevos derechos que satisfacen nuevas necesidades y demandas como, por ejemplo, las medioambientales o las originadas por el rápido y continuo desarrollo tecnológico. Entre estos últimos se situarían los derechos digitales y, por supuesto, el derecho a la protección de datos que aquí nos ocupa[404].

---

403 Agencia Estatal De Protección De Datos (España), *Protección de Datos: Guía para el Ciudadano*, https://www.aepd.es/sites/default/files/2019-10/guia-ciudadano.pdf (fecha de consulta: 28 de abril de 2020).

404 En este sentido puede verse, por ejemplo, Álvarez Caro, M., *Derecho al olvido en Internet: El nuevo paradigma de la privacidad en la era digital..., op. cit.*, p. 60.

La STC 292/2000, de 30 de noviembre de 2000, confiere al derecho a la protección de datos la naturaleza de derecho fundamental autónomo —con entidad propia—, aun cuando destaque su originaria relación con el derecho a la intimidad (artículo 18.1 CE) y del mandato del artículo 18.4 CE debido a la gran posibilidad que la informática impone para poder recolectar y difundir datos personales, con los riesgos que ello puede suponer, ya que la persona puede desconocer el uso que se está haciendo de ellos[405]. Es, por tanto, que el derecho fundamental a la intimidad no reviste bastante garantía respecto a esta realidad digital y, en consecuencia, se debe incluir la interpretación que el constituyente quiso garantizar con la inclusión del artículo 18.4 como un ámbito de protección más amplio de los derechos fundamentales del artículo 18.1. Considera que, de esta forma, se crea «un instituto de garantía de los derechos a la intimidad y al honor y del pleno disfrute de los restantes derechos de los ciudadanos que, además, es en sí mismo un derecho o libertad fundamental, el derecho a la libertad frente a las potenciales agresiones a la dignidad y a la libertad de la persona provenientes de un uso ilegítimo del tratamiento mecanizado de datos, lo que la Constitución llama ´la informática´, lo que se ha dado en llamar "libertad informática"». El reconocimiento de la vida privada y de la privacidad del individuo tienen actualmente una interpretación que supera el ámbito propio del derecho a la intimidad y que se manifiesta en el control de los datos personales como el derecho a poder controlar el uso que de los mismos se efectúa, con la consiguiente facultad de oposición a su uso para fines distintos a los que suscitaron su recogida. De esta forma, se entiende que junto al derecho a la intimidad «comparte el objetivo de ofrecer una eficaz protección constitucional de la vida privada personal y familiar, atribuye a su titular un haz de facultades que consiste en su mayor parte en el poder jurídico de imponer a terceros la realización u omisión de determinados comportamientos» pues, según sigue razonando la referida sentencia, «persigue garantizar a esa persona un poder de control sobre sus datos personales, sobre su uso y destino, con el propósito de impedir su tráfico ilícito y lesivo para la dignidad y derecho del afectado». En definitiva, si el derecho a la intimidad permite excluir ciertos datos del conocimiento ajeno, el derecho a la protección de los datos personales trata de prevenir la difusión de datos relativos a la identidad del individuo; se trata de la facultad de disposición de datos propios en el mundo tecnológico. Su consolidación reside en el concepto de privacidad, como esfera de amparo de la intimidad en un sentido amplio, disponiendo que los datos personales, sean íntimos o no lo sean, no pueden ser empleados por terceros sin el consentimiento de su titular. De esta forma el TC ha reconocido el derecho a la protección de datos como un derecho propio y autónomo, aunque sumamente conectado con el derecho a la intimidad.

405 STC 292/2000, de 30 de noviembre, FJ 4.°, 5.° y 6.°.

El legislador, a su vez, también ha venido partiendo de esta idea de datos personales como la conjugación de otros derechos fundamentales, entre ellos, el derecho fundamental al honor y a la intimidad. Así, en el primer artículo de la antigua Ley de Protección de Datos de Carácter Personal, Ley Orgánica 15/1999, de 13 de diciembre, se plasmó que dicha norma tenía «por objeto garantizar y proteger, en lo que concierne al tratamiento de los datos personales, las libertades públicas y los derechos fundamentales de las personas físicas, y especialmente de su honor e intimidad personal y familiar».

Además, algunos autores como María Álvarez[406], Ana Isabel Berrocal[407] y, especialmente, Pere Simón[408], entienden respecto al concepto de los datos personales que, además de su conexión con los apartados primero y cuarto del artículo 18 CE, ha de tenerse en cuenta el derecho a la dignidad de la persona, consagrado en el artículo 10.1 CE que, si bien no constituye un derecho fundamental propiamente, está íntimamente relacionado con el derecho a la protección de datos personales y debe ser otra base de apoyo en la construcción del régimen constitucional del concepto de datos personales.

En conclusión, sucede que, en palabras de Amelia Sánchez, los datos «se han convertido en el petróleo del presente y del futuro, las plataformas digitales han generado valor a través de ellos para convertirlos en su modo de negocio», de tal suerte que se ha acentuado una amenaza para la privacidad de la información personal de los individuos. El derecho a la intimidad ha sido la base, en un sentido amplio, como concepto de la privacidad en el entorno informático, para disponer una necesaria esfera de control, un poder de disposición, de aquella información relativa a los datos que componen la identidad del individuo y que, junto al artículo 18.4 CE, ha conformado un derecho autónomo bajo el concepto de la autodeterminación informativa en la red, relativo a la protección de los datos personales.

3.4. La protección de datos personales

3.4.1. Origen y delimitación conceptual de la protección de datos personales

El concepto de «protección de datos» ha sido empleado a lo largo de más de cuarenta años para hacer referencia a aquellas herramientas que facilitan

406 Álvarez Caro, M., *Derecho al olvido en Internet: El nuevo paradigma de la privacidad en la era digital..., op. cit.*, p. 63.

407 Berrocal Lanzarot, A. I., *Derecho de supresión de datos o derecho al olvido... op. cit.*, p. 11.

408 Simón Castellano, P., *El régimen constitucional del derecho al olvido digital... op. cit.* pP. 117-125.

la defensa de los datos personales de los ciudadanos frente al tratamiento masivo de información personal por los medios informáticos y que ha terminado por conformarse en un derecho propio y sustantivo. Su objetivo no es imponer barreras al desarrollo ni al empleo de la tecnología informática, sino dar cobertura a los derechos de las personas en un contexto donde sus intereses se ven cada vez más amenazados por la rápida extensión de la tecnología informática[409]. Según PETER HUSTINX, la protección de datos se centra más en los derechos y garantías personales que en los propios datos personales[410]. Aunque sería de añadir que, si bien el fin de la protección de los datos personales es proteger los derechos de las personas, dicha protección se precisa por los perjuicios que entraña la indebida cesión de los propios datos personales que conforman sus identidades en un entorno donde el almacenamiento y la difusión de datos se han facilitado por el rápido crecimiento de las tecnologías de la información. Es el derecho a controlar la información individual dentro de un entorno automatizado de tratamiento de datos.

3.4.2. Marco jurídico de la protección de datos personales

3.4.2.1. El derecho a la protección de datos personales en el Consejo de Europa y en la Unión Europea

Dentro del ámbito europeo, este derecho a la autodeterminación informativa y, por tanto, a la protección de los datos personales ha sido reconocido hasta acabar por consolidarse como un derecho autónomo. Su primera mención quedó plasmada en el Convenio para la Protección de los Derechos Humanos y de las Libertades Fundamentales, aprobado en Roma el 4 de noviembre de 1950, con entrada en vigor el 3 de septiembre de 1953, ratificado por España en Estrasburgo el 24 de noviembre de 1977 y con fecha de aplicación desde el 4 de octubre de 1979[411]. El Convenio establecía, en su artículo 8, que toda persona tenía derecho al respeto de su vida privada y familiar, de su domicilio y de su correspondencia, y que no podría haber injerencia de la autoridad pública en el ejercicio de este derecho, salvo que esta injerencia estuviese prevista por la ley y constituyese una medida que, en una sociedad democrática, fuese necesaria para la seguridad nacional, la seguridad pública, el bienestar económico del país, la defensa del orden y la

409 GALLO SALLENT, J. A., *El derecho al olvido en Internet..., op.cit.,* p. 9.

410 HUSTINX, P., «EU data protection law: The review of directive 95/46/EC and the proposed general data protection regulation», *Collected courses of the European University Institute's Academy of European Law*, Sesión 24 del derecho de la Unión Europea, 2013, p. 1-12.

411 BOLETÍN OFICIAL DEL ESTADO, n.° 108, 06 de mayo de 1999.

prevención del delito, la protección de la salud o de la moral o la protección de los derechos y las libertades de los demás. De esta forma, se dio reconocimiento, en una primera aproximación, a un derecho mediante el cual se preserva el respeto a su vida privada y familiar, de su domicilio y de su correspondencia, sin sufrir posibles injerencias en su ejercicio. Si bien, en aquella época el desarrollo de la tecnología estaba en sus primeros estadios y, por tanto, su desarrollo no revestía aún los peligros actuales, sí que se dotaba de protección a la privacidad en lo que era el medio de comunicación ordinario, esto es, la correspondencia. Posteriormente, el TEDH ha venido haciendo eco de las implicaciones prácticas de dicho artículo en la protección de los datos personales; así, por ejemplo, en el Caso Rotaru apuntaba que los datos personales del pasado lejano de una persona suponían un riesgo respecto a la vida privada protegida en el párrafo primero del artículo 8 del citado Convenio, añadiendo que su conservación no debería perdurar en el tiempo, salvo concretas razones de exigencia[412]. Este pronunciamiento no solo subrayaba el derecho a la protección de datos, sino que iba más allá, pues destacaba que aquellos no podrían conservarse de forma indefinida, argumento que posteriormente sería conocido como «derecho al olvido». Otro ejemplo es el pronunciamiento del TEDH en el que se considera que la publicación de los datos personales de los deudores tributarios vulnera el art. 8 CEDH, pues la injerencia en el derecho a la vida privada no resulta una medida proporcional para los fines perseguidos, esto es, el bienestar económico y fiscal del Estado[413].

Otro instrumento legislativo europeo, que profundizó en el derecho a la protección de datos, y fue, además, la primera norma jurídica internacional vinculante en esta materia es el Convenio número 108 del Consejo de Europa, de 28 de enero de 1981, para la Protección de las Personas con respecto al Tratamiento Automatizado de Datos de Carácter Personal. Fue aprobado y ratificado por España el 27 de enero de 1984[414]. Su objetivo era garantizar el derecho a la vida privada con respecto al tratamiento automatizado de los datos de carácter personal y, en dicho sentido, establecía en su artículo primero que su fin era «garantizar, en el territorio de cada Parte, a cualquier persona física sean cuales fueren su nacionalidad o su residencia, el respeto de sus derechos y libertades fundamentales, concretamente su derecho a la vida privada, con respecto al tratamiento automatizado de los datos de carácter personal correspondientes a dicha persona (protección de datos)». En fecha 10 de octubre de 2018, fue abierto a firma en Estrasburgo el Protocolo de modificación del Convenio, con el objetivo de adaptarlo al

412 Sentencia del Tribunal Europeo de Derechos Humanos, caso de Rotaru contra Rumanía, 4 de mayo de 2000, n.º 28341/95.

413 Sentencia del Tribunal Europeo de Derechos Humanos (Gran Sala), caso L. B. contra Hungría, 9 de marzo de 2023.

414 Boletín Oficial Del Estado, n.º 274, 15 de noviembre de 1985.

nuevo RGPD y de ampliar y mejorar su eficacia, pasando a llamarse «Convenio 108+», a cuya firma y adhesión, el Consejo de la Unión Europea en interés de la Unión, autorizó a los Estados miembros mediante la DECISION 2019/682[415].

La Carta de los Derechos Fundamentales de la Unión Europea, proclamada en Niza por el Parlamento Europeo, el Consejo de la Unión Europea y la Comisión Europea, el 7 de diciembre de 2000, fue el primer instrumento jurídico comunitario que reconocía el derecho a la vida privada y a la protección de los datos personales como derechos fundamentales independientes, aunque relacionados entre sí. Su artículo 7 reconoce el derecho de toda persona al respeto de su vida privada y familiar, de su domicilio y de sus comunicaciones —en una redacción prácticamente idéntica a la del artículo 8 del Convenio para la Protección de los Derechos Humanos y de las Libertades Fundamentales—, y su artículo 8 proclama el derecho a la protección de los datos de carácter personal, los cuales habrían de tratarse de un modo leal para fines concretos y sobre la base del consentimiento de la persona afectada o en virtud de otro fundamento legítimo previsto en la ley, junto al derecho de acceso a los datos recogidos[416].

El Tratado de Funcionamiento de la Unión Europea, como pilar que configura la Unión Europea, dispone, en el párrafo primero de su artículo 16 —introducido por el Tratado de Lisboa—, que «toda persona tiene derecho a la protección de los datos de carácter personal que le conciernan». De esta forma el derecho a la protección de datos terminaba por configurarse como un derecho propio y autónomo para todos los ciudadanos de la Unión Europea[417].

Un hito importante en la consolidación normativa de la protección de datos fue la Directiva 95/46/CE del Parlamento Europeo y del Consejo, de 24 de octubre de 1995, relativa a la protección de las personas físicas en lo que respecta al tratamiento de datos personales y a la libre circulación de estos datos. La propuesta de esta Directiva fue elaborada por la Comisión Europea en el año 1990. En aquel momento, tanto Internet como los motores de búsqueda eran aún realidades emergentes y poco arraigadas en la sociedad. Por tanto, en aquel entonces no pudo augurarse el impacto que las tecnologías acabarían por tener en la sociedad, ni que, pocos años después, la mayoría de las personas acabarían por realizar actividades cibernéticas que se subsumirían de ello en la aplicación normativa de dicha Directiva y, pese a la elaboración y amplitud de la misma, su aplicabilidad práctica en materia

415 Derecho De La Unión Europea, https://eur-lex.europa.eu/legal-content/ES/TXT/?uri=CELEX:32019D0682 (fecha de consulta: 06 de mayo de 2020).

416 Derecho De La Unión Europea, https://eur-lex.europa.eu/legal-content/ES/TXT/?uri=LEGISSUM%3AI33501 (fecha de consulta: 06 de mayo de 2020).

417 Derecho De La Unión Europea, https://eur-lex.europa.eu/legal-content/ES/ALL/?uri=celex%3A12012E%2FTXT (fecha de consulta: 06 de mayo de 2020).

de protección de datos respecto a las actividades informáticas no dejaba de albergar ciertas lagunas. La evolución digital ha implementado una amplia diversidad en el uso y manejo de datos, amén de sus facilidades de almacenamiento y difusión. Las aplicaciones digitales han evolucionado de forma vertiginosa ofreciendo mayores facilidades para el almacenamiento y, lo que es más importante, posibilitando la sencilla y rápida búsqueda de datos. Es precisamente, por ese súbito cambio en la forma de compartir información que, tras dieciocho años en vigor, ha debido de ser finalmente relegada, justamente porque el avance digital superaba su margen de eficacia.

No obstante, la Directiva 95/46/CE ofrece un importante enfoque de la evolución normativa, toda vez que fue la herramienta jurídica que, por vez primera, introdujo una pormenorizada regulación en materia de protección de datos y, por consiguiente, se entiende preciso, pese a su derogación, hacer un sucinto estudio de la misma. Además, la STJUE de 13 de mayo de 2014, formalizó la interpretación del derecho al olvido empleando como fundamento jurídico dicha Directiva. Su artículo 6.1.b) imponía a los Estados miembros la obligación de disponer que los datos personales fueran «recogidos con fines determinados, explícitos y legítimos», es lo que podría entenderse como «principio de finalidad». Dicho principio suponía que los datos se hubieran de tratar con un fin determinado, legítimo y transparente. En esta línea, el artículo 6.1.e) imponía al responsable del tratamiento de datos la obligación de conservarlos durante un período no superior al necesario para los fines por los que fueron recogidos o para los que se traten ulteriormente y, en todo caso, con las garantías apropiadas para su conservación por un período más largo del mencionado, si se tratase de datos con fines históricos, estadísticos o científicos. El derecho al olvido consiste básicamente en eso, en impedir que la información perdure de forma indefinida, por lo que está íntimamente ligado con el principio de finalidad, ya que los datos han de ser conservados durante el tiempo exclusivo que motive la recogida y, posteriormente, borrados; salvo aquellos supuestos en que su conservación resulte justificada, en cuyo caso, según Cécile de Terwangne, habría que hacer anónima la referencia si ya no fuese preciso mantener el vínculo con la persona identificada[418]. Puede entenderse, habida cuenta de que se obligaba a respetar una cierta caducidad en el tratamiento de los datos, que el derecho al olvido nació con la Directiva 95/46/CE. Además, dicha obligación derivada del principio de finalidad podía ser comprobada por los titulares mediante el derecho de acceso que quedaba contemplado en su artículo 12. Junto a este derecho, se disponía, por parte del titular, de los derechos de supresión o bloqueo para supuestos en los que el responsable del tratamiento de datos no respetase los límites que imperaba tal principio de finalidad. A la hora de redactar la Directiva se tuvieron en cuenta unas circunstancias concretas de

418 De Terwangne, C. «Privacidad en Internet y el derecho a ser olvidado/derecho al olvido», *IDP. Revista de Internet, Derecho y Política*, n.º 13, 2012, pp. 58.

importancia para la sociedad, donde dicha caducidad no era obligatoria y los datos personales se podían mantener, pero siempre que los fines lo justificaran, se trataba a aquellos datos con fines históricos, científicos o estadísticos. Estos datos, a su vez, también podían ser utilizados para otros fines diferentes a los que motivaron su recogida, bajo la idea de que las investigaciones amparadas en ellos tenían valor para la sociedad en su conjunto. Del mismo modo, se puede encontrar otra excepción en su artículo 9, donde se recogía un trato de exención ante aquellos datos que contuvieran fines periodísticos, artísticos o literarios. En este caso, los Estados miembros debían especificar los límites respecto a este derecho de libertad de expresión, en una medida en que se conciliase con el derecho a la privacidad[419].

El derecho al olvido estaba ya implícito en el principio de finalidad de la Directiva, es decir, era el responsable del tratamiento de datos quien estaba obligado a proceder al borrado una vez que se hubiese satisfecho el fin con que fueron recogidos, sin que el titular de los mismos tuviera, por consiguiente, que hacer nada al respecto para que su derecho al olvido se viese satisfecho. Sin embargo, la Directiva también disponía de una acción por la cual el titular de los datos personales podía ejercer su derecho al olvido, se trataba del derecho de oposición, contenido en el artículo 14, mediante el que el interesado podía oponerse, en cualquier momento y por razones legítimas propias de su situación particular, a que sus datos fuesen objeto de tratamiento, de forma que, en caso de oposición justificada —cuando la finalidad del tratamiento fuese el *marketing* no se precisaba justificación—, el responsable no podría hacer referencias futuras a aquellos.

En relación con lo anterior, hay quienes han cuestionado la necesidad de estipular un derecho al olvido de forma autónoma pues, según ellos, el derecho al olvido ya estaba contemplado a través del derecho de oposición. Sin embargo, esto no es del todo cierto, pues sucedía que el derecho de oposición no imponía técnicamente el borrado de los datos, sino la interrupción en su uso y, aunque en algunos casos el desuso de los datos supusiera su borrado, en otros cuantos podría no ser así, siendo que proseguían almacenados y en manos de terceros. Un claro ejemplo de ello es la «Lista Robison», que es aquella donde se incluye a los clientes que indican, de forma expresa, su voluntad de que sus números de teléfono no sean empleados para fines publicitarios. Sucede así que, si bien el teléfono no se emplea en dichas funciones de *marketing*, tampoco se elimina de las bases de datos[420].

La Directiva 95/46/CE fue promulgada en una época en la que todavía no se podía prever la globalización mundial del entorno informático que acaba-

---

419 Derecho De La Unión Europea, https://eur-lex.europa.eu/legal-content/ES/ALL/?uri=CELEX%3A31995L0046 (fecha de consulta: 06 de mayo de 2020).

420 De Terwangne, C. «Privacidad en Internet y el derecho a ser olvidado/derecho al olvido», *IDP. Revista de Internet, Derecho y Política*, n.º 13, 2012, pp. 58-60.

ría por imponerse a lo largo de los años siguientes. Aunque su rigor permitía acomodar, en cierta manera, los riesgos y amenazas digitales, lo cierto es que no se trataba de una herramienta jurídica que hubiera sido redactada con la suficiente precisión como para afrontar los nuevos retos. Es por ello que, durante estos últimos años, se acrecentaron los esfuerzos para diseñar una normativa más precisa respecto al derecho a la protección de datos fundamentales y que, a su vez, fuera idéntica en unos Estados miembros completamente conectados por la globalización de las telecomunicaciones. En este contexto, tuvo lugar la Comunicación de la Comisión Europea al Parlamento Europeo, al Consejo, al Comité Económico y Social Europeo y al Comité de las Regiones, de fecha 04 de noviembre de 2010, en la que se introdujo la siguiente cuestión «La Directiva relativa a la protección de datos de 1995 estableció un hito en la historia de la protección de los datos personales en la Unión Europea [...] Quince años más tarde, este doble objetivo sigue teniendo vigencia y los principios consagrados en la Directiva siguen siendo válidos. Sin embargo, la rapidez de la evolución tecnológica y la globalización han modificado profundamente nuestro medio y han lanzado nuevos retos en materia de protección de los datos personales. En la actualidad, la tecnología permite a los ciudadanos intercambiar fácilmente información con respecto a sus comportamientos y sus preferencias, y hacerla pública a nivel mundial a una escala sin precedentes. Las redes sociales, con centenares de millones de miembros en todo el mundo, constituyen seguramente el ejemplo más evidente de este fenómeno, sin ser el único. La computación en nube, esto es, informática basada en Internet en la que los programas, los recursos compartidos y la información se encuentran en servidores remotos, también podría plantear retos para la protección de datos, dado que puede implicar la pérdida del control por parte de los individuos de su información potencialmente sensible cuando almacenan sus datos utilizando programas alojados en servidores ajenos»[421]. La conclusión de dicha Comunicación fue que se debía disponer de un marco legislativo adecuado al nuevo escenario social y a la nueva forma de compartir datos personales. En la misma línea, el Programa de Estocolmo cuya misión era fijar las prioridades de la Unión Europea respecto al espacio de libertad, seguridad y justicia, entre los años 2010 y 2014, establecía como una de sus prioridades de actuación que «el derecho al respeto de la vida privada y el derecho a la protección de los datos personales de los ciudadanos están inscritos en la Carta de los Derechos Fundamentales». Por lo consiguiente, la Unión Europea debería responder al reto planteado por el intercambio creciente de datos personales y la necesidad de garantizar la protección de la vida privada[422].

421 Derecho De La Unión Europea, https://eur-lex.europa.eu/legal-content/ES/TXT/?uri=CELEX%3A52018DC0029 (fecha de consulta 06 de mayo de 2020).

422 Diario Oficial De La Unión Europea, 4 de mayo de 2010, https://eur-lex.europa.eu/LexUriServ/LexUriServ.do?uri=OJ:C:2010:115:0001:0038:ES:PDF (fecha de consulta 06 de mayo de 2020).

Dicha Comunicación, fue el preludio del régimen de reforma a desarrollar y que culminó con la aprobación del Reglamento 2016/679 del Parlamento Europeo y del Consejo, de 27 de abril de 2016, relativo a la protección de las personas físicas en lo que respecta al tratamiento de sus datos personales y a la libre circulación de estos datos y por el que se deroga la Directiva 95/46/ CE. El RGPD, que es directamente aplicable en todos los Estados miembros desde el pasado 25 de mayo de 2018, incorpora ciertas innovaciones normativas a fin de dotar de un mayor margen de protección los derechos relativos a la protección de datos personales, de esta forma se introduce un nuevo derecho de limitación al tratamiento y portabilidad, y se dota de mayor contenido al ya existente derecho de información. Este nuevo RGPD, en línea con la interpretación jurisprudencial sentada en la STJUE de 13 de mayo de 2014, dispone que la normativa de protección de datos personales es aplicable respecto a todos los ciudadanos residentes en la Unión Europea, independientemente de que el responsable de su tratamiento esté establecido o no en la Unión Europea, siempre que sus actividades afecten a los ciudadanos de la Unión Europea o se desarrollen dentro de su territorio.

El RGPD recoge los principios en materia de protección de datos personales, respecto a los responsables del tratamiento, que han de ser aplicados:

1. El principio del plazo de conservación, según el cual, los datos personales solo pueden ser mantenidos por el tiempo necesario para cumplir con los fines del tratamiento —es el reflejo del respectivo principio de finalidad de la anterior Directiva 95/16/CE—.
2. El principio de integridad y seguridad, por el que los datos personales han de ser tratados con seguridad e implementando la protección necesaria contra el tratamiento ilícito o contra su pérdida.
3. El principio de responsabilidad proactiva, en base al cual los responsables del tratamiento de datos no solo deben cumplir con dichos principios, sino que deben ser capaces de demostrar que los cumplen.

Además, el RGPD exige el consentimiento expreso en el marco de un contrato para fines diferentes al motivo del contrato de recogida de datos, con la posibilidad de negar su uso para fines distintos, así como el consentimiento expreso de los padres o tutores cuando se recaben datos de un menor de catorce años. Asimismo, el RGPD prevé una categoría especial de datos de carácter personal respecto a aquellos que contengan información relacionada con el origen ético, ideología política o religiosa, afiliaciones sindicales, datos biométricos o referidos a la salud, vida u orientación sexual. Frente a tales datos existe una prohibición expresa de tratamiento, es decir, son datos que no se pueden almacenar; esa es la norma general, si bien existen algunas excepciones, como que, por ejemplo, dicho tratamiento sea realizado por una entidad sin ánimo de lucro con finalidades políticas, filosóficas, religiosas o sindicales. Igualmente, el RGPD establece el principio de transparencia, que determina el derecho de información, en base al cual, el responsable del tratamiento de datos debe facilitar, respecto a los datos de carácter personal recabados, cierta información en beneficio de la transparencia en el tratamiento. En este aspecto, distingue entre los datos que han sido obtenidos directamente por parte de su titular de aquellos que se han recabado por un tercero. En el primer caso, se debe comunicar de forma previa a su recogida el registro de los datos y, en el segundo, siempre que hayan sido recabados de forma legítima por un tercero, se habrá de informar, en el plazo de un mes desde que se obtuvieron y previamente a ser transferidos a otro responsable. Dicho deber ha de llevarse a cabo sin ningún requerimiento previo por parte del usuario, de forma que el responsable pueda acreditar haber cumplido con tal obligación. Existen, no obstante, ciertas excepciones a la anterior regla: cuando el titular ya posea tal información, cuando la comunicación a este resulte imposible o requiera un esfuerzo desmedido, cuando el registro esté específicamente determinado por el Derecho de la Unión Europea o de los Estados miembros y cuando los datos hayan de seguir manteniendo su carácter confidencial por imposición legal de guardar secreto.

El RGPD detalla las acciones que el titular de los datos personales puede ejercitar frente al responsable de su tratamiento cuando no vea respetados tales principios. Estos derechos, que serán desarrollados en los siguientes epígrafes, son los siguientes: derecho de acceso, derecho de rectificación, derecho de oposición, derecho a la limitación del tratamiento de datos, derecho a la portabilidad de datos, derecho a no ser objeto de decisiones individualizadas y derecho de supresión (derecho al olvido)[423].

3.4.2.2. El derecho a la protección de datos personales en el ordenamiento jurídico español

La STC 254/1993 declaró que el art. 18.4 CE incorpora un instituto de garantía de otros derechos, fundamentalmente el honor y la intimidad. La garantía de la intimidad adopta hoy un entendimiento positivo que se traduce en un derecho de control sobre los datos relativos a la propia persona[424]. El TC destacó en STC 94/1998, de 4 de mayo, que el derecho a la protección de datos era un derecho fundamental mediante el cual el titular de los datos personales gozaba del derecho a su control, pudiendo oponerse a su uso para fines distintos respecto a los que fueron cedidos, evitando así una difusión indeseada que pudiera resultar lesiva para sus derechos fundamentales[425]. Posteriormente, en su STC 292/2000, de 30 de noviembre, confirió al derecho

423 Agencia Estatal De Protección De Datos (España), *Protección de Datos: Guía para el Ciudadano*, https://www.aepd.es/sites/default/files/2019-10/guia-ciudadano.pdf (fecha de consulta: 05 de mayo de 2020).

424 STC 254/1993, de 20 de julio, FJ 6.°.

425 STC 94/1998, de 4 de mayo, FJ 4.°.

a la protección de datos, la naturaleza de derecho fundamental autónomo y con entidad propia, aun destacando su originaria relación con el derecho a la intimidad del artículo 18.1 CE y señala que «consiste en un poder de disposición y de control sobre los datos personales que faculta a la persona para decidir cuáles de esos datos proporcionar a un tercero, sea el Estado o un particular, o cuáles puede este tercero recabar, y que también permite al individuo saber quién posee esos datos personales y para qué, pudiendo oponerse a esa posesión o uso»[426].

Dentro de nuestro ordenamiento nacional, la protección de datos personales tuvo su primer reflejo en la Ley Orgánica 5/1992, de 29 de octubre, Reguladora del Tratamiento Automatizado de Datos Personales[427]. Tras la promulgación de la Directiva 95/46/CE y con el fin de acomodar la normativa europea a nuestro Derecho interno en el mandato de transposición, se promulgó la nueva Ley Orgánica 15/1999, de 5 de diciembre, de Protección de Datos Personales[428].

La Ley Orgánica 5/1992 fue reemplazada por la Ley Orgánica 15/1999, de 5 de diciembre, de protección de datos personales, a fin de trasponer a nuestro Derecho la Directiva 95/46/CE del Parlamento Europeo y del Consejo, de 24 de octubre de 1995, relativa a la protección de las personas físicas en lo que respecta al tratamiento de datos personales y a la libre circulación de estos datos. Es de destacar que ya esa primera Ley Orgánica 5/1992 reflejaba, en su Exposición de Motivos, una importante reflexión en materia de protección de datos que fundamentaba la idea del derecho al olvido en la medida en que se habría de cuidar que la información no perdurara de forma indefinida, debido a la rotura que las tecnologías habían supuesto en los factores espacio y tiempo respecto a antaño, en que la información habría desvanecido hasta caer en desuso: «la privacidad puede resultar menoscabada por la utilización de las tecnologías informáticas de tan reciente desarrollo. Ello es así porque, hasta el presente, las fronteras de la privacidad estaban defendidas por el tiempo y el espacio. El primero procuraba, con su transcurso, que se evanescieran los recuerdos de las actividades ajenas, impidiendo, así, la configuración de una historia lineal e ininterrumpida de la persona; el segundo, con la distancia que imponía, hasta hace poco difícilmente superable, impedía que tuviésemos conocimiento de los hechos que, protagonizados por los demás, hubieran tenido lugar lejos de donde nos hallábamos. El tiempo y el espacio operaban, así, como salvaguarda de la privacidad de la persona. [...] Se hace preciso, pues, delimitar una nueva frontera de la intimidad y

426 STC 292/2000, de 30 de noviembre, FJ 5.° y 7..°.

427 BOE, n.° 262, 31 de octubre de 1992.

428 BOE, n.° 298, 14 de diciembre de 1999.

del honor, una frontera que, sustituyendo los límites antes definidos por el tiempo y el espacio, los proteja»[429].

Una vez aprobado el Reglamento 2016/679 del Parlamento Europeo y del Consejo, de 27 de abril de 2016, por el que se derogaba la Directiva 95/46/CE, el legislador español hubo de acomodar nuevamente la normativa interna al derecho de la Unión Europea. De esta forma, el 5 de diciembre de 2018, se aprobó la Ley Orgánica 3/2018, de Protección de Datos Personales y Garantía de los Derechos Digitales, cuya Exposición de Motivos subrayaba el importante impacto marcado por el arraigo de Internet en los usos sociales y la necesidad de legislar, con suficiente garantía, los derechos digitales, necesarios en esta nueva realidad: «Internet, por otra parte, se ha convertido en una realidad omnipresente tanto en nuestra vida personal como colectiva. Una gran parte de nuestra actividad profesional, económica y privada se desarrolla en la Red y adquiere una importancia fundamental tanto para la comunicación humana como para el desarrollo de nuestra vida en sociedad [...] Hoy identificamos con bastante claridad los riesgos y oportunidades que el mundo de las redes ofrece a la ciudadanía. Corresponde a los poderes públicos impulsar políticas que hagan efectivos los derechos de la ciudadanía en Internet promoviendo la igualdad de los ciudadanos y de los grupos en los que se integran para hacer posible el pleno ejercicio de los derechos fundamentales en la realidad digital»[430].

Una novedad importante de esta Ley Orgánica es el derecho otorgado a las personas vinculadas con un fallecido para solicitar los derechos de acceso, rectificación o supresión, por motivos familiares. La norma adapta, en su Título III, el principio de transparencia incorporado por el RGPD y regula la facultad de los titulares para ser informados sobre el tratamiento y recogida de datos. Otro aspecto importante es la regulación que, en su Título X, establece para afrontar el reconocimiento de los derechos digitales de los ciudadanos de acuerdo al mandato constitucional y, a tal fin, incorpora derechos y libertades vinculadas con el entorno cibernético, tales como la neutralidad de la red, el acceso universal, el derecho a la seguridad, el derecho a la portabilidad y el derecho al testamento digital. Es, asimismo, digno de destacar el reconocimiento del derecho a la desconexión digital como una garantía del derecho a la intimidad de la persona en el entorno digital. Pero, sin duda, reviste especial importancia el hecho de que, en su artículo 93, se recoja, de forma específica, el derecho al olvido respecto a las búsquedas de Internet.

La AEPD, como organismo público encargado de velar por el cumplimiento de la normativa de protección de datos en España, ha venido estableciendo las bases interpretativas en materia de protección de datos. Destaca la Resolución TD/266/2007, la cual dispone que «cabe proclamar que ningún

429 BOE, n.° 298, 14 de diciembre de 1999.

430 BOE n.° 294, 06 de diciembre de 2018.

ciudadano que ni goce de la condición de personaje público ni sea objeto de hecho noticiable de relevancia pública tiene que resignarse a soportar que sus datos de carácter personal circulen por la red sin poder reaccionar ni corregir la inclusión ilegítima de los mismos en un sistema de comunicación universal como Internet». Entiende que, siempre que los datos contenidos no versen sobre personas de interés público ni consistan en informaciones que contribuyan a forjar una opinión pública de relevancia, el derecho debe disponer de mecanismos de reacción que limiten la conservación y la transmisión universal de datos en Internet que revelen información de carácter personal de los ciudadanos.

Lo deseable sería que los propios medios tecnológicos dispusieran de herramientas tecnológicas internas que, por defecto, mantuvieran bajo control los datos recopilados, de tal suerte que la privacidad fuese una garantía por diseño, preestablecida de base para tutelar las garantías y derechos de los ciudadanos, sin que estos se vieran abocados a tener que ejercer acción alguna. La maquinaria informática y la red mundial de Internet resultan tan inabarcables que es difícil para el usuario llegar a todo su entramado y, consiguientemente, poder ejercer un control realista sobre el uso o difusión de sus propios datos personales para, en su caso, ejercer unas acciones de las que posiblemente no tenga conocimiento. En esa línea, el derecho al olvido también habría de verse cimentado en una mecanización automatizada que diera respuesta a la necesidad de olvidar datos innecesarios en línea, siempre que contuvieran información personal de personas identificables cuyo contenido no revistiera utilidad pública o, en todo caso, quedaran anonimizados en aras a que esa información de utilidad pública no supusiera un lastre insalvable para el desarrollo personal del afectado. En este sentido, resulta reseñable la manifestación del Supervisor Europeo de Protección de Datos, «el aumento de la capacidad de almacenamiento y de tratamiento permite que la información sobre una persona circule por Internet, aunque ya no sea válida. Esto hace obsoletos los principios actuales de exactitud y proporcionalidad de los datos. Un nuevo derecho al olvido o a la eliminación automática de los datos permitiría que las personas tomaran control sobre el uso de sus datos personales»[431].

En conclusión, la necesidad de preservar la privacidad de las personas en el entorno digital, así como de garantizar el control de los datos personales que atañen a la identidad individual, ha requerido el esfuerzo del legislador para adaptar la realidad vigente a unos instrumentos legislativos que den respuesta a estas necesidades. Su finalidad no es la de impedir el avance de la tecnología, sino equilibrar nuevamente la balanza y tutelar los derechos propios a los ciudadanos, ahora en un mundo digital. El derecho al olvido ha estado tímidamente presente desde la Directiva 95/46/CE y la Ley Orgánica 5/1992, pero su contenido se ha ido ampliando conforme crecían las nece-

431 Supervisor Europeo De Protección De Datos, 2011.

sidades de preservar la autodeterminación informativa digital, hasta acabar por conformar un derecho propio, reflejado en el nuevo RGPD como «derecho de supresión» y en la Ley Orgánica 3/2018 como «derecho al olvido». La protección de datos ha terminado por consagrar el derecho al olvido, como aquel derecho que, en palabras de Miguel Ángel Davara «tiene el titular de un dato a que este sea borrado o bloqueado, cuando se produzcan determinadas circunstancias y, en particular, a que no sea accesible a través de la Red»[432].

3.4.3. Los derechos que integran el derecho a la protección de datos personales

3.4.3.1. El derecho de acceso

El derecho de acceso es la facultad de la que dispone el titular de los datos personales para que el responsable del tratamiento de datos le informe, directamente, sobre dos cuestiones principales. Primeramente, si en efecto dispone o no de datos personales de su titularidad y, en caso de que así sea, en segundo lugar, cuáles son dichos datos, con qué finalidad los tiene o cómo los ha obtenido, debiendo recibir, en caso de que así lo pidiese, copia íntegra de todos los datos personales que estuvieran siendo objeto de tratamiento.

Este derecho aparece recogido en el artículo 15 del RGPD, según el cual, el interesado tendrá derecho a que el responsable del tratamiento le confirme si se están tratando o no datos personales que le conciernan y, en tal caso, le facilite el acceso a la siguiente información: los fines del tratamiento; las categorías de datos personales que se estén tratando; los destinatarios o las categorías de destinatarios a los que se comunicaron o serán comunicados los datos personales, en particular destinatarios en terceros u organizaciones internacionales; de ser posible, el plazo previsto de conservación de los datos personales o, de no ser posible, los criterios utilizados para determinar este plazo; la existencia del derecho a solicitar del responsable la rectificación o supresión de datos personales o la limitación del tratamiento de datos personales relativos al interesado, o a oponerse a dicho tratamiento; el derecho a presentar una reclamación ante una autoridad de control; cuando los datos personales no se hayan obtenido del interesado, cualquier información disponible sobre su origen; la existencia de decisiones automatizadas, incluida la elaboración de perfiles y, en tales casos, información significativa sobre la lógica aplicada, así como la importancia y las consecuencias previstas de dicho tratamiento para el interesado.

432 Davara Rodríguez, M. A., «El derecho al olvido en Internet», *Diario La Ley*, 2013, n.º 8.137.

La Guía del RGPD para Responsables del Tratamiento, elaborada por la AEPD, advierte a los responsables de una diferencia significativa que acontece tras la entrada en vigor del actual RGPD. Anteriormente, el derecho de acceso imponía la obligación de facilitar al titular todos sus datos, pero, salvo en los supuestos de historia clínica, no era preciso que se entregase una copia de ellos. No obstante, el RGPD reconoce el derecho a obtener copia de los datos personales objeto de tratamiento, para cuya entrega el responsable del fichero podrá solicitar un canon razonable que justifique los gastos administrativos de expedición. La entrega de dicha copia no podrá afectar negativamente, en ningún caso, a los derechos y libertades de terceros, es decir, el contenido de la copia entregada habrá de limitarse exclusivamente a los datos del solicitante. Además, para la satisfacción de este derecho se puede disponer el acceso remoto a un sistema seguro, a través del cual el ciudadano pueda acceder y descargar, de forma segura, la referida copia[433]. Es más, el propio RGPD especifica que la entrega de la copia habrá de ser satisfecha por medios digitales —en formato electrónico de uso común—, siempre que la solicitud se haya realizado, por parte del interesado, de forma electrónica.

Según el RGPD, este derecho de acceso supone, a su vez, el derecho del interesado a que se le informe sobre cualquier transferencia que haya sido realizada sobre sus datos personales a otro país u organización internacional, así como que se han respetado las garantías adecuadas —detalladas en el artículo 46 RGPD—.

La LO 3/18 recoge, por su parte, el derecho de acceso indicando que habrá de ejercerse conforme a lo dispuesto en el artículo 15 del RGPD. No obstante, realiza una serie de precisiones, entre las que destaca que cuando el responsable del tratamiento disponga de una gran cantidad de datos relativos al afectado, y este ejercite su derecho de acceso sin especificar si se refiere a todos o a una parte de los datos, el responsable podrá solicitarle, antes de facilitar la información, que le especifique los datos o actividades de tratamiento a los que se refiere la solicitud. Esta cuestión, sin embargo, no deja de entrañar un problema práctico, ya que el legislador emplea la fórmula «podrá solicitarle», disponiendo así una facultad discrecional. Imagínese que el responsable del tratamiento no efectúa dicha solicitud, al no ser obligatoria, y el afectado, por desconocimiento, no ha especificado en su solicitud si su derecho de acceso es sobre el total de datos o solo sobre una parte. En tal caso, podría suceder que el responsable le diera entrega solo de una porción de los datos sin advertirle de que dispone almacenados otros tantos. El legislador no ha sido, en este caso, lo suficiente preciso, pues sería más razonable

433 Agencia Estatal De Protección De Datos (España), *Guía del Reglamento General de Protección de Datos para Responsables de Tratamiento*, https://www.aepd.es/sites/default/files/2019-12/guia-rgpd-para-responsables-de-tratamiento.pdf (fecha de consulta: 07 de mayo de 2020).

que el responsable hubiera de ejercer, siempre y de forma obligada, dicha solicitud o bien se le diera copia íntegra, en todo caso, de todos los datos de que dispusiera.

La LO 3/18, en relación con la entrega de la copia de los datos mediante el acceso a un sistema remoto y seguro, indica que la comunicación por el responsable al afectado sobre el modo en el que acceder al sistema de descarga bastará para tener por atendida la solicitud de ejercicio del derecho. Nuevamente, esta interpretación no aporta las suficientes garantías conforme a los principios de información y transparencia, la comunicación sobre cómo acceder a un sistema —al que el afectado pudiera no conseguir acceder por falta de pericia informática— no alcanza el fin pretendido por el artículo 15 RGPD, que es la entrega efectiva. Por otro lado, el afectado puede elegir un medio distinto al que se le ofrece, y si ello supone un coste desproporcionado, la solicitud se podrá considerar excesiva, cuyo efecto es que el solicitante pasa a asumir el exceso del coste que implica su elección. Pese a ello, el responsable deberá atender en todo caso la solicitud sin dilaciones indebidas.

Respecto a este derecho de acceso, la LO 3/18, nuevamente, parece más centrada en preservar las garantías de los responsables que las de los propios afectados, pues considera que puede considerarse repetitivo el ejercicio del derecho de acceso si se efectúa en más de una ocasión durante el plazo de seis meses. El artículo 12.5 RGPD dispone que la solicitud repetitiva supone la facultad del responsable para cobrar un canon administrativo, pero también para oponerse a su solicitud. De esta forma, el responsable podría negarse a atender una segunda solicitud de acceso en el plazo de seis meses, lo cual puede limitar, según el caso, los derechos del titular.

Para Ana Isabel Berrocal, el derecho «a consentir el conocimiento y el tratamiento, informático o no, de los datos personales, requiere como complementos indispensables [...] la facultad de saber en todo momento quién dispone de esos datos personales y a qué uso los está sometiendo [...] ese poder de disposición sobre los propios datos personales nada vale si el afectado desconoce qué datos son los que se poseen por terceros, quiénes los poseen y con qué fin»[434]. En definitiva, el derecho de acceso es la acción que el afectado puede ejercitar para saber si se están tratando datos de su titularidad y, en su caso, cuáles.

3.4.3.2. El derecho de rectificación

El derecho de rectificación tiene que ver, como su propio nombre indica, con la acción de «rectificar», es decir, la petición tendente a enmendar los

---

434 Berrocal Lanzarot, A. I., *Derecho de supresión de datos o derecho al olvido...* op. cit. pp. 107 - 108.

errores o inexactitudes contenidos en los datos personales que estén siendo tratados por un responsable. El responsable del fichero viene obligado a su corrección sin demora alguna una vez le sea comunicado por el titular.

Por otro lado, la acción de rectificación no solo tiene como finalidad la corrección, sino que también contempla la facultad de solicitar el complemento de los datos personales existentes, cuando resulten incompletos o insuficientes, mediante una declaración adicional del interesado para su inclusión.

El derecho de rectificación viene reflejado en el artículo 16 RGPD, el cual indica que «el interesado tendrá derecho a obtener sin dilación indebida del responsable del tratamiento la rectificación de los datos personales inexactos que le conciernan. Teniendo en cuenta los fines del tratamiento, el interesado tendrá derecho a que se completen los datos personales que sean incompletos, inclusive mediante una declaración adicional».

La LO 3/18, por su parte, recoge el derecho de rectificación en su artículo 14, estableciendo que habrá de ejercerse conforme lo dispuesto en el RGPD y añadiendo, simplemente, que el afectado habrá de concretar en su solicitud a qué datos se refiere y expresar la corrección que haya de aplicarse, junto a la obligación de adjuntar, cuando resulte necesario, los documentos acreditativos que justifiquen la inexactitud o el carácter incompleto de los datos objeto de tratamiento.

Es necesario recordar que ya se reconoció un derecho de rectificación en la Ley Orgánica 2/1984, de 26 de marzo, Reguladora del Derecho de Rectificación, al que debemos referirnos aquí, siquiera brevemente. Este derecho de rectificación faculta, según su artículo primero, a toda persona natural o jurídica, para rectificar la información difundida, por cualquier medio de comunicación social, de hechos que le aludan, que considere inexactos y cuya divulgación pueda causarle perjuicio[435]. Según la STC 99/2011, de 19 de julio de 2011, el derecho de rectificación «constituye un medio del que dispone la persona aludida para prevenir o evitar el perjuicio que una determinada información pueda irrogarle en su honor o en cualesquiera otros derechos o intereses legítimos, cuando considere que los hechos lesivos mencionados en la misma no son exactos»[436]. Algunas de las definiciones que la RAE da sobre la palabra «rectificar» son: reducir algo a la exactitud que debe tener, procurar reducir a la conveniente exactitud y certeza los hechos o dichos que se le atribuyen a una persona o corregir las imperfecciones, errores o defectos de algo. Por tanto, no es de extrañar que el legislador haya empleado el término «derecho de rectificación» para regular dos acciones que, si bien guardan ciertas similitudes conceptuales, son totalmente independientes entre sí. El derecho de rectificación en materia de protección de datos tiene

435 BOE, n.° 74, 27 de marzo de 1984.

436 STC 99/2011, de 19 de julio de 2011, FJ 3.°.

como objetivo garantizar la exactitud de la información del usuario en base al principio de exactitud consagrado en el artículo 1.e) RGPD, mientras que el derecho de rectificación contenido en la LO 2/1984 tiene como cometido garantizar la veracidad de la información consagrada en el artículo 20.1.d) de la CE. Tales derechos de rectificación son, por tanto, independientes entre sí y no han de ser confundidos.

El derecho de rectificación es, a modo de conclusión, la facultad del usuario para garantizar que sus datos sean correctos, actualizados y completos, en palabras de María Mercedes Serrano Pérez, es una operación concebida «dentro del mantenimiento de calidad de los datos»[437].

3.4.3.3. El derecho de oposición

El derecho de oposición es la facultad que se le otorga al titular de los datos personales para dirigirse al responsable de un fichero y oponerse a su tratamiento, es decir, para manifestar su negativa directa a que siga empleando dichos datos. El derecho de oposición actual contempla dos escenarios diferentes según se ejercite frente a datos cuyo fin de tratamiento se base en una misión de interés público o legítimo, o cuando tenga como objetivo la mercadotecnia directa. Cuando los datos frente a los que se formule el derecho de oposición sean objeto de tratamiento basado en una misión de interés público o legítimo —incluyendo la elaboración de perfiles— el responsable habrá de cesar el tratamiento sobre estos, salvo que acredite motivos de relevancia que hayan de prevalecer sobre los intereses, derechos o libertades del interesado. El responsable también podrá negarse a dicho cese de tratamiento cuando precise de tales datos como documentos justificativos en el ejercicio de defensa frente a una reclamación en materia de protección de datos. Si, por otro lado, el fin de los datos contenidos tiene como objeto la mercadotecnia directa —según la RAE, la mercadotecnia es el conjunto de principios y prácticas que buscan el aumento del comercio, especialmente la demanda—, entre los que se ha de incluir la elaboración de perfiles, la solicitud de oposición debe suponer, de forma ineludible, el cese del tratamiento de los datos.

El RGPD prevé el derecho de oposición en el artículo 21, disponiendo que el interesado tendrá derecho a oponerse en cualquier momento, por motivos relacionados con su situación particular, a que los datos personales que le conciernan sean objeto de un tratamiento. El responsable del tratamiento dejará de tratar los datos personales, salvo que acredite motivos legítimos imperiosos para el tratamiento que prevalezcan sobre los intereses, los derechos y las libertades del interesado, o para la formulación, el ejercicio o la

---

437 Serrano Pérez, M. M. «Comentario a los artículos 16 y 17 de la Ley Orgánica de Protección de Datos. Los derechos de rectificación y cancelación», *Comentario a la Ley Orgánica de Protección de Datos,* Thomson Reuters, Navarra, 2010, p. 1224.

defensa de reclamaciones. En esta línea, el RGPD también establece una excepción a la oposición cuando los datos personales se traten con fines de investigación científica, histórica o estadísticos, en los cuales, si bien el afectado puede ejercer su derecho de oposición, este podrá ser rechazado siempre que sea necesario para el cumplimiento de una misión realizada por razones de interés público. Pero, según el RGPD cuando el tratamiento de datos personales tenga por objeto la mercadotecnia directa, el interesado tendrá derecho a oponerse en todo momento al tratamiento de los datos personales que le conciernan, incluida la elaboración de perfiles en la medida en que esté relacionada con la citada mercadotecnia. Es decir, cuando el interesado se oponga al tratamiento con fines de mercadotecnia directa, los datos personales habrá, de forma ineludible, de dejar de ser tratados. Finalmente, el mencionado artículo 15 RGPD impone al responsable la obligación de mencionar y presentar al interesado, de forma clara y explícita, la extensión del derecho formulado. Asimismo, este derecho de oposición se podrá ejercer directamente por medios técnicos al efecto.

Nuestra Ley Orgánica contempla el derecho de oposición en su artículo 18, indicando que tanto este derecho como los derechos relacionados con las decisiones individuales automatizadas, se ejercerán de acuerdo con lo establecido, respectivamente, en los artículos 21 y 22 RGPD. Si bien este artículo 18 lleva por rúbrica «derecho de oposición», lo cierto es que unifica dos acciones que el RGPD contempla de forma separada e individualizada. Tal vez el legislador haya empleado esta fórmula para hacer mención a dos derechos sobre los que, tras su remisión al Reglamento, no añadía ninguna otra precisión o salvedad. No obstante, esta fórmula puede llevar a confusión al lector de la normativa nacional, pues parece dar a entender que el derecho a no ser objeto de decisiones individualizadas es una suerte de sinónimo del derecho de oposición, cuando se trata de cuestiones diferentes.

Según Juan Antonio Gallo, el derecho de oposición «reconoce a los ciudadanos para que puedan defender su privacidad controlando por sí mismo el uso que hace de sus datos personales, y en particular, el derecho a que no se lleve a cabo el tratamiento de éstos o se cese en el mismo»[438]. Ana Isabel Berrocal indica que es el «derecho a poder oponerse a esa posesión y uso requiriendo a quien corresponda que ponga fin a la posesión y empleo de los datos»[439]. El derecho de oposición, que también estaba contemplado en la Directiva 95/46/CE, era la herramienta jurídica con la que, previamente a la introducción del RGPD, se sustentaba el derecho al olvido, como mecanismo habilitante para solicitar del responsable de un fichero el borrado de los datos relativos a la identidad del individuo, derecho que, si bien hoy en día de la mano del derecho de supresión, puede seguir sirviendo de fundamento jurí-

438 Gallo Sallent, J. A., *El derecho al olvido en Internet..., op. cit.*, p. 14.

439 Berrocal Lanzarot, A. I., *Derecho de supresión de datos o derecho al olvido..., op. cit.*, p. 108.

dico para cumplir con el objeto del derecho al olvido, es decir, poner fin al tratamiento de datos personales por parte de un tercero cuando supongan una exteriorización innecesaria de informaciones pasadas.

3.4.3.4. El derecho a la limitación del tratamiento

El nuevo derecho a la limitación del tratamiento introducido en nuestro sistema jurídico tiene como finalidad que, a petición del interesado, se limite el uso de los datos personales que estén siendo tratados por el responsable del fichero. Es decir, no supone su borrado, dado que los datos siguen latentes, sino la limitación en el uso de estos, que el responsable sigue conservando, pero sin poder emplearlos para otros fines.

Este nuevo derecho podría considerarse el sucesor del antiguo derecho al bloqueo que preveía la Directiva 95/46/CE y, en base al cual, el afectado podía solicitar el bloqueo de los datos cuando su tratamiento no obedeciera los principios recogidos en la Directiva en circunstancias en que, por ejemplo, tuvieran un carácter incompleto o inexacto.

El derecho a la limitación del tratamiento se plantea desde dos dimensiones. Por un lado, se trata de las circunstancias que han de verificarse a fin de que el titular pueda disponer de este derecho. Por otro, el alcance de dicho derecho con la subsiguiente obligación de información que ha de verse satisfecha por el responsable del fichero.

El RGPD lo regula en su artículo 18 al disponer que el interesado tendrá derecho a obtener del responsable la limitación del tratamiento de los datos cuando se cumpla alguna de las condiciones siguientes: el interesado impugne la exactitud de los datos personales, durante un plazo que permita al responsable verificar la exactitud de los mismos; el tratamiento sea ilícito y el interesado se oponga a la supresión de los datos personales y solicite en su lugar la limitación de su uso; el responsable ya no necesite los datos personales para los fines del tratamiento, pero el interesado los necesite para la formulación, el ejercicio o la defensa de reclamaciones; el interesado se haya opuesto al tratamiento en virtud del derecho de oposición, mientras se verifica si los motivos legítimos del responsable prevalecen sobre los del interesado. En definitiva, se aprecia en este nuevo derecho una herramienta de soporte que, pese a tratarse de un derecho individual, sirve de apoyo a fin de limitar el tratamiento de los datos, en tanto en cuanto se esté tramitando de forma paralela el ejercicio de alguna otra solicitud; o bien, se quiera limitar el uso de los datos, pero sin que se proceda a su borrado para ejercitar alguna acción de reclamación en que aquellos, sin ser empleados, se mantengan conservados como soporte probatorio. Resulta preciso destacar que el RGPD, a fin de garantizar los derechos del titular en caso de que hayan sido adoptadas medidas de limitación del tratamiento conforme a este artículo, obliga al responsable del tratamiento a informar al titular de forma previa al levantamiento de la limitación.

El considerando 67 del RGPD aclara que, entre los métodos para limitar el tratamiento de datos personales, cabría incluir los consistentes en trasladar temporalmente los datos seleccionados a otro sistema de tratamiento, en impedir el acceso de usuarios a los datos personales seleccionados o en retirar temporalmente los datos publicados de una web. En los ficheros automatizados, la limitación del tratamiento debería realizarse por medios técnicos, de forma que los datos personales no fuesen objeto de operaciones de tratamiento ulterior ni pudieran modificarse.

La LO 3/2018 ha recogido el derecho a la limitación del tratamiento en su artículo 16, disponiendo, primeramente, y como en casos anteriores, que se ejercerá de acuerdo con lo dispuesto en RGPD. En su apartado segundo se añade, únicamente, que el hecho de que el tratamiento de los datos personales esté siendo limitado en base a una solicitud, se habrá de hacer constar de forma expresa en los propios sistemas de información del responsable del fichero.

En definitiva, este derecho de limitación tiene como objeto dotar al titular de la facultad de suspender el tratamiento de sus datos, sin que estos puedan ser utilizados más allá de su mera conservación. La limitación supone, en esencia, que a petición del interesado se dejen de utilizar los datos personales en las operaciones de tratamiento. Así, cuando el tratamiento de datos personales se haya limitado, dichos datos solo podrán ser conservados, pero no utilizados. Consiste, por tanto, en un derecho por el que se dota al afectado de un mayor margen de maniobra para preservar sus garantías durante el ejercicio de sus restantes derechos. Pese a tratarse de un derecho individual e independiente del resto, resulta ser una especie de «medida cautelar» en la óptica de preservar las debidas garantías durante la tramitación de otras acciones o, por otro lado, mantener su conservación —limitada— como soporte probatorio en aras a ejercer las oportunas reclamaciones en materia de protección de datos.

3.4.3.5. El derecho a la portabilidad

El objeto de este nuevo derecho es fortalecer el control en la protección de los datos personales. En concreto, faculta al usuario la posibilidad de solicitar la entrega de los datos que estén siendo objeto de tratamiento automatizado en un soporte estructurado, de uso común, de lectura mecánica e interoperable, con el fin de guardarlos para sí o bien reenviarlos a otro responsable del tratamiento.

La Guía del Grupo de trabajo sobre protección de datos del artículo 29, mediante la que se establecen las directrices sobre el derecho a la portabilidad de los datos, apunta que, precisamente, este nuevo derecho permite facilitar al titular el trasvase de datos de unos sistemas informáticos a otros. Destaca que este derecho no estaba suficientemente garantizado en la Directiva 95/46/CE al ser el responsable del tratamiento quien decidía en qué formato entregar la información y que, mediante este nuevo derecho a la portabilidad de datos, se facilita a los usuarios el modo en que traspasar sus datos personales entre soportes informáticos[440].

El RGPD lo recoge en su artículo 20, disponiendo que el interesado tiene derecho a recibir los datos personales que le incumban, que haya facilitado a un responsable del tratamiento, en un formato estructurado, de uso común y lectura mecánica, y a transmitirlos a otro responsable del tratamiento sin que lo impida el responsable al que se los hubiera facilitado, cuando el tratamiento esté basado en el consentimiento o en un contrato, o cuando el tratamiento se estuviera realizando por medios automatizados. Este precepto también establece que, cuando sea técnicamente posible, el usuario podrá solicitar que los datos personales sean directamente transmitidos de un responsable a otro. La LO 3/18 hace una remisión completa al RGPD sin especificar ninguna precisión normativa sobre este derecho.

Este nuevo derecho de portabilidad guarda cierta similitud con el derecho de acceso y, en cierto modo, es un complemento del mismo. No obstante, la finalidad del derecho de acceso se ampara más en la facultad de control y busca poner a disposición del titular la copia de sus datos personales, mientras que el objetivo del derecho de portabilidad es obtener una copia digital en formato estructurado y mecanizado, de manera que el usuario pueda transferir dichos datos a otro responsable. Ahora bien, al igual que con el derecho de acceso, el RGPD advierte que, en ningún caso, este derecho podrá afectar negativamente a los derechos y libertades de terceros, es decir, no podrá incluir datos ajenos a los del titular solicitante. Se aprecia, en este sentido, una doble finalidad en el derecho de portabilidad. Por un lado, es el derecho del titular a que se le entregue un soporte que contenga los datos personales que estén siendo tratados para que pueda disponer de los mismos en aras a su remisión a otro responsable. Podría entenderse como el derecho a «descargar» los datos almacenados. Por otro lado, también supone que tales datos puedan ser transmitidos directamente de un responsable a otro, cuando sea técnicamente posible, mediante la mera solicitud de su titular, sin que este deba ejercer de intermediario entre ambos. Esta posibilidad permite simplificar lo que, en definitiva, es el fin de este derecho, es decir, disponer de los datos almacenados para darle un nuevo uso, al resultar más sencilla la transmisión directa de un soporte a otro sin que el usuario deba soportar el trabajo técnico y administrativo que ello implica.

La mencionada Guía, mediante la que se establecen las directrices sobre el derecho a la portabilidad de los datos, precisa, además de lo anterior, que este derecho garantiza que el responsable no se apropie de los datos

---

440 Grupo de trabajo sobre protección de datos del artículo 29, *Directrices sobre el derecho a la portabilidad de los datos*, https://apdcat.gencat.cat/web/.content/03-documentacio/Reglament_general_de_proteccio_de_dades/documents/Guidelines-on-the-right-to-data-portability.pdf (fecha de consulta: 08 de mayo de 2020).

del titular para promover con ello el intercambio controlado de datos entre responsables de los servicios de su interés. Lo expresa del siguiente modo «en esencia, este elemento de la portabilidad de los datos proporciona a los interesados la posibilidad, no solo de obtener y reutilizar, sino también de transmitir a otro proveedor de servicios (ya sea en el mismo sector empresarial o en otro) los datos que han facilitado. Además de proporcionar capacitación a los consumidores al evitar la "retención", se espera que el derecho a la portabilidad de los datos promueva oportunidades para la innovación y el intercambio de datos entre responsables del tratamiento de forma segura, bajo el control del interesado. La portabilidad de los datos puede promover que los usuarios intercambien, de un modo controlado y limitado, datos personales entre organizaciones y, de ese modo, enriquecer los servicios y experiencias de los consumidores. Puede facilitar la transmisión y reutilización de los datos personales de los usuarios entre los distintos servicios en los que están interesados»[441]. Cabe añadir que también se impulsa la libre competencia de empresas en el mercado digital al posibilitar el libre intercambio de datos entre las compañías con que el usuario decida contar.

En definitiva, el derecho a la portabilidad consiste en que el titular pueda disponer de sus datos para otros usos. Es un complemento del derecho de acceso, pero más identificado con un derecho a la libre gestión de sus datos. En base a este derecho, el ciudadano podría, por ejemplo, solicitar el listado de direcciones de contacto de correo electrónico de *Hotmail* para su incorporación en una nueva cuenta de *Gmail* o el listado de preferencia de canciones de *Spotify* para su aportación a *Amazon Music*.

3.4.3.6. El derecho a no ser objeto de decisiones individualizadas

El derecho a no ser objeto de decisiones individualizadas tiene como fin el impedir que el usuario sea destinatario de una decisión fundada exclusivamente en el tratamiento de sus datos personales. Consiste en garantizar que no se deriven consecuencias jurídicas para el individuo cuando una decisión haya sido adoptada, exclusivamente, mediante la elaboración de un perfil electrónico de forma que produzca efectos basados únicamente en el estudio automatizado de datos que analicen aspectos personales.

Según la Web Oficial de la Unión Europea, «se considera que se elaboran perfiles cuando sus aspectos personales son evaluados para elaborar predicciones sobre su persona, incluso si no se toman decisiones. Por ejemplo, si una empresa u organización evalúa sus características (como la edad, el sexo, la altura) o le incluye en una categoría, significa que se está elaborando

441 *Ídem.*

un perfil sobre usted»[442]. Es decir, que se utilicen los datos almacenados y relacionados con sus circunstancias personales para la toma de una decisión basada exclusivamente en su análisis matemático por una computadora.

El RGPD dispone en su artículo 22 que todo interesado tendrá derecho a no ser objeto de una decisión basada únicamente en el tratamiento automatizado, incluida la elaboración de perfiles, que produzca efectos jurídicos en él o le afecte significativamente de modo similar. A lo anterior se establecen una serie de excepciones cuando: a) sea necesaria para la celebración o la ejecución de un contrato entre el interesado y un responsable del tratamiento; b) esté autorizada por el Derecho de la Unión o de los Estados miembros que se aplique al responsable del tratamiento y que establezca asimismo medidas adecuadas para salvaguardar los derechos y libertades y los intereses legítimos del interesado; c) se base en el consentimiento explícito del interesado. En el caso de que concurran dichas excepciones, el responsable del tratamiento deberá de adoptar, en todo caso, las medidas adecuadas para salvaguardar los derechos y libertades y los intereses legítimos del interesado, como mínimo el derecho a obtener intervención humana por parte del responsable, a expresar su punto de vista y a impugnar la decisión.

El Considerando 71 RGPD ofrece una explicación más detallada que la del artículo 22 acerca de lo que se ha de entender por este derecho, indicando que el interesado debe tener derecho a no ser objeto de una decisión, que puede incluir una medida, que evalúe aspectos personales relativos a él, y que se base únicamente en el tratamiento automatizado y produzca efectos jurídicos en él o le afecte significativamente de modo similar, como la denegación automática de una solicitud de crédito en línea o los servicios de contratación en red en los que no medie intervención humana alguna. La idea que subyace sobre este derecho es, en esencia, la de impedir que las personas sean objeto de decisiones tomadas individualmente por máquinas informáticas que, mediante algoritmos matemáticos, analicen de forma sistemática los datos almacenados para arrojar un resultado que implique cualquier clase de efecto para la persona y sin que medie intervención humana. Se trata de que las entidades no se puedan valer de estos métodos para la toma de decisiones respecto a sus clientes y evitar, con ello, posibles exclusiones derivadas del tratamiento computacional, mecanizado e indiscriminado, de los datos personales de los ciudadanos. El Considerando 72 RGPD indica, en esta materia, que la elaboración de perfiles ha de ser interpretada conforme a las normas dispuestas en el RGPD respecto al tratamiento de datos personales y que el Comité Europeo de Protección de Datos creado debe tener la posibilidad de formular orientaciones en este contexto.

---

442 Web Oficial De La Unión Europea, *¿Puedo estar sujeto a decisiones individuales automatizadas, incluida la elaboración de perfiles?*, https://ec.europa.eu/info/law/law-topic/data-protection/reform/rights-citizens/my-rights/can-i-be-subject-automated-individual-decision-making-including-profiling_es (fecha de consulta: 08 de mayo de 2020).

Este derecho, sin embargo, no es nuevo, ya que estaba regulado con la rúbrica de «decisiones individuales automatizadas», en el artículo 15 de Directiva 95/46/CE, por el que se reconocía el derecho a las personas a no quedar sometidas a una decisión, con efectos jurídicos sobre ellas o que les afectase de manera significativa, si estaba basada únicamente en el tratamiento automatizado de datos dirigido a evaluar aspectos de su personalidad, como su rendimiento laboral, crédito, fiabilidad, conducta, etc.

El legislador español ha recogido este derecho junto al de oposición en el artículo 18 —derecho de oposición— con la mera remisión a lo contemplado en el artículo 22 del Reglamento. Quizá esta fórmula no resulte lo más acertada, pues resta sustantividad y contenido propio a un derecho que alberga escasa relación con el derecho de oposición ya que aquí, más que el derecho a ejercer una acción, estamos ante una prohibición en materia de protección de datos que ha de ser atendida como norma general por los responsables del tratamiento.

Para Adrián Palma Ortigosa «además del derecho de los particulares a no verse sometidos a decisiones plenamente automatizadas, lo que en esencia se reconoce en este precepto es la regulación específica de un tratamiento de datos personales concreto, esto es, el uso de máquinas por parte de organizaciones en la toma de decisiones sobre particulares sin intervención humana»[443]. En este mismo sentido, el Grupo de Trabajo del Artículo 29, en su Directrices sobre decisiones individuales automatizadas y elaboración de perfiles a los efectos del Reglamento 2016/679, ha interpretado el artículo 22 RGPD más allá de un derecho y lo ha entendido como una prohibición contra las decisiones basadas en el tratamiento automatizado[444]. Estas interpretaciones parecen acertadas para garantizar la prohibición de la toma de decisiones basadas en el tratamiento automatizado de datos, pues los ciudadanos afectados por este tipo de soluciones probablemente no sean conocedores del tratamiento interno de los datos empleado para la decisión adoptada y, por consiguiente, no puedan saber si las decisiones han sido resultado de un tratamiento automatizado o no. Para Inés Cabañas y Alejandro Negro, «el responsable debe encontrar formas sencillas de comunicar la información sobre los criterios en los que se basa la decisión, sin necesariamente realizar una explicación exhaustiva de los algoritmos utilizados»[445].

---

443 Palma Ortigosa, A., *Decisiones automatizadas en el RGPD. El uso de algoritmos en el contexto de protección de datos*, Instituto Nacional de Administración Pública, http://laadministracionaldia.inap.es/noticia.asp?id=1509629 (fecha de consulta: 08 de mayo de 2020).

444 Grupo de trabajo sobre protección de datos del artículo 29, *Directrices sobre decisiones individuales automatizadas y elaboración de perfiles a los efectos del Reglamento 2016/679*, https://www.aepd.es/sites/default/files/2019-12/wp251rev01-es.pdf (fecha de consulta: 08 de mayo de 2020).

445 Cabañas, I., y Negro, A., «Nuevas Guías sobre Protección de Datos: Notificaciones por Violaciones de la Seguridad y Decisiones Automatizadas», *Cuatrecasas*, https://blog.cua-

Es decir, los responsables del tratamiento deberían informar si la decisión se arroja de un tratamiento informatizado o no, sin que sea preciso profundizar en la explicación sobre la mecánica de dicho tratamiento.

La implementación de métodos matemáticos por las computadoras informáticas, en el tratamiento masivo de datos personales de usuarios, permite a las empresas crear métodos mecanizados y simplificar el manejo de operaciones. Las plataformas digitales están a la orden del día y facilitan, tanto a las empresas como a los usuarios, el suministro de servicios y compra de productos, desde encargar una compra a domicilio a contratar una nueva línea de móvil. Pero cuando tales operaciones arrojan una decisión concerniente al usuario como, por ejemplo, la concesión de un crédito hipotecario, las garantías de los particulares se ven afectadas por recibir un resultado basado, únicamente, en algoritmos cuantitativos que pudieran albergar discriminaciones injustificadas. La idea de este precepto es, en definitiva, impedir que sea una máquina la que tome decisiones que afecten a la vida de las personas.

Advierte Adrián Plama Ortigosa que «es evidente por tanto que solo se encuadran en este precepto aquellas decisiones donde no exista o no haya existido presencia humana. De esta manera, el hecho de que el legislador europeo ponga su atención en las decisiones plenamente automatizadas pone en sobre aviso los especiales riesgos que para los particulares puede comportar este tratamiento. En el trasfondo de este precepto se palpa por tanto una desconfianza hacia las decisiones que pueda adoptar una máquina sin intervención de un humano»[446]. Se infiere así que las decisiones que afecten a los usuarios no pueden derivar únicamente de operaciones algorítmicas desarrolladas por ordenadores y que, por tanto, debe haber un grado notable de participación humana en la elaboración de la conclusión resultante, pero, dado que hoy en día los operadores humanos utilizan las herramientas informáticas como apoyo, ¿cuál ha de ser entonces el grado de participación humana? El Grupo del artículo 29 ya ha alertado acerca de ello, indicando que esta intervención no puede ser alegórica, sino que debe ser relevante, con una notable implicación de la persona en la decisión[447]. Es decir, el operador humano no puede limitarse a verbalizar la decisión de la máquina, sino

---

trecasas.com/propiedad-intelectual/nuevas-guias-sobre-proteccion-de-datos-notificaciones-por-violaciones-de-la-seguridad-y-decisiones-automatizadas/ (fecha de consulta 08 de mayo de 2020).

446 Palma Ortigosa, A., *Decisiones automatizadas en el RGPD. El uso de algoritmos en el contexto de protección de datos*, Instituto Nacional de Administración Pública, http://laadministracionaldia.inap.es/noticia.asp?id=1509629 (fecha de consulta: 08 de mayo de 2020).

447 Grupo de trabajo sobre protección de datos del artículo 29, *Directrices sobre decisiones individuales automatizadas y elaboración de perfiles a los efectos del Reglamento 2016/679*, https://www.aepd.es/sites/default/files/2019-12/wp251rev01-es.pdf (fecha de consulta: 08 de mayo de 2020).

que la decisión debe derivar del operador humano, aunque se haya servido de bases o cálculos informáticos.

En definitiva, el derecho a no ser objeto de decisiones individualizadas obliga a los responsables del tratamiento de datos a abstenerse de prácticas basadas en decisiones digitales automatizadas, frente a las que en todo caso el usuario puede oponerse, y a garantizar un grado notable de participación humana cuando se trate de decisiones que afecten a los usuarios.

3.4.3.7. El derecho de supresión («al olvido»)

Con anterioridad al actual RGPD, el «derecho al olvido» había sido reconocido en la STJUE de 13 de mayo de 2014, donde se lo contemplaba como un derecho aplicable frente a los motores de búsqueda y que permitía deslindar informaciones obsoletas de los resultados de búsqueda en base a un nombre y apellidos. El derecho de supresión, contemplado en el artículo 17 RGPD, busca conjugar su aplicación con el «derecho al olvido», de tal manera que el responsable del tratamiento que venga obligado a eliminar una información deberá alertar a otros responsables para que también supriman cualquier réplica de aquella. Es decir, el RGPD no contempla el derecho al olvido como un derecho autónomo, sino que lo vincula al derecho de supresión.

El derecho de supresión («al olvido»), según lo contempla el apartado primero del artículo 17 del RGPD, es el derecho que permite solicitar la supresión de los datos personales cuando concurran alguna de las siguientes circunstancias: que los datos personales ya no resulten necesarios en base a los fines que motivaron su recogida; que se retire el consentimiento prestado al responsable para su tratamiento; que el titular se haya opuesto al tratamiento de sus datos personales mediante el ejercicio del derecho de oposición en casos concretos; que los datos personales hayan sido tratados ilícitamente; que los datos hayan de ser suprimidos en base a una obligación legal determinada por el Derecho de la Unión o de los Estados miembros; o que los datos personales se hayan obtenido por medio de una oferta de servicios basada en la sociedad de la información a menores de edad.

En este sentido, el considerando 65 del RGPD refiere que ha de reconocerse a los interesados un derecho al olvido cuando, concretamente, tengan derecho a que sus datos personales sean suprimidos. Añade, asimismo, que este derecho es aún más necesario si el interesado dio su consentimiento siendo menor de edad, sin ser plenamente consciente de los riesgos que implicaba el tratamiento y más tarde, sea aún menor de edad o no, quisiera suprimir tales datos, especialmente del entorno de Internet.

Pero el RGPD, al regular el derecho de supresión, se sirve en su enunciado, seguidamente, de la fórmula «derecho al olvido», con la finalidad de que el derecho de supresión no se limite exclusivamente a suprimir de la fuente originaria, sino que se extienda, además, a aquellas otras fuentes a las que el responsable del tratamiento haya dado acceso público o a aquellas otras que hayan copiado la información primaria, de tal forma que el responsable del tratamiento quede obligado a advertir a estos otros responsables acerca del deber de suprimir cualquier enlace o copia de los mismos. En este sentido, el apartado segundo del artículo 17 RGPD dispone que cuando el responsable del tratamiento haya hecho públicos los datos personales y esté obligado, en virtud de lo dispuesto en el apartado primero, a suprimir tales datos, deberá, teniendo en consideración la tecnología aplicable y el coste de su realización, adoptar las medidas posibles, incluidas medidas técnicas, en aras a informar a los responsables que estén empleando los datos personales en que se funde la solicitud que deben proceder a la supresión de cualquier enlace, copia, réplica o distribución de dichos datos personales. En base a ello, se podría considerar que el derecho al olvido ha sido concebido en el RGPD como una suerte de extensión del derecho de supresión con la voluntad de que la obligación de borrado sea transmitida, por imperativo legal, entre los responsables del tratamiento con la finalidad de que una información concreta desaparezca de cuantas más fuentes posibles con una mera solicitud de supresión sin que el interesado deba dirigirse de forma individualizada a todas ellas.

No obstante, la redacción empleada en dicho apartado segundo del artículo 17 puede albergar ciertas dudas interpretativas[448]. En primer lugar, debemos tener presente que tanto la web fuente como el motor de búsqueda son ambos responsables en el tratamiento de datos personales. Por tanto, en principio, el interesado tiene derecho a dirigirse contra cualquiera de los dos responsables. Sin embargo, autores como Antonio Troncoso Reigada consideran que el RGPD articula el derecho al olvido en base al responsable principal, como responsable exclusivo del tratamiento y sobre el que debe recaer la acción del derecho de supresión. En base a esta teoría, sería el responsable principal —web de origen— el obligado a trasladar la petición al segundo responsable —motor de búsqueda—. Es decir, considera que mediante esta articulación normativa el RGPD traslada la acción del derecho al olvido del motor de búsqueda a la web principal. Cabe considerar que esta postura tendría como ventaja el hecho de facilitar los trámites al interesado, ya que, si se dirige directamente frente al responsable principal, y este está obligado a trasladar la solicitud de supresión a los demás responsables relacionados —incluido el motor de búsqueda—, el hecho de actuar por esta vía supondría, por sí mismo, un efecto pirámide por el que el interesado abarcaría, con una sola solicitud, todas las fuentes relacionadas con la información a suprimir. De todas formas, no ha de olvidarse la jurisprudencia recogida en la STJUE de 13 de mayo de 2014, donde se contemplaba que el derecho al olvido únicamente debía regir sobre el buscador, quedando la web principal

---

448 López Calvo, J., *Comentarios al Reglamento Europeo de Protección de Datos,* Sepin, Madrid, 2017, p. 146.

al margen. Por nuestra parte, consideramos que ninguna de las posibilidades tendría que decaer frente a la otra, debiéndose, en todo caso, ejercer la solicitud de forma simultánea frente a ambos responsables —web principal y motor de búsqueda—, pues, en base a las herramientas jurídicas aplicables, ambas opciones resultan viables. De esta forma, en el caso de posteriores reclamaciones ante la AEPD o eventuales recursos contencioso-administrativos, serán los propios órganos de control y jurisdiccionales los encargados de resolver en base a las circunstancias concretas de cada caso, pues, como se desarrollará más adelante, los derechos de información y expresión implican, en algunos casos, que la información deba perdurar en la fuente de origen, pero sí proceda decretar su supresión en la lista de resultados de los motores de búsqueda para garantizar el ejercicio del derecho al olvido. Por tanto, resulta más eficaz actuar desde un primer momento contra los dos responsables del tratamiento.

De esta forma, el derecho al olvido ha quedado recogido, por vez primera, en una norma legal. Ciertamente, la fórmula principal empleada es la de «derecho de supresión». No obstante, ha de tenerse en cuenta que en la Propuesta Inicial del Reglamento del año 2012 se recogía el término «derecho al olvido» y, posiblemente por ello, el actual RGPD, aunque se haya decantado por denominarlo «derecho de supresión», ha conservado su fórmula originaria —«derecho al olvido»—, aunque de forma entrecomillada y en paréntesis, con un papel accesorio. En este sentido, apunta José López Calvo que, si bien inicialmente se recogió como un derecho propio e individualizado, su esencia se fue disipando hasta acabar como una mera referencia secundaria, entre comillas y paréntesis[449].

La AEPD fue la precursora del derecho al olvido dado que su Resolución R/1680/2010 marcó el comienzo, en el asunto de Mario Costeja, de un proceso que finalizaría con el reconocimiento formal del derecho al olvido en la STJUE de 13 de mayo de 2014. En dicha resolución se llamaba la atención sobre los efectos divulgativos y multiplicadores que, dentro de Internet, realizan los motores de búsqueda y la repercusión que ello conllevaba para la protección de datos de las personas que, a mayor abundamiento, no gozaban de relevancia pública. No obstante, este criterio ya había quedado recogido previamente en la TD/2066/2007, en ella se indicaba: «cabe proclamar que ningún ciudadano que ni goce de la condición de personaje público ni sea objeto de hecho noticiable de relevancia pública tiene que resignarse a soportar que sus datos de carácter personal circulen por la RED sin poder reaccionar ni corregir la inclusión ilegítima de los mismos en un sistema de comunicación universal como Internet».

449 López Calvo, J., *Comentarios al Reglamento Europeo de Protección de Datos..., op. cit.*, p. 140.

La doctrina ha venido definiendo el derecho al olvido con un mismo enfoque común, pero con diferentes razonamientos. Para JORGE VILLARINO MARZO el derecho al olvido se encuentra estrechamente vinculado con el derecho a la protección de datos, aunque haya adquirido sustantividad propia[450]. CÉCILE DE TERWAGNE considera que la clave reside en el transcurso del tiempo como fundamento para el borrado de los datos personales de los interesados[451]. ARAYA ALICIA ESTANCONA PÉREZ entiende que se trata del derecho que asiste a un ciudadano para compeler a otros a que retiren de la memoria sus datos personales[452]. Miguel Ángel Dávara Rodríguez lo identifica como el derecho de los titulares a que determinados datos, en circunstancias concretas, sean borrados o bloqueados y, concretamente, que no se pueda acceder a ellos a través de Internet[453]. Para JOSÉ GUERRERO ZAPLANA es el derecho de los titulares a exigir el borrado de aquellos datos personales propios que hayan transcendido a Internet, especialmente imposibilitando su ubicación a través de los motores de búsqueda de las informaciones pasadas que, pese al transcurso del tiempo, sigan figurando[454]. MABEL LÓPEZ GARCÍA lo identifica con la facultad del ciudadano para solicitar la eliminación de sus datos personales de la red, así como de oponerse a su tratamiento por parte de los buscadores[455]. MARÍA ÁLVAREZ CARO razona que toda persona tiene derecho a cometer errores sin que el pasado deba marcar toda la vida de un individuo, pues esta no es sino una sucesión de aciertos y fallos[456]. RICARDO PAZOS CASTRO lo contempla como la disposición de la persona para impedir el acceso de terceros a datos suyos, un «derecho a retirarse del sistema» y para borrar de Internet toda la información que verse sobre ella. Este argumento lo desglosa en tres enfoques diferentes. Primeramente, entiende que quien haya publicado información sobre sí mismo merece del derecho a la confidencialidad de tales datos, disponiendo que solo resulte accesible para el abanico de personas que visiten directamente la fuente y que, sin embargo, no sea accesible para quienes empleen un buscador. La segunda cuestión se cen-

450 VILLARINO MARZO, J., «Cuarta generación de derechos: reflexiones sobre la libertad de expresión en Internet», *Revista de las Cortes Generales*, n.° 100-101-102, 2017, p. 58.

451 DE TERWANGNE, C., «Privacidad en Internet y el derecho a ser olvidado/derecho al olvido», *Revista D'Internet, Dret i Política*, n.° 13, 2012, p. 54.

452 ESTANCONA PÉREZ, A. A., «Un derecho al olvido en Europa. A propósito de la sentencia del Tribunal de Justicia de la Unión Europea de 13 de mayo de 2014», *Revista Aranzadi de Derecho y Nuevas Tecnologías*, n.° 35, 2014, p. 474.

453 DÁVARA RODRÍGUEZ, M. A., «El derecho al olvido en Internet», *LA LEY*, n.° 8137, 2013, p. 2.

454 GUERRERO ZAPLANA, J., «La sentencia del asunto Google: configuración del derecho al olvido realizada por el TJUE», *Revista Aranzadi Doctrina*, n.° 4, 2014, p. 136.

455 LÓPEZ GARCÍA, M., «Derecho a la información y derecho al olvido en Internet», *La Ley Unión Europea*, n.° 17, 2014, p. 42.

456 ÁLVAREZ CARO, M., *Derecho al olvido en Internet: El nuevo paradigma de la privacidad en la era digital..., op. cit.*, p. 68-69.

tra en que el ciudadano debe poder solicitar que el buscador no indexe la información contenida en una página web fuente en relación a su persona. En tercer lugar, alerta acerca del peligro que conlleva el acceso facilitado por los motores de búsqueda, pues la intimidad queda en jaque ante su potente poder de distribución de datos de terceros[457]. Para MARIA DEL CARMEN CHÉLIZ INGLÉS, sería el derecho del titular a que sus datos fueran eliminados de Internet una vez finalizado el motivo que motivó su publicación[458]. En definitiva, el derecho al olvido, según la doctrina, es la facultad de los interesados para solicitar el borrado de informaciones relacionadas con sus datos personales de la red de Internet o bien para neutralizar su ubicación a través de los motores de búsqueda, especialmente cuando se trate de publicaciones antiguas.

Sin embargo, el alcance que el RGPD otorga al derecho de supresión y, por ende, al derecho al olvido, no es en absoluto ilimitado puesto que se han establecido ciertos límites en el apartado tercero del artículo 17 RGPD: cuando el tratamiento de los datos devenga de utilidad pública en base al ejercicio de los derechos de libertad de expresión e información, cuando su tratamiento se realice en base a una obligación legal o de una misión realizada en el interés público o sanitario, con fines de investigación científica, histórica o estadística, o en el ejercicio de la materia relacionada con reclamaciones. Por ejemplo, la Sala de lo Contencioso-administrativo del TS ha denegado el derecho al olvido al Secretario Judicial del procedimiento en el que se condenó a la pena de muerte al poeta Miguel Hernández por considerar que debía prevalecer el derecho de información[459]. El procedimiento fue instado por el hijo del difunto Secretario Judicial del Juzgado Militar de Prensa donde se condenó al conocido poeta. La STS 1401/2024 sostiene que cuando la información se asocia con la investigación histórica o científica se debe tener en cuenta que la dignidad y el derecho al honor del fallecido se diluye necesariamente con el transcurso del tiempo, por lo que no puede oponerse con la misma intensidad de los vivos frente a la libertad de información. Además, se destaca el hecho de que «la información aparecida formara parte de una investigación histórica y científica, contenida en las publicaciones de la Universidad; y que el transcurso del tiempo no hubiese hecho decaer el interés que suscita todo lo que rodea a la muerte del famoso poeta»[460].

---

457 PAZOS CASTRO, R., «El funcionamiento de los motores de búsqueda en Internet y la política de protección de datos personales ¿una relación imposible?»...*op. cit.,* p. 36-41.

458 CHÉLIZ INGLÉS, M. C., «El derecho al olvido digital. Una exigencia de las nuevas tecnologías, recogida en el futuro Reglamento General de Protección de Datos», *Actualidad Jurídica Iberoamericana*, n.º 5, 2016, p. 269.

459 EL PAÍS, *El Supremo rechaza el derecho al olvido del secretario judicial del proceso que condenó a muerte a Miguel Hernández*, https://elpais.com/cultura/2024-03-19/el-supremo-rechaza-el-derecho-al-olvido-del-secretario-judicial-del-proceso-que-condeno-a-muerte-a-miguel-hernandez.html (fecha de consulta: 24 de julio de 2024).

460 STS, Sala de lo Contencioso-administrativo, 1401/2024, de 4 de marzo, FJ 4.º.

De esta forma, el derecho de supresión de datos es el derecho del que gozan los interesados para suprimir aquellos datos cuyo mantenimiento infrinja lo dispuesto en el RGPD. Concretamente, es el derecho a que sus datos personales dejen de ser tratados cuando ya no resulten de utilidad ni se acojan a los fines que motivaron su recogida, los interesados hayan retirado su consentimiento o se opongan a su tratamiento. El alcance de este derecho no se limita al «oscurecimiento de la información» mediante la eliminación de las búsquedas por nombre y apellidos, sino que busca, además, garantizar el borrado definitivo de la web de origen. De esta forma, tal y como dispone el artículo 17.1 RGPD, el titular tiene derecho a que el responsable del tratamiento elimine sus datos personales, a lo cual viene obligado, siempre que concurran los requisitos citados en dicho apartado. No obstante, esta supresión no tiene por qué conllevar ineludiblemente la supresión del contenido, que puede permanecer vigente si se trata de fuentes de acceso público, en cuyo caso se ha de proceder, meramente, a la supresión de los resultados arrojados por el motor de búsqueda, conforme dispone la STJUE de 13 de mayo de 2014. En estos casos la información permanecería inalterable en la web de origen, pero se procedería, para garantizar este derecho, a suprimir el indexado de la información en las búsquedas de resultados[461]. Es decir, este nuevo artículo interpreta el derecho al olvido con cierta diferencia respecto a la jurisprudencia originaria del TJUE, recogiendo una serie de supuestos en los que, no solo se eliminan los resultados por parte de los buscadores, sino que se suprime la información en la fuente inicial y, de hecho, fijando su objetivo principal en esta y no en los buscadores.

La LO 3/2018 trata este derecho en su artículo 15, empleando exclusivamente la fórmula «derecho de supresión» e indicando en su apartado primero que este se ejercerá conforme a lo dispuesto en el artículo 17 del RGPD. En su apartado segundo añade que, cuando esta supresión traiga causa del ejercicio del derecho de oposición contemplado en el artículo 21.2 —esta es una de las causas previstas para el derecho de supresión contemplada en el artículo 17.1.c) RGPD—, el responsable podrá mantener los datos identificativos del reclamante únicamente para prevenir tratamientos futuros en mercadotecnia directa.

Es cierto que el RGPD supone un avance en el reconocimiento del derecho al olvido. Sin embargo, la regulación que se hace del mismo se antoja algo escasa, pues faltan elementos esenciales típicos y característicos del concepto del derecho al olvido en la forma que ha venido siendo construido, tanto jurisprudencial como doctrinalmente. El único espíritu que, respecto al derecho al olvido, se aprecia en el artículo 17 RGPD, es la voluntad de borrado definitivo de la información personal de la red, mediante la imposición a los responsables del tratamiento de dar cuenta a otros responsables

461 Berrocal Lanzarot, A. I., *Derecho de supresión de datos o derecho al olvido... op. cit.*, pp. 217 y 218.

acerca del deber de supresión. No obstante, se echa en falta una mención más amplia que fundamente el derecho al olvido en base al transcurso del tiempo y en la idea de ofrecer una segunda oportunidad respecto a noticias o informaciones obsoletas que habrían caído en desuso de no ser por la perpetua memoria informática. Este derecho al olvido ha sido exclusivamente articulado como bastón de apoyo al nuevo derecho de supresión, que, a su vez, no deja de ser, en cierto modo, una nueva versión del antiguo derecho de cancelación. Pere Simón Castellano considera que el asunto es bastante trascendente, pues no es igual determinar el derecho al olvido como una construcción jurídica sustentada exclusivamente en el derecho de protección de datos y, especialmente, como una mera expresión de la cancelación de datos —ahora supresión—, que conceptuarlo como un derecho más global, es decir, como un derecho a equivocarse y empezar de nuevo[462]. El avance, en este caso, es que antiguamente el derecho de cancelación permitía solicitar el bloqueo de los datos, pero no su borrado. Es decir, aquellos dejaban de emplearse, pero no llegaban a ser eliminados, mientras que ahora, en base al derecho de supresión, se puede exigir la eliminación de los datos. Ana Isabel Berrocal Lanzarot opina que este nuevo derecho de supresión está estrechamente vinculado con los derechos de oposición y cancelación, aunque aporta otras aplicaciones prácticas. Razona que el derecho de cancelación de datos ofrece la posibilidad de solicitar el bloqueo de datos, es decir, impedir su tratamiento, y que el derecho de oposición permite que, en determinadas circunstancias, los datos dejen de ser tratados; pero que el derecho de supresión va más allá permitiendo la supresión de datos por nombre y apellidos[463].

Sin embargo, cabe entender que el RGPD trata de forma conjunta dos derechos que, en principio, son diferentes entre sí. El derecho de supresión es, como se ha expuesto, una nueva versión del derecho de cancelación que incluye el borrado de los datos y no solamente su bloqueo. El derecho al olvido es aquel que busca que una información obsoleta y antigua sea inutilizada tras el paso del tiempo ofreciendo una segunda oportunidad al titular, para lo que se pretende desindexar informaciones de los motores de búsqueda en resultados por nombre y apellidos, aunque la información perdure en la fuente de origen.

Por último, hay que matizar que el derecho al olvido, al amparo del artículo 17 RGPD, no se restringe a las búsquedas por «nombre y apellidos» como una fórmula inseparable. Es posible el ejercicio del derecho al olvido tanto por el nombre o los apellidos, de conforma conjunta o separada, siempre que con ello se identifique de forma inequívoca a una persona. Así lo precisó la Sala de

---

462 Simón Castellano, P., *El reconocimiento del derecho al olvido digital en España y en la UE. Efectos tras la sentencia del TJUE de mayo de 2014*, 1.ª ed., Barcelona, 2015, pp. 99-100.

463 Berrocal Lanzarot, A. I., *Derecho de supresión de datos o derecho al olvido... op. cit.*, pp. 212 y 215.

lo Contencioso del Tribunal Supremo en la STS 4016/2020: el derecho al olvido «faculta a la persona interesada a exigir del gestor de un motor de búsqueda que elimine de la lista de resultados, obtenida como consecuencia de una búsqueda efectuada tanto a partir de su nombre completo o de sus dos apellidos, vínculos a páginas webs, publicados legalmente por terceros, que contengan datos e informaciones veraces, relativos a su persona, cuando la difusión de dicha información, relativa a su persona, menoscabe el derecho al honor, a la intimidado a la propia imagen del interesado, y carezca de interés público, y pueda considerarse, por el transcurso del tiempo, obsoleta»[464].

3.4.3.8. El derecho a la indemnización

El artículo 82 RGPD trata el derecho a la indemnización especificando que toda infracción en materia de protección de datos otorga a aquella persona física que, por dicha infracción, haya sufrido daños o perjuicios, el derecho a recibir por parte del responsable del tratamiento una indemnización económica. Esta indemnización habrá de ser satisfecha por el responsable del tratamiento, en base a los perjuicios causados, cuando la operación realizada no haya respetado lo contemplado en el RGPD. Los encargados del tratamiento únicamente responderán por los daños y perjuicios ocasionados cuando tal contravención resulte de las obligaciones dirigidas directamente a los encargados o cuando hayan obrado en contra de las instrucciones legales del responsable del tratamiento. En todo caso, tanto el responsable como el encargado del tratamiento quedarán eximidos de responsabilidad si demuestran no ser, en forma alguna, responsables del hecho que haya ocasionado los daños y perjuicios sufridos.

Se concreta una responsabilidad solidaria para el supuesto de que sean varios los responsables o encargados del tratamiento involucrados en la operación ilícita, en cuyo caso, cada uno de ellos habrá de ser considerado como responsable de todos los daños y perjuicios ocasionados, con el fin de garantizar una indemnización efectiva para el perjudicado —cabe, por tanto, poner este precepto en relación con lo especificado en el anterior epígrafe, respecto al derecho de supresión, en cuanto a considerar como responsables de la indemnización tanto a las páginas web como a los motores de búsqueda—; aunque, como seguidamente concreta el citado precepto, no se trata de una responsabilidad absoluta, ya que cuando un responsable o encargado del tratamiento haya pagado una indemnización total por el perjuicio causado y no sea el único culpable, este tendrá el derecho de reclamar —realizando una suerte de «derecho de repetición»— a los demás responsables o encargados que hayan participado en esa operación la cuantía correspondiente a su parte de responsabilidad.

464 STS, Sala de lo Contencioso-administrativo, 4016/2020, de 27 de noviembre, FJ 4.°.

Por último, el apartado sexto del artículo 82 determina que las acciones judiciales en el ejercicio de este derecho se llevarán a cabo ante los tribunales competentes con arreglo al Derecho del Estado miembro conforme se indica en el artículo 79.2 RGPD[465]. Con ello, se ofrece la oportunidad al afectado para reclamar directamente ante los tribunales del Estado donde tenga su residencia habitual, facilitando de esta forma la tarea del reclamante a la hora de ejercer su derecho de indemnización y ofreciendo un margen de cobertura más accesible frente al que resultaría de aplicar exclusivamente la jurisdicción del Estado miembro donde se alojase el responsable del tratamiento. En palabras de Alfonso Ortega Giménez, «se trata, sin duda, de un gran avance en la tutela del derecho fundamental a la protección de datos de carácter personal que elimina el obstáculo que suponía para la efectividad del derecho a una indemnización el tener que acudir a reclamar la misma a otro Estado miembro, distinto de aquel donde el perjudicado tuviese su domicilio, porque el responsable o el encargado tenía allí su establecimiento»[466].

Además del derecho de indemnización contenido en el artículo 82 RGPD, se establecen en el artículo 83 RGPD unas condiciones generales para la imposición de multas administrativas que resulten, en cada caso individual, efectivas, proporcionadas y disuasorias, y para cuyo cálculo de cuantía habrá de atenderse a las consideraciones recogidas en su apartado segundo —naturaleza, gravedad, duración de la infracción, alcance o propósito de la operación, número de interesados afectados, nivel de los daños, perjuicios que hayan sufrido, intencionalidad o negligencia en la infracción, etc.—. También se podrán imponer, como especifica el artículo 84 RGPD, sanciones contra las infracciones que no sean castigadas con multas administrativas a tenor de lo dispuesto en el artículo anterior y que serán desarrolladas por las normas propias de cada Estado miembro, resultando, en todo caso, efectivas, proporcionadas y disuasorias. Estas sanciones y multas administrativas, si bien tienen cierta conexión, son independientes del derecho de indemnización que, como tal, trata el resarcimiento económico para el afectado por el tratamiento ilícito de sus datos personales. El derecho a la indemnización sería, a modo de ejemplo respecto a la jurisdicción penal en nuestro Derecho nacional, la responsabilidad civil derivada del delito para el resarcimiento de la víctima, mientras que la multa o sanción administrativa sería la pena de multa.

465 Art. 79.2 RGPD: «Las acciones contra un responsable o encargado del tratamiento deberán ejercitarse ante los tribunales del Estado miembro en el que el responsable o encargado tenga un establecimiento. Alternativamente, tales acciones podrán ejercitarse ante los tribunales del Estado miembro en que el interesado tenga su residencia habitual, a menos que el responsable o el encargado sea una autoridad pública de un Estado miembro que actúe en ejercicio de sus poderes públicos».

466 Ortega Giménez, A., «Tratamiento ilícito internacional de datos personales, Reglamento general de protección de datos y derecho internacional privado: cuestiones de competencia judicial internacional y de determinación de la ley aplicable», *CEFLegal*, n.º 235-236, agosto-septiembre 2020, p. 59.

El antecedente de este nuevo derecho de indemnización, contemplado en el artículo 82 RGPD, se encontraba en el artículo 23 de la anterior Directiva 95/46/CE[467], por el que se imponía a los Estados miembros el deber de desarrollar legislativamente normas nacionales que regulasen el derecho a una indemnización para los perjudicados que hubieran sufrido daños y perjuicios por un ilícito tratamiento de sus datos personales. Esta transposición se realizó mediante la derogada LO 15/99, de 13 de diciembre, de Protección de Datos de Carácter Personal, en su artículo 19[468]. Por tanto, la principal y más destacable diferencia estriba en que ahora el RGPD establece unas pautas generales de obligado cumplimiento para todos los Estados miembros, donde simplemente hay que acomodar los cálculos relativos a las normas de responsabilidad civil para cada Estado, tal y como, por ejemplo, han señalado Noemí Brito Izquierdo[469] y Eva María Nieto Garrido[470].

El mencionado artículo 82 RGPD es conciso a la hora de determinar que el derecho a la indemnización ha de aplicarse atendiendo a los «daños y perjuicios» sufridos y que este cálculo no puede concebirse nunca de forma reductiva, debiendo atenderse, por consiguiente, tanto a los daños y perjuicios de carácter material como a los inmateriales, es decir, a los daños morales. Por otro lado, este derecho de indemnización tiene cabida en el contexto de la responsabilidad contractual y de la responsabilidad extracontractual. Del apartado segundo del precepto se deduce que esta responsabilidad puede derivarse de una acción o de una omisión —su letra «b» engloba tanto la «intencionalidad» como la «negligencia en la infracción»—, es decir, no es necesario que el responsable del tratamiento contravenga expresamente una disposición concreta, sino que basta con que deje de cumplir aquello a lo que venía obligado para que se derive responsabilidad. Para que nazca el derecho a la indemnización, una de las cuestiones relevantes es que los

---

467 Art. 23 Directiva 95/46/CE: «1. Los Estados miembros dispondrán que toda persona que sufra un perjuicio como consecuencia de un tratamiento ilícito o de una acción incompatible con las disposiciones nacionales adoptadas en aplicación de la presente Directiva, tenga derecho a obtener del responsable del tratamiento la reparación del perjuicio sufrido. 2. El responsable del tratamiento podrá ser eximido parcial o totalmente de dicha responsabilidad si demuestra que no se le puede imputar el hecho que ha provocado el daño».

468 Art. 19 LO 15/1999: «1. Los interesados que, como consecuencia del incumplimiento de lo dispuesto en la presente Ley por el responsable o el encargado del tratamiento, sufran daño o lesión en sus bienes o derechos tendrán derecho a ser indemnizados. 2. Cuando se trate de ficheros de titularidad pública, la responsabilidad se exigirá de acuerdo con la legislación reguladora del régimen de responsabilidad de las Administraciones públicas. 3. En el caso de los ficheros de titularidad privada, la acción se ejercitará ante los órganos de la jurisdicción ordinaria».

469 Brito Izquierdo, N., «Recursos, responsabilidad y sanciones», en López Calvo, J. (coord.), *El nuevo marco regulatorio derivado del Reglamento Europeo de Protección de Datos*, Bosch, Madrid, 2018, pp. 633-670.

470 Nieto Garrido, E. M., «Derecho a indemnización y responsabilidad», en Piñar Matas, J. L., *Reglamento general de Protección de Datos*, Reus, Madrid, 2016, pp. 555-570.

daños y perjuicios ocasionados sean «reales y efectivos», es decir, que sean económicamente «evaluables e individualizables» respecto a un individuo o grupo —tal y como especifica nuestro derecho nacional en el artículo 32 de la Ley 40/2015, de 1 de octubre, del Régimen Jurídico del Sector Público—. Consiguientemente, estamos ante un derecho con fines indemnizatorios que busca resarcir la lesión de un derecho fundamental y no simplemente la de un incumplimiento contractual[471].

Es preciso añadir que el derecho a la indemnización es renunciable, aspecto que, como nos recuerda José Ignacio Cano Martínez de Velasco, no está presente en derechos personalísimos como el derecho a la intimidad, puesto que se trata de un atributo propio de la persona. Así pues, cabe renuncia sobre el derecho a la indemnización, entendido como el derecho a renunciar a la acción de resarcimiento frente a la intromisión en la intimidad[472].

Finalmente, cabe concluir que el derecho a la indemnización aborda, dentro del régimen sancionador contenido en el RGPD, una suerte de «responsabilidad civil» por el que se reconoce el derecho a recibir una satisfacción económica a los titulares que hayan sufrido injerencias en sus datos personales o sufrido acciones contrarias a lo estipulado en el Reglamento. Según Víctor Manuel Seligrat González, la inclusión de este nuevo derecho a la indemnización «es uno de los cambios con más repercusión a estos efectos, de manera que el importe de las sanciones a empresas, Administraciones y otros entes se eleva de forma exponencial, llegando a alcanzar un importe equivalente al mayor entre 20 millones de euros o el 4 % de su facturación anual global»[473]. A lo anterior, también habría de añadirse que se garantizan unos criterios de aplicación homogénea para todos los Estados miembros y directamente invocables sin necesidad de previa transposición, a diferencia de la anterior Directiva, si bien siguen existiendo importantes lagunas en cuanto al cauce procedimental de reclamación para el efectivo reclamo de este derecho reconocido.

3.4.3.8.a) La reclamación del derecho a la indemnización en el Derecho español

A la hora de ejercitar la reclamación prevista para satisfacer el ya expuesto derecho de indemnización, se plantea una importante incertidumbre acerca

471 Ortega Giménez, A., «Tratamiento ilícito internacional de datos personales, Reglamento general de protección de datos y derecho internacional privado: cuestiones de competencia judicial internacional y de determinación de ley aplicable», *op. cit.*, pp. 58-59.

472 Cano Martínez de Velasco, J. I., *La renuncia a los derechos*, Bosch, Barcelona, 1986, pp. 88-99 y 173 a 174.

473 Seligrat González, V. M., «El nuevo Reglamento UE 2016/679 sobre protección de datos personales: análisis y repercusiones. Especial referencia a los ficheros de solvencia patrimonial y su responsabilidad civil», *CEFLegal*, n.° 218, marzo 2019, p. 15.

de cómo perseguir dicha acción, encontrándonos en la práctica con dos vías posibles: la reclamación ante la Agencia Española de Protección de Datos como autoridad administrativa de control en materia de protección de datos personales o bien la vía privada por daños y perjuicios mediante reclamación civil. Y es que el artículo 82 RGPD proclama una herramienta legal de indemnización de aplicación directa, pero su desarrollo efectivo se ha hecho depender de las normas procesales propias de cada Estado miembro. La persona física que ha sufrido una lesión por el tratamiento ilícito de sus datos personales dispone de la facultad de reclamar una cuantía indemnizatoria frente al responsable incumplidor, pero la satisfacción de esta acción ante la jurisdicción civil requiere la concurrencia de una serie de elementos: que el demandado tenga la categoría de responsable o encargado en el tratamiento de datos de la operación, que se haya producido un incumplimiento del RGPD, la existencia de daños y perjuicios, y que concurra nexo causal entre la infracción y el resultado culposo. Ciertamente la vía jurídica contemplada en el artículo 82 RGPD es más concisa que la de la anterior Directiva 95/46/CE, aun así, deja cuestiones inconclusas y plantea dificultades a la hora de ejercer la acción reclamatoria. Es cierto que el artículo 82 RGPD unifica los criterios de responsabilidad en materia de indemnización para todos los países miembros; sin embargo, deja un enorme vacío en cuanto al cauce que haya de seguirse para la satisfacción de este derecho, por consiguiente, se ha de atender a los cauces procesales y a las normas sustantivas propias de cada Estado; aunque es preciso añadir que, incluso en este aspecto, no resulta descabellado albergar dudas sobre si tales lagunas habrían de ser atendidas por los trámites procedimentales existentes o si bien el legislador habría de paliar estos vacíos normativos desarrollando una norma *ad hoc* que diera respuesta al problema. Como, por el momento, no disponemos de normativa procedimental especialmente desarrollada para este fin concreto, y habida cuenta que el RGPD ha reconocido un derecho a la indemnización que se encuentra vigente y en vigor, hay que entender que no pueden ser más que las normas procedimentales internas a las que haya de acomodarse el desarrollo práctico de este derecho a la indemnización para que el mismo resulte ejercitable. Lo que, en todo caso, resulta evidente es que cuanto mayor sea la ambigüedad, menor atractivo tendrá para la persona física afectada perseguir tal acción indemnizatoria, máxime si se considera el posible coste infructuoso del ejercicio de una acción que no estuviera llamada a prosperar o incluso la prescripción de la acción. En este aspecto, un punto a tener en suficiente consideración es la existencia de normas sustantivas que ya garantizan a los afectados una vía de acción eficaz. El art. 82 RGPD abre la puerta a cualquier vía de reclamación por daños y perjuicios y, en este sentido, el derecho español facilita bastante esta circunstancia, puesto que ya dispone de un régimen muy propicio para el ciudadano a la hora de reclamar daños y perjuicios por las injerencias sufridas en el derecho al honor, a la intimidad y a la propia imagen, gracias a la Ley Orgánica 1/1982, de 5 de mayo, de protección civil del derecho al honor, a la intimidad personal y familiar y a la propia imagen.

El artículo 82 RGPD plantea, de facto, una importante indeterminación y adolece de soluciones sustantivas y procedimentales concretas en aras a materializar el fin satisfactorio previsto, es decir, su desarrollo normativo no permite determinar un único y específico cauce legal de aplicabilidad. De partida, el ciudadano se encuentra ante dos posibles vías de reclamación: las autoridades administrativas de protección de datos y la jurisdicción ordinaria.

Ciertamente las autoridades administrativas —en España la AEPD— están facultadas por los artículos 77[474] y 57.1.f)[475] RGPD para recepcionar y tramitar reclamaciones en materia de protección de datos personales y, a su vez, tienen encomendado el poder de aplicación en materia de protección de datos personales con labores de investigación y detección de incumplimiento, así como de aplicación de sanciones —art. 58 RGPD[476]—.

---

474 Art. 77 RGPD: «1. Sin perjuicio de cualquier otro recurso administrativo o acción judicial, todo interesado tendrá derecho a presentar una reclamación ante una autoridad de control, en particular en el Estado miembro en el que tenga su residencia habitual, lugar de trabajo o lugar de la supuesta infracción, si considera que el tratamiento de datos personales que le conciernen infringe el presente Reglamento. 2. La autoridad de control ante la que se haya presentado la reclamación informará al reclamante sobre el curso y el resultado de la reclamación, inclusive sobre la posibilidad de acceder a la tutela judicial en virtud del artículo 78».

475 Art. 57.1.f) RGPD: «Sin perjuicio de otras funciones en virtud del presente Reglamento, incumbirá a cada autoridad de control, en su territorio, tratar las reclamaciones presentadas por un interesado o por un organismo, organización o asociación de conformidad con el artículo 80, e investigar, en la medida oportuna, el motivo de la reclamación e informar al reclamante sobre el curso y el resultado de la investigación en un plazo razonable, en particular si fueran necesarias nuevas investigaciones o una coordinación más estrecha con otra autoridad de control».

476 Art. 58 RGPD: «1. Cada autoridad de control dispondrá de todos los poderes de investigación indicados a continuación: a) ordenar al responsable y al encargado del tratamiento y, en su caso, al representante del responsable o del encargado, que faciliten cualquier información que requiera para el desempeño de sus funciones; b) llevar a cabo investigaciones en forma de auditorías de protección de datos; c) llevar a cabo una revisión de las certificaciones expedidas en virtud del artículo 42, apartado 7; d) notificar al responsable o al encargado del tratamiento las presuntas infracciones del presente Reglamento; e) obtener del responsable y del encargado del tratamiento el acceso a todos los datos personales y a toda la información necesaria para el ejercicio de sus funciones; f) obtener el acceso a todos los locales del responsable y del encargado del tratamiento, incluidos cualesquiera equipos y medios de tratamiento de datos, de conformidad con el Derecho procesal de la Unión o de los Estados miembros. 2. Cada autoridad de control dispondrá de todos los siguientes poderes correctivos indicados a continuación: a) sancionar a todo responsable o encargado del tratamiento con una advertencia cuando las operaciones de tratamiento previstas puedan infringir lo dispuesto en el presente Reglamento; b) sancionar a todo responsable o encargado del tratamiento con apercibimiento cuando las operaciones de tratamiento hayan infringido lo dispuesto en el presente Reglamento; c) ordenar al respon-

Pero sucede que esta acción pública encomendada a las autoridades de control plantea algunas deficiencias. Por ejemplo, al contar con recursos limitados de control, se puede convertir en una inspección selectiva, resultando que tales prioridades de supervisión dejen un monto importante de irregularidades sin penalizar. Consiguientemente, y para una correcta satisfacción reclamatoria, es necesario implementar la intervención de acciones civiles, mediante las cuales la acción pública de control se vea complementada y robustecida, ya que permite resarcir aquellas irregularidades que no

---

sable o encargado del tratamiento que atiendan las solicitudes de ejercicio de los derechos del interesado en virtud del presente Reglamento; d) ordenar al responsable o encargado del tratamiento que las operaciones de tratamiento se ajusten a las disposiciones del presente Reglamento, cuando proceda, de una determinada manera y dentro de un plazo especificado; e) ordenar al responsable del tratamiento que comunique al interesado las violaciones de la seguridad de los datos personales; f) imponer una limitación temporal o definitiva del tratamiento, incluida su prohibición; g) ordenar la rectificación o supresión de datos personales o la limitación de tratamiento con arreglo a los artículos 16, 17 y 18 y la notificación de dichas medidas a los destinatarios a quienes se hayan comunicado datos personales con arreglo a al artículo 17, apartado 2, y al artículo 19; h) retirar una certificación u ordenar al organismo de certificación que retire una certificación emitida con arreglo a los artículos 42 y 43, u ordenar al organismo de certificación que no se emita una certificación si no se cumplen o dejan de cumplirse los requisitos para la certificación; i) imponer una multa administrativa con arreglo al artículo 83, además o en lugar de las medidas mencionadas en el presente apartado, según la circunstancias de cada caso particular; j) ordenar la suspensión de los flujos de datos hacia un destinatario situado en un tercer país o hacia una organización internacional. 3. Cada autoridad de control dispondrá de todos los poderes de autorización y consultivos indicados a continuación: a) asesorar al responsable del tratamiento conforme al procedimiento de consulta previa contemplado en el artículo 36; b) emitir, por iniciativa propia o previa solicitud, dictámenes destinados al Parlamento nacional, al Gobierno del Estado miembro o, con arreglo al Derecho de los Estados miembros, a otras instituciones y organismos, así como al público, sobre cualquier asunto relacionado con la protección de los datos personales; c) autorizar el tratamiento a que se refiere el artículo 36, apartado 5, si el Derecho del Estado miembro requiere tal autorización previa; d) emitir un dictamen y aprobar proyectos de códigos de conducta de conformidad con lo dispuesto en el artículo 40, apartado 5; e) acreditar los organismos de certificación con arreglo al artículo 43; f) expedir certificaciones y aprobar criterios de certificación con arreglo al artículo 42, apartado 5; g) adoptar las cláusulas tipo de protección de datos contempladas en el artículo 28, apartado 8, y el artículo 46, apartado 2, letra d); h) autorizar las cláusulas contractuales indicadas en el artículo 46, apartado 3, letra a); i) autorizar los acuerdos administrativos contemplados en el artículo 46, apartado 3, letra b); j) aprobar normas corporativas vinculantes de conformidad con lo dispuesto en el artículo 47. 4. El ejercicio de los poderes conferidos a la autoridad de control en virtud del presente artículo estará sujeto a las garantías adecuadas, incluida la tutela judicial efectiva y al respeto de las garantías procesales, establecidas en el Derecho de la Unión y de los Estados miembros de conformidad con la Carta. 5. Cada Estado miembro dispondrá por ley que su autoridad de control esté facultada para poner en conocimiento de las autoridades judiciales las infracciones del presente Reglamento y, si procede, para iniciar o ejercitar de otro modo acciones judiciales, con el fin de hacer cumplir lo dispuesto en el mismo. 6. Cada Estado miembro podrá establecer por ley que su autoridad de control tenga otros poderes además de los indicadas en los apartados 1, 2 y 3. El ejercicio de dichos poderes no será obstáculo a la aplicación efectiva del capítulo VII».

han sido detectadas por las autoridades administrativas reduciendo de esta forma sus carencias.

El artículo 79 RGPD[477] incorpora el derecho de acudir a la vía judicial para reclamar la tutela judicial efectiva de los jueces y tribunales en materia regulada por el RGPD; esto deriva en dos tipos de aplicaciones: la revisión por los órganos contencioso-administrativos de las decisiones adoptadas por la AEPD o, directamente, la interposición de demandas por daños y perjuicios ante los juzgados civiles de primera instancia en ejercicio de la acción de indemnización prevista en el art. 82 RGPD.

A mayor abundamiento, la AEPD ha venido refiriendo que entre su elenco de competencias no se encuentra la compensación de los perjuicios ocasionados por el tratamiento ilícito de datos personales. En este sentido, en su Resolución del PS/00402/2017 indica que «en cuanto a la indemnización por los daños y perjuicios económicos y morales que el denunciante solicita deberá acudir a la jurisdicción ordinaria conforme establece el artículo 19 de la LOPD. Recuérdese que el artículo 19 de la antigua LO 15/99 recogía el antecedente del actual derecho a la indemnización. En igual parecer, en Resolución del Procedimiento A/00118/2016, la AEPD ha aclarado que «en la reclamación del derecho a la indemnización no interviene la Agencia Española de Protección de Datos por lo que el ciudadano afectado deberá, en su caso, acudir a la jurisdicción que corresponda en función de la indemnización se reclama ante el responsable de un fichero de titularidad pública o ante el responsable de un fichero de titularidad privada».

Este mismo parecer ha sido defendido por la Audiencia Nacional. En su sentencia de fecha 1 de octubre de 2008, dictada por la Sala de lo Contencioso, explica que la AEPD tiene capacidad para interponer sanciones relacionadas con la vulneración del derecho fundamental de protección de datos frente a los responsables del tratamiento mientras que el afectado debe obtener la indemnización en un procedimiento judicial diferente al seguido ante la AEPD[478]. Esta interpretación fue confirmada por la Sentencia de fecha 24 de marzo de 2015, dictada por la Sala de lo Contencioso, al indicar que la reparación de los daños morales producidos en materia de protección de

477 Art. 79 RGPD: «1. Sin perjuicio de los recursos administrativos o extrajudiciales disponibles, incluido el derecho a presentar una reclamación ante una autoridad de control en virtud del artículo 77, todo interesado tendrá derecho a la tutela judicial efectiva cuando considere que sus derechos en virtud del presente Reglamento han sido vulnerados como consecuencia de un tratamiento de sus datos personales. 2. Las acciones contra un responsable o encargado del tratamiento deberán ejercitarse ante los tribunales del Estado miembro en el que el responsable o encargado tenga un establecimiento. Alternativamente, tales acciones podrán ejercitarse ante los tribunales del Estado miembro en que el interesado tenga su residencia habitual, a menos que el responsable o el encargado sea una autoridad pública de un Estado miembro que actúe en ejercicio de sus poderes públicos. »

478 Sentencia Audiencia Nacional, Sala de lo Contencioso, de 1 de octubre de 2008, FJ 5.º.

datos a través de la pertinente indemnización queda fuera de los cauces del procedimiento administrativo y ha de remitirse al ejercicio de dicha acción ante la jurisdicción ordinaria[479].

De acuerdo con ello, pueden suceder dos cosas: por un lado, que la AEPD inicie un procedimiento administrativo, de oficio o en virtud de denuncia, de carácter sancionador; y por otro, que el titular de los datos personales que haya sufrido un ataque contra sus derechos invoque su tutela, reclamación esta que podrá efectuar ante la jurisdicción ordinaria o ante la AEPD como autoridad de control competente. Pero que, sin embargo, si lo que pretende es resarcir los daños ocasionados por el tratamiento indebido de sus datos personales mediante la reclamación de una indemnización habrá de dirigirse exclusivamente a los tribunales de la jurisdicción civil[480].

Ahora bien, quizá la forma idónea de conjugar ambas vías estribe en reclamar ante la AEPD la infracción del RGPD y, una vez que la misma hubiera dictaminado la injerencia en los datos personales de un titular por incumplimiento de la normativa en materia de protección de datos, siempre que la acción indemnizatoria prevista en el artículo 82 RGPD no hubiera prescrito, interponer una demanda ante la jurisdicción ordinaria frente al responsable del tratamiento, aportando como documentación probatoria la resolución final del procedimiento sancionador seguido por la AEPD, con el fin de probar la vulneración normativa decretada por el órgano administrativo especializado.

El Considerando 146 RGPD indica que el responsable o el encargado del tratamiento debe indemnizar cualesquiera daños y perjuicios sufridos por una persona como consecuencia de un tratamiento en infracción del Reglamento y aclara que el concepto de daños y perjuicios debe interpretarse en un sentido amplio a la luz de la jurisprudencia del Tribunal de Justicia, de tal modo que se respeten plenamente los objetivos del RGPD. Añade que lo anterior se ha de entender sin perjuicio de cualquier reclamación por daños y perjuicios derivada de la vulneración de otras normas del Derecho de la Unión o de los Estados miembros y que un tratamiento infractor del RGPD también debe englobar aquel tratamiento que infrinja actos delegados adoptados de conformidad con el Derecho de los Estados miembros que especifique las normas del presente Reglamento. Es decir, este Considerando consagra la posibilidad de acumular el derecho a la indemnización del art. 82 RGPD con otras acciones previstas en las normas de los Estados miembros, lo cual debe llevar a plantearse, dentro del Derecho español, la acumulación de este derecho con la acción indemnizatoria prevista en la Ley Orgánica 1/1982, de

479 Sentencia Audiencia Nacional, Sala de lo Contencioso, de 24 de marzo de 2015, FJ 7.°.

480 Rubí Puig, A., «Problemas de coordinación y compatibilidad entre la acción indemnizatoria del artículo 82 del Reglamento General de Protección de Datos y otras acciones en derecho español», *Derecho Privado y Constitución*, n.° 34, p. 214.

5 de mayo, de protección civil del derecho al honor, a la intimidad personal y familiar y a la propia imagen.

3.4.3.8.b) Acumulación de acciones entre el art. 82 RGPD y la LOPH

Muy posiblemente los daños producidos por una vulneración en materia de protección de datos lleven asociados, a su vez, injerencias en los derechos fundamentales consagrados en el artículo 18.1 CE —derecho al honor, a la intimidad y a la propia imagen—. Por el momento, los Tribunales nacionales han mostrado notable predisposición a la hora de razonar que ciertas transgresiones en materia de protección de datos llevan asociada la posibilidad de acudir, junto a la acción contenida en el artículo 19 de la antecesora LOPD, a las herramientas reparatorias contempladas en el artículo noveno de la LOPH. Maria Ángeles Parra Lucán[481] y Rafael Sarazá Jimena[482] estudian esta acumulación concluyendo que ya puede ser reconocida para casos de inserciones de datos en registros de morosos. De mayor trascendencia resulta el estudio de Albert Ruda González quien entiende que esta acumulación debe imperar también en los casos de contravención del derecho al olvido[483].

El derecho a la privacidad ha ido evolucionando hasta derivar en el derecho a la autodeterminación informativa en relación con el derecho a la protección de datos personales y que se nutre constitucionalmente del artículo 18.4 CE, pero también de los derechos consagrados en el artículo 18.1 CE, especialmente del derecho a la intimidad; por tanto, el mecanismo de protección contemplado en la LOPH resulta de utilidad por cuanto la mayor parte de las intromisiones en el derecho a la protección de datos van a suponer, a su vez, una injerencia en los derechos al honor, a la intimidad o a la propia imagen. Para Antonio Rubí Puig resulta prácticamente imposible en algunos casos y en relación a los bienes jurídicos protegidos por cada norma, delimitar el margen de tutela de la vida privada y familiar contemplada en el artículo 7 CDFUE y el derecho a la protección de datos del artículo 8 CDFUE[484].

481 Parra Lucán, M. A., «Registro de morosos: Derecho civil y nulidad (parcial) del reglamento de desarrollo de la Ley Orgánica de Protección de Datos», *Aranzadi Civil-mercantil*, n.° 3, 2011, pp. 81-113.

482 Sarazá Jimena, R., «Responsabilidad civil por la indebida inclusión en un registro de morosos», *Revista Aranzadi Doctrinal*, n.° 7, 2011, pp. 105-132.

483 Ruda González, A., «Sentencia 15 octubre 2015. Indemnización por daños al derecho al olvido. La responsabilidad por la no exclusión de una hemeroteca digital por los buscadores generales (Caso El País)», *Cuadernos Civitas de jurisprudencia civil,* n.° 101, pp. 289-332.

484 Rubí Puig, A., «Problemas de coordinación y compatibilidad entre la acción indemnizatoria del artículo 82 del Reglamento General de Protección de Datos y otras acciones en derecho español»... *op. cit.*, p. 224.

El TS interpreta adecuadamente la aplicación del régimen especial del derecho al honor, intimidad y propia imagen. En su Sentencia 660/2004, de 5 de julio, se consideraba, en un supuesto de hechos probados de inclusión indebida en un registro de ficheros de solvencia patrimonial, que se había producido un ataque al honor del demandante o más propiamente un «ataque a su intimidad personal patrimonial», produciendo un descrédito y desmerecimiento en la opinión ajena y, consiguientemente, una intromisión ilegítima al amparo del artículo 7.7 de la LOPH[485], ya que la inclusión del afectado viene a suponer su negativa valoración social y a suscitar reparos en el campo de las relaciones contractuales.

Víctor Manuel Seligrat González entiende que las reclamaciones de responsabilidad civil relativas a la indebida inclusión de datos en registros de morosos deben realizarse ante los juzgados y tribunales de la jurisdicción civil, puesto que son estos los competentes para resolver sobre aquellas cuestiones suscitadas por la inclusión de datos personales en registros públicos realizadas al margen de los postulados normativos, es decir, para atender las cuestiones relativas a la responsabilidad civil en materia de protección de datos personales. Y dado que el incumplimiento normativo de protección de datos supone una vulneración de los derechos fundamentales del afectado, han de ser aplicadas las pautas de indemnización contempladas en la LOPH[486]. En una posición más estricta, David Ordoñez Solís llega incluso a cuestionar la cabida de este tipo de normas indemnizatorias dentro del sistema normativo de protección de datos por su esencia puramente civil[487]; sin embargo, no resulta descabellada la inclusión de pautas que garanticen un derecho de indemnización dentro del RGPD, aunque luego haya de acudirse a vías civiles que garanticen su aplicación judicial.

Teniendo en cuenta que las infracciones en materia de protección de datos van a ir asociadas, en la mayoría de los supuestos, a injerencias en el derecho al honor o a la intimidad, resulta lo más práctico escoger la vía de regulación de estos derechos fundamentales y, a la hora de reclamar el derecho contemplado en el artículo 82 RGPD, ejercer dicha acción al amparo de lo previsto en la LOPH en lugar incluso de otras vías civiles, tales como la acción de reparación prevista en el artículo 1.902 del Código Civil pues, aunque se

485 Art. 7.7 LO 1/1982: «Tendrán la consideración de intromisiones ilegítimas en el ámbito de protección delimitado por el artículo segundo de esta Ley [...] la imputación de hechos o la manifestación de juicios de valor a través de acciones o expresiones que de cualquier modo lesionen la dignidad de otra persona, menoscabando su fama o atentando contra su propia estimación».

486 Seligrat González, V. M., «El nuevo Reglamento UE 2016/679 sobre protección de datos personales: análisis y repercusiones. Especial referencia a los ficheros de solvencia patrimonial y su responsabilidad civil»..., *op. cit.*, p. 26.

487 Ordoñez Solís, D., *Privacidad y protección judicial de datos personales,* Barcelona, 2011, p. 214.

sostenga esa opción como válida, hay que recapitular el principio *lex specialis derogat legi generali* como fundamento añadido de este argumento[488].

Respecto al derecho al olvido en concreto, LUIS JAVIER MIERES MIERES explica que puede ser configurado no solo como derecho autónomo, sino que existen otras dos posibilidades. Puede ser articulado como la proyección de derechos de la personalidad tales como el derecho a la intimidad o a la vida privada, en base al reconocimiento realizado por el Convenio Europeo de Derechos Humanos y en base al derecho al honor, como una representación del derecho a la protección de datos. Opina que, si bien la primera opción ha sido la mayoritariamente adoptada por la doctrina y la jurisprudencia en vinculación con las vías consuetudinarias de comunicación, también es posible entenderlo como una extensión de los cauces de difusión lineal de la propia información y que es esta segunda opción la acogida por las autoridades nacionales de protección de datos al desarrollar la normativa de protección de datos personales. Partiendo de la base de estas dos formas de agrupar los derechos en juego —derecho al honor, derechos a la intimidad y protección de datos— nace una protección concomitante a su respectivo ámbito de tutela, de tal suerte que en consideración a cuál sea el mecanismo adoptado por el afectado devendrán dos cauces distintos de acción. Por un lado, si los derechos invocados son el derecho al honor y a la intimidad, devendría aplicable la LOPH en relación con el artículo 18.1 CE; mientras que respecto a la protección de datos personales quedaría circunscrita a la normativa europea de protección de datos personales[489]. No obstante, es preciso añadir que, como ha quedado recogido, la normativa europea de protección de datos —RGPD— redirige la acción indemnizatoria a los mecanismos procesales nacionales y que no existe, por tanto, una vía de acción europea específica, por lo que no solo es posible, sino también necesario acomodar su aplicación a los cauces nacionales en vigor. Consiguientemente, dado el estrecho nexo conceptual del derecho a la protección de datos personales con los derechos consagrados en el artículo 18.1 CE, resulta adecuado ahondar en un esfuerzo argumentativo que permita su correlación con los mecanismos de protección e indemnización dispuestos en la LOPH para acudir a esta vía, por tratarse del procedimiento más propicio dentro del derecho español.

El artículo 9.3 de la LOPH establece que la existencia de perjuicio se presumirá siempre que la intromisión ilegítima a los derechos fundamentales resulte acreditada y que la indemnización se habrá de extender al daño moral, el cual se valorará atendiendo a las circunstancias del caso y a la gravedad de la lesión efectivamente producida, teniendo en cuenta, en su

488 SELIGRAT GONZÁLEZ, V. M., «El nuevo Reglamento UE 2016/679 sobre protección de datos personales: análisis y repercusiones. Especial referencia a los ficheros de solvencia patrimonial y su responsabilidad civil»..., *op. cit.,* p. 27.

489 MIERES MIERES, L. J., «El derecho al olvido digital», *Fundación alternativas*, Documento de trabajo 186/2014, p. 12.

caso, la difusión o audiencia del medio a través del que se haya producido. La redacción de este artículo determina que el daño moral queda patente tan pronto resulte probada la intromisión en uno de los derechos fundamentales protegidos. Es decir, se establece una presunción *iuris et de iure* respecto a los daños morales como una figura probatoria indirecta y determina la certeza de estos como causa derivada de la prueba de la injerencia en los derechos fundamentales tutelados. Este es un importante beneficio a la hora de perseguir la acción indemnizatoria al amparo de la LOPH ya que se prescinde de la necesidad de probar el daño moral puesto que se presume a raíz de la propia infracción.

La LOPH también ofrece otras valiosas garantías procesales a la hora de perseguir la indemnización prevista en el art. 82 RGPD. En cuanto al fuero de competencia territorial, el artículo 52.1.6 LEC establece que, en materia de derecho al honor, a la intimidad personal y familiar y a la propia imagen y, en general, en materia de protección civil de derechos fundamentales, será competente el tribunal del domicilio del demandante. Dentro de las materias del juicio ordinario, el artículo 249.1.2 LEC contempla que en los procedimientos que pretendan la tutela del derecho al honor, a la intimidad y a la propia imagen, y en las que se pida la tutela judicial civil de cualquier otro derecho fundamental, intervendrá el Ministerio Fiscal y que su tramitación tendrá carácter preferente. Respecto a este artículo 249.1.2 LEC, Encarnación Carmona Cuenca considera que la previsión del legislador era articular un procedimiento especial para la tutela general de los derechos fundamentales dentro de la jurisdicción civil; pero, pese a la previsión general —«las que pidan la tutela judicial de cualquier otro derecho fundamental»—, lo cierto es que dicha fórmula parece tener una menor eficacia frente la alusión específica a los derechos fundamentales al honor, a la intimidad y a la propia imagen[490].

Asimismo, el artículo 477.2.1 LEC permite el acceso al recurso de casación para las sentencias dictadas en segunda instancia respecto a los asuntos dictados para la tutela judicial civil de derechos fundamentales sin necesidad de cuantía mínima. La única desventaja procesal estriba en el artículo 525.3 LEC, según el cual no son susceptibles de ejecución provisional las sentencias dictadas en los procesos sobre derechos honoríficos; sin embargo, las ejecuciones provisionales no resultan muy habituales en la práctica forense civil, por lo que cabe considerar que las ventajas procesales de acudir a esta vía son notoriamente favorables respecto a este único inconveniente.

En base a todo lo anterior, cabe concluir que el RGPD prevé una acción indemnizatoria en materia de protección de datos directamente invocable en

490 CARMONA CUENCA, E., «El desarrollo legislativo de la tutela judicial de los derechos fundamentales. Evolución histórica y perspectivas de futuro», en MURILLO DE LA CUEVA, P. L. y CARMONA CUENCA, E. (coords.), *La tutela jurisdiccional de los derechos fundamentales por los tribunales ordinarios*, Tirant lo Blanch, Valencia, 2008, p. 37.

todos los Estados miembros, pero para cuya reclamación ha de estarse a las normas procedimentales nacionales. En ausencia de un procedimiento de reclamación específico y ante la posibilidad de que el mismo sea acumulado a otras acciones civiles internas, toda vez que tanto los organismos administrativos competentes y los tribunales se han pronunciado en el sentido de que la reclamación haya de efectuarse en vía judicial civil y teniendo en cuenta la estrecha relación jurídica entre los derechos de protección de datos personales y los derechos al honor, a la intimidad y a la propia imagen, además de las ventajas procesales que ello implica, la mejor forma de ejercitar la acción de reclamación del derecho a la indemnización es hacer uso de las herramientas jurídicas previstas en la LOPH.

CAPÍTULO IV

EL DESARROLLO DEL DERECHO AL OLVIDO EN LA UNIÓN EUROPEA

4.1. ¿Qué es el derecho al olvido?

En los capítulos anteriores, se han tratado muchos de los cambios sociales propiciados por el nuevo escenario tecnológico nacido a raíz de Internet y de las nuevas tecnologías de la información. Los nuevos mecanismos digitales han alterado sustancialmente los usos tradicionales de la vida en general y de los hábitos comunicativos en particular, surgiendo nuevas amenazas a las que el Derecho ha tenido que adaptarse; como apunta LAWRENCE LESSIGN, «primero viene la tecnología y luego el Derecho intenta adaptarse a ella»[491].

Hasta hace no mucho, cuando alguien cometía un error, podía rectificar bajo la confianza de que su desacierto quedaría enterrado en el pasado y que su descrédito sería borrado por el curso del tiempo. Fundamentalmente, la información se transmitía por el boca a boca y se sustentaba en la memoria humana; ninguna información podía ser imperecedera, ya por mero desgaste o por una mera cuestión biológica. Incluso en estadios más recientes de la comunicación —en la era de la televisión y de la empresa escrita— aunque el suceso noticioso tuviera un gran impacto y una mayor difusión, sucedía básicamente lo mismo; además, resultaba muy difícil y complicado recuperar programas emitidos en el pasado o releer tiradas de periódicos antiguos. No obstante, en Internet la información rara vez desaparece, pues el almacenamiento en servidores de datos tiene tan bajo coste que su borrado devendría más caro. Esta cuestión, combinada con la universalización de los motores de búsqueda —potentes herramientas que permiten la búsqueda de

491 LAWRENCE, L., «On the future of IP Law», Digital Law World Congress, Barcelona, 2012.

cualquier información dentro de todo el tejido de Internet—, implica la perennidad de la información y el fin del olvido[492].

La cuestión es que los motores de búsqueda barren todo Internet y encuentran toda la información disponible, independientemente de que esta sea de actualidad o de que sea antigua[493]. Dice un refrán español que los pájaros pueden olvidarse de la trampa, pero que la trampa no se olvida de los pájaros ¿cuál sería esta trampa, Internet o los motores de búsqueda? La realidad es que la acción conjunta de ambos. Como no es habitual —o al menos no lo era hasta hace poco— que los datos se borren de Internet, los motores de búsqueda se han convertido en máquinas de hurgar en el pasado, basta introducir el nombre de una persona para, a merced de un clic, encontrar cualquier dato relacionado con ella independientemente de su temporalidad. Esta nueva amenaza, con la que el derecho no había contado, ha puesto en jaque gran parte de los mecanismos de protección para la salvaguarda de nuestros derechos[494].

No obstante, el Derecho siempre ha pretendido resarcir al individuo de los efectos secundarios de sus actos y garantizar una especie de segunda oportunidad. En una primera fase anquilosada, digamos su faceta clásica, puede apreciarse la eliminación del pasado judicial o penal del ciudadano para evitar lo que, en términos criminológicos, sería una «victimización terciaria»[495] —el delincuente se convierte en víctima de los efectos del proceso criminal—. Sin embargo, con Internet y los motores de búsqueda, se ha tenido que evolucionar hacia un derecho de sustantiva complejidad[496] el cual ha acabado siendo bautizado como derecho al olvido. En esta línea, el 28 de septiembre de 2017, el Pleno del Congreso aprobó el Informe de la Subcomisión del Congreso para el Pacto de Estado en materia de Violencia de Género, cuya medida 144 se previó específicamente facilitar el derecho de las víctimas de género al olvido digital mediante el borrado de cualquier información que, obrando en boletines oficiales, evidenciara su condición de

---

492 Simón Castellano, P., *El derecho al olvido en el universo 2.0*, https://bid.ub.edu/28/simon2.htm (fecha de consulta: 16 de agosto de 2022).

493 Guasch Portas, V., y Soler Fuensanta, J. R., «El derecho al olvido en Internet», *Revista de Derecho UNED*, n.° 16, 2015, p. 990.

494 Arenas Ramiro, M., «Unforgettable: a propósito de la STJUE de 13 de mayo de 2014. Caso Costeja (Google vs. AEPD)», *Revista Teoría y Realidad Constitucional*, n.° 34, 2014, pp. 537 - 538.

495 Gobierno De Navarra, Departamento de Presidencia, Función Pública, Interior y Justicia, *La víctima: Introducción y marco conceptual. Tipos de victimización. Efectos del delito en la víctima. Clases de víctima. El miedo al delito. Policía y víctima*, https://www.navarra.es/documents/48192/7309402/7.+La+victima.pdf/92a4bee6-99c7-6563-ff5b-889d6cbc89b-b?t=1619529379522 (fecha de consulta: 16 de agosto de 2022).

496 De Terwangne, C., «Privacidad en Internet y el derecho a ser olvidado/derecho al olvido», *Revista de Internet, Derecho y Política*, n.° 13, 2012, pp. 53-66.

víctima[497]. En otro ámbito muy distinto, pero con parecido fundamento, el 28 de junio de 2023 se aprobó el Real Decreto-ley 5/2023[498], cuyo Capítulo II introduce una serie de disposiciones tendentes a hacer efectivo el derecho al olvido oncológico. Se pretende dar con ello cumplimiento al refuerzo de Europa en la lucha contra el cáncer[499]. A tal fin, se incluyen modificaciones en el Texto Refundido de la Ley General para la Defensa de los Consumidores y Usuarios y otras leyes complementarias y en la Ley 50/1980, de 8 de octubre, de Contrato de Seguro[500]. Se pretende implementar el derecho al olvido en la contratación de seguros de vida y productos bancarios para quienes hubieran sufrido enfermedades oncológicas en el pasado y una vez transcurrido un cierto plazo temporal desde su curación, que se cifra en cinco años. De tal forma, los usuarios no estarán obligados a declarar dichas patologías oncológicas previas ni podrán ser discriminados por ello en el proceso de contratación, siempre que hayan transcurrido cinco años sin recaída.

El derecho al olvido adolece de una definición consensuada, pero su finalidad parece doctrinal y jurisprudencialmente inequívoca, pues lo que está claro es que, según fundamentaba la Sentencia de la Audiencia Provincial de Barcelona 486/2013, se justifica «por la fe en la capacidad del ser humano de cambiar y mejorar, así como en la convicción de que el ser humano no debe reducirse a su pasado. Una vez pagado lo debido, la sociedad debe ofrecerle la posibilidad de rehabilitarse e iniciar una nueva vida sin tener que soportar el peso de sus errores del pasado el resto de su vida»[501]. En un primer intento

---

497 Ministerio de la Presidencia, relaciones con las Cortes e Igualdad, *Documento refundido de medidas del Pacto de Estado en materia de violencia de género*, https://www.google.com/url?sa=t&rct=j&q=&esrc=s&source=web&cd=&ved=2ahUKEwi6s-pOj-aH7AhX5_7slHe3wDNkQFnoECCUQAQ&url=https%3A%2F%2Fviolenciagenero.igualdad.gob.es%2FpactoEstado%2Fdocs%2FDocumento_Refundido_PEVG_2.pdf&usg=AOvVaw2KX2U16gon8YGWGNIHsMdq (fecha de consulta: 09 de noviembre de 2022).

498 Real Decreto-ley 5/2023, de 28 de junio, por el que se adoptan y prorrogan determinadas medidas de respuesta a las consecuencias económicas y sociales de la Guerra de Ucrania, de apoyo a la reconstrucción de la isla de La Palma y a otras situaciones de vulnerabilidad; de transposición de Directivas de la Unión Europea en materia de modificaciones estructurales de sociedades mercantiles y conciliación de la vida familiar y la vida profesional de los progenitores y los cuidadores; y de ejecución y cumplimiento del Derecho de la Unión Europea.

499 Parlamento Europeo, *Resolución del Parlamento Europeo, de 16 de febrero de 2022, sobre el refuerzo de Europa en la lucha contra el cáncer: hacia una estrategia global y coordinada*, https://www.europarl.europa.eu/doceo/document/TA-9-2022-0038_ES.pdf (fecha de consulta: 14 de julio de 2023).

500 La Moncloa, *¿Qué es el derecho al olvido oncológico?*, https://www.lamoncloa.gob.es/serviciosdeprensa/notasprensa/sanidad14/Paginas/2023/100723-que-es-derecho-al-olvido-oncologico.aspx#:~:text=El%20real%20decreto%2Dley%20aprobado,finalizaci%C3%B3n%20del%20tratamiento%20sin%20reca%C3%ADda. (fecha de consulta: 14 de julio de 2023).

501 Sentencia de la Audiencia Provincial de Barcelona 486/2013, de 11 de octubre, FJ 4.°.

de reduccionismo, el derecho al olvido sería aquel por el cual el ciudadano podría instar el borrado de Internet de aquella información relativa a su persona, por considerarla perjudicial para sus intereses y contraria a sus derechos[502]. Los ciudadanos deben tener derecho a que aquellas publicaciones relacionadas con su persona, pese a que fueran legítimas en su momento, sean borradas o dejen de quedar vinculadas a su identidad. Igualmente, a que se «desindexe» la información, es decir, a que se desvinculen de una búsqueda efectuada por su nombre y apellidos, aunque aquella permanezca en la fuente de origen. Además, este derecho ha de poder ejercitarse independientemente de que tal información cause o no un perjuicio grave[503].

El derecho al olvido consagra la facultad del titular para que se borre, bloquee o suprima una información de carácter personal que, en alguna medida, altere el libre desarrollo de sus derechos fundamentales —tales como el derecho a la intimidad, al honor y a la propia imagen—, por tratarse de un contenido obsoleto y que, por el tiempo transcurrido, ya no guarde relevancia con los fines de su publicación[504]. La AEPD define el derecho al olvido como la «manifestación del derecho de supresión aplicado a los buscadores de Internet. El derecho de supresión ("derecho al olvido") hace referencia al derecho a impedir la difusión de información personal a través de Internet cuando su publicación no cumple los requisitos de adecuación y pertinencia previstos en la normativa. En concreto, incluye el derecho a limitar la difusión universal e indiscriminada de datos personales en los buscadores generales cuando la información es obsoleta o ya no tiene relevancia ni interés público, aunque la publicación original sea legítima (en el caso de boletines oficiales o informaciones amparadas por las libertades de expresión o de información)»[505]. Con ello, se otorga al usuario el poder de disposición de toda la información vinculada con su identidad. Concretamente, dicha facultad se ejercerá frente al motor de búsqueda, como responsable del tratamiento de datos, para que suprima su «indexación» en las búsquedas efectuadas con su nombre y apellidos. De esta forma, el derecho al olvido se centra en un triángulo conformado por el titular de los datos, el motor de búsqueda y el editor de la fuente de origen[506]; y su análisis jurídico se centra en el interés

---

502 Cancio Fernández, R. C., «Indexación, información, motores de búsqueda y protección de datos o la cuadratura del círculo», *Seguridad y Defensa de la Universidad de Zaragoza*, 2013, p. 1.

503 Guichot, E., «El reconocimiento y desarrollo del derecho al olvido en el derecho europeo y español», *Revista de Administración Pública*, n.º 209, 2019. p. 50.

504 El Abogado Digital, *El derecho al olvido y Google*, https://www.elabogadodigital.com/el-derecho-al-olvido-y-google (fecha de consulta: 15 de agosto de 2022).

505 AEPD, *Derecho de supresión («al olvido»): buscadores de Internet*, aepd.es/es/areas-de-actuacion/Internet-y-redes-sociales/derecho-al-olvido (fecha de consulta: 15 de agosto de 2022).

506 Martínez Otero, J. M., «La Aplicación del Derecho al Olvido en España tras la STJUE Google contra AEPD y Mario Costeja, Capítulo II – Aproximación Conceptual: Agentes

público de la información *online* al momento presente[507] actuando como una especie de derecho de caducidad[508].

Inicialmente —durante la vigencia de la Directiva 95/46/CE[509]—, la AEPD comenzó reconociendo y aplicando el derecho al olvido como una manifestación de los derechos de cancelación y oposición —hay quienes afirman que el derecho al olvido era una forma poética de referirse a los derechos de cancelación y oposición[510]— ejercitados frente a los motores de búsqueda, bajo el fundamento de la necesidad de interrumpir la difusión de unos datos que ya eran obsoletos y carecían de interés público, sin perjuicio de la licitud de su inicial publicación[511]. No obstante, el derecho al olvido era un concepto doctrinal incipiente sin sustento normativo. No fue hasta la publicación de la conocida STJUE de 13 de mayo de 2014, en el asunto de C131/12, de Mario Costeja González y la AEPD, frente a Google Spain, S.L. y Google Inc., que el derecho al olvido tuvo su primer reconocimiento por el TJUE; tal fue su impacto, que desde entonces se produjo lo que se ha denominado como una especie de «*Big-Bang*»[512] que dio pie a una fase de progreso, la cual ha desembocado en la publicación del nuevo RGPD[513] donde se reconoce expresamente el derecho al olvido.

María Álvarez Caro comenta que «la sentencia dista años luz de amparar la existencia de un derecho absoluto al olvido, sino que contempla un derecho lleno de matices y condicionantes de alcance general y particular [...] y precisamente por tratarse de una solución para un supuesto concreto, el fallo deja las puertas abiertas a cuestiones relacionadas con el derecho al olvido para las que este caso no da una solución»[514]. Por tanto, no hay que olvidar

---

Implicados y Derechos en liza», *Revista Boliviana de Derecho,* n.º 23, 2017, pp. 115-116.

507 Carrillo, M., «El derecho al olvido en Internet», *El País, https://elpais.com/diario/2009/10/23/opinion/1256248805_850215.html (*fecha de consulta: 15 de agosto de 2022).

508 Koops, B. J., «Forgetting footprints, shunning shadowos. A critical analysis of the right to be forgotten in big data practice», *Scripted*, vol. 8, n.º 3, 2011, p. 231.

509 Directiva 95/46/CE del Parlamento Europeo y del Consejo, de 24 de octubre de 1995, relativa a la protección de las personas físicas en lo que respeta al tratamiento de datos personales y a la libre circulación de estos datos.

510 Simón Castellano, P., *El reconocimiento del derecho al olvido digital en España y en la UE*, Bosch, Barcelona, 2015, p. 100.

511 García Armero, P. F., «El derecho al olvido», *Cuadernos de Dereito Actual*, n.º 9, 2018, p. 428.

512 Martínez, Á., «Derecho al olvido: recorrido histórico y multidimensional», *UNED – Facultad de Derecho*, 2018, p. 15.

513 Reglamento (UE) 2016/679 del Parlamento Europeo y del Consejo de 27 de abril de 2016 relativo a la protección de las personas físicas en lo que respecta al tratamiento de datos personales y a la libre circulación de estos datos y por el que se deroga la Directiva 95/46/CE (Reglamento general de protección de datos).

514 Álvarez Caro, M., *Derecho al olvido en Internet: El nuevo paradigma de la privacidad en la era digital..., op. cit.,* p. 108.

que este derecho a solicitar que se borren ciertos datos de la red también puede fundamentarse en su afectación a los derechos de la personalidad[515], concretamente en los derechos al honor, a la intimidad y a la propia imagen. La realidad es que el derecho al olvido tiene unos límites difusos respecto a su extensión[516], por lo que sigue siendo un concepto más amplio del que esta primera regulación positiva ha tratado de reconocerle; todo ello, hace que su estudio requiera de una cautela especial[517].

4.2. El derecho al olvido en la Unión Europea

4.2.1. La Sentencia del Tribunal de Justicia de la Unión Europea de 13 de mayo de 2014

La STJUE (Gran Sala) de 13 de mayo de 2014, asunto C131/12[518], fue una sentencia de gran relevancia e importantes consecuencias en el campo del derecho al olvido. Con este fallo, el TJUE aclaraba algunas cuestiones respecto a la aplicación de la normativa de datos personales en relación con el reconocimiento del derecho al olvido que precisaban de solución —especialmente, el margen de responsabilidad de los motores de búsqueda ante los argumentos de evasión de responsabilidad sostenidos por *Google*— poniendo fin a una larga situación de desprotección[519]. La aportación de la STJUE de 13 de mayo de 2014 es de notoria envergadura para la construcción normativa en el campo del reconocimiento del derecho al olvido digital pues, entre otras cuestiones, se introdujo el factor tiempo como elemento a considerar en la calidad del mantenimiento de los datos de carácter personal. Sin embargo, la fundamentación jurídica de esta sentencia no supuso *per se* una primicia normativa ni aportó realmente ninguna novedad material, sino que, se partió de una serie de derechos ya existentes con los que se daba paso a la construcción de un derecho, que ya estaba latente y precisaba de

---

515 Murga Fernández, J. P., «La protección de los datos y los motores de búsqueda en Internet: Cuestiones actuales y perspectivas de futuro acerca del derecho al olvido», *Revista de Derecho Civil*, n.º 4, 2017, p. 184.

516 Guasch Portas, V., y Soler Fuensanta, J. R., *El derecho al olvido en Internet..., op. cit.*, p. 989.

517 García Armero, P. F., *«El derecho al olvido..., op. cit.*, p. 422.

518 EUR-Lex, *La STJUE (Gran Sala) de 13 de mayo de 2014, asunto C131/12*, https://eur-lex.europa.eu/legal-content/es/ALL/?uri=CELEX:62012CJ0131 (fecha de consulta: 18 de agosto de 2022).

519 Guasch Portas, V., Soler Fuensanta, J. R., *El derecho al olvido en Internet. The right to be forgotten in Internet..., op, cit.*, p. 1001.

un reconocimiento formal, para atender a las amenazas suscitadas por el panorama jurídico de las nuevas tecnologías de la información[520].

Para entender debidamente los elementos del debate se ha de hacer un breve estudio del desarrollo del litigio en cuestión. La contienda se inició el día 5 de marzo de 2010 con la reclamación presentada ante la AEPD por el Señor MARIO COSTEJA, frente al periódico La Vanguardia y las entidades mercantiles *Google Spain* y *Google Inc.,* argumentando que atentaban contra su derecho a la intimidad y al honor, pues mediante una simple búsqueda a través del buscador *Google* de su nombre y apellidos se accedía a dos noticias publicadas en el diario La Vanguardia, del 19 de enero y del 9 de marzo de 1998, respectivamente, que contenían el anuncio de una subasta de bienes inmuebles ejecutada por un embargo de la Seguridad Social por deudas pendientes[521]. Además, el actor argumentaba que tales datos debían de ser borrados ya que no tenían ninguna relevancia actual y eran totalmente obsoletos[522].

Lo que el Sr. Mario Costeja solicitaba eran dos cuestiones. Primeramente, que se impusiera al diario La Vanguardia el deber de eliminar la noticia, modificar la misma para que no apareciese su nombre o que mediante las pertinentes herramientas informáticas se protegieran estos datos frente a los motores de búsqueda. En segundo lugar, pedía que se requiriese a *Google —Google Spain* o *Google Inc.—* para que dejaran de incluir en su lista de resultados los enlaces dirigidos al periódico La Vanguardia. El reclamante sostenía en este contexto que los embargos ya habían sido trabados hace años y que esta información no tenía ninguna utilidad pública[523].

Mediante Resolución de 30 de julio de 2010, la AEPD resolvió desestimar la reclamación frente al periódico La Vanguardia bajo el fundamento de que la publicación efectuada en su día estaba legalmente justificada pues provenía de una orden emitida por el Ministerio de Trabajo y Asuntos sociales y su finalidad era ofrecer la máxima difusión a la subasta para la concurrencia del mayor número posible de licitadores[524]. De otra parte, la AEPD estimó la reclamación planteada frente a las entidades de *Google* entendiendo que incurrían en una lesión y vulneración de derechos. En este sentido, la AEPD

520 CABACHO LÓPEZ, A., y BURGUERA AMEAVE, L., «Responsabilidad de los webmaster y derecho al olvido digital», en VALERO TORRIJOS, J., *La protección de los datos personales en Internet ante la innovación tecnológica: riesgos, amenazas, y respuestas desde la perspectiva jurídica*, Aranzadi, 2013, p. 36.

521 Sentencia TJUE (Sala Gran Sala) de 13 de mayo de 2014, apartado 14.

522 AZURMENDI, A., «Por un derecho al olvido para los europeos: Aportaciones jurisprudenciales de la sentencia del tribunal de justicia europeo del caso Google Spain y su recepción por la sentencia de la audiencia nacional española de 29 de diciembre de 2014», *Revista de Derecho Político*, n.° 92, 2015, pp. 276 ss.

523 Sentencia TJUE (Sala Gran Sala) de 13 de mayo de 2014, apartado 15.

524 Sentencia TJUE (Sala Gran Sala) de 13 de mayo de 2014, apartado 16.

entendió que los buscadores de Internet debían estar sometidos a la normativa de protección de datos, toda vez que realizaban un tratamiento de datos en calidad de responsables y con una actividad de intermediación en la sociedad de la información. Estimó que, cuando la localización y difusión de cierta información pudiera lesionar el derecho fundamental a la protección de datos y a la dignidad de la persona —en un sentido amplio—, o cuando simplemente concurriera la voluntad del afectado de que aquella no fuera conocida por terceros, los motores de búsqueda debían retirar e imposibilitar el acceso de sus resultados de búsqueda, sin que se hubieran de eliminar los datos de la página en que se encontraran alojados[525].

Ante esta circunstancia, *Google Spain* y *Google Inc.* presentaron sendos recursos ante la Sala de lo Contencioso-Administrativo de la Audiencia Nacional, la cual decidió acumularlos bajo un mismo procedimiento[526]. La Audiencia Nacional decidió suspender el procedimiento y, al amparo del artículo 267 del Tratado de Funcionamiento de la Unión Europea[527] —antiguo artículo 234 TCE—, elevar una cuestión prejudicial ante el Alto Tribunal para que aclarase el modo en que debía interpretarse la Directiva 95/46 en la resolución de las cuestiones planteadas. Lo cierto es que no se trataba de una cuestión prejudicial, sino que eran en realidad tres cuestiones:

1. Primeramente, se planteaba una cuestión sobre la aplicación territorial de la Directiva 95/46 —en los términos expuestos en su artículo 4.1.a)— en relación a la aplicabilidad de la normativa comunitaria de protección de datos a establecimientos sitos fuera del territorio de la UE.
2. Como cuestión segunda, se plantea si, a raíz de la interpretación de la Directiva 2.b), el empleo de arañas o robots para la búsqueda e indexación de la información contenida en las páginas web por parte de los motores de búsqueda ha de considerarse una actividad de tratamiento de datos personales.

525 Sentencia TJUE (Sala Gran Sala) de 13 de mayo de 2014, apartado 17.

526 Sentencia TJUE (Sala Gran Sala) de 13 de mayo de 2014, apartado 18.

527 Artículo 267 del Tratado de Funcionamiento de la Unión Europea: «El Tribunal de Justicia de la Unión Europea será competente para pronunciarse, con carácter prejudicial: a) sobre la interpretación de los Tratados; b) sobre la validez e interpretación de los actos adoptados por las instituciones, órganos u organismos de la Unión; Cuando se plantee una cuestión de esta naturaleza ante un órgano jurisdiccional de uno de los Estados miembros, dicho órgano podrá pedir al Tribunal que se pronuncie sobre la misma, si estima necesaria una decisión al respecto para poder emitir su fallo. Cuando se plantee una cuestión de este tipo en un asunto pendiente ante un órgano jurisdiccional nacional, cuyas decisiones no sean susceptibles de ulterior recurso judicial de Derecho interno, dicho órgano estará obligado a someter la cuestión al Tribunal. Cuando se plantee una cuestión de este tipo en un asunto pendiente ante un órgano jurisdiccional nacional en relación con una persona privada de libertad, el Tribunal de Justicia de la Unión Europea se pronunciará con la mayor brevedad».

3. Por último, respecto al alcance del derecho de cancelación y oposición en relación con el derecho al olvido se plantea si debe interpretarse que los derechos de supresión y bloqueo recogidos en el art. 12.b), y el de oposición, regulado en el art. 14.a) de la Directiva 95/46 amparan la solicitud de desindexación de una información publicada en otras páginas web, amparándose en su voluntad del titular de que la misma no sea conocida por otros cuando considere que puede perjudicarle o desea que sea olvidada, aunque se trate de una información publicada lícitamente en su momento[528].

El abogado General de la Unión Europea presentó su informe el 25 de junio de 2013 pronunciándose respecto a las tres cuestiones prejudiciales planteadas por la Audiencia Nacional. Respecto al primer punto, argumentaba que sí era posible sostener la pretensión frente a la entidad *Google Spain,* habida cuenta de que el rendimiento económico de la mercantil en el territorio comunitario y su correlación con el grupo *Google* eran elementos suficientes para entender que esta sede, con base en suelo europeo, formaba parte de la matriz principal. En cuanto a la segunda cuestión, sostenía que, aunque la labor del buscador consistía en un cierto tratamiento de datos personales, no se le podía considerar como responsable del tratamiento de los datos del usuario, por cuanto que realizaba una mera labor automática e intermediaria en la información publicada por otros responsables. Por último, y como lógica consecuencia de lo anterior, el Abogado General de la Unión Europea argumentó que no era posible estimar la pretensión de supresión de los resultados de búsqueda frente a un buscador ya que este no actuaba como sujeto de tratamiento de datos personales. Es decir, el informe del Abogado General de la Unión Europea[529] negaba el reconocimiento formal del derecho al olvido digital[530] o, al menos, la posibilidad de su prosecución institucional en base a la normativa de protección de datos.

La línea de defensa de Google había consistido en sostener la inaplicabilidad de la normativa comunitaria en base a que las funciones de buscador se realizan por *Google Search*, con base en los EEUU y que la entidad con sede en la UE —*Google Spain*— se encarga simplemente de tareas publicitarias. En dicho sentido, el TJUE consideró en su resolución que «la actividad de promoción y venta de espacios publicitarios, de la que Google Spain es responsable para España, constituye la parte esencial de la actividad comercial del grupo Google y puede considerarse que está estrechamente vinculada

528 Sentencia TJUE (Sala Gran Sala) de 13 de mayo de 2014, apartado 20.

529 INFOCURIA JURISPRUDENCIA, *Conclusiones del Abogado General Sr. Niilo Jääskinen presentadas el 25 de junio de 2013, Asunto C-131/12*, https://curia.europa.eu/juris/document/document.jsf?docid=138782&doclang=ES (fecha de consulta: 19 de agosto de 2022).

530 LINDROOS-HOVINHEIMO, S., «Legal Subjectivity and the 'Right to be Forgotten': A Rancièrean Analysis of Google», *Law Critique*, vol. 27, 2016, pp. 289 a 301.

a Google Search»[531] y llegó a la conclusión de que la labor desempeñada por *Google Spain* había de interpretarse dentro del concepto de establecimiento empleado por la Directiva 95/46 al amparo del Considerando 19[532]. En definitiva, el TJUE resuelve que la actividad desempeñada por *Google Spain* constituye una labor de tratamiento merecedora de las normas comunitarias de protección de datos, toda vez que *Google* tiene en suelo español una filial perteneciente al entramado que conforma su personalidad jurídica, independientemente de que esta se encargue de la promoción publicitaria[533]. Además, como apunta José Luis Piñar Mañas, esta debió de ser siempre la voluntad de la UE, ya que tal razonamiento quedó seguidamente reforzado mediante el artículo 3.1 del RGPD[534] en que se reconocían ciertos supuestos incluso de aplicación extraterritorial[535]. No obstante, y aunque este fue el único elemento en común entre la AEPD, el Abogado General de la Unión Europea y el TJUE, posteriormente —tal y como se expondrá— las Salas Primera, de lo Civil, y Tercera, de lo Contencioso-Administrativo del Tribunal Supremo adoptaron posteriormente líneas de interpretación divergentes.

Respecto a la segunda cuestión —acerca de si las labores de un motor de búsqueda habían de considerarse como una actividad de tratamiento de datos personales— el TJUE comparte cierta argumentación con el Abogado General de la Unión Europea[536] y determina que la actividad propia de un motor de búsqueda ha de interpretarse como un verdadero tratamiento de datos personales, pues extrae, conserva y comunica, datos de carácter personal, no siendo relevante que realice dicha actividad de forma automatizada

531 Sentencia TJUE (Sala Gran Sala) de 13 de mayo de 2014, apartado 46.

532 Considerando 19 Directiva 95/46/CE del Parlamento Europeo y del Consejo, de 24 de octubre de 1995: «Considerando que el establecimiento en el territorio de un Estado miembro implica el ejercicio efectivo y real de una actividad mediante una instalación estable; que la forma jurídica de dicho establecimiento, sea una simple sucursal o una empresa filial con personalidad jurídica, no es un factor determinante al respecto; que cuando un mismo responsable esté establecido en el territorio de varios Estados miembros, en particular por medio de una empresa filial, debe garantizar, en particular para evitar que se eluda la normativa aplicable, que cada uno de los establecimientos cumpla las obligaciones impuestas por el Derecho nacional aplicable a estas actividades».

533 Guasch Portas, V., Soler Fuensanta, J. R., «El derecho al olvido en Internet. The right to be forgotten in Internet..., *op. cit.*, p. 1001.

534 Artículo 3.1 RGPD: «El presente Reglamento se aplica al tratamiento de datos personales en el contexto de las actividades de un establecimiento del responsable o del encargado en la Unión, independientemente de que el tratamiento tenga lugar en la Unión o no».

535 Piñar Mañas, J. L., «Aplicación extraterritorial de la Directiva 95/46/CE sobre protección de datos y derecho al olvido frente a los motores de búsqueda. Comentario rápido a la Sentencia del Tribunal de Justicia de la Unión Europea de 13 de mayo de 2014, Caso Google», *Revista IURIS*, n.º 215, 2014, pp. 20 - 23.

536 Brotons Molina, O., «Caso Google: tratamiento de datos y derecho al olvido. Análisis de las conclusiones del abogado general C-131/12», *Revista de Aranzadi de Derecho y Nuevas Tecnologías*, n.º 33, 2013, p. 110.

ni que trate también otros datos que no sean personales[537]. También resalta el Alto Tribunal que el hecho de que la información ya estuviera publicada por otro servidor y que sobre esta no realicen los motores de búsqueda la más mínima modificación, no les exime de su condición de responsables del tratamiento[538], pues «deben calificarse de tal tratamiento también en el supuesto de que se refieran únicamente a información ya publicada tal cual en los medios de comunicación»[539]. En definitiva, «el gestor del motor de búsqueda es quien determina los fines y los medios de esta actividad y, así, del tratamiento de datos personales que efectúa él mismo en el marco de ésta y, por consiguiente, debe considerarse «responsable» de dicho tratamiento en virtud del mencionado artículo 2, letra d)»[540].

¿Sería acaso posible interpretar la operativa de un buscador tan meramente neutral como para considerarla eximida de cualquier género de responsabilidad? En efecto, los motores de búsqueda son programas informáticos que operan de forma automática, pero su gestión dista mucho de ser una cuestión baladí en la captación y distribución de datos dentro de la red digital. Por mucho que operen de forma automatizada, su *software* funciona en base a unos algoritmos previamente diseñados, lo contrario supondría considerarlos una especie de materia inerte con connotaciones divinas[541]. Pero es que, además, la dinámica de los motores de búsqueda va más allá de la simple localización de información, ya que al facilitar su inmediata visualización vienen a consagrar una especie de ubicuidad en el almacenamiento de todos los datos almacenados en la red.

En esta línea, el TJUE destacaba el efecto multiplicador que la actividad de los motores de búsqueda supone para la divulgación global de toda la información contenida en Internet, ya que facilita el acceso a una información a la que un usuario medio posiblemente no hubiera llegado por sus propios medios, mientras que, gracias a la simple búsqueda del nombre de una persona en el buscador, se recibe una lista organizada de resultados que contienen información relacionada, lo que impone la necesidad de una protección en materia de datos personales y de la catalogación de los buscadores como responsables en el tratamiento de datos[542]. En este aspecto, ha apuntado María Martínez Caro que la actividad de un buscador es más «amenazante para la privacidad y la protección de datos que una hemeroteca

537 Sentencia TJUE (Sala Gran Sala) de 13 de Mayo de 2014, apartado 28.

538 Sentencia TJUE (Sala Gran Sala) de 13 de Mayo de 2014, apartado 29.

539 Sentencia TJUE (Sala Gran Sala) de 13 de Mayo de 2014, apartado 30.

540 Sentencia TJUE (Sala Gran Sala) de 13 de Mayo de 2014, apartado 33.

541 Vilasau Solana, M., «El caso Google Spain: La afirmación del buscador como responsable del tratamiento y el reconocimiento del derecho al olvido», *Revista de Internet, Derecho y Política*, n.º 18, 2014, p. 22.

542 Sentencia TJUE (Sala Gran Sala) de 13 de Mayo de 2014, apartado 36.

de un periódico, por las propias características de Internet, en el sentido de que permiten llegar a un gran número de personas, fácilmente, y casi en tiempo real»[543]; y, por lo general, la doctrina comparte este razonamiento[544].

Finalmente, aclaradas las cuestiones acerca de la aplicación territorial de la normativa comunitaria de protección de datos y la consideración de los buscadores como responsables del tratamiento de datos, cabe entrar en la facultad de los ciudadanos para solicitar el borrado de publicaciones relacionadas con su persona. Y es precisamente en este punto donde el Alto Tribunal consagraba un verdadero reconocimiento del derecho al olvido[545], pues determinaba que, en ciertas ocasiones, los afectados pueden reclamar la desvinculación de los buscadores respecto a datos personales obrantes en Internet, pese a que aquellos no sean falsos ni su origen ilegítimo: «incluso un tratamiento inicialmente lícito de datos exactos puede devenir con el tiempo, incompatible con dicha Directiva cuando estos datos ya no sean necesarios en relación con los fines para los que se recogieron o trataron. Este es el caso, en particular, cuando son inadecuados, no pertinentes o ya no pertinentes o son excesivos en relación con estos fines y el tiempo transcurrido»[546]. De esta manera, se reconoce un derecho al olvido digital por el que los ciudadanos pueden reclamar que una información concreta deje de estar a disposición del público mediante su rastreo a través de un buscador, a lo que se añade que tal derecho debe prevalecer sobre el interés económico del buscador a que verse su nombre[547] y sobre el interés del público de encontrar a esa persona. No obstante, habrá que atenderse a las razones concretas del caso, pues si el reclamante tiene un papel en la vida pública de relevancia, el sacrificio de sus derechos fundamentales quedaría justificando ante el interés preponderante de la sociedad en el acceso a tal información[548]; en tales supuestos el interés de conservación y consulta de la publicación quizás fuera superior a su derecho al olvido, ya que al tratarse de una persona de relevancia se le debe otorgar un límite diferente de exposición pública[549].

---

543 Álvarez Caro, M., *Derecho al olvido en Internet: El nuevo paradigma de la privacidad en la era digital..., op. cit.,* p. 116.

544 Pazos Castro, R, «El funcionamiento de los motores de búsqueda en Internet y la política de protección de datos personales, ¿una relación imposible? A propósito de la STJUE de 13 de mayo de 2014», *Indret*, enero, 2015, p. 30.

545 Córdoba Castroverde, D., «Los retos de la protección de dato en Internet: Caso Google Spain y derecho al olvido», *Anuario de la Facultad de Derecho de la Universidad Autónoma de Madrid*, n.º 21, 2017, pp. 221-247.

546 Sentencia TJUE (Sala Gran Sala) de 13 de Mayo de 2014, apartado 93.

547 Sentencia TJUE (Sala Gran Sala) de 13 de Mayo de 2014, apartado 99.

548 Sentencia TJUE (Sala Gran Sala) de 13 de Mayo de 2014, apartado 97.

549 Manzanero Jiménez, L., y Pérez García-Ferreira, J., «Sobre el derecho al olvido digital: Una solución al conflicto entre la libertad de información y el derecho de protección de

A colación con lo anterior, merece la pena aludir a una circunstancia en cierto modo anecdótica. Se trata del caso, nuevamente, del Sr. Mario Costeja, quien, tras haber iniciado en el año 2010 una batalla legal cuyo objetivo era dejar de figurar en la lista de resultados de *Google,* y, después de haber ganado este largo proceso judicial que culminaba con el pronunciamiento favorable del TJUE en estimación de sus fundamentos, obteniéndose el reconocimiento, por primera vez en la jurisprudencia de la UE, del derecho al olvido digital, su realidad había pasado a ser más desfavorable: el Sr. Mario Costeja ya no figuraba en la lista de resultados asociados al diario La Vanguardia, pero su nombre e historial judicial habían pasado a estar asociados a un sinfín de noticias y artículos de investigación relacionados con el derecho al olvido. Por tanto, se dirigió nuevamente a la AEPD solicitando que estos datos fueran cancelados, por considerarlos una injerencia en su intimidad. No obstante, en esta ocasión, la AEPD desestimó su solicitud, mediante la Resolución TD/00568/2015, fundamentando que se trataba de datos sumamente recientes y que debía de prevalecer el interés legítimo de los ciudadanos en el acceso a los datos de una sentencia que sería recordada en los anales de la historia del Derecho. No deja de ser curioso que se le terminara por negar el derecho al olvido a quien en su día inició el proceso merecedor de su reconocimiento, y que, hoy en día, la cuestión relativa a sus embargos se cite incluso en Tesis Doctorales. Cabe esperar, al menos, que al Sr. Mario Costeja le reconforte ser recordado como el héroe de un hito tan importante en la historia de la justicia.

4.2.2. El nuevo Reglamento General de Protección de Datos

Cuando las nuevas amenazas de Internet empezaron a precisar de nuevas soluciones y el derecho al olvido comenzó a adquirir cierta sustantividad doctrinal, ya se podían encontrar en la normativa comunitaria de protección de datos de aquel entonces —Directiva 95/46— ciertos mecanismos jurídicos con los que dar tutela y desarrollo a este derecho[550]. De hecho, la ya comentada STJUE de 13 de mayo de 2014 confirmó la aplicación del derecho al olvido en base a los derechos de supresión y bloqueo de datos, contemplados en el artículo 12.b)[551], y en el de oposición, regulado en el artículo

datos personales en los motores de búsqueda», *Revista Jurídica de la Universidad Autónoma de Madrid*, n.° 32, 2015, p. 256.

550 González Tapia, M. L., «España: Los derechos del interesado en la normativa española de protección de datos», *Revista de Derecho informático*, n.° 106, 2007, p. 3.

551 Artículo 12.b) Directiva 95/46/CE del Parlamento Europeo y del Consejo, de 24 de octubre de 1995: «Los Estados miembros garantizarán a todos los interesados el derecho de obtener del responsable del tratamiento: [...] en su caso, la rectificación, la supresión o

14.a)[552], todos ellos de la derogada Directiva 95/46. Estos derechos tenían su reflejo en el título tercero de la ya derogada Ley Orgánica 15/1999, de 13 de diciembre, de Protección de Datos de Carácter Personal[553]; donde se recogían los que fueron conocidos como derechos «ARCO» —derecho de acceso, rectificación, cancelación y oposición—[554]. En cuanto al derecho al olvido, el derecho de acceso quedaba al margen, siendo los derechos de rectificación y cancelación contemplados en el artículo 16[555], y el derecho de oposición, previsto en el artículo 17[556], los que servían de base legal para su ejercicio[557]. Para terminar de delimitar el marco jurídico que entroncaban el derecho al olvido con anterioridad a la promulgación del actual RGPD, se debe hacer mención al derecho de oposición a cuyo desarrollo reglamentario derivaba el

el bloqueo de los datos cuyo tratamiento no se ajuste a las disposiciones de la presente Directiva, en particular a causa del carácter incompleto o inexacto de los datos».

552 Artículo 14.a) Directiva 95/46/CE del Parlamento Europeo y del Consejo, de 24 de octubre de 1995: «Los Estados miembros reconocerán al interesado el derecho a: [...] oponerse, al menos en los casos contemplados en las letras e) y f) del artículo 7, en cualquier momento y por razones legítimas propias de su situación particular, a que los datos que le conciernan sean objeto de tratamiento, salvo cuando la legislación nacional disponga otra cosa. En caso de oposición justificada, el tratamiento que efectúe el responsable no podrá referirse ya a esos datos».

553 Simón Castellano, P., *El régimen constitucional del derecho al olvido digital..., op. cit.*, p. 34.

554 Hernández Ramos, M., «El derecho al olvido digital en la web 2.0», *Cuadernos de la Cátedra de Seguridad Salmantina*, n.º 11, 2013, p. 26.

555 Artículo 16 Ley Orgánica 15/1999, de 13 de diciembre, de Protección de Datos de Carácter Personal: «1. El responsable del tratamiento tendrá la obligación de hacer efectivo el derecho de rectificación o cancelación del interesado en el plazo de diez días. 2. Serán rectificados o cancelados, en su caso, los datos de carácter personal cuyo tratamiento no se ajuste a lo dispuesto en la presente Ley y, en particular, cuando tales datos resulten inexactos o incompletos. 3. La cancelación dará lugar al bloqueo de los datos, conservándose únicamente a disposición de las Administraciones públicas, Jueces y Tribunales, para la atención de las posibles responsabilidades nacidas del tratamiento, durante el plazo de prescripción de éstas. Cumplido el citado plazo deberá procederse a la supresión. 4. Si los datos rectificados o cancelados hubieran sido comunicados previamente, el responsable del tratamiento deberá notificar la rectificación o cancelación efectuada a quien se hayan comunicado, en el caso de que se mantenga el tratamiento por este último, que deberá también proceder a la cancelación. 5. Los datos de carácter personal deberán ser conservados durante los plazos previstos en las disposiciones aplicables o, en su caso, en las relaciones contractuales entre la persona o entidad responsable del tratamiento y el interesado».

556 Artículo 17 Ley Orgánica 15/1999, de 13 de diciembre, de Protección de Datos de Carácter Personal: «1. Los procedimientos para ejercitar el derecho de oposición, acceso, así como los de rectificación y cancelación serán establecidos reglamentariamente. 2. No se exigirá contraprestación alguna por el ejercicio de los derechos de oposición, acceso, rectificación o cancelación».

557 Cardona Rubert, M. B., «Derechos de acceso, rectificación, cancelación y oposición», en Martínez Martínez, R., *Protección de datos: comentarios a la LOPD y su reglamento de desarrollo*, Tirant lo Blanch, Valencia, 2009, pp. 201-217.

citado artículo 17 LO 15/1999 y que se encontraba recogido en los artículos 34[558] y 35[559] del derogado Real Decreto 1720/2007[560].

Pese a ello, tras la promulgación de la famosa STJUE de 13 de mayo de 2014, se puso de manifiesto la necesidad de una reforma normativa en materia de protección de datos que ofreciera una cobertura jurídica actualizada a la nueva realidad digital. Tal es así, que el propio Abogado General de la Unión Europea hizo constar en sus conclusiones que la Directiva 95/46 estaba sumamente desfasada a los tiempos actuales pues, sin ir más lejos, en el momento de su elaboración —año 1990— Internet no existía tal y como se lo conoce, es más, ni siquiera habían surgido los motores de búsqueda[561]. Pero uno de los motivos más imperiosos que clamaba una reforma legislativa era la necesidad de regular un verdadero derecho al olvido pues, como comenta Gemma Minero Alejandre, «a pesar del avance que la sentencia [...] ha supuesto en el terreno jurisprudencial, la importancia de Internet y el objetivo de la búsqueda del buen funcionamiento del mercado interior exige que esta cuestión se regule a nivel comunitario de manera clara y homogénea, sin tener que recurrir de seguido al TJUE para aclarar las dudas que

---

558 Artículo 34 Real Decreto 1720/2007: «El derecho de oposición es el derecho del afectado a que no se lleve a cabo el tratamiento de sus datos de carácter personal o se cese en el mismo en los siguientes supuestos: a) Cuando no sea necesario su consentimiento para el tratamiento, como consecuencia de la concurrencia de un motivo legítimo y fundado, referido a su concreta situación personal, que lo justifique, siempre que una Ley no disponga lo contrario. b) Cuando se trate de ficheros que tengan por finalidad la realización de actividades de publicidad y prospección comercial, en los términos previstos en el artículo 51 de este reglamento, cualquiera que sea la empresa responsable de su creación. c) Cuando el tratamiento tenga por finalidad la adopción de una decisión referida al afectado y basada únicamente en un tratamiento automatizado de sus datos de carácter personal, en los términos previstos en el artículo 36 de este reglamento».

559 Artículo 35 Real Decreto 1720/2007: «1. El derecho de oposición se ejercitará mediante solicitud dirigida al responsable del tratamiento. Cuando la oposición se realice con base en la letra a) del artículo anterior, en la solicitud deberán hacerse constar los motivos fundados y legítimos, relativos a una concreta situación personal del afectado, que justifican el ejercicio de este derecho. 2. El responsable del fichero resolverá sobre la solicitud de oposición en el plazo máximo de diez días a contar desde la recepción de la solicitud. Transcurrido el plazo sin que de forma expresa se responda a la petición, el interesado podrá interponer la reclamación prevista en el artículo 18 de la Ley Orgánica 15/1999, de 13 de diciembre. En el caso de que no disponga de datos de carácter personal de los afectados deberá igualmente comunicárselo en el mismo plazo. 3. El responsable del fichero o tratamiento deberá excluir del tratamiento los datos relativos al afectado que ejercite su derecho de oposición o denegar motivadamente la solicitud del interesado en el plazo previsto en el apartado 2 de este artículo».

560 Hernández Ramos, M., «Motores de búsqueda y derechos fundamentales en Internet. Comentario a la STJUE, GOOGLE C-131/12, de 13 de mayo de 2014», *Revista General de Derecho Europeo*, n.º 34, 2014, p. 3.

561 Infocuria jurisprudencia, *Conclusiones del Abogado General Sr. Niilo Jääskinen presentadas el 25 de junio de 2013, Asunto C-131/12*, https://curia.europa.eu/juris/document/document.jsf?docid=138782&doclang=ES (fecha de consulta: 22 de agosto de 2022).

plantea la aplicación de la Directiva, aprobada en 1995, a las herramientas existentes en la actualidad»[562].

Dentro de este contexto, en diciembre de 2015, comenzaron las negociaciones entre el Parlamento Europeo, el Consejo y la Comisión, las cuales convergieron en la propuesta conjunta de un nuevo reglamento de protección de datos. El nuevo RGPD 2016/679 del Parlamento Europeo y del Consejo[563] fue publicado en el Diario Oficial de la Unión Europea el 4 de mayo de 2016 y entró en vigor 20 días después de su publicación, el 24 de mayo de 2016. Sin embargo, sus disposiciones no resultaron aplicables hasta el 25 de mayo de 2018, ya que el propio RGPD otorgaba un plazo de dos años[564] para que los Estados miembros pudieran adecuar sus legislaciones nacionales[565], quedando derogada desde esta fecha la anterior Directiva 95/46[566].

Es de destacar que la UE optó por abordar esta importante reforma legislativa mediante la figura del Reglamento que, en palabras de Jesús Ángel Fuentetaja Pastor, es «el instrumento normativo por excelencia para establecer el régimen jurídico de la Administración europea, pues por su estructura interna y por sus efectos constituye una norma completa»[567]. En efecto, el artículo 288 TFUE —antiguo artículo 249 TCE— dispone que el reglamento tiene un alcance general y deviene obligatorio en todos sus elementos y resulta directamente aplicable en cada Estado miembro, es decir, no precisa de transcripción interna. Mediante esta regulación se ha pretendido un marco más sólido y coherente para la protección de datos en la Unión Europea, respaldado por una ejecución estricta en la que se refuerce la seguridad jurídica y la práctica para las personas físicas, los operadores económicos

562 Minero Alejandre, G., «A vueltas con el «derecho al olvido». Construcción normativa y jurisprudencial del derecho de protección de datos de carácter personal en el entorno digital», *RJUAM*, n.º 30, 2014, p. 150.

563 EUR-Lex, *Reglamento (UE) 2016/679 del Parlamento Europeo y del Consejo, de 27 de abril de 2016, relativo a la protección de las personas físicas en lo que respecta al tratamiento de datos personales y a la libre circulación de estos datos y por el que se deroga la Directiva 95/46/CE*, https://eur-lex.europa.eu/legal-content/es/ALL/?uri=CELEX:32016R0679 (fecha de consulta: 20 de agosto de 2022).

564 Considerando 171 RGPD: «Todo tratamiento ya iniciado en la fecha de aplicación del presente Reglamento debe ajustarse al presente Reglamento en el plazo de dos años a partir de la fecha de su entrada en vigor».

565 LA LEY, *Reglamento Europeo de Protección de Datos (RGPD)*, https://guiasjuridicas.wolterskluwer.es/Content/Documento.aspx?params=H4sIAAAAAAAEAMtMSbF1jTAAAkNjEwNjY7Wy1KLizPw8WyMDQwsDU0MTkEBmWqVLfnJIZUGqbVpiTnEqAMUH2Hw1AAAAWKE (fecha de consulta: 20 de agosto de 2022).

566 Artículo 94.1 RGPD: «Queda derogada la Directiva 95/46/CE con efecto a partir del 25 de mayo de 2018».

567 Fuentetaja Pastor, J. A., *Derecho Administrativo Europeo,* Civitas, 1.ª edición, Navarra, 2014, pp. 85-86.

y las autoridades públicas[568]; se impida una aplicación fragmentada[569] y se garantice un nivel de protección más uniforme[570].

El nuevo RGPD que regula el tratamiento de datos efectuado por personas, empresas y organizaciones relacionadas con los ciudadanos pertenecientes a la UE[571], constituyó un «giro copernicano» en la normativa comunitaria de protección de datos. Ha de reconocerse que la mayor parte de sus principios ya se encontraban recogidos en la anterior Directiva y que el elemento esencial constitutivo del derecho a la protección de datos seguía siendo el artículo 8 de la Carta de Derechos Humanos, sin olvidar sus correlativos artículos 7 y 8 CDFUE. Pero el RGPD introduce por primera vez un modelo unificado de protección de datos para toda la UE que pretende sustituir la mera gestión de datos por un prototipo de gestión responsable de datos personales[572].

Además, el RGPD es el primer texto legal que regula de forma expresa el derecho al olvido. Sin embargo, la referencia al «derecho al olvido» se ha mantenido de una forma un tanto tímida, al aparecer como una mera referencia entre paréntesis junto al título de «derecho de supresión»[573] que es el que encabeza el artículo 17 dedicado a su regulación[574]. El referido artículo 17 RGPD[575] tiene una estructura tripartita. En su apartado primero se reconoce

568 Considerando 7 RGPD.

569 Considerando 9 RGPD.

570 Considerando 10 RGPD.

571 Comisión Europea, *¿Qué rige el Reglamento general de protección de datos («RGPD»)?*, https://ec.europa.eu/info/law/law-topic/data-protection/reform/what-does-general-data-protection-regulation-gdpr-govern_es (fecha de consulta: 20 de agosto de 2022).

572 Mañas Pilar, J. L., *Reglamento general de protección de datos. Revista del Consejo General de la Abogacía*, n.º 98, 2016, pp. 26-29.

573 Véase un desarrollo más extenso en el epígrafe «3.4.3.7 El derecho de supresión ("al olvido")».

574 Orza Linares, R., «La regulación del "derecho al olvido" en la Unión Europea. Aspectos críticos», en Durán Ruiz, F. J., *Desafíos de la protección de menores en la sociedad digital: Internet, redes sociales y comunicación*, Comares, 2018, pp. 125-160.

575 Artículo 17 RGPD: «1. El interesado tendrá derecho a obtener sin dilación indebida del responsable del tratamiento la supresión de los datos personales que le conciernan, el cual estará obligado a suprimir sin dilación indebida los datos personales cuando concurra alguna de las circunstancias siguientes: a) los datos personales ya no sean necesarios en relación con los fines para los que fueron recogidos o tratados de otro modo; b) el interesado retire el consentimiento en que se basa el tratamiento de conformidad con el artículo 6, apartado 1, letra a), o el artículo 9, apartado 2, letra a), y este no se base en otro fundamento jurídico; c) el interesado se oponga al tratamiento con arreglo al artículo 21, apartado 1, y no prevalezcan otros motivos legítimos para el tratamiento, o el interesado se oponga al tratamiento con arreglo al artículo 21, apartado 2; d) los datos personales hayan sido tratados ilícitamente; e) los datos personales deban suprimirse para el cumplimiento de una obligación legal establecida en el Derecho de la Unión o de los Estados miembros que se aplique al responsable del tratamiento; f) los datos personales se hayan obtenido en relación con la oferta de servicios de la sociedad de la información mencio-

el derecho al olvido[576] como un derecho de supresión de sus datos personales frente al responsable del tratamiento para una serie de supuestos, de entre los que cabe resaltar —por su vinculación con los fines del derecho al olvido en Internet— aquellos en que ya no sean necesarios en relación con los fines para los que fueron recogidos o en los que simplemente el interesado se oponga a su tratamiento, siempre que no prevalezcan otros motivos. Este reconocimiento también está reflejado en el Considerando 65 del RGPD, donde sí se hace alusión directa al concepto «derecho al olvido» —«los interesados deben tener derecho a que se rectifiquen los datos personales que le conciernen y un «derecho al olvido»— con una exposición similar, por lo demás, a la del apartado primero de este precepto. En su apartado segundo se concretan las obligaciones que se le imponen al responsable del tratamiento, que no solo consisten en la supresión de los datos, sino en advertir a otros responsables del tratamiento de la solicitud de supresión a fin de que eliminen cualquier enlace o copia. Esta medida de refuerzo del derecho al olvido en el entorno digital se encuentra también recogida en el Considerando 66 del RGPD[577] con una redacción prácticamente idéntica. El apartado tercero especifica una serie de supuestos que sirven como límite al ejercicio

nados en el artículo 8, apartado 1. 2. Cuando haya hecho públicos los datos personales y esté obligado, en virtud de lo dispuesto en el apartado 1, a suprimir dichos datos, el responsable del tratamiento, teniendo en cuenta la tecnología disponible y el coste de su aplicación, adoptará medidas razonables, incluidas medidas técnicas, con miras a informar a los responsables que estén tratando los datos personales de la solicitud del interesado de supresión de cualquier enlace a esos datos personales, o cualquier copia o réplica de los mismos. 3. Los apartados 1 y 2 no se aplicarán cuando el tratamiento sea necesario: a) para ejercer el derecho a la libertad de expresión e información; b) para el cumplimiento de una obligación legal que requiera el tratamiento de datos impuesta por el Derecho de la Unión o de los Estados miembros que se aplique al responsable del tratamiento, o para el cumplimiento de una misión realizada en interés público o en el ejercicio de poderes públicos conferidos al responsable; c) por razones de interés público en el ámbito de la salud pública de conformidad con el artículo 9, apartado 2, letras h) e i), y apartado 3; d) con fines de archivo en interés público, fines de investigación científica o histórica o fines estadísticos, de conformidad con el artículo 89, apartado 1, en la medida en que el derecho indicado en el apartado 1 pudiera hacer imposible u obstaculizar gravemente el logro de los objetivos de dicho tratamiento, o e) para la formulación, el ejercicio o la defensa de reclamaciones».

576 Orza Linares, R. M., «El derecho al olvido contra la muerte de la privacidad», *Revista de la Escuela Jacobea de posgrado*, n.º 12, 2017, p. 9.

577 Considerando 66 RGPD: «A fin de reforzar el «derecho al olvido» en el entorno en línea, el derecho de supresión debe ampliarse de tal forma que el responsable del tratamiento que haya hecho públicos datos personales esté obligado a indicar a los responsables del tratamiento que estén tratando tales datos personales que supriman todo enlace a ellos, o las copias o réplicas de tales datos. Al proceder así, dicho responsable debe tomar medidas razonables, teniendo en cuenta la tecnología y los medios a su disposición, incluidas las medidas técnicas, para informar de la solicitud del interesado a los responsables que estén tratando los datos personales».

del derecho de supresión, es decir, aquellos en que hayan de prevalecer otros fines[578].

Este derecho de supresión («derecho al olvido») otorga al interesado el derecho de solicitar a un motor de búsqueda —como responsable de tratamiento de datos personales— que se suprima el resultado en el listado de búsquedas de una información que contenga datos personales cuando la considere perjudicial a sus intereses, la cual habrá de ser desindexada siempre que no hayan de prevalecer razones de interés público[579]. Pero dicha solicitud no solo obliga al buscador a eliminar los resultados en cuestión, sino que —teniendo en cuenta la tecnología disponible y el coste de su ejecución— deberá también advertir a los responsables directos del tratamiento de la petición del usuario a fin de que impidan cualquier enlace, copia o réplica de los datos; a esta extensión de la limitación a los terceros responsables se la ha catalogado como *bouncing*[580] —«rebote»—. Esta medida satisface una crítica doctrinal respecto al reconocimiento del derecho al olvido en la STJUE de 13 de mayo de 2014, en concreto advertía María Álvarez Caro: «cabe que el buscador de Google se vea obligado a eliminar los datos, pero, para suprimirlo de Internet, la medida más efectiva, insisto, es que el propio editor web en donde los datos se publicaron en origen incorpore los mencionados protocolos de exclusión. ¿qué *[sic]* ocurriría si el mercado no lo tuviese tan copado Google Search y se repartiese de otra manera la presencia o el uso de buscadores en Internet en España? Pues un titular afectado se dirigiría a un buscador determinado, que podría verse obligado a borrar los datos, pero esos mismos datos seguirían accesibles desde otros buscadores o webs y si el titular tuviese que ir, buscador por buscador, reclamando sus derechos, devendría en un procedimiento muy costoso para el ciudadano e ineficaz, lo que podría verse claramente mejorado si, desde un principio, el editor web incorpora los citados códigos de exclusión»[581]. Pues bien, gracias al mecanismo del *bouncing* incorporado en el apartado segundo del precepto se salvaguarda este mecanismo. Con ello, el afectado puede dirigirse directamente al motor de búsqueda principal —actualmente *Google*— para interrumpir rápidamente los resultados en las búsquedas, pero a su vez, esta solicitud de supresión desencadena la comunicación entre el buscador y la página web para que imposibilite el enlace a otros buscadores o páginas.

---

578 Berrocal Lanzarot, A. I., *Derecho de supresión de datos o derecho al olvido... op. cit.*, p. 227.

579 Pauner Chulvi, C., «La libertad de información como límite al derecho a la protección de datos personales: la excepción periodística», *Teoría y Realidad Constitucional*, n.º 36, 2015, pp. 377-395.

580 Bartolini, C., y Siry, L., «The right to be forgotten in the light of the consent of the data subject», *Computer Law & Security Review*, n.º 32, 2016, p. 229.

581 Álvarez Caro, M., *Derecho al olvido en Internet: El nuevo paradigma de la privacidad en la era digital..., op. cit.*, p. 119.

Por último, procede destacar de entre las medidas contempladas en materia de recursos, responsabilidad y sanciones el artículo 77 RGPD, por el que se garantiza el derecho a presentar una reclamación ante una autoridad de control; el artículo 78 RGPD, que consagra el derecho a obtener una tutela judicial efectiva frente a la reclamación presentada ante una autoridad de control; el artículo 79 RGPD, que reconoce el derecho a acudir a la vía judicial para la tutela de los derechos protegidos en el Reglamento, sin necesidad de haber instado una reclamación previa ante la autoridad de control; y el artículo 82 RGPD, que prevé la obtención de una indemnización por los daños y perjuicios materiales o inmateriales sufridos como consecuencia de una infracción del Reglamento mediante una acción judicial ante los tribunales competentes del Estado miembro. Su estudio y desarrollo se acometerá en apartado dedicado a la protección —jurisdiccional y no jurisdiccional— del derecho al olvido.

4.2.3. Las STJUE de 24 de septiembre de 2019 y el ámbito territorial de protección del derecho al olvido en el entorno de Internet

El 24 de septiembre de 2019 el TJUE dictó tres sentencias relacionadas con el tratamiento de derechos personales y derecho al olvido en los asuntos C-136/17[582], C-507/17[583] y C-673/17[584]; pero la STJUE del asunto C-507/17 es la que alberga mayor relevancia jurisprudencial por cuanto que supone un pronunciamiento del TJUE acerca del ámbito geográfico de aplicación del derecho al olvido. Por tanto, se parte de una sucinta exposición de los otros dos pronunciamientos para centrar la cuestión en la resolución relativa al ámbito territorial de protección del derecho al olvido en Internet.

4.2.3.1. La STJUE de 24 de septiembre de 2019 en el asunto C-136/17: solicitud de retirada de enlaces frente a un motor de búsqueda

La STJUE de 24 de septiembre de 2019, Asunto C-136/17, tenía por objeto resolver la cuestión prejudicial planteada por el *Conseil d'État Francés* —Con-

582 EUR-Lex, Sentencia TJUE (Sala Gran Sala) de 24 de septiembre de 2019, asunto C-136/17, https://eur-lex.europa.eu/legal-content/es/TXT/?uri=CELEX:62017CJ0136 (fecha de consulta: 06 de marzo de 2023).

583 EUR-Lex, Sentencia TJUE (Sala Gran Sala) de 24 de septiembre de 2019, asunto C-507/17, https://eur-lex.europa.eu/legal-content/es/TXT/?uri=CELEX:62017CJ0507 (fecha de consulta: 06 de marzo de 2023).

584 EUR-Lex, Sentencia TJUE (Sala Gran Sala) de 24 de septiembre de 2019, asunto C-673/17, https://eur-lex.europa.eu/legal-content/es/TXT/?uri=CELEX:62017CJ0673 (fecha de consulta: 06 de marzo de 2023).

sejo de Estado, actuando como Tribunal Supremo de la jurisdicción Contencioso-Administrativa— en el contexto de un proceso judicial mantenido entre *Google LLC* —quien se había subrogado en los derechos de *Google Inc.*— y la CNIL —*Commission nationale de l'informatique et des libertés,* esto es, la Comisión Nacional de Informática y Libertades de Francia— por una sanción de cien mil euros que había sido impuesta a *Google* al negarse a acatar la solicitud de retirada de diversos enlaces a partir de la búsqueda por nombre y apellidos de los demandantes[585]. El objeto principal de la cuestión prejudicial era esclarecer si la prohibición impuesta al gestor de un motor de búsqueda como responsable del tratamiento de datos conllevaba la obligación de retirar los enlaces que redirigieran a las páginas web que trataran dichos datos[586].

El TJUE consideró que, efectivamente, el tratamiento de datos desempeñado por un motor de búsqueda era diferente al realizado por el propio editor de la web, ya que su función desempeña un papel crucial en la difusión mundial de los datos alojados en ellos, en cuanto que se facilita el acceso a cualquier usuario que busque a partir del nombre de un interesado a una información a la que, sin dicha funcionalidad, no habrían llegado a encontrar. A mayor abundamiento, los motores de búsqueda ofrecen una organización estructurada de resultados y presentan una visión sistematizada de la información relativa a tal persona, con lo que se conforma un perfil informativo del individuo en breves instantes. Consiguientemente, en cuanto que su actividad afecta notablemente a los derechos fundamentales, al respeto de la vida privada y a la protección de los datos personales, deben garantizar las exigencias de la normativa de protección de datos y la protección eficaz de las personas; y, como su margen de tratamiento se extiende a la creación de enlaces a páginas web mediante una lista de resultados asociados a la búsqueda del interesado, su responsabilidad se debe asociar en razón de esa labor de enumeración de resultados.

En base a lo anterior, el TJUE indica que los motores de búsqueda deberán realizar una comprobación, bajo la supervisión de la autoridad nacional competente, de la solicitud de supresión formulada por el afectado[587] y que están obligados a eliminar, sin dilaciones indebidas[588], de la lista de resultados aquellos asociados con la información vinculada al nombre de la persona,

585 Sentencia TJUE (Sala Gran Sala) de 24 de septiembre de 2019, asunto C-136/17, apartados 24 a 30.

586 Sentencia TJUE (Sala Gran Sala) de 24 de septiembre de 2019, asunto C-136/17, apartado 31.

587 Sentencia TJUE (Sala Gran Sala) de 24 de septiembre de 2019, asunto C-136/17, apartados 36 a 47.

588 Liszczynski, M. y Martínez García, M. P., «Protección de datos, libertad de expresión y derecho al olvido A propósito de los asuntos C-136/17, C-507/17, y C-673/17 tratados por el Tribunal de Justicia de la Unión Europea», *Revista Integración Regional & Derechos Humanos*, vol. 8, n.º 1, p. 186.

incluso aunque las propias páginas web no hayan borrado la información o aunque esta sea en sí misma lícita[589]. Para ello, habrán de comprobar en base a todos los elementos del supuesto en cuestión, si existe un interés público relevante en el acceso a la lista de resultados mediante el nombre del interesado y si, por tanto, se ha de mantener el enlace como garantía de la libertad de información de los internautas; o bien, si se ha de eliminar el acceso en base a la gravedad de la intromisión en los derechos fundamentales del afectado, al respeto de su vida privada y a la protección de datos personales consagrados en la normativa comunitaria[590]. Por último, añade el TJUE que los motores de búsqueda están obligados a eliminar, previa solicitud, los enlaces asociados con los datos relativos a un procedimiento judicial en el que ha sido parte una persona física, siempre que se aludan a una fase anterior del procedimiento judicial y que, en función de su desarrollo, ya no se ajusten a la situación presente —sirva de ejemplo el supuesto de una noticia asociada a la imputación de ciertos delitos cuando posteriormente se archivase el procedimiento o el interesado resultara absuelto en sentencia—, siempre que se constate que los derechos fundamentales del interesado han de prevalecer sobre el interés de los internautas[591].

4.2.3.2. La STJUE de 24 de septiembre de 2019 en el asunto C-673/17: el consentimiento expreso en la aceptación de cookies

El 24 de septiembre de 2019 el TJUE dictó otra sentencia, más relacionada con el tratamiento de datos personales en Internet que con el derecho al olvido, en el asunto C-673/17. El pronunciamiento parte de una petición de decisión judicial planteada —conforme al artículo 267 TFUE—, por el *Bundesgerichtshof* —Tribunal Supremo de Alemania en las jurisdicciones civil y penal— en el seno de un procedimiento judicial que enfrentaba a la Federación de Organizaciones de Consumidores alemana y la sociedad *Planet49 GmbH*, dedicada al ofrecimiento de juegos *online* y la cual, en uno de sus juegos promocionales, autorizaba la cesión de datos almacenados en los terminales de los usuarios a otros patrocinadores y empresas colaboradoras[592].

589 Sentencia TJUE (Sala Gran Sala) de 24 de septiembre de 2019, asunto C-136/17, apartado 52.

590 Sentencia TJUE (Sala Gran Sala) de 24 de septiembre de 2019, asunto C-136/17, apartado 69.

591 Sentencia TJUE (Sala Gran Sala) de 24 de septiembre de 2019, asunto C-136/17, apartado 79.

592 Sentencia TJUE (Sala Gran Sala) de 24 de septiembre de 2019, asunto C-673/17, apartados 1 y 2.

Para participar en el juego promocional organizado por *Planet49*, los usuarios tenían que rellenar unos campos en los que debían introducir su código postal, nombre y dirección. Debajo de dichos apartados, figuraban dos casillas a marcar «opcionalmente», pero la segunda de ellas venía marcada por defecto[593]. Tras la estimación de la demanda presentada por la Federación de Organizaciones de Consumidores contra *Planet49* en el que el tribunal alemán declaraba que dicha sociedad dejara de incluir la casilla marcada por defecto en los contratos de juego, esta interpuso recurso de apelación alegando que el usuario podía desmarcar la casilla en cualquier momento y que su redacción era lo suficientemente clara e informativa acerca de la operativa de las *cookies*. Recibido dicho recurso, el Tribunal Supremo de lo Civil y Penal de Alemania optó por suspender el proceso y plantear ante el TJUE una serie de cuestiones prejudiciales que, en síntesis, tenían por objeto aclarar si suponía un consentimiento válido la cesión de información almacenada en el equipo informático a través de una casilla ya marcada y que había de ser retirada en caso de que no se quisiera prestar consentimiento[594].

Según la definición ofrecida por Google, las *cookies* son «pequeños archivos que se guardan en los ordenadores de los usuarios para almacenar preferencias y otros datos utilizados en las páginas web que visitan»[595]. La entrada en vigor del nuevo RGPD ha sido relativamente reciente y aunque el legislador ha pretendido dotar a la normativa de protección de datos personales de un carácter sumamente tuitivo, la variada casuística hace preciso que el Tribunal Europeo deba interpretar el alcance de algunos asuntos. En este sentido, la regulación relativa al empleo de las *cookies* no está tan armonizada como otras cuestiones. Sin embargo, su empleo es habitual por la mayor parte de plataformas virtuales, que se sirven de estos pequeños archivos informáticos alojados en los terminales de los usuarios para recopilar sus hábitos con fines principalmente publicitarios y comerciales[596], cuando la mayor parte de internautas desconocen su existencia o finalidad. En esta línea, previene Idoia Lanza Reza que «aún hoy, la gran mayoría de los interesados tienen un limitado conocimiento tecnológico y, por lo tanto, no están en condiciones

593 La redacción de dicha casilla era: «Presto mi consentimiento para el uso del servicio de análisis de páginas web Remintrex. En consecuencia, el organizador del juego con fines promocionales, [Planet49], instalará cookies una vez me haya registrado para en el juego, lo que le permitirá analizar mi comportamiento de navegación y uso de páginas web de socios publicitarios y enviarme publicidad específica conforme a mis intereses a través de Remitrex. Puedo cancelar las cookies en cualquier momento. Aquí puede obtener más información».

594 Sentencia TJUE (Sala Gran Sala) de 24 de septiembre de 2019, asunto C-673/17, apartados 25 a 37.

595 Ayuda de Google Ads, *Cookie: definición*, https://support.google.com/google-ads/answer/2407785?hl=es (fecha de consulta: 09 de marzo de 2023).

596 Trenado Caballero, L., "Cookies y consentimiento", *Revista Crítica de Derecho Inmobiliario*, 2020, p. 3228.

de tomar las medidas de seguridad necesarias por sí mismos con el fin de proteger sus datos personales»[597].

Respecto a las cuestiones prejudiciales planteadas, el pronunciamiento del TJUE consolidó la exigencia de una manifestación de voluntad activa y no meramente pasiva por parte de los usuarios, es decir, una constatación de voluntad inequívoca. Por ende, la necesidad de que el usuario confirme activamente la aprobación para que la información almacenada en el terminar —*cookie*— sea cedida a terceros no queda satisfecha mediante la fórmula del marcado predefinido de la casilla por parte de la página web, ni aunque dicha casilla pudiera ser desmarcada por el usuario; lejos de ello, el consentimiento inequívoco precisa de una actitud activa y consciente, que en su caso sería el marcado de la casilla por el interesado[598]. Es decir, para que un consentimiento sea acorde con la normativa de protección de datos este ha de implicar un acto de aprobación afirmativo con el que el usuario marque explícitamente las casillas a las que dé su aprobación, no siendo válidas las casillas «pre-marcadas» ni el consentimiento obtenido mediante la inacción o la conformidad pasiva del interesado[599]. «Es necesario que se produzca un acto de manifestación clara de consentimiento por parte de los usuarios. De esta manera se considerará lícito el tratamiento de datos»[600].

Por último, resulta interesante comentar una cuestión que no es tratada en la sentencia al no haber sido objeto de análisis por el planteamiento de las cuestiones prejudiciales planteadas, pero que deja abiertas las puertas al debate: ¿es lícito conforme a la normativa de protección de datos la exigencia de que el usuario haya de prestar consentimiento expreso a la cesión de sus datos personales para participar de un determinado servicio virtual?[601] Es

597 Reza Landa, I., «El consentimiento del interesado ¿una herramienta adecuada?» *Revista Caribeña de Ciencias Sociales*, vol. 2254, p. 11.

598 Sentencia TJUE (Sala Gran Sala) de 24 de septiembre de 2019, asunto C-673/17, apartados 25 a 37.

599 PymeLegal, *Novedad importante – nueva sentencia sobre política de cookies*, https://www.pymelegal.es/noticias/rgpd/novedad-importante-nueva-sentencia-sobre-politica-de-cookies (fecha de consulta: 7 de marzo de 2023).

600 Law&Trends, *Caso Planet 49 GmbH. Protección de datos. Sentencia C-673/17 del Tribunal de Justicia UE*, https://www.lawandtrendsPara que esta manifestación de voluntad sea acorde a la legislación, y pueda considerarse, por ende, un acto afirmativo, no deberemos disponer de botones pre-marcados por defecto, de forma que el usuario deba marcar expresamente en caso de que desee dar su consentimiento para que se puedan utilizar cookies en su dispositivo. Tampoco es válido el disponer del consentimiento a través de silencio o de inacción del usuario..com/noticias/tic/caso-planet-49-gmbh-proteccion-de-datos-sentencia-c-673-17-del-tribunal-de-justicia-ue-1.html (fecha de consulta: 7 de marzo de 2023).

601 Youandlaw, *El consentimiento y la información sobre cookies: Análisis de la sentencia del Tribunal de la Justicia en el asunto C-673/17*, https://www.youandlaw.es/2019/10/10/consentimiento-informacion-cookies (fecha de consulta: 7 de marzo de 2023).

decir, el consentimiento prestado, aun de forma activa, ¿es realmente libre y voluntario cuando este viene condicionado para el acceso al servicio? Cabe entender que, aun tratándose de casillas que deban de ser activa y conscientemente marcadas por el interesado, la génesis del procedimiento tampoco satisfaría la exigencia de un consentimiento libre conforme al artículo 7.4 RGPD[602], pues, aunque aquel diera su consentimiento de forma activa este estaría condicionado por el propio prestador de servicios al restringir el acceso a los servicios en caso contrario. En definitiva, cabe apuntar si el consentimiento, además de activo, debería ser opcional.

4.2.3.3. La STJUE de 24 de septiembre de 2019 en el asunto C-507/17: la extensión territorial en la retirada de enlaces

La cuestión relativa a la aplicación territorial de la normativa europea de protección de datos, en lo referente a la actividad de los motores de búsqueda en Internet, ya había sido objeto de especial tratamiento en la STJUE de 13 de mayo de 2014[603]. No obstante, el punto principal de controversia se había centrado en dilucidar si la normativa europea podía ser de aplicación respecto a una empresa cuya filial no tuviera su sede principal en el territorio comunitario —como era el caso de *Google Search*— pero sí desempeñara labores de tratamiento de datos en el terreno de la UE. El TJUE había dejado resuelto que la actividad desarrollada por *Google Spain* en suelo europeo, pese a ser de ámbito comercial, implicaba la presencia de una filial de *Google* en territorio comunitario y, por tanto, se materializaba una labor de tratamiento merecedora de la normativa europea, aunque la efectiva labor de búsquedas se gestionara por la filial *Google Search* con base en EEUU.

Pero el TJUE no había llegado a pronunciarse acerca del alcance territorial de las medidas relativas al derecho de supresión («derecho al olvido») de los datos personales en Internet —art. 17 RGPD—. De esta forma, el reconocimiento de dicho derecho había coexistido con una polémica interpretación acerca de su extensión territorial. Es decir, había quedado claro que el derecho de supresión resultaba de aplicación frente a una empresa cuya actividad implicara un tratamiento de datos dentro de la UE, pero no se había precisado si las medidas a aplicar en base a este derecho se tenían que circunscribir exclusivamente al territorio comunitario o podían ir más allá e

602 Artículo 7.4 RGPD: «Al evaluar si el consentimiento se ha dado libremente, se tendrá en cuenta en la mayor medida posible el hecho de si, entre otras cosas, la ejecución de un contrato, incluida la prestación de un servicio, se supedita al consentimiento al tratamiento de datos personales que no son necesarios para la ejecución de dicho contrato».

603 Grupo De Trabajo Del Artículo 29, «Google Spain y Google Inc. vs. Agencia Española de Protección de Datos y Mario Costeja González» *Guía sobre la aplicación de la sentencia del Tribunal de Justicia de la Unión Europea*, C-131/12.

implicar a la actividad desempeñada en terceros Estados. Y esta cuestión se manifiesta crucial desde una óptica internacional, ya que se trata de un derecho reconocido en los Estados miembros, pero no en otros —de tan importante influencia global como EE. UU.—, por lo que la hipotética pretensión de extender sus efectos a otros servicios de tratamiento operantes en terceros Estados implicaría evidentes dificultades prácticas en su ejecución. En este aspecto, las disposiciones del artículo 3 RGPD, que están orientadas a determinar el ámbito de aplicación territorial de la normativa comunitaria de protección de datos, han sido criticadas por su extensión ya que supone la posible aplicación de los estrictos requisitos del Reglamento respecto a prestadores de servicios cuyas actividades apenas impliquen una exigua relación con el territorio comunitario[604].

En la STJUE de 24 de septiembre de 2019, asunto C-507/17, se resuelve una cuestión prejudicial que tenía por objeto la interpretación de la normativa comunitaria en materia de protección de datos y que fue presentada durante el proceso judicial mantenido entre la CNIL y *Google LLC.* La CNIL había requerido a *Google*, a petición de la solicitud presentada por un interesado, para que suprimiera los enlaces obtenidos con la búsqueda realizada mediante su nombre y apellidos de la lista de resultados en todas las extensiones de *Google*, quien se negó a acatar dicho requerimiento y se limitó a suprimir únicamente los resultados obtenidos a raíz de las búsquedas realizadas exclusivamente desde las extensiones correspondientes a las extensiones del buscador en los Estados miembros. Tras la expiración del plazo de requerimiento *Google* planteó una opción complementaria a la que denominó «bloqueo geográfico» y que consistía en bloquear las búsquedas realizadas desde cualquier dirección IP[605] —*Internet Protocol*— que se localizara en el Estado de residencia del interesado independientemente de la extensión del motor de búsqueda que se empleara. Procede explicar en este aspecto que *Google* cuenta con una extensión o versión para cada país —por ejemplo: «google.es» en España o «google.fr» en Francia— que se abre por defecto al acceder a este buscador. Pero nada impide que el usuario teclee el dominio de otra extensión en la barra de direcciones para acceder a la versión de otro territorio y, en este sentido, la propuesta de *Google* consistía en que se bloquease el contenido según el punto de acceso, y no en base a la versión del motor de búsqueda del territorio, pero limitando su alcance exclusivamente al del Estado propio. La CNIL consideró también que esta alternativa resultaba insuficiente e impuso a *Google* una sanción de 100.000 euros; sanción

604 Doctorow, C., *The coming EU privacy regulation will end up remaking the world's web*, https://boingboing.net/2018/02/03/race-to-the-top.html (fecha de consulta: 12 de marzo de 2023).

605 La dirección IP es un número que identifica mediante una jerarquía lógica la interfaz de un dispositivo conectado a Internet.

que, valorando el potencial económico del *Google* y la resistencia expresa ante el requerimiento de la CNIL, se antoja exigua.

Google interpuso una demanda ante el *Conseil d'État* solicitando su anulación y aduciendo que el «derecho a la retirada de enlaces», reconocido en la STJUE de 13 de mayo de 2014, no comporta una supresión de enlaces sin límite geográfico y de aplicación a todas las extensiones del buscador. Añadía que con tal interpretación la CNIL vulneraba los más elementales principios de cortesía y de no injerencia reconocidos en el Derecho Internacional Público y menoscababa gravemente los derechos de expresión reconocidos en el artículo 11 CDFUE[606]. Al considerar que este planteamiento conllevaba serios problemas interpretativos de la normativa comunitaria, el *Conseil d'État* decidió suspender el procedimiento y plantear ante el TJUE tres cuestiones prejudiciales cuyo punto principal se centraba en esclarecer si ante el «derecho a la retirada de enlaces» consagrado por la STJUE de 13 de mayo de 2014, el gestor de un motor de búsqueda estaba obligado a retirar dichos resultados de la totalidad de los dominios del buscador, de tal manera que dejaran de mostrarse, independientemente, del lugar desde el que se accediera; o si únicamente estaba obligado a suprimir los resultados en el dominio del Estado o, conjuntamente, para los dominios correspondientes a las extensiones del conjunto de los Estados miembros; o si debía aplicarse la técnica del «bloqueo geográfico» para las direcciones IP que accedan desde el Estado del solicitante o más ampliamente desde cualquiera de los Estados miembros[607].

En su pronunciamiento, el TJUE parte de reconocer los efectos inmediatos y sustanciales que pueden tener para la UE el acceso a la información sobre una persona cuyo interés está situado en la propia Unión, aun cuando la búsqueda se haga desde el exterior. Pero, si bien esto podría justificar que la UE fuera competente para determinar la obligación de los enlaces relativos a una persona de todas las versiones del motor de búsqueda, lo cierto es que muchos de los terceros Estados apenas contemplan este derecho a la retirada de enlaces o abordan, desde una óptica diferente, el equilibrio entre los derechos fundamentales a la vida privada y a la protección de los datos personales, y las libertades de expresión e información en Internet. En este aspecto, aunque el legislador comunitario ha implementado el derecho de supresión a través del artículo 17 RGPD, es preciso puntualizar que no le ha dotado de un alcance que exceda de lo concerniente a los Estados miembros, ni que haya buscado imponer a los motores de búsqueda la obliga-

606 Artículo 11 CDFUE: «1. Toda persona tiene derecho a la libertad de expresión. Este derecho comprende la libertad de opinión y la libertad de recibir o comunicar informaciones o ideas sin que pueda haber injerencia de autoridades públicas y sin consideración de fronteras. 2. Se respetan la libertad de los medios de comunicación y su pluralismo».

607 Sentencia TJUE (Sala Gran Sala) de 24 de septiembre de 2019, asunto C-507/17, apartados 1 a 39.

ción de suprimir los enlaces de las versiones nacionales de terceros Estados. De ello se deduce que, en la situación presente, el motor de búsqueda que acepte la solicitud de supresión de un contenido no está obligado a retirarlo de todas sus versiones.

Sin embargo, en cuanto al alcance territorial dentro del territorio comunitario, se ha de verificar la retirada de los enlaces en las versiones de todos los Estados miembros pues así se desprende del Considerando 10 RGPD en cuanto recoge que se debe tratar de «garantizar un nivel uniforme y elevado de protección en toda la Unión y eliminar los obstáculos a la circulación de datos personales dentro de ésta». No obstante, tanto el interés público en acceder a una información como la ponderación con los derechos fundamentales del interesado pueden variar dentro de los propios Estados miembros, por lo tanto, las autoridades nacionales cuentan con un marco reglamentario que las faculta para dirimir dicha cuestión en aras a limitar la retirada de enlaces al propio Estado o bien extender la medida a todos los países de la Unión. Además, los motores de búsqueda deberán adoptar las medidas necesarias para garantizar esta efectiva protección dentro de los márgenes de extensión de la decisión y corresponderá a los órganos jurisdiccionales verificar si dichas medidas resultan suficientemente eficaces.

Previamente a su conclusión, el TJUE indica que, si bien no resulta exigible en base a la normativa actual que cada vez que se determine una retirada de enlaces, esta se extienda a todas las versiones del motor de búsqueda, tampoco se prohíbe que cuando un Estado o una autoridad de control lo estimen necesario para la protección de los derechos fundamentales puedan exigir al motor de búsqueda la retirada de los enlaces de todas las versiones de dicho motor. Después de esto, concluye el pronunciamiento refiriendo que «cuando el gestor de un motor de búsqueda estime una solicitud de retirada de enlaces en virtud de estas disposiciones, estará obligado a proceder a dicha retirada no en todas las versiones de su motor, sino en las versiones de este que correspondan al conjunto de los Estados miembros, combinándola, en caso necesario, con medidas que, con pleno respeto de las exigencias legales, impidan de manera efectiva o, al menos, dificulten seriamente a los internautas que efectúen una búsqueda a partir del nombre del interesado desde uno de los Estados miembros el acceso, a través de la lista de resultados que se obtenga tras esa búsqueda, a los enlaces objeto de la solicitud de retirada»[608].

Mediante esta sentencia el TJUE razona que la obligación de retirada no puede establecerse más allá de las versiones del buscador pertenecientes a los Estados miembros y que dicha supresión debe ir acompañada de las medidas técnicas necesarias para garantizar la protección pretendida. Sin

608 Sentencia TJUE (Sala Gran Sala) de 24 de septiembre de 2019, asunto C-507/17, apartados 61 a 73.

embargo, y aunque ésa es la postura central, también parece dejar las puertas abiertas a que, en ciertos supuestos, las autoridades de control y los Estados miembros puedan decretar, en base a una justa ponderación, la supresión de ciertos resultados en todas las versiones del buscador y, con ello, extender su aplicación más allá de los límites comunitarios, lo cual remitiría la cuestión al punto inicial de partida: ¿hasta qué punto podría exigirse la aplicación de una medida que no se contempla en la mayoría de los Estados ajenos a la UE? Aunque parte de la doctrina se ha inclinado por una aplicación extraterritorial[609] y pese a que las directrices del Grupo de Trabajo de Protección de Datos del artículo 29 abogaban por un reconocimiento universal del derecho al olvido[610], no resulta coherente la inclusión de una manifestación tan contraria al eje central del pronunciamiento y no puede por menos que criticarse la indeterminación que nuevamente introduce en una resolución que precisamente estaba llamada a cerrar la polémica en cuanto al alcance territorial de las medidas del derecho de supresión o derecho al olvido.

En definitiva, pese a dicha manifestación aislada acerca de la posible extensión extraterritorial[611], el TJUE rechaza la interpretación de que el deber de retirada de enlaces haya de ejecutarse en todas las versiones de los motores de búsqueda —esto es, en todos los países internacionales—. En contraposición, se inclina por la perspectiva de considerar que el derecho al olvido no es un derecho absoluto, sino que se ve afectado por la ponderación con otros derechos fundamentales —principalmente las libertades de expresión e información— y, como dicha ponderación puede resultar diferente en los Estados

---

609 Véase: Hess, B., «Protecting Privacy by Cross-border Injuction», *Rivista di diritto internazionale privato e processuale*, n.º 2, vol. 55, 2019, pp. 284 - 301.

610 Apartado 20: «con el fin de dotar de plenos efectos los derechos de los interesados definidos en la sentencia del Tribunal de Justicia, las decisiones de retirada de enlaces deben ejecutarse de modo que se garantice una protección eficaz y completa de los derechos de los interesados y que la legislación europea no pueda eludirse. En ese sentido, la limitación de la retirada de enlaces a los dominios de la Unión Europea basándose en que los usuarios suelen acceder a los motores de búsqueda a través de sus dominios nacionales no puede constituir un medio suficiente para garantizar de forma satisfactoria los derechos de los interesados de conformidad con la sentencia del Tribunal de Justicia. En la práctica, eso supone que toda retirada debería aplicarse también a todos los dominios concernidos, incluidos los dominios .com».

611 Sentencia TJUE (Sala Gran Sala) de 24 de septiembre de 2019, asunto C-507/17, apartado 72: «Para terminar, es preciso subrayar que, aunque el Derecho de la Unión no exige, en la situación actual, que, cuando se estime una retirada de enlaces, esta se realice en todas las versiones del motor de búsqueda de que se trate —como se ha indicado en el apartado 64 de la presente sentencia—, tampoco lo prohíbe. Por lo tanto, una autoridad de control o judicial de un Estado miembro sigue siendo competente para realizar, de conformidad con los estándares nacionales de protección de los derechos fundamentales [...], una ponderación entre, por un lado, los derechos del interesado al respeto de su vida privada y a la protección de los datos personales que le conciernan y, por otro lado, el derecho a la libertad de información y, al término de esta ponderación, exigir, en su caso, al gestor del motor de búsqueda que proceda a retirar los enlaces de todas las versiones de dicho motor».

no miembros, su aplicación no puede imponerse más allá de los límites geográficos de la UE. En esta línea, Pedro Alberto de Miguel Asensio destaca que el planteamiento «es coherente con el criterio de que el legislador de un territorio —aunque no sea la UE— no debe regular el contenido de la red en todo el mundo, precisamente por el alcance global de esta y la necesidad de respetar la coexistencia de una pluralidad de ordenamientos jurídicos a nivel mundial (como se refleja en el apartado 61 de las conclusiones)»[612]. Si bien es cierto que el TJUE ha entendido preciso que se restrinja la extensión territorial de estas medidas al ámbito de los Estados miembros, también ha de destacarse que ha considerado la necesidad de que la retirada de enlaces exceda el ámbito nacional propio del interesado y se aplique en todo el territorio de la Unión[613], pues es evidente que el perjuicio va más allá de las fronteras nacionales a causa de la globalización informativa del mundo virtual.

La postura adoptada por el TJUE implica la fragmentación de las medidas del derecho al olvido, las cuales resultarán aplicables en base a meros criterios de geolocalización y posicionamiento, esto es, serán o no efectivas en función de la posición territorial del usuario que trate de acceder a los contenidos suprimidos. Esta posición es «coherente con la organización política del mundo y la falta de estándares globales en relación con la licitud de los contenidos difundidos y las actividades desarrolladas en Internet»[614]. Ahora bien, lo que sí resulta reprochable es el método escogido por el TJUE para garantizar la retirada de los enlaces en los Estados miembros y salvaguardar su inaccesibilidad en aquellos: la eliminación de los resultados en las versiones de los motores de búsqueda asociadas a tales países. Se trata de una medida evidentemente ineficaz y fácilmente vulnerable para cualquier usuario con unos conocimientos informáticos medios.

Por un lado, hay que recordar que al amparo del artículo 3 del Reglamento (UE) 2018/302[615] los motores de búsqueda no pueden restringir el acceso de

---

612 De Miguel Asensio, P. A., «Ámbito espacial del derecho al olvido: Las conclusiones en el asunto C-507/17, Google», *La Ley Unión Europea*, n.º 67, 2019, p. 5.

613 López-Tarruella Martínez, A., «El ámbito territorial de protección de los derechos de la personalidad en el entorno de Internet (a propósito de las sentencias del TJUE de 24 de septiembre de 2019, C-507/17, Google, y de 3 de octubre de 2019, C-18/18, Glawischnig-Piesczek)», *Revista Electrónica de Estudios Internacionales*, 2019, p. 32.

614 De Miguel Asensio, P. A., «Ámbito espacial del derecho al olvido: Las conclusiones en el asunto C-507/17, Google»..., *op. cit.*, pp. 7-8.

615 Artículo 3 Reglamento (UE) 2018/302 del Parlamento Europeo y del Consejo, de 28 de febrero de 2018, sobre medidas destinadas a impedir el bloqueo geográfico injustificado y otras formas de discriminación por razón de la nacionalidad, del lugar de residencia o del lugar de establecimiento de los clientes en el mercado interior y por el que se modifican los Reglamentos (CE) n.º 2006/2004 y (UE) 2017/2394 y la Directiva 2009/22/C: «1. Los comerciantes no podrán bloquear o limitar el acceso de los clientes a sus interfaces en línea, utilizando medidas tecnológicas o de otro tipo, por motivos relacionados con la nacionalidad, con el lugar de residencia o con el lugar de establecimiento del cliente.

los usuarios a otras versiones. El interesado en la información lo tendría tan fácil como introducir en la barra de direcciones de su navegador la dirección de una versión de *Google* perteneciente a otro Estado —por ejemplo «https://www.google.com.ar/» perteneciente a Argentina—. Además, *Google* ofrece la posibilidad de ver los resultados de otro país[616] mediante la elección de la región en la configuración de búsqueda —marcando, por ejemplo, Afganistán—. Por tanto, la supresión de los resultados de búsqueda en las versiones de los motores de búsqueda de los Estados miembros es una medida claramente insuficiente y fácilmente eludible; en este sentido, habría resultado más provechosa la opción del «bloqueo geográfico» ofrecida por el propio *Google*, es decir, la retirada de los enlaces para cualquier dispositivo cuya IP se encontrara conectada desde cualquier país de la UE.

No obstante, lo anterior, y aun en el caso de que los buscadores implementaran unas efectivas medidas tecnológicas de bloqueo geográfico que garantizaran la inaccesibilidad de la información en las versiones de los Estados miembros y desde cualquier dispositivo conectado desde dichos territorios, la medida también podría ser fácilmente burlada a través de las VPN. Una VPN —*Virtual Private Network*— es una red privada virtual que ofrece la posibilidad de establecer una conexión privada protegida frente a las redes de conexión pública y con la que se cifra el tráfico de datos para disfrazar la identidad del dispositivo en línea[617]. Existen servicios de VPN tanto gratuitas como privadas —a muy bajo coste— y cuya utilización resulta sencilla e intuitiva para cualquier usuario medio. Por ende, cualquier investigador

2. Los comerciantes no podrán, por motivos relacionados con la nacionalidad, con el lugar de residencia o con el lugar de establecimiento de un cliente, redirigir a ese cliente a una versión de su interfaz en línea que sea diferente de la interfaz en línea a la que el cliente hubiese tratado de acceder inicialmente, en virtud de su presentación, utilización de lengua u otras características de esta que la hagan específica para los clientes de una determinada nacionalidad, lugar de residencia o lugar de establecimiento, salvo que el cliente haya dado su consentimiento expreso a tal redirección. En caso de redirección con el consentimiento expreso del cliente, la versión de la interfaz en línea a la que el cliente trató de acceder inicialmente seguirá siendo fácilmente accesible para ese cliente. 3. Las prohibiciones establecidas en los apartados 1 y 2 no se aplicarán cuando el bloqueo o la limitación de acceso o la redirección sean necesarios para garantizar el cumplimiento de un requisito legal del Derecho de la Unión, o de la legislación de un Estado miembro de conformidad con el Derecho de la Unión, al que las actividades del comerciante estén sujetas. En tales casos, el comerciante dará una explicación clara y específica a los clientes sobre las razones por las que el bloqueo, limitación de acceso o redirección son necesarios para garantizar el mencionado cumplimiento. Dicha explicación deberá ofrecerse en la lengua de la interfaz en línea a la que el cliente hubiese tratado de acceder inicialmente».

616 Google, *Ver los resultados de otro país*, https://support.google.com/websearch/answer/873?hl=es&co=GENIE.Platform%3DDesktop&oco=0 (fecha de consulta: 23 de marzo de 2023).

617 Wikipedia, *Red privada virtual*, https://es.wikipedia.org/wiki/Red_privada_virtual (fecha de consulta: 23 de marzo de 2023).

avezado podrá acceder fácilmente a los enlaces retirados en las versiones de los buscadores de la UE. Ante este escenario global, es difícil garantizar una eficacia completa del derecho del olvido. Ahora bien, la difusión de cualquier contenido que hubiera sido retirado de la UE en base al derecho al olvido deberá suponer un reproche agravado a ser valorado como indemnización civil. Dicho de otro modo, los actuales parámetros de extensión en la aplicación de la retirada de enlaces no garantizan completamente la impermeabilidad de la información, pero cualquier afectado que sufra la difusión de un contenido frente al que se hubieran aplicado las medidas comunitarias de supresión tendrá la opción de optar por reclamar un resarcimiento económico ante la jurisdicción civil.

4.2.4. Sentencias posteriores del TJUE sobre el derecho al olvido

4.2.4.1. La STJUE de 27 de octubre de 2022 en el asunto C-129/21: la solicitud de supresión como retirada del consentimiento expreso y sus consecuencias

Este pronunciamiento se deriva de la cuestión prejudicial planteada por el *Hof van Beroep te Brussel* —Tribunal de Apelación de Bruselas— durante un procedimiento judicial mantenido entre la sociedad belga *Proximus NV* y la *Gegevensbeschermingsautoriteit* —la Agencia de Protección de Datos de Bélgica— a raíz de la resolución dictada por la *Geschillenkamer van de Gegevensbeschermingsautoriteit* —Sala de Litigios de la Agencia de Protección de Datos— mediante la que se imponía a *Proximus* una multa de 20.000 euros y varias medidas correctivas por haber infringido varios preceptos del RGPD.

Proximus es un servicio de prestación de servicios de telecomunicación que, a su vez, suministra guías telefónicas y datos de contacto —nombres, direcciones y números de teléfono— tanto de sus abonados como de los abonados de otros proveedores de servicios de telefonía. Para ello, los diversos servicios de comunicación participan rutinariamente a *Proximus* los datos de contacto de sus abonados, salvo los de quienes expresamente hubieran manifestado su deseo de no aparecer en las guías. El demandante es un abonado de la compañía *Telnet*, la cual no suministra guías, pero cede los datos de contacto de sus abonados a otros servicios de guías, en concreto a *Proximus*. Aquel solicitó a *Proximus* que dejara de mostrar sus datos de contacto, tanto en sus propias guías como en las de terceras compañías y *Proximus* modificó el registro informático de dicho cliente para que se interrumpiera la publicación de sus datos. No obstante, unos meses después la compañía *Telnet* remitió a *Proximus* una actualización de los datos del abonado que fueron tramitados automáticamente y publicados de nuevo en sus guías.

Cuando el usuario comprobó que sus datos constaban nuevamente publicados en la guía de *Proximus* le remitió una nueva solicitud de retirada. La compañía respondió indicando que había suprimido inmediatamente sus datos de contacto de las guías y alertando a *Google* para que eliminara los enlaces de acceso a su web. No obstante, el afectado optó por interponer una reclamación ante la APD contra *Proximus* alegando que, pese a su solicitud de supresión, había vuelto a publicar sus datos de contacto. La APD consideró infringido el artículo 6, en relación el artículo 7, y el artículo 5.2 RGPD e impuso a *Proximus* una multa de 20.000 euros y las medidas correctivas tendentes a adoptar las disposiciones técnicas necesarias para garantizar el cumplimiento del ejercicio de supresión de datos y un tratamiento en materia de protección de datos que se ajustara al RGPD. *Proximus* interpuso recurso frente al *Hof van Beroep te Brussel* —Tribunal de Apelación de Bruselas— alegando que, de acuerdo al artículo 45.3 de la Ley de Comunicaciones Electrónicas, no era preciso el consentimiento de los abonados, sino que aquellos que no desearan figurar en las guías deberían solicitarlo expresamente y, en tanto no mediase esa solicitud, podrían aparecer en las listas. Ante tal circunstancia, el Tribunal de Apelación de Bruselas optó por suspender el asunto y plantear una cuestión prejudicial ante el TJUE[618].

El TJUE recuerda que para publicar cualquier dato personal es imprescindible que «se recabe el consentimiento específico de los abonados» —al igual que en la STJUE de 24 de septiembre de 2019 en el asunto C-673/17 anteriormente referida[619]—. Cuando un usuario ha dado el consentimiento a su compañía para que se publiquen sus datos de contacto en la guía, la transmisión de tales datos por parte de su operador a otra tercera compañía no precisa de un nuevo consentimiento, siempre que los datos personales cedidos vayan a ser empleados con los mismos fines, aunque en caso contrario sí sería necesaria una renovación en el consentimiento. Ahora bien, dicho consentimiento inicial debe ser en todo caso expreso y adecuarse a lo preceptuado en el artículo 4.11 RGPD[620]. En consecuencia, únicamente será lícita la publicación de datos personales cuando el abonado haya otorgado su consentimiento expreso y afirmativo para dicha finalidad concreta.

La solicitud de retirada por parte de un usuario de sus datos personales supone, a su vez, la retirada del consentimiento otorgado. Además de la revocación del consentimiento, concurre el fundamento jurídico del derecho de supresión contemplado en el artículo 17.1 RGPD. Es decir, la solicitud de retirada implica la revocación del consentimiento y, a su vez, reputa el acceso

---

618 STJUE de 27 de octubre de 2022, asunto C-129/21, apartados 2 a 36.

619 Véase también la STJUE de 5 de mayo de 2011, asunto C-543/09, apartados 54 y 58.

620 Artículo 4.11 RGPD: ««consentimiento del interesado»: toda manifestación de voluntad libre, específica, informada e inequívoca por la que el interesado acepta, ya sea mediante una declaración o una clara acción afirmativa, el tratamiento de datos personales que le conciernen».

al derecho de supresión de los datos publicados. Desde esta óptica, el responsable del tratamiento debe proceder conforme al artículo 19 RGPD[621] a informar de dicha solicitud de supresión a todos los destinatarios a quienes se hubieran comunicado tales datos personales[622]. Procede recordar que el artículo 17.2 RGPD obliga al responsable del tratamiento que recibe una solicitud de supresión a adoptar las medidas técnicas razonables en aras a informar a los responsables que estén tratando los datos personales de la solicitud del interesado de supresión, de cualquier enlace a esos datos personales o cualquier copia o réplica de los mismos[623] —*bouncing*—. Por tanto, cuando diferentes responsables del tratamiento operen en virtud de un único consentimiento para tratar sus datos con idéntica finalidad, es suficiente con que el interesado comunique la retirada de dicho consentimiento ante cualquiera de dichos responsables del tratamiento[624].

4.2.4.2. La STJUE de 08 de diciembre de 2022 en el asunto C-460/20: la retirada del contenido inexacto y la previsualización de imágenes en miniatura desde el listado de resultados

Mediante esta sentencia el TJUE ratifica la manifestación del derecho al olvido y los elementos que han de revestir su ponderación frente a las libertades de expresión e información. Además, profundiza y aclara dos cuestiones de marcada envergadura práctica. Por un lado, se estudian las peculiaridades que acontecen cuando la solicitud de supresión tiene como fundamento la supuesta inexactitud del contenido a retirar. Por otro lado, el TJUE acomete el análisis de las particularidades que surgen cuando el derecho de supresión se ejercita frente a las fotografías mostradas como previsualización en el listado de resultados del buscador[625].

---

621 Artículo 19 RGPD: «El responsable del tratamiento comunicará cualquier rectificación o supresión de datos personales o limitación del tratamiento efectuada con arreglo al artículo 16, al artículo 17, apartado 1, y al artículo 18 a cada uno de los destinatarios a los que se hayan comunicado los datos personales, salvo que sea imposible o exija un esfuerzo desproporcionado. El responsable informará al interesado acerca de dichos destinatarios, si este así lo solicita».

622 Serena Rossi, L., «El responsable del tratamiento de datos personales está obligado a adoptar medidas razonables a efectos de informar a los motores de búsqueda en Internet de una solicitud de supresión del interesado», *La Ley Unión Europea*, n.° 108,2022, p. 20.

623 STJUE de 27 de octubre de 2022, asunto C-129/21, apartados 37 a 99.

624 Gstrein, O. J., «The Right to be Forgotten in 2022: Luxembourg Judges Keep Surfing the Legislative Void», *University of Groningen - Campus Fryslân; Europa-Institut, Saarland University*, 2022.

625 De Miguel Asensio, P. A., «Derecho al olvido: precisiones en la jurisprudencia del Tribunal de Justicia sobre su ejercicio y alcance», *La Ley Unión Europea*, n.° 110, 2023, p. 10.

El pronunciamiento parte de la cuestión prejudicial planteada por el *Bundesgerichtshof* —Tribunal Supremo de lo Civil y Penal en Alemania— en el contexto de un litigio sostenido entre *Google LLC* y dos personas físicas en calidad de demandantes. Los interesados solicitaban que se borraran de la lista de resultados, obtenida a través de sus nombres y apellidos, los enlaces a ciertos artículos en los que se les aludía y, a su vez, se retiraran determinadas imágenes que eran mostradas como *thumbnails* —imágenes en miniatura mostradas en forma de previsualización que sirven de enlace hacia la misma fotografía en mayor tamaño inserta en una página web—[626].

Uno de los interesados era administrador y accionista de varias sociedades y había mantenido una relación sentimental reciente con la otra demandante quien, a su vez, había sido apoderada de una de estas sociedades. El sitio web G-NET —cuyo objeto social es contribuir a la prevención del fraude social y económico promoviendo una permanente transparencia informativa— había publicado tres artículos en los que se realizaba una ardua crítica al modelo de inversión desarrollado por tales sociedades y, en uno de los tres artículos, se exponían fotografías de los afectados en automóviles descapotables de alta gama, a los mandos de un helicóptero y junto a un avión privado. En consecuencia, *Google* había indexado dichos artículos de tal forma que, cuando se realizaba una búsqueda partiendo del nombre y apellido de los reclamantes o de las propias sociedades, se arrojaban enlaces de acceso a tales publicaciones en su lista de resultados. A su vez, esa misma búsqueda efectuada en la pestaña de «imágenes» de *Google* mostraba como resultados las fotografías en miniatura de los demandantes, insertas en el artículo de G-NET.

Los afectados comenzaron solicitando a *Google*, como responsable del tratamiento de sus datos personales en calidad de motor de búsqueda, que suprimiera los enlaces a tales polémicos artículos sobre la base de que en ellos se vertían manifestaciones difamatorias hacia sus respectivas personas y que, paralelamente, se quitaran las imágenes en miniatura de las listas de resultados. También aseveraban que G-NET les había «chantajeado» a cambio de retirar dichos comentarios negativos. Tal solicitud fue desestimada por *Google* fundamentando la condición profesional de los demandantes en el contexto de los artículos y fotografías controvertidos, y alegando su falta de conocimiento acerca de la presunta inexactitud de la información difundida. Debido a ello, los afectados interpusieron ante el *Landgericht Köln* —Tribunal Regional de lo Civil y Penal de Colonia, Alemania— un recurso que fue desestimado por dicho órgano judicial. Contra este fallo, los demandantes interpusieron un recurso de apelación ante el *Oberlandesgericht Köln* —Tribunal Superior Regional de lo Civil y Penal de Colonia, Alemania— quien también desestimó el recurso aludiendo que un motor de búsqueda no tiene la facul-

626 Acumbamail, *Thumbnail - ¿Qué son los thumbnails?*, https://acumbamail.com/glosario/thumbnail/?gclid=Cj0KCQjw27mhBhC9ARIsAIFsETEfMGIL8TqxE1QJbrC3NCrlmOfmNBi_jQhzNskKBbMtwflkuRH0FCYaArRIEALw_wcB (fecha de consulta: 06 de abril de 2023).

tad jurídica de comprobar la verosimilitud de los hechos informativos narrados en las publicaciones de los proveedores de contenidos que indexa y que únicamente está obligado de forma específica cuando, a partir de la concreta advertencia del demandante, se atestigüe una vulneración jurídica flagrante que sea abiertamente reconocible a primer golpe de vista. Asimismo, argumentaba que, a la hora de abordar la eventual retirada de un enlace a raíz de la inexactitud de su contenido, tal inexactitud debía de ser suficientemente determinante y, por tanto, le incumbía al reclamante la carga de la prueba a fin de acreditar la concluyente falsedad de los contenidos.

Frente a dicho pronunciamiento, los demandantes interpusieron recurso de revisión ante el *Bundesgerichtshof* —Tribunal Supremo de lo Civil y Penal de Alemania— el cual consideró, previamente a resolver la cuestión, plantear cuestión prejudicial ante el TJUE en base a dos cuestiones. En primer lugar, se planteaba si en el marco de ponderación entre los derechos e intereses del artículo 17.3.a) RGPD —inaplicación del derecho de supresión frente al ejercicio del derecho a la libertad de expresión e información— resultaba compatible con el derecho a la vida privada y a la protección de datos personales —artículos 7 y 8 CDFUE— el hecho de que la solicitud de retirada de enlaces presentada por un interesado ante un motor de búsqueda, cuando tuviera como fundamento la negación de la realidad de sus contenidos y manifestaciones, fuera acompañada de una resolución judicial —cuanto menos cautelar— acerca de la veracidad de la información. En segundo lugar, se planteaba si, en tal marco de ponderación, las solicitudes de retirada de los resultados obtenidos como imágenes en miniatura a modo de previsualización habían de ser estimadas por el motor de búsqueda aun cuando se tratasen de meras imágenes que aparecieran en la lista de resultados descontextualizadas de los contenidos de las publicaciones; es decir, pese a que simplemente apareciesen las imágenes en miniatura y sin referencia alguna a los contenidos de su publicación de origen. En relación a la problemática expuesta, el Tribunal Supremo de lo Civil y Penal alemán proponía que se obligara al demandante a obtener una resolución judicial, al menos provisional o cautelar, acerca de la exactitud de la información controvertida en el enlace indexado. En cuanto a las imágenes en miniatura, dicho tribunal opinaba que las fotografías de las personas ajenas a la esfera pública no aportan ningún valor al debate público ni se atienen a ninguna necesidad informativa por lo que no estarían justificadas, pero en supuestos de interés general las fotografías habrán de ser válidas en la misma medida que lo sea el contenido del texto informativo junto al que se hallen publicadas[627].

En lo concerniente a la primera cuestión prejudicial, el TJUE parte de reconocer que el papel de los motores de búsqueda se diferencia claramente del de los editores de contenidos, pues en modo alguno participan en su confección. Sin embargo, afirma que se trata de un papel crucial en la difusión de

627 STJUE de 08 de diciembre de 2022, asunto C-460/20, apartados 15 a 39.

datos a través de Internet, máxime cuando a raíz del nombre y apellidos de una persona se pueden ubicar contenidos prácticamente inaccesibles de otro modo y mediante un visionado estructurado que ofrece un rápido perfil del investigado. Es decir, no son responsables del contenido de la información, pero sí de crear un enlace a esas webs y, en especial, de difundir los resultados estructurados de la información vinculada al nombre y apellidos de una persona. De este modo y por cuanto que los motores de búsqueda interfieren en el respeto de la vida privada y la protección de los datos personales, su actividad debe satisfacer las exigencias del RGPD. En relación a lo anterior, es de invocación el artículo 17 RGPD, que permite al interesado solicitar al motor de búsqueda la supresión de dichos enlaces; no obstante, el apartado tercero de dicho precepto exceptúa dicho derecho al olvido cuando sea necesario salvaguardar el ejercicio de las libertades de expresión e información. Así pues, al recibir una solicitud de supresión el motor de búsqueda habrá de verificar si la inclusión del enlace que remite al contenido controvertido, a partir del nombre y apellidos, es de utilidad para el ejercicio del derecho a la libertad de información de otros usuarios. En este sentido, el TJUE apunta que, *a priori*, los derechos reconocidos en los artículos 7 y 8 CDFUE habrán de prevalecer sobre el interés de otros interesados en acceder a cierta información; pero que dicho equilibrio dependerá de las circunstancias concretas del caso y, en particular, del papel social ejercido por cierta persona y de la utilidad del contenido para la formación de la opinión pública.

Dentro de este orden de ideas se precisa que, para analizar la procedencia del artículo 17.3.a) RGPD en base a la supuesta inexactitud del contenido, deviene necesario diferenciar si se trata de una afirmación de hecho o de un juicio de valor con la perspectiva de dilucidar si la exactitud de tales afirmaciones es susceptible o no de demostración material. Llegados a ese punto, habrá que determinar si incumbe al reclamante la carga de probar tal inexactitud o es obligación del motor de búsqueda dilucidar la verosimilitud de los contenidos. El TJUE argumenta que incube al solicitante del derecho de supresión el acreditar la manifiesta inexactitud de los contenidos o, al menos, de una parte de ellos. Sin embargo, a fin de evitar que recaiga sobre el afectado una carga excesiva que pueda afectar el efectivo ejercicio de su derecho a la retirada de enlaces, simplemente le incumbirá presentar los medios de prueba que razonablemente le puedan ser exigibles. Tampoco se le puede imponer a una persona el haber solicitado de forma previa la tutela judicial, ni aunque se tratara de una medida cautelar, pues supondría una carga excesiva para la reclamación de este derecho. Por otro lado, tampoco puede pretenderse que sea el motor de búsqueda el obligado a investigar los hechos ni a debatir la veracidad del contenido indexado frente al proveedor de contenidos. Tal pretensión incumbiría el riesgo de que los motores de búsqueda mecanizaran, en perjuicio de las libertades de expresión e información, el borrado sistemático de enlaces a fin de evitar la carga de tener que averiguar la realidad material de los hechos descritos.

Así pues, según el TJUE los motores de búsqueda únicamente estarán obligados a retirar los enlaces cuando el solicitante haya aportado pruebas pertinentes y suficientes que acrediten la falsedad manifiesta de los contenidos o, al menos, de una parte de ellos, y cuando aporte una resolución judicial dictada frente al editor de los contenidos en donde se haga constar que su contenido es inexacto. Es decir, el motor de búsqueda debe retirar los enlaces cuando el interesado pruebe que la información contenida en ellos es manifiestamente inexacta, también puede aportar una resolución judicial que lo acredite, pero el material probatorio no tiene porqué consistir en una resolución judicial[628]. En caso contrario, los motores de búsqueda no estarán obligados a estimar las solicitudes de retirada de enlaces en los que se alegue la inexactitud de contenidos y habrán de ponderar los elementos concurrentes del caso con especial consideración de las libertades de expresión e información. Ahora bien, cuando el motor de búsqueda desestime una solicitud de supresión de los enlaces, el solicitante tendrá el derecho de acudir ante las autoridades de control en materia de protección de datos y de obtener la tutela judicial para que se revise la cuestión y, en su caso, se dispongan las medidas precisas frente al motor de búsqueda. Ahora bien, cuando se haya incoado un procedimiento administrativo o judicial acerca de la inexactitud de un contenido, el motor de búsqueda tiene la obligación —siempre que se le haya comunicado tal circunstancia— de incluir una alerta indicando que está en proceso un procedimiento —judicial o administrativo— por el que se discute la veracidad de la información contenida en el enlace[629].

En segundo lugar, el TJUE pasa a analizar y a ampliar el alcance del derecho a la retirada de los enlaces presentados en forma de imágenes en miniatura al buscar por nombre y apellidos[630]. El TJUE parte de señalar que, ya de por sí, la genealogía de los motores de búsqueda puede conllevar una mayor injerencia en el derecho a la vida privada del afectado que la mera publicación alojada en un dominio web. Pues bien, dado que la imagen de una persona constituye uno de los principales atributos de la personalidad y su protección conforma una condición esencial para la realización del individuo, la difusión de fotografías personales mediante una búsqueda estructurada, a partir del nombre y apellidos, supone una injerencia mucho mayor en los derechos reconocidos en los artículos 7 y 8 CDFUE. Consiguientemente, procede comprobar si resulta justificado que se muestren tales fotografías en la lista de resultados en aras a la libertad de información de los usuarios y de su

628 Ilesic, M., «El gestor del motor de búsqueda debe retirar los enlaces a información que figura en el contenido indexado cuando el solicitante prueba que es manifiestamente inexacta», *La Ley Unión Europea*, n.º 110, 2023, p. 17.

629 STJUE de 08 de diciembre de 2022, asunto C-460/20, apartados 48 a 77.

630 Cuatrecasas, *A vueltas con el derecho al olvido en las búsquedas en Internet*, https://www.cuatrecasas.com/es/spain/propiedad-intelectual/art/a-vueltas-derecho-olvido-busquedas-Internet (fecha de consulta: 27 de marzo de 2023).

contribución a la formación de un debate de interés general, máxime cuando estas fotografías tienen un potencial de atracción mayor y se muestran fuera del contexto de su publicación —donde se incorporan, por lo general, para ilustrar los elementos narrativos—. El TJUE subraya, por tanto, que la exhibición de fotos personales de una persona obtenidas mediante la búsqueda de su nombre y apellidos puede conllevar una intromisión de mayor gravedad en sus derechos a la vida privada y a la protección de sus datos personales[631].

Por esta razón, para el TJUE se evidencia necesario realizar una ponderación de los derechos e intereses en conflicto diferenciada: por una parte, de aquellas fotografías insertas en el contexto original de una publicación y, por otra, de aquellas imágenes mostradas en forma de miniatura en una lista de resultados arrojada por un motor de búsqueda[632]. Además, resalta que en el momento en que un motor de búsqueda ofrece un servicio de tratamiento de imágenes autónomo e independiente pasa a asumir el mismo grado de responsabilidad en el tratamiento de datos personales que el editor de contenidos, ya que la obtención de dichas imágenes en miniatura es, por sí mismo, el resultado final de una búsqueda, independientemente de que luego se acceda o no a la fuente principal. Las fotografías fuera de su contexto inicial ofrecen un valor informativo de carácter mínimo, por lo que cabe deducir que la eventual desestimación de retirada de los enlaces a un artículo, cuando debieran prevalecer las libertades de expresión e información de los internautas, no afectaría a la solicitud de retirada de la previsualización de las fotografías mostradas en la lista de resultados del buscador. Por otro lado, la estimación de la solicitud de supresión de los enlaces a los contenidos implicaría, en todo caso, la retirada de la previsualización de las imágenes pues, lo contrario, frustraría la retirada de los enlaces, ya que dichas previsualizaciones son también enlaces de acceso a los artículos de procedencia[633].

---

631 HispaColex, *Derecho al olvido. Nueva sentencia del Tribunal de Justicia de la Unión Europea*, https://www.hispacolex.com/biblioteca/articulos-doctrinales/derecho-al-olvido-nueva-sentencia-del-tribunal-de-justicia-de-la-union-europea/ (fecha de consulta: 27 de marzo de 2023).

632 Fernández Rozas, J. C., *El gestor del motor de búsqueda debe retirar los enlaces a información que figura en el contenido indexado cuando el solicitante prueba que es manifiestamente inexacta (STJ GS 8 diciembre 2022, as. C-460/ 20: TU, RE y Google LLC)*, https://fernandezrozas.com/2022/12/09/el-gestor-del-motor-de-busqueda-debe-retirar-los-enlaces-a-informacion-que-figura-en-el-contenido-indexado-cuando-el-solicitante-prueba-que-es-manifiestamente-inexacta-stj-gs-8-diciembre-2022-as-c/ (fecha de consulta: 27 de marzo de 2023).

633 STJUE de 08 de diciembre de 2022, asunto C-460/20, apartados 88 a 108.

CAPÍTULO V

EL DESARROLLO DEL DERECHO AL OLVIDO EN EL DERECHO NACIONAL ESPAÑOL

5.1. El derecho al olvido en la tradición jurídica

Aunque el derecho al olvido es un concepto recientemente acuñado, lo cierto es que su esencia ha venido protagonizando la voluntad legislativa y la acción judicial durante los años previos al impacto de Internet y las redes sociales. Sin ir más lejos, y previamente a que surgieran los problemas y amenazas propios de Internet, de los motores de búsqueda y de las redes sociales, la mera publicación de las resoluciones judiciales era ya una cuestión que albergaba problemas similares.

El artículo 120 CE dispone que las actuaciones judiciales serán públicas, con las excepciones que prevean las leyes de procedimiento, el procedimiento será predominantemente oral, sobre todo en materia criminal y que las sentencias, que serán siempre motivadas, se pronunciarán en audiencia pública. Tal precepto recoge la tradición histórica de administrar justicia de forma pública y oral; no obstante, lo cierto es que, aunque el desarrollo de las vistas tenga carácter público —salvo excepciones—, las sentencias se notifican en base a las leyes de desarrollo procedimental en soporte escrito —al Procurador representante de la parte—. A esto, se ha de añadir que dichas sentencias se han venido publicando en bases de datos jurisprudenciales —actualmente CENDOJ— para su consulta y estudio, procediendo previamente a la anonimización de las partes mediante el empleo de seudónimos.

Anteriormente a la entrada en vigor del RGPD, el artículo 236 quinquies de la Ley Orgánica 6/1985, de 1 de julio, del Poder Judicial —antes de su modificación por la Disposición Final 3.8 de la Ley Orgánica 7/2021— ya disponía que los órganos judiciales habrían de prever en el desempeño de su actividad judicial las medidas que resultaran necesarias para la supresión de los datos personales que pudieran contenerse en las sentencias o demás resoluciones procesales. En sentido similar, el artículo 266 establecía que el acceso a las sentencias podría quedar restringido cuando pudiera afectar al derecho a la intimidad o a los derechos de las personas que requirieran un especial deber de tutela o a la garantía del anonimato de las víctimas o perjudicados. Asimismo, el Acuerdo de 18 de junio de 1997, del Pleno del Consejo General del Poder Judicial, por el que se modificaba el Reglamento número 5/1995, de los Aspectos Accesorios de las Actuaciones Judiciales, preveía que durante el tratamiento y difusión de las resoluciones judiciales se procurase la supresión de los datos de identificación a fin de asegurar en todo momento la protección del honor e intimidad personal y familiar de las partes implicadas.

Es decir, la publicación de las sentencias en las bases de datos, las cuales a su vez operan en el marco virtual, se efectúa mediante un ejercicio calibrado en el que se garantiza la transparencia judicial y se busca asegurar el acceso a la información jurisprudencial, mientras que tutela la salvaguarda del derecho a la protección de datos y derechos de la personalidad. Sin embargo, este ejercicio de protección se impuso necesario por una cuestión imperiosa: la publicación de las sentencias en bases de Internet impuso la necesidad de que los datos personales de las partes quedaran previamente anonimizados[634].

Por otro lado, la amnistía ha estado también ligada a la tradición jurídica penalista. En este sentido, el término «amnistía» —del griego antiguo «*amnestía*», que significaba «olvido»— alude a la figura jurídica por la que se elimina toda causa de responsabilidad de una acción. El ejemplo más relevante se encuentra en la Ley 46/1977, de 15 de octubre, de amnistía[635] por la que se concedió la amnistía a un amplio espectro de las faltas y delitos cometidos antes del 15 de diciembre de 1976. La voluntad de dicha ley era la de olvidar tales delitos con el objeto de reducir las tiranteces políticas y asegurar un mejor clima de transición democrática.

El Código Penal —Ley Orgánica 10/1995, de 23 de noviembre— también secunda la voluntad del Derecho a consagrar el derecho al olvido de los ciudadanos en cuanto al límite de la responsabilidad penal por el transcurso del tiempo. Por un lado, se encuentra la figura de la prescripción como causa de extinción de la responsabilidad penal que limita el ejercicio del *ius puniendi* una vez transcurridos ciertos plazos de tiempo desde la comisión del ilícito[636]. Por otro lado,

634 Silguero Estagnan, J., «Régimen de la protección de datos en la publicación de las decisiones judiciales», *Revista Española de Protección de Datos*, n.º 5, 2009, pp. 55-154.

635 Noticias Jurídicas, Ley 46/1977, de 15 de octubre, de amnistía, https://noticias.juridicas.com/base_datos/Penal/l46-1977.html (fecha de consulta: 22 de agosto de 2022).

636 Artículo 131 CP: «1. Los delitos prescriben: A los veinte años, cuando la pena máxima señalada al delito sea prisión de quince o más años. A los quince, cuando la pena máxima señalada por la ley sea inhabilitación por más de diez años, o prisión por más de diez y menos de quince años. A los diez, cuando la pena máxima señalada por la ley sea prisión o inhabilitación por más de cinco años y que no exceda de diez. A los cinco, los demás

en el artículo 136 CP se prevé la cancelación de los antecedentes penales por el transcurso del tiempo[637] —siempre que se cumplan determinados requisitos—. De esta forma, una vez cumplida con la pena y transcurrido un cierto tiempo, se borra el pasado delictivo del condenado y se le libera de todos sus efectos. No puede olvidarse tampoco que la Carta Magna establece en su artículo 25.2 CE que las penas privativas de libertad y las medidas de seguridad estarán orientadas hacia la reeducación y reinserción; por tanto, una vez cumplida la pena, se debe buscar la restitución del reo a su situación de convivencia en sociedad y eliminar cualquier publicación del suceso que pueda afectar a su reinserción.

El Real Decreto 95/2009, de 6 de febrero, por el que se regula el Sistema de registros administrativos de apoyo a la Administración de Justicia, dispone que, una vez borrados los antecedentes, la inscripción de su cancelación se conser-

---

delitos, excepto los delitos leves y los delitos de injurias y calumnias, que prescriben al año. 2. Cuando la pena señalada por la ley fuere compuesta, se estará, para la aplicación de las reglas comprendidas en este artículo, a la que exija mayor tiempo para la prescripción. 3. Los delitos de lesa humanidad y de genocidio y los delitos contra las personas y bienes protegidos en caso de conflicto armado, salvo los castigados en el artículo 614, no prescribirán en ningún caso. Tampoco prescribirán los delitos de terrorismo, si hubieren causado la muerte de una persona. 4. En los supuestos de concurso de infracciones o de infracciones conexas, el plazo de prescripción será el que corresponda al delito más grave».

637 Artículo 136 CP: «1. Los condenados que hayan extinguido su responsabilidad penal tienen derecho a obtener del Ministerio de Justicia, de oficio o a instancia de parte, la cancelación de sus antecedentes penales, cuando hayan transcurrido sin haber vuelto a delinquir los siguientes plazos: a) Seis meses para las penas leves. b) Dos años para las penas que no excedan de doce meses y las impuestas por delitos imprudentes. c) Tres años para las restantes penas menos graves Inferiores A Tres Años. D) Cinco Años Para Las Restantes Penas Menos Graves Iguales O Superiores A Tres Años. E) Diez Años Para Las Penas Graves. 2. Los Plazos A Que Se Refiere El Apartado Anterior Se Contarán Desde El Día Siguiente A Aquel En Que Quedará Extinguida la pena, pero si ello ocurriese mediante la remisión condicional, el plazo, una vez obtenida la remisión definitiva, se computará retrotrayéndolo al día siguiente a aquel en que hubiere quedado cumplida la pena si no se hubiere disfrutado de este beneficio. En este caso, se tomará como fecha inicial para el cómputo de la duración de la pena el día siguiente al del otorgamiento de la suspensión. 3. Las penas impuestas a las personas jurídicas y las consecuencias accesorias del artículo 129 se cancelarán en el plazo que corresponda, de acuerdo con la regla prevista en el apartado 1 de este artículo, salvo que se hubiese acordado la disolución o la prohibición definitiva de actividades. En estos casos, se cancelarán las anotaciones transcurridos cincuenta años computados desde el día siguiente a la firmeza de la sentencia. 4. Las inscripciones de antecedentes penales en las distintas secciones del Registro Central de Penados y Rebeldes no serán públicas. Durante su vigencia solo se emitirán certificaciones con las limitaciones y garantías previstas en sus normas específicas y en los casos establecidos por la ley. En todo caso, se librarán las que soliciten los jueces o tribunales, se refieran o no a inscripciones canceladas, haciendo constar expresamente esta última circunstancia. 5. En los casos en que, a pesar de cumplirse los requisitos establecidos en este artículo para la cancelación, ésta no se haya producido, el juez o tribunal, acreditadas tales circunstancias, no tendrá en cuenta dichos antecedentes».

vará en un registro separado e inaccesible a los órganos judiciales[638] y que dicha cancelación supondrá en todo caso la eliminación de los datos personales del implicado[639]. La cancelación de los antecedentes penales es un reflejo del derecho al olvido en la tradición normativa, pues con ella se garantiza que el ciudadano no quede eternamente atado a los errores del pasado ni sea objeto de perpetua estigmatización social tras la comisión de un delito, cuya pena ya ha cumplido[640]. Es decir, la cancelación de los antecedentes penales trata de prevenir que a la condena judicial se le adhiera otra de índole social por la que se endose eternamente a una persona la condición de delincuente, perturbando así sus opciones de reinserción social[641].

En definitiva, parece obvio que los datos relacionados con procedimientos judiciales o antecedentes penales son proclives a dificultar el desenvolvimiento de la persona y, por ende, se ha protegido a la ciudadanía de los efectos adversos que ambos pudieran ocasionar en su preservación futura e indefinida. Como ha advertido el TS, se trata de datos que afectan a la probidad, reputación y dignidad personal del afectado, por lo que desvelar dichas circunstancias atenta contra su intimidad[642], pues «la vida privada de la persona o su familia, en la que a todas luces parece integrarse la historia penal, constituye un límite de acceso de la información relativa a esas circunstancias»[643]. Por ello, se han dispuesto las medidas tendentes a mantener en el anonimato a los implicados en un proceso cuyo fallo se iba a publicar en las bases digitales y se ha limitado el alcance temporal de los efectos de las condenas penales. En conclusión, siempre se ha tratado de tutelar un derecho al olvido, atendiendo a las amenazas propias de cada momento.

Esta cuestión ha sido concretada por la jurisprudencia del TJUE. Merece la pena traer a colación la STJUE de 2 de marzo de 2023, en el asunto C-268/2021[644], donde se discute el alcance de las pruebas que pueden ser requeridas en un procedimiento judicial en base a la protección de datos personales. El TJUE resalta que es válido el tratamiento de datos para fines distintos al que fue-

---

638 Artículo 19.3 Real Decreto 95/2009, de 6 de febrero: «La información relativa a las inscripciones canceladas se conservará en una sección especial y separada a disposición únicamente de los Juzgados y Tribunales españoles».

639 Artículo 25 Real Decreto 95/2009, de 6 de febrero: «La cancelación registral prevista en este real decreto dará lugar a la eliminación de los datos de carácter personal, sin perjuicio de lo dispuesto en el artículo 19.3 del presente real Decreto y a excepción de aquellos que resulten necesarios para que sea posible elaborar las estadísticas previstas en su artículo 27».

640 Hardouin-Le Golf, C., *L'oubli de l'infraction*, Lextenzo éditions, Paris, 2008, p. 559.

641 Herrán Ortíz, A., *El derecho a la intimidad en la nueva Ley Orgánica de Protección de datos personales*, Dickynson, Madrid, 2003, p. 29.

642 STS 6652/1999, de 25 de octubre, FJ 5..°.

643 STC 144/1999, de 22 de julio, FJ 8.

644 EUR-Lex, *Sentencia TJUE (Sala Tercera) de 2 de marzo de 2023, C-268/21*, https://eur-lex.europa.eu/legal-content/ES/TXT/PDF/?uri=CELEX:62021CA0268 (fecha de consulta: 16 de julio de 2023).

ron recogidos si se cumple con los fines previstos en el artículo 23 RGPD[645]. En este sentido, «la buena administración de justicia y la tutela judicial» es un objetivo que se acoge a lo dispuesto en dicho precepto, pero el órgano judicial deberá ponderar si tales medios de prueba son pertinentes y adecuados o si existen otros medios menos intrusivos al derecho de protección de datos y que cumplan con la misma finalidad. Este principio de minimización de datos en el procedimiento judicial también habrá de ir acompañado de otras medidas de protección, tales como la seudonimización de los datos identificativos o la limitación en el acceso a las pruebas aportadas, cuando resulte adecuado para salvaguardar la protección de datos personales[646].

5.2. La actual Ley Orgánica de Protección de Datos

El objeto de la antigua y derogada Ley Orgánica 15/1999, de 13 de diciembre, de Protección de Datos de Carácter Personal, era incorporar al Derecho nacional las obligaciones dispuestas por la también derogada Directiva

645 Artículo 23 RGPD: «1. El Derecho de la Unión o de los Estados miembros que se aplique al responsable o el encargado del tratamiento podrá limitar, a través de medidas legislativas, el alcance de las obligaciones y de los derechos establecidos en los artículos 12 a 22 y el artículo 34, así como en el artículo 5 en la medida en que sus disposiciones se correspondan con los derechos y obligaciones contemplados en los artículos 12 a 22, cuando tal limitación respete en lo esencial los derechos y libertades fundamentales y sea una medida necesaria y proporcionada en una sociedad democrática para salvaguardar: a) la seguridad del Estado; b) la defensa; c) la seguridad pública; d) la prevención, investigación, detección o enjuiciamiento de infracciones penales o la ejecución de sanciones penales, incluida la protección frente a amenazas a la seguridad pública y su prevención; e) otros objetivos importantes de interés público general de la Unión o de un Estado miembro, en particular un interés económico o financiero importante de la Unión o de un Estado miembro, inclusive en los ámbitos fiscal, presupuestario y monetario, la sanidad pública y la seguridad social; f) la protección de la independencia judicial y de los procedimientos judiciales; g) la prevención, la investigación, la detección y el enjuiciamiento de infracciones de normas deontológicas en las profesiones reguladas; h) una función de supervisión, inspección o reglamentación vinculada, incluso ocasionalmente, con el ejercicio de la autoridad pública en los casos contemplados en las letras a) a e) y g); i) la protección del interesado o de los derechos y libertades de otros; j) la ejecución de demandas civiles. 2. En particular, cualquier medida legislativa indicada en el apartado 1 contendrá como mínimo, en su caso, disposiciones específicas relativas a: a) la finalidad del tratamiento o de las categorías de tratamiento; b) las categorías de datos personales de que se trate; c) el alcance de las limitaciones establecidas; d) las garantías para evitar accesos o transferencias ilícitos o abusivos; e) la determinación del responsable o de categorías de responsables; f) los plazos de conservación y las garantías aplicables habida cuenta de la naturaleza alcance y objetivos del tratamiento o las categorías de tratamiento; g) los riesgos para los derechos y libertades de los interesados, y h) el derecho de los interesados a ser informados sobre la limitación, salvo si puede ser perjudicial a los fines de esta».

646 Véase también EUR-Lex, Sentencia TJUE (Sala Quinta) de 26 de enero de 2023, C-205/21, https://eur-lex.europa.eu/legal-content/ES/TXT/PDF/?uri=CELEX:62021CA0205 (fecha de consulta: 16 de julio de 2023).

95/46, pues contenía un mandato a los Estados miembros destinatarios en cuanto al resultado a conseguir, dejando que sean estos quienes determinen los medios a tal fin[647]. Por consiguiente, la entrada en vigor del nuevo RGPD, que dejaba sin efecto la Directiva 95/46, implicaba también la necesidad de derogar la anterior ley orgánica. Sin embargo, como se ha expuesto, la UE optó por abordar la nueva regulación mediante la figura del Reglamento comunitario, que supone la aplicación directa de todos sus mandatos en todos los Estados miembros. A pesar de esta aplicación directa[648], el Estado español optó por ampliar las garantías de los derechos digitales y de la protección de datos reconocidas en el RGPD mediante la Ley Orgánica 3/2018 que confirma una nueva etapa en materia de protección de datos más vinculada a la realidad cibernética.

Artemi Rallo Lombarte se ha mostrado crítico con el papel adoptado por esta ley orgánica que considera completamente supeditada al RGPD: «el nuevo derecho de protección de datos ha impactado sensiblemente en el sistema constitucional de fuentes normadoras del derecho fundamental al producirse la abducción de un derecho constitucional, convertido en derecho exclusivamente europeo, y al devaluarse la posición constitucional de la ley orgánica limitada a garantizar la aplicación efectiva del reglamento adaptándolo y completándolo conforme a las tradiciones jurídicas nacionales y con el objetivo primario de garantizar la seguridad jurídica que coadyuve a su plena efectividad»[649]. Sin embargo, a esta postura hay que colegir que habida cuenta de la incorporación del Estado español a la UE, como fuente creadora de normas prevalentes, se opera de esta forma por cuanto que el Reglamento es la norma de mayor rango y prima sobre las legislaciones nacionales. Por ello, hay que aplaudir la voluntad nacional, no solo de amoldar las disposiciones del RGPD, sino de perfilar o aumentar —en los márgenes posibles— las garantías de la protección de datos personales. Además, procede apuntar que —como será desarrollado— el sistema constitucional no se ha limitado a abducir un derecho de cuño comunitario, sino que el derecho al olvido encuentra sus antecedentes históricos en la propia tradición constitucional, los cuales han operado como fundamento en la consolidación constitucional del derecho al olvido. El derecho a la autodeterminación informativa y el reconocimiento del derecho a la protección de datos como derecho fundamental, junto a la dignidad personal y los derechos de la personalidad han

647 Artículo 288 TFUE: «La directiva obligará al Estado miembro destinatario en cuanto al resultado que deba conseguirse, dejando, sin embargo, a las autoridades nacionales la elección de la forma y de los medios».

648 Mayor Gómez, R., «Principales novedades de la ley orgánica 3/2018, de 5 de diciembre, de protección de datos personales y garantía de los derechos digitales», *Revista del Gabinete Jurídico de Castilla-La Mancha*, n.º 16, 2018, p. 204.

649 Rallo Lombarte, A., «El nuevo derecho de protección de datos», *Revista Española de Derecho Constitucional*, n.º 116, 2019, pp. 45-75.

tenido su propia y paralela evolución en el derecho al olvido nacional, por lo tanto, el derecho al olvido no es un derecho exclusivamente europeo.

La Ley Orgánica 3/2018 recoge el derecho al olvido en sus artículos 93 y 94. A primera vista, hay que destacar la voluntad de nuestro legislador en aras a ofrecer un reconocimiento directo y principal del derecho al olvido. A diferencia del artículo 17 RGPD, que lleva por rúbrica "derecho de supresión («el derecho al olvido»)" —donde se hace una referencia cohibida y secundaria mediante su inclusión entre paréntesis—, nuestra ley orgánica no solo desglosa este derecho al olvido en dos artículos, sino que el título de ambos se encabeza mediante una mención directa y principal al derecho al olvido: «derecho al olvido en búsquedas de Internet» y «derecho al olvido en servicios de redes sociales y servicios equivalentes».

El artículo 93[650], que trata el derecho al olvido en las búsquedas de Internet, comienza indicando que toda persona tiene derecho a que los motores de búsqueda en Internet eliminen de su lista de resultados los enlaces obtenidos mediante la búsqueda de sus nombres en una serie de casos —cuando fuesen inadecuados, inexactos, no pertinentes, no actualizados o excesivos o hubieren devenido como tales por el transcurso del tiempo, teniendo en cuenta los fines para los que se recogieron o trataron, el tiempo transcurrido y la naturaleza e interés público de la información—. Merece la pena aplaudir esta redacción, que se antoja mucho más clara a la hora de exponer claramente el derecho al olvido. El precepto no habla de supresión, ni de responsables del tratamiento, sino que ataja directamente el problema: que se eliminen los resultados que contengan enlaces a la búsqueda por el nombre de una persona en los motores de búsqueda de Internet cuando ya no resultaran pertinentes por el transcurso del tiempo. Aunque también se incluye la posibilidad de reclamar su borrado cuando, aun no concurriendo el factor tiempo, los intereses personales del afectado debiesen primar sobre el mantenimiento de los enlaces. Del mismo modo, el artículo aclara que este derecho subsiste pese a que la publicación en su fuente de origen sea lícita,

650 Artículo 93 Ley Orgánica 3/2018: «1. Toda persona tiene derecho a que los motores de búsqueda en Internet eliminen de las listas de resultados que se obtuvieran tras una búsqueda efectuada a partir de su nombre los enlaces publicados que contuvieran información relativa a esa persona cuando fuesen inadecuados, inexactos, no pertinentes, no actualizados o excesivos o hubieren devenido como tales por el transcurso del tiempo, teniendo en cuenta los fines para los que se recogieron o trataron, el tiempo transcurrido y la naturaleza e interés público de la información. Del mismo modo deberá procederse cuando las circunstancias personales que en su caso invocase el afectado evidenciasen la prevalencia de sus derechos sobre el mantenimiento de los enlaces por el servicio de búsqueda en Internet. Este derecho subsistirá aun cuando fuera lícita la conservación de la información publicada en el sitio web al que se dirigiera el enlace y no se procediese por la misma a su borrado previo o simultáneo. 2. El ejercicio del derecho al que se refiere este artículo no impedirá el acceso a la información publicada en el sitio web a través de la utilización de otros criterios de búsqueda distintos del nombre de quien ejerciera el derecho.».

aunque se encarga de remarcar que su eliminación en la lista de resultados del buscador de Internet no impide que la información perdure en la web principal, ni que no se pueda acceder a la misma mediante otros patrones de búsqueda. Es decir, se consagra el derecho a la información de la publicación, pero por parámetros de búsqueda relacionados con el valor informativo en sí mismo y no por la curiosidad morbosa del nombre de la persona.

Algunos autores como Marina Sancho López opinan que la información de la fuente principal se debería borrar automáticamente transcurrido cierto tiempo. En dicho sentido, refiere que habría que ir «un paso más allá y sin duda deseable sería lograr el borrado automático de ciertos datos personales en la Red, sin necesidad de que el propio interesado tenga que dar ningún paso para obtener dicho resultado, sino que bastase con establecer plazos automáticos de caducidad»[651]. Se ha de mostrar el más absoluto desacuerdo con esta postura, pues la voluntad del derecho al olvido no es la de dejar a la humanidad desprovista de todo rastro de historia, la información debe perdurar y cimentar una base de conocimiento sólida que además pueda ser consultada por los ciudadanos. Lo que se pretende con el derecho al olvido es que una persona no quede anclada a los efectos perjudiciales de la divulgación *in aeternum*. Por tanto, la estrategia de eliminar de la lista de resultados aquellas búsquedas efectuadas con el nombre de la persona, mientras que se mantiene la información en su origen y se permite su consulta mediante otros parámetros de búsqueda, es una excelente estrategia para conjugar el derecho al olvido con el derecho a la información. Sin embargo, sí se puede criticar al legislador español la ausencia de referencia a la figura del *bouncing* —obligación del motor de búsqueda de avisar de la solicitud a la página web para que bloquee el vínculo a otros motores de búsqueda—, aunque es una obligación que viene impuesta y resulta aplicable en virtud del artículo 17.2 RGPD.

Seguidamente, el artículo 94 de la Ley Orgánica 3/2018[652] aborda la cuestión del derecho al olvido en relación con las redes sociales y servicios equi-

651 Sancho López, M., «Garantías legales del concepto de privacidad: Entre el derecho al olvido y el nuevo reglamento de protección de datos», *Actualidad Jurídica Iberoamericana*, n.º 9, 2018, p. 196.

652 Artículo 94 Ley Orgánica 3/2018: «1. Toda persona tiene derecho a que sean suprimidos, a su simple solicitud, los datos personales que hubiese facilitado para su publicación por servicios de redes sociales y servicios de la sociedad de la información equivalentes. 2. Toda persona tiene derecho a que sean suprimidos los datos personales que le conciernan y que hubiesen sido facilitados por terceros para su publicación por los servicios de redes sociales y servicios de la sociedad de la información equivalentes cuando fuesen inadecuados, inexactos, no pertinentes, no actualizados o excesivos o hubieren devenido como tales por el transcurso del tiempo, teniendo en cuenta los fines para los que se recogieron o trataron, el tiempo transcurrido y la naturaleza e interés público de la información. Del mismo modo deberá procederse a la supresión de dichos datos cuando las circunstancias personales que en su caso invocase el afectado evidenciasen la prevalencia de sus derechos sobre el mantenimiento de los datos por el servicio. Se exceptúan de lo dispuesto en

valentes. De nuevo, hay que resaltar la suma actualidad de los conceptos tecnológicos empleados por esta ley orgánica de protección de datos, que no titubea a la hora de disparar al centro de la diana a fin de consagrar la protección jurídica que los tiempos actuales precisan, nombrando para ello directamente a las redes sociales como escenario principal de las comunicaciones virtuales y abordando la protección necesaria en ellas. Pese a ello, su desarrollo más bien parece una especie de derecho de cancelación o supresión frente a la propia red social, en cuanto indica que las personas tienen derecho a que los datos facilitados en sus publicaciones sean eliminados por su simple solicitud. La disposición de su apartado segundo sí parece algo más acertada al reconocer el derecho a suprimir los datos que le conciernan y que hubieran sido facilitados por terceros en sus publicaciones, cuando estos sean inadecuados, inexactos, no pertinentes, no actualizados o excesivos o hubieren devenido como tales por el transcurso del tiempo. No obstante, no se acomete el problema principal de las redes sociales, que supone la redifusión indefinida de datos en estas plataformas mediante las opciones de las que disponen los usuarios en aras a compartir o republicar contenidos. Tales solicitudes de borrado se atenderán en base a criterios tales como el interés de la información o las circunstancias personales del afectado salvo que la publicación hubiera sido realizada durante la minoría de edad del afectado, en cuyo caso se habrán de suprimir los contenidos de forma inmediata.

La Ley Orgánica 3/2018 introduce en su artículo 96[653] una cuestión totalmente novedosa: el derecho al testamento digital. Los familiares o perso-

---

este apartado los datos que hubiesen sido facilitados por personas físicas en el ejercicio de actividades personales o domésticas. 3. En caso de que el derecho se ejercitase por un afectado respecto de datos que hubiesen sido facilitados al servicio, por él o por terceros, durante su minoría de edad, el prestador deberá proceder sin dilación a su supresión por su simple solicitud, sin necesidad de que concurran las circunstancias mencionadas en el apartado 2.».

653 1. El acceso a contenidos gestionados por prestadores de servicios de la sociedad de la información sobre personas fallecidas se regirá por las siguientes reglas: a) Las personas vinculadas al fallecido por razones familiares o de hecho, así como sus herederos podrán dirigirse a los prestadores de servicios de la sociedad de la información al objeto de acceder a dichos contenidos e impartirles las instrucciones que estimen oportunas sobre su utilización, destino o supresión. Como excepción, las personas mencionadas no podrán acceder a los contenidos del causante, ni solicitar su modificación o eliminación, cuando la persona fallecida lo hubiese prohibido expresamente o así lo establezca una ley. Dicha prohibición no afectará al derecho de los herederos a acceder a los contenidos que pudiesen formar parte del caudal relicto. b) El albacea testamentario, así como aquella persona o institución a la que el fallecido hubiese designado expresamente para ello también podrá solicitar, con arreglo a las instrucciones recibidas, el acceso a los contenidos con vistas a dar cumplimiento a tales instrucciones. c) En caso de personas fallecidas menores de edad, estas facultades podrán ejercerse también por sus representantes legales o, en el marco de sus competencias, por el Ministerio Fiscal, que podrá actuar de oficio o a instancia de cualquier persona física o jurídica interesada. d) En caso de fallecimiento de personas con discapacidad, estas facultades podrán ejercerse también, además de por quienes señala la letra anterior, por quienes hubiesen sido designados para el ejercicio

nas vinculadas al fallecido, el albacea testamentario o el Ministerio Fiscal en caso de menores, podrán gestionar los contenidos digitales de los fallecidos incluyendo los perfiles existentes en las redes sociales que podrán mantener o eliminar. No obstante, se deberán respetar, en todo, las instrucciones testamentarias acerca de esta circunstancia, en caso de haberlas. Gemma Minero Alejandre opina al respecto que «la implantación de esta tutela post mortem de los datos personales qué duda cabe que generará importantes problemas cuando quien ejercite las correspondientes acciones no siga, a juicio del resto de legitimados, las instrucciones recibidas de la persona fallecida»[654]. Mas lo cierto es que el apartado tercero de este artículo recoge una reserva reglamentaria de desarrollo y, aunque dicho Real Decreto todavía no ha sido aprobado, cabe entender que dispondrá las medidas precisas para que, como por ejemplo en la gestión de las cuentas bancarias, se solicite un acta de últimas voluntades para cotejar existencia o inexistencia de testamento.

En conclusión, en consonancia con el RGPD y, aunque sus principios se infieren de aquel, el legislador español ha realizado un reconocimiento terminológico expreso de la figura del derecho al olvido y ha buscado acercarlo a la realidad digital con una regulación directa de la supresión de los resultados en los motores de búsqueda de Internet y de las publicaciones de las redes sociales[655]. Mediante esta regulación comunitaria y nacional se armoniza el entorno digital con el olvido de la sociedad de tal suerte que una noticia digital pueda quedar enterrada en el pasado[656].

---

de funciones de apoyo si tales facultades se entendieran comprendidas en las medidas de apoyo prestadas por el designado. 2. Las personas legitimadas en el apartado anterior podrán decidir acerca del mantenimiento o eliminación de los perfiles personales de personas fallecidas en redes sociales o servicios equivalentes, a menos que el fallecido hubiera decidido acerca de esta circunstancia, en cuyo caso se estará a sus instrucciones. El responsable del servicio al que se le comunique, con arreglo al párrafo anterior, la solicitud de eliminación del perfil deberá proceder sin dilación a la misma. 3. Mediante real decreto se establecerán los requisitos y condiciones para acreditar la validez y vigencia de los mandatos e instrucciones y, en su caso, el registro de los mismos, que podrá coincidir con el previsto en el artículo 3 de esta ley orgánica. 4. Lo establecido en este artículo en relación con las personas fallecidas en las comunidades autónomas con derecho civil, foral o especial, propio se regirá por lo establecido por estas dentro de su ámbito de aplicación.

654 Minero Alejandre, G., «Nuevas tendencias en materia de protección de datos personales. La nueva Ley Orgánica y la jurisprudencia más reciente», *Anuario Jurídico y Económico,* n.º 52, 2019, p. 147.

655 Guichot, E., *El reconocimiento y desarrollo del derecho al olvido en ..., op. cit.,* p. 82.

656 Platero Alcón, A., *El derecho al olvido en Internet: la responsabilidad civil de los motores de búsqueda y las redes sociales: estudio doctrinal y jurisprudencial,* Dykinson, 2021, p. 111.

5.3. La nueva Carta de Derechos Digitales en España

En el ámbito de la UE, son varios los trabajos que se han realizado a raíz del vertiginoso crecimiento de la nueva realidad tecnológica con la finalidad de planificar una estrategia común para la Unión Europea en el escenario digital. Ejemplo de ello son, además del RGPD, los dos recientes Reglamentos que regulan la Ley de Mercados Digitales[657] —DMA— y la Ley de Servicios Digitales[658] —DSA—. Ambos Reglamentos conforman un elenco de normas aplicables para el conjunto de la UE con el objetivo de diseñar un espacio digital más seguro donde se respeten los derechos fundamentales de todos los consumidores y, a su vez, rijan unos parámetros de libre competencia[659]. Para ello, resulta fundamental controlar el poder de algunas plataformas —*Google, Amazon, Facebook* y *Apple*— que se han erigido como verdaderos «*gatekeepers*» —guardianes de acceso— en el mercado digital[660]. Del mismo modo, la Comisión Europea presentó en el año 2020 un documento orientado a regular la estrategia europea en materia de datos[661] y unas premisas fundamentales para el creciente desarrollo de la inteligencia artificial[662]. Todo ello, en conjunto, apunta a un enfoque común: la necesidad de construir un marco regulador que salvaguarde los derechos de la persona como protagonista del desarrollo digital.

---

657 BOE, *Reglamento (UE) 2022/1925 del Parlamento Europeo y del Consejo de 14 de septiembre de 2022 sobre mercados disputables y equitativos en el sector digital y por el que se modifican las Directivas (UE) 2019/1937 y (UE) 2020/1828 (Reglamento de Mercados Digitales)*, https://www.boe.es/buscar/doc.php?id=DOUE-L-2022-81470 (fecha de consulta: 06 de julio de 2023).

658 BOE, *Reglamento (UE) 2022/2065 del Parlamento Europeo y del Consejo de 19 de octubre de 2022 relativo a un mercado único de servicios digitales y por el que se modifica la Directiva 2000/31/CE (Reglamento de Servicios Digitales)*, https://www.boe.es/buscar/doc.php?id=DOUE-L-2022-81573 (fecha de consulta: 06 de julio de 2023).

659 Comisión Europea, *Paquete de la Ley de Servicios Digitales*, https://digital-strategy.ec.europa.eu/es/policies/digital-services-act-package (fecha de consulta: 06 de julio de 2023).

660 Comisión Europea, *Ley de Mercados Digitales: para unos mercados digitales justos y abiertos*, https://commission.europa.eu/strategy-and-policy/priorities-2019-2024/europe-fit-digital-age/digital-markets-act-ensuring-fair-and-open-digital-markets_es (fecha de consulta: 06 de julio de 2023).

661 EUR-Lex, *Comunicación de la Comisión al Parlamento Europeo, al Consejo, al Comité Económico y Social Europeo y al Comité de las Regiones, Una Estrategia Europea de Datos*, https://eur-lex.europa.eu/legal-content/ES/TXT/?qid=1593073685620&uri=CELEX%3A52020DC0066 (fecha de consulta: 06 de julio de 2023).

662 Eur-Lex, *Libro Blanco, sobre la inteligencia artificial - un enfoque europeo orientado a la excelencia y la confianza*, https://commission.europa.eu/system/files/2020-03/commission-white-paper-artificial-intelligence-feb2020_es.pdf (fecha de consulta: 06 de julio de 2023).

Dentro del compromiso de las instituciones europeas por diseñar un marco de respeto a los derechos fundamentales y mantener un orden ético y democrático en todo este proceso de transformación virtual, merece destacarse la fecha del 26 de enero de 2022 en que la Comisión Europea publicó la «Declaración de Derechos y Principios Digitales para la Década Digital»[663]. Su preámbulo recoge que, con la aceleración de la transformación digital, ha llegado el momento de que la UE aclare cómo han de interpretarse en el mundo digital los valores y los derechos fundamentales que se aplican fuera de línea, pues la transformación digital no debe implicar nunca un retroceso en los derechos, ya que lo que es ilegal fuera de línea debe ser también ilegal en línea. Del mismo modo, manifiesta que el objetivo de la declaración debe ser el de situar a las personas en el centro de la transformación digital. A colación con ello, destaca ALICIA PIÑAR REAL que la idea primordial que sobrevuela el conjunto del texto es la aspiración de posicionar a las personas como el epicentro de la transición digital[664]. La Declaración se encuentra estructurada en seis capítulos que llevan por título: una transformación digital centrada en las personas; solidaridad e inclusión; libertad de elección; participación en el espacio público digital; seguridad, protección y empoderamiento; y sostenibilidad.

Este proceso adoptado por la UE, como un camino tendente a impulsar la articulación de nuevos derechos que amparen suficientemente a la sociedad dentro del nuevo ecosistema digital, ha sido denominado como «constitucionalismo digital»[665]. Giovanni de Gregorio destaca que «en los últimos veinte años, la política de la Unión Europea en el ámbito de las tecnologías digitales ha pasado de una perspectiva económica liberal a un enfoque orientado al constitucionalismo. Este cambio de mentalidad se debe principalmente al auge de la sociedad de la información, que ha creado no solo nuevas oportunidades, sino también retos para los derechos fundamentales y los valores democráticos.» Es decir, el concepto de «constitucionalismo digital» engloba el conjunto de iniciativas que han surgido al objeto de reconocer nuevos derechos digitales para dar protección a los usuarios ante el uso excesivo de Internet o bien de reinterpretar los propios derechos fundamentales para su correcta tutela dentro del ecosistema digital.

Este proceso de «constitucionalismo digital», que ya encuentra antecedentes a principios del siglo XXI, también se ha venido desarrollando en España

663 EUR-LEX, *Declaración Europea sobre los Derechos y Principios Digitales para la Década Digital 2023/C 23/01*, https://eur-lex.europa.eu/legal-content/ES/TXT/?uri=OJ:JOC_2023_023_R_0001 (fecha de consulta: 08 de julio de 2022).

664 PIÑAR REAL, A., «La Declaración de Derechos y Principios Digitales de la Comisión Europea. ¿Hacia un marco constitucional de los derechos digitales en Europa?», *Revista de Derecho Digital e Innovación*, La Ley, p. 10.

665 LEX, G., DENNIS, R., y URS, G., «Towards Digital Constitutionalism? Mapping Attempts to Craft an Internet Bill of Rights», *Berkman*, n.º 2015-15, p. 2.

tomando como punto de partida el artículo 18.4 CE, de la mano del reconocimiento de la dignidad humana como base moral de los propios derechos fundamentales[666]. A partir de este derecho fundamental, se ha fomentado el surgimiento de una nueva batería de medidas legislativas tendentes al reconocimiento de la protección de datos personales y otros nuevos derechos digitales como el derecho al olvido[667]. Tal y como refiere José Luis Piñar Mañas: «La Constitución de 1978 ofrece un marco suficiente para entender reconocidos los derechos que son imprescindibles para el desarrollo de la sociedad digital. Pero ello implica en ocasiones un esfuerzo de interpretación que quizá no deberíamos dejar solo en manos de los Tribunales. [...] es necesario reconocer unos derechos, quizá más específicos de la sociedad digital, como el derecho de acceso a Internet, el derecho a la identidad digital, o la garantía de los neuroderechos, que no pueden quedar a la labor de interpretación que pueda llevarse a cabo, sino que es conveniente que sean ya reconocidos y regulados por el legislador»[668]. Es decir, nuestra Carta Magna contiene la base constitucional suficiente para el reconocimiento de unos derechos fundamentales adaptados a los tiempos que corren y que pueden ser interpretados nuevamente dentro del entorno de la era digital. Al igual que, como apunta Javier Tajadura Tejada, los derechos fundamentales no son sino los derechos humanos constitucionalizados[669], lo mismo habría de ocurrir con los derechos digitales[670].

El mayor avance en este camino tuvo lugar mediante la publicación de la anteriormente comentada LO 3/2018, de 5 de diciembre, de protección de datos personales y garantía de los derechos digitales, la cual supuso un progreso considerable. No obstante, interesa hacer alusión a otro paso posterior que fue el que tuvo lugar el 14 de julio de 2021, fecha en que el Gobierno confeccionó la «Carta de Derechos Digitales de España»[671] —en adelante la Carta—. La Carta fue elaborada por un grupo de expertos conformado por miembros de la Secretaría de Estado de Digitalización e Inteligencia Artificial —SEDIA— del Ministerio de Asuntos Económicos y Transformación Digital.

666 Peces Barba, G., Asis Roig, R., y Barranco Avilés, M., *Lecciones de Derechos Fundamentales*, Dikyinson, 2004.

667 Díez Estella, F., y Oliver García, B., «La nueva Carta de Derechos Digitales en España, y los nuevos reglamentos comunitarios DSA, DMA e IA: ¿hacia un constitucionalismo digital?», *Revista CEFLegal*, n.° 268, 2023, p. 44.

668 Piñar Mañas, J. L., «Identidad y persona en la sociedad digital», en Piñar Mañas, J. L. y De la Cuadra Salcedo, T., *Sociedad digital y Derecho*, BOE, pp. 95-112.

669 Tajadura Tejada, J., *Los derechos fundamentales y sus garantías*, Tirant lo Blanch, 2015.

670 Díez Estella, F., y Oliver García, B., «La nueva Carta de Derechos Digitales en España, y los nuevos reglamentos comunitarios DSA, DMA e IA: ¿hacia un constitucionalismo digital?»..., *op. cit.,* p. 50

671 Gobierno De España, *Carta de Derechos Digitales, 140721-Carta_Derechos_Digitales_RedEs.pdf* (fecha de consulta: 07 de julio de 2023).

A su vez, colaboraron representantes del Ministerio de la Presidencia, Relaciones con las Cortes y Memoria Democrática, del Ministerio de Justicia y de la Agencia Española de Protección de Datos[672].

El objetivo de esta Carta no es el de regular una nueva normativa mediante el conducto reglamentario, ni siquiera el de conformar un proyecto de ley. Su finalidad parece más bien la de servir de brújula y motor de arranque para un debate futuro que sí podría culminar en la elaboración de una nueva ley orgánica de derechos digitales o, incluso, una eventual reforma de la Constitución. En este aspecto, TOMÁS DE LA QUADRA SALCEDO FERNÁNDEZ DEL CASTILLO apunta que «la Carta misma no tiene que ser desarrollada como tal, pero sí que aspira a ser fuente de inspiración para el desarrollo normativo de los derechos y libertades permanentes que se recogen en nuestra Constitución, en la Declaración Universal de Derechos Humanos, en el Convenio Europeo de Derechos Humanos o en la Carta Europea de Derechos Humanos [...] [pues] sería un error creer que las tecnologías digitales son una nueva fuente de derechos. Los derechos surgen de la dignidad de la persona. Esa es una de las aportaciones de la Carta. Lo que es nuevo son las transformaciones que esos derechos experimentan en la sociedad digital»[673].

Esta Carta de Derechos Digitales, que se construye sobre el cimiento de la dignidad de la persona, de los derechos inviolables que le son inherentes y del libre desarrollo de la personalidad[674], busca promover que los derechos fundamentales de los que ya disponen las personas en el mundo analógico tengan el mismo nivel de respaldo y protección en el mundo digital. No pretende tanto crear nuevos derechos, sino aplicar los derechos fundamentales ya reconocidos al espacio virtual para que este cuente con instrumentos y garantías de protección. A su vez, la Carta de Derechos Digitales trata de generar la confianza de la sociedad ante esta fase de disrupción que han acarreado las nuevas tecnologías de la información[675].

La Carta de Derechos Digitales de España, que se divide en seis capítulos, perfila un total de 28 derechos digitales. Bajo el título de derechos de libertad, se contienen los derechos y libertades en el entorno digital, el derecho a la

---

672 GOBIERNO DE ESPAÑA, *Derechos Digitales, Plan de Recuperación, Transformación y Resiliencia,* (fecha de consulta: https://derechodigital.pre.red.es/#:~:text=La%20Carta%20de%20Derechos%20Digitales%20ha%20sido%20elaborada%20por%20el,Asuntos%20Econ%C3%B3micos%20y%20Transformaci%C3%B3n%20Digital. 08 de julio de 2023).

673 QUADRA-SALCEDO FERNÁNDEZ DEL CASTILLO, T., «Derechos digitales, perseverando en la lucha por el valor permanente de la dignidad de la persona en el mundo digital», *Diario La Ley de Ciberderecho,* 2021, p. 50.

674 DERECHOS DIGITALES, *Consideraciones Previas,* https://derechodigital.pre.red.es/documentos/140721-Resumen_Ejecutivo_Derechos_Digitales_RedEs.pdf (fecha de consulta: 10 de julio de 2023).

675 GOBIERNO DE ESPAÑA, *Derechos Digitales, Plan de Recuperación, Transformación y Resiliencia..., op. cit.*

identidad en el entorno digital, el derecho a la protección de datos, el derecho al pseudonimato, el derecho de la persona a no ser localizada y perfilada, el derecho a la ciberseguridad y el derecho a la herencia digital. Con el rótulo de derechos de igualdad, se encuentra el derecho a la igualdad y a la no discriminación en el entorno digital, el derecho de acceso a Internet, la protección de las personas menores de edad en el entorno digital, la accesibilidad universal en el entorno digital y las brechas de acceso al entorno digital. Bajo el encabezamiento de derechos de participación y de conformación del espacio público, se refleja el derecho a la neutralidad de Internet, la libertad de expresión y libertad de información, el derecho a recibir libremente información veraz, el derecho a la participación ciudadana por medios digitales, el derecho a la educación y los derechos digitales de la ciudadanía en sus relaciones con las Administraciones Públicas. Un cuarto capítulo titulado derechos del entorno laboral y empresarial recoge los derechos en el ámbito laboral y la empresa en el entorno digital. Con la rúbrica de derechos digitales en entornos específicos, se exponen una serie de derechos variados que quizás resultaran inclasificables en otras categorías, tales como el derecho de acceso a datos con fines de archivo en interés público, fines de investigación científica o histórica, fines estadísticos, y fines de innovación y desarrollo; el derecho a un desarrollo tecnológico y un entorno digital sostenible; el derecho a la protección de la salud en el entorno digital; la libertad de creación y derecho de acceso a la cultura en el entorno digital; los derechos ante la inteligencia artificial; y los derechos digitales en el empleo de las neurotecnologías. Por último, como principios de garantías y eficacia, se incluyen las garantías de los derechos en los entornos digitales y las garantías para su correcta eficacia.

Algunos de estos derechos ya habían sido previamente formulados de forma específica, es el caso del derecho a la herencia digital, el derecho a la neutralidad en Internet, el derecho a la protección de datos, el derecho de acceso a Internet, el derecho a la ciberseguridad, el derecho a la educación digital o el derecho a la protección de menores en Internet, los cuales se encontraban ya previstos en el Título X de la LO 3/18. Otros de ellos, como los derechos de libertad, el derecho a la igualdad y a la no discriminación, la libertad de expresión y libertad de información, el derecho a recibir libremente información veraz, el derecho a la participación ciudadana por medios digitales, no son sino una formulación adaptada al ámbito digital de derechos fundamentales ya consagrados en la Carta Magna, en los artículos 17 —seguridad—, 14, 9.2 —igualdad—, 20 —libertades de expresión e información—, 23 —participación— y 27 —educación—. A su vez, los derechos de libertad tratan, en su conjunto, en torno al artículo 10 CE, pues se manifiesta el reconocimiento de la dignidad de la persona y el libre desarrollo de la personalidad[676]. Del mismo modo, la mención del derecho a la protección

676 Díez Estella, F., y Oliver García, B., «La nueva Carta de Derechos Digitales en España, y los nuevos reglamentos comunitarios DSA, DMA e IA: ¿hacia un constitucionalismo digital? ..., *op. cit.*, p. 57.

de datos[677] y el derecho a la identidad en el entorno digital implican la protección de los derechos garantizados en el artículo 18.1 CE. Por otro lado, no se puede olvidar que estos derechos están respaldados por el respeto a la vida privada y familiar reconocido en el artículo 8 CEDH, el derecho a la libertad de expresión del artículo 10 CEDH y la protección de discriminación contemplado en el artículo 14 CEDH.

No obstante, uno de los puntos más destacables de la Carta es el carácter pionero que caracteriza a algunos de los derechos que en ella se recogen. En ese aspecto, el propio Jefe del Ejecutivo quiso reseñar que la Carta tenía como misión situar a España «en una posición de liderazgo» y colocarla «a la vanguardia internacional en la protección de derechos de la ciudadanía»[678]. Uno de estos incipientes derechos es el derecho al pseudoanonimato —aunque el término «seudonimización» se encontraba descrito en el artículo 4.5 RGPD[679]— pero, muy especialmente, aquellos otros relacionados con el nuevo mundo asociado a la inteligencia artificial, como la no discriminación algorítmica o el derecho de la persona a solicitar una supervisión o intervención humanas.

Especial interés tiene para este trabajo señalar que el derecho al olvido se encuentra brevemente referenciado en el artículo 3.4[680] —derecho a la protección de datos— y en el artículo 15.3.d)[681] —derecho a recibir libremente información veraz— de la Carta. A este respecto, hay que objetar que un documento llamado a unificar los nuevos derechos asociados a la era digital obvie dedicar un artículo propio al que ha sido quizás el derecho digital más

677 *Véase* Hernández Corchete, J. A., «Expectativas de privacidad tutela de la intimidad y protección de datos», en Pilar Matas J. L., y Cuadra Salcedo T., *Sociedad digital y Derecho*, BOE, 2018, pp. 659-682.

678 La Moncloa, *Sánchez presenta la Carta de Derechos Digitales, con la que "España se sitúa a la vanguardia internacional en la protección de derechos de la ciudadanía"*, https://www.lamoncloa.gob.es/presidente/actividades/Paginas/2021/140721-derechos-digitales.aspx (fecha de consulta: 10 de julio de 2023).

679 Artículo 4.5 RGPD: ««seudonimización»: el tratamiento de datos personales de manera tal que ya no puedan atribuirse a un interesado sin utilizar información adicional, siempre que dicha información adicional figure por separado y esté sujeta a medidas técnicas y organizativas destinadas a garantizar que los datos personales no se atribuyan a una persona física identificada o identificable».

680 Artículo 3.4 Carta de Derechos Digitales: «Toda persona tiene derecho a ser informada en el momento de la recogida de los datos sobre su destino y los usos que se hagan de los mismos, a acceder a los datos recogidos que le conciernan y a ejercer sus derechos de rectificación, oposición, cancelación, portabilidad de los datos, y derecho a la supresión (derecho al olvido) en los términos previstos en la normativa de protección de datos nacional y europea».

681 Artículo 15.3.d) Carta de Derechos Digitales: «En relación con las opiniones o las informaciones distribuidas o difundidas directamente a través de servicios intermediarios, se promoverá el establecimiento por parte de los prestadores de mecanismos y procedimientos que hagan posible el ejercicio de los siguientes derechos de los usuarios».

mentado hasta la fecha: el derecho al olvido. No hay que olvidar que el punto de partida en el nuevo tratamiento de las garantías digitales y la toma de conciencia ante las incipientes amenazas derivadas de las nuevas tecnologías de la información tuvo su origen en la STJUE de 13 de mayo de 2014, por lo que podría considerarse el derecho al olvido como el precursor del resto de derechos digitales. Por lo tanto, aunque el derecho al olvido ya se encuentre —insuficientemente— regulado en otras disposiciones normativas, la Carta —como se ha referido previamente— también plasma derechos que ya habían sido formulados, por lo que no parece coherente que el derecho al olvido no cuente con un apartado propio.

Otra objeción a esta Carta es la ausencia de rango legal o reglamentario de sus disposiciones, las cuales carecen de todo mandato normativo, por lo que se trata de un texto sin ninguna trascendencia jurídica. Por consiguiente, los derechos recogidos en la Carta no revisten más que un marco de sugerencias y directrices de futuro con un valor meramente descriptivo. Pese a ello, hay que destacar el impulso que ha pretendido dar al desarrollo de los procesos de reflexión que permitan navegar hacia una suerte de «constitucionalismo digital» en la navegación hacia los nuevos desafíos del escenario digital.

5.4. La construcción constitucional del derecho al olvido

Huelga decir que el derecho al olvido no se encuentra expresamente reconocido dentro del elenco de derechos fundamentales consagrados en la *Norma Normarum* —Título I, Capítulo II, Sección 1.ª, de los derechos fundamentales y de las libertades públicas—; no obstante, tal y como advierte Eduardo Espín Templado, «la vida de las constituciones oscila entre dos necesidades aparentemente contradictorias, la necesidad de su adaptación a las inevitables transformaciones de una sociedad y la conveniencia de su estabilidad»[682]. Ciertamente, nuestra Constitución se caracteriza por tener una estructura rígida[683], según se deduce de los artículos 9.1[684] y 53.1[685] que establecen un mandato normativo para el conjunto de los derechos funda-

682 Espín Templado, E., *Lecciones de Derecho Político,* Tirant lo Blanc, Valencia, 1994, p. 97.

683 Vernet i Llobet, J., y Aguilera de Prat, C., «Cuestiones simbólicas y Constitución española», *Revista de estudios políticos*, n.º 79, 1993, pp. 139 - 160.

684 Artículo 9.1 CE: «Los ciudadanos y los poderes públicos están sujetos a la Constitución y al resto del ordenamiento jurídico».

685 Artículo 53.1 CE: «Los derechos y libertades reconocidos en el Capítulo segundo del presente Título vinculan a todos los poderes públicos. Sólo por ley, que en todo caso deberá respetar su contenido esencial, podrá regularse el ejercicio de tales derechos y libertades, que se tutelarán de acuerdo con lo previsto en el artículo 161, 1, a)».

mentales reconocidos[686]. Pero el mandato constitucional no se puede agotar en una hermenéutica literaria de sus artículos, sino que resulta necesaria —por supuesto, dentro de un marco de estabilidad y seguridad jurídica— una interpretación flexible, dinámica y vitalista de la Norma, que sea permeable a las nuevas contingencias sociales.

En esta línea, el propio TC ha venido adoptando una interpretación flexible del mandato constitucional que, junto a un marco de estabilidad, incorpore las nuevas realidades de los tiempos presentes. La STC 66/1995 tiene un marcado impacto en la tradición constitucional, en ella se dispone la adopción de la teoría de los principios en la interpretación de los derechos fundamentales y se declara el principio de proporcionalidad y la subsiguiente ponderación por el TC de los derechos fundamentales en conflicto[687]. A este respecto, la doctrina ha considerado que la Carta Magna y, en concreto, los derechos fundamentales en ella reconocidos, se rigen por la teoría de los principios[688]; es decir, que alberga una manifestación de principios esenciales y que dichos principios imponen una necesaria adaptación al curso de los tiempos para su vigencia y reconocimiento. Se trata de una teoría apropiada para fundamentar la construcción de nuevos derechos fundamentales con base en los principios constitucionales[689]. Dicho de otra forma, los valores y los principios constitucionales tienen un peso importante —o decisivo— en la interpretación de los derechos fundamentales; como también lo tiene la interpretación derivada de los Tribunales Internacionales competentes para aplicar las declaraciones internacionales de derechos —véase art. 10.2 CE[690]—.

Los valores y principios constitucionales son, por antonomasia, la libertad, la igualdad, la justicia y el pluralismo político, y se encuentran contemplados en el artículo 1.1 CE[691]. La libertad, aparte de ser un valor superior, también

686 García de Enterría, E., *La Constitución como norma y el Tribunal Constitucional*, Civitas, Madrid, 1985.

687 STC 66/1995, de 8 de mayo de 1995, FJ 3.° y 4.°.

688 Bernal Pulido, C., *Los derechos fundamentales y la teoría de los principios:¿ es la teoría de los principios la base para una teoría adecuada de los derechos fundamentales de la Constitución Española?,* 2007, https://rua.ua.es/dspace/bitstream/10045/13135/1/DOXA_30_35.pdf (fecha de consulta: 25 de agosto de 2022).

689 Alexy, R., *Teoría de los derechos fundamentales*, traducido por GARZÓN VALDÉS, E., Centro de Estudios Políticos y Constitucionales, 2.ª ed., Madrid, 2001, p. 86.

690 Artículo 10.2 CE: «Las normas relativas a los derechos fundamentales y a las libertades que la Constitución reconoce se interpretarán de conformidad con la Declaración Universal de Derechos Humanos y los tratados y acuerdos internacionales sobre las mismas materias ratificados por España».

691 Artículo 1.1 CE: «España se constituye en un Estado social y democrático de Derecho, que propugna como valores superiores de su ordenamiento jurídico la libertad, la justicia, la igualdad y el pluralismo político».

se encarna en derechos específicos, como los contenidos en los derechos fundamentales de los artículos 16.1, 17.1, 19 o 20 CE[692]. La igualdad es un valor superior del ordenamiento jurídico y, a su vez, un derecho reconocido en el artículo 14 CE: «los españoles son iguales ante la ley, sin que pueda prevalecer discriminación alguna por razón de nacimiento, raza, sexo, religión, opinión o cualquier otra condición o circunstancia personal o social». Como explica Encarnación Carmona Cuenca, es habitual que las constituciones y los tratados internacionales reconozcan el derecho a la igualdad junto a una enumeración de motivos específicos de discriminación —en nuestra Constitución «nacimiento, raza, sexo o religión»—, pero esta enumeración normativa no opera como una lista cerrada, pudiéndose apreciar tantos criterios de discriminación como se revelen por el devenir histórico[693]. Por su parte, la dignidad, si bien no es un derecho, constituye, junto con el desarrollo de la personalidad, el fundamento más inmediato de los derechos fundamentales —*vid.* Art. 10.1 CE[694]—. En esta línea, la dignidad y la libertad son, principio y fundamento, respectivamente, reconocidos en la práctica totalidad de los textos constitucionales actuales y, aunque su formulación haya adoptado diferentes redacciones, se trata de valores comunes a la esencia de todo Estado democrático. Por consiguiente, la libertad, como principio y derecho,

692 Artículo 16.1 CE: «Se garantiza la libertad ideológica, religiosa y de culto de los individuos y las comunidades sin más limitación, en sus manifestaciones, que la necesaria para el mantenimiento del orden público protegido por la ley». Artículo 17.1 CE: «Toda persona tiene derecho a la libertad y a la seguridad. Nadie puede ser privado de su libertad, sino con la observancia de lo establecido en este artículo y en los casos y en la forma previstos en la ley». Artículo 19 CE: «Los españoles tienen derecho a elegir libremente su residencia y a circular por el territorio nacional». Artículo 20 CE: «1. Se reconocen y protegen los derechos: a) A expresar y difundir libremente los pensamientos, ideas y opiniones mediante la palabra, el escrito o cualquier otro medio de reproducción. b) A la producción y creación literaria, artística, científica y técnica. c) A la libertad de cátedra. d) A comunicar o recibir libremente información veraz por cualquier medio de difusión. La ley regulará el derecho a la cláusula de conciencia y al secreto profesional en el ejercicio de estas libertades. 2. El ejercicio de estos derechos no puede restringirse mediante ningún tipo de censura previa. 3. La ley regulará la organización y el control parlamentario de los medios de comunicación social dependientes del Estado o de cualquier ente público y garantizará el acceso a dichos medios de los grupos sociales y políticos significativos, respetando el pluralismo de la sociedad y de las diversas lenguas de España. 4. Estas libertades tienen su límite en el respeto a los derechos reconocidos en este Título, en los preceptos de las leyes que lo desarrollen y, especialmente, en el derecho al honor, a la intimidad, a la propia imagen y a la protección de la juventud y de la infancia. 5. Sólo podrá acordarse el secuestro de publicaciones, grabaciones y otros medios de información en virtud de resolución judicial.».

693 Carmona Cuenca, E., «El derecho a la igualdad y los derechos sociales», *Cuatro décadas de jurisprudencia constitucional: los retos*, Tribunal Constitucional Centro de Estudios Políticos y Constitucionales, Madrid, 2020, pp. 144-145.

694 Artículo 10.1 CE: «La dignidad de la persona, los derechos inviolables que le son inherentes, el libre desarrollo de la personalidad, el respeto a la ley y a los derechos de los demás son fundamento del orden político y de la paz social».

y la dignidad humana junto al libre desarrollo de la personalidad, como fundamentos constitucionales, impulsan un concepto amplio de libertad sobre el que fundamentar el reconocimiento de otros derechos que, aunque no se encuentren expresamente redactados en el texto constitucional, sean el resultado interpretativo de los anteriores valores, principios, fundamentos y derechos[695]. Además, derechos constitucionales como la intimidad personal y familiar, adquieren cada vez un contenido más amplio y nutrido, más ligado a los reclamos de la ciudadanía. En este contexto, surge una especial sensibilidad hacia nuevas esferas de intimidad y se levantan nuevos diques de contención contra el merodeo de los demás que permiten la configuración de unos márgenes de desarrollo de vida acordes a las circunstancias sociales concurrentes[696].

En todo este papel configurador, cobran especial transcendencia el reconocimiento de la dignidad humana y del libre desarrollo de la personalidad, ya que son fundamento de los derechos fundamentales pese a que, en sí mismos, no sean derechos específicos. Aunque que no cuentan con el reconocimiento *lex legum* de valores superiores del ordenamiento jurídico[697], lo cual sí sucede con el valor de la libertad —al que se ha aludido previamente—, el artículo 10.1 CE[698] les otorga el valor de fundamentos del orden político y de la paz social. Y, al operar como fundamento, sucede que «en todos y cada uno de los derechos fundamentales se proyecta la dignidad. La dignidad sustancial de la persona está en la raíz de todos sus derechos básicos, aunque en algunos esa dimensión se haga más patente, como en el derecho a la integridad física y moral, en el de la libertad personal, en el derecho al honor, intimidad personal y familiar»[699].

El TC ha manifestado que no es casualidad que la dignidad de la persona esté recogida en el primer artículo del Título I —de los derechos y deberes fundamentales— pues denota la voluntad del legislador constitucional de considerarla como el «punto de arranque, como el prius lógico y ontológico para la existencia y especificación de los demás derechos»[700]. Concretamente, el TC

695 Díaz Revorio, F. J., *Los derechos humanos ante los nuevos avances científicos,* Tirant lo Blanch, Valencia, 2009, pp. 41-42.

696 Álvarez-Cienfuegos Suárez, J. M., «El registro de penados rebeldes y la intimidad de los ciudadanos», *Actualidad Jurídica Aranzadi,* n.º 409, 1999, pp. 1 - 5.

697 Artículo 1.1 CE: «España se constituye en un Estado social y democrático de Derecho, que propugna como valores superiores de su ordenamiento jurídico la libertad, la justicia, la igualdad y el pluralismo político».

698 Artículo 10.1 CE: «La dignidad de la persona, los derechos inviolables que le son inherentes, el libre desarrollo de la personalidad, el respeto a la ley y a los derechos de los demás son fundamento del orden político y de la paz social».

699 González Pérez, J., «La dignidad de la persona en la jurisprudencia constitucional», *Anales de la Real Academia de Ciencias Morales y Políticas, Ministerio de Justicia*, 1985. p. 142.

700 STC 53/1985, de 11 de abril, FJ 3.º.

ha precisado que los derechos de la personalidad —artículo 18.1 CE— son derechos fundamentales intrínsecamente ligados con la propia personalidad, la cual deriva, sin lugar a dudas, del valor de la dignidad personal reconocido en el artículo 10 CE[701]. Es más, los ha conceptuado como derechos de libertad y autonomía[702], toda vez que son derechos orientados a preservar un margen de autonomía personal frente a la intromisión de terceras personas. Así las cosas, la difusión de informaciones que impliquen intromisión en los derechos de la personalidad supondrán consiguientemente una lesión en la dignidad de la persona. Es por ello que, del mismo modo puede afirmarse que el artículo 10.1 de la Norma Suprema garantiza un margen de autonomía individual respecto a la libertad de la persona para actuar o decidir de forma libre qué cuestiones han de encararse en su proyecto vital.

Pere Simón Castellano —una de las principales figuras en el campo del derecho al olvido— plantea una construcción constitucional del derecho al olvido íntimamente vinculada con el derecho de la dignidad personal. Este enfoque de la dignidad personal, al operar en el entorno tecnológico, consistiría en el margen de autonomía del que dispone cualquier persona para escoger qué cuestiones pueden o no ser participadas en Internet, un derecho a limitar libremente la revelación de cuestiones de índole personal *online*[703]. Es decir, el derecho al olvido digital es el resultado del derecho a la autodeterminación informativa —*habeas data*—, consistente en la facultad del individuo para mantener el control de sus datos, delimitando a cuáles de ellos pueden o no tener acceso los demás. En este mismo sentido, se pronuncia el TC al manifestar que «la dignidad personal conforma un valor espiritual y moral inmanente a las personas, y que se revela como una autodeterminación libre y voluntaria de la propia vida, que precisa del respeto ajeno»[704].

Recuérdese que la STC 292/2000, que otorgaba el reconocimiento como derecho fundamental a la protección de datos personales, fundamentaba la cuestión como un margen de aplicación conjunto entre el derecho a la intimidad reconocido en el artículo 18.1 CE y el derecho a la limitación de la informática del artículo 18.4 derivado en «un poder de disposición y de control sobre los datos personales que faculta a la persona para decidir cuáles de esos datos proporcionar»[705]. Acerca de este derecho fundamental a la autodeterminación informativa, Pablo Lucas Murillo de la Cueva especifica que está orientado a «satisfacer una necesidad básica de toda persona: el control

701 STC 231/1988, de 2 de diciembre, FJ 3.°.

702 Álvarez Conde, E., *Curso de derecho constitucional: El Estado Constitucional. El sistema de fuentes. Los derechos y libertades*, vol. 1.°, 4.ª ed., Tecnos, Madrid, 2003, p. 336.

703 Simón Castellano, P., *El régimen constitucional del derecho al olvido digital,* Tirant Lo Blanch, Valencia, 2012, p. 120.

704 STC 53/1985, de 11 de abril, FJ 8.°.

705 STC 292/2000, de 30 de noviembre, FJ 6.°.

de la información que le concierne. Que no consiste en una exquisitez jurídica ni en un capricho, sino en una pretensión esencial en la sociedad que vivimos. Sin ese control, [...] [sin ese límite al conocimiento potencial de los datos informáticos relativos a la vida de las personas, el] resultado será que estará en peligro el libre desenvolvimiento de nuestra vida e incluso nuestra propia identidad»[706].

El derecho al olvido digital es una realidad que ha nacido al amparo del derecho a la protección de datos personales. Esto se debe, principalmente, a que los ciudadanos dirigieran sus primeras quejas a la AEPD y, por ende, este organismo articulara el derecho al olvido en base a la normativa de protección de datos. De hecho, la memoria anual del año 2021 de la AEPD revela que el 7 % del total de las reclamaciones planteadas ante este organismo estaban relacionadas con el derecho al olvido en los buscadores, seguidas por las reclamaciones vinculadas con el derecho al olvido en las redes sociales y plataformas similares[707]. En principio, puede pensarse en dos circunstancias favorecedoras de este medio de reclamación; por un lado, el ciudadano podía presentar su queja por sí mismo y sin la necesaria postulación procesal —defensa de Letrado y representación de Procurador— que implica la reclamación ante la jurisdicción civil; y por el otro, la definición de dato personal que se contemplaba en la ya derogada LOPD 15/1999[708] era tan amplio que daba cabida a cualquier tipo de dato identificable —nombre y apellidos personales—[709].

Sucede también que la archiconocida STJUE de 13 de mayo de 2014 resultó de la cuestión prejudicial planteada en un recurso contencioso-administrativo frente a una resolución de la AEPD. Por todo lo anterior, el derecho al olvido ha sido inicialmente vertebrado en base a la normativa de protección de datos; pero nace de una realidad social apremiante con soporte en otras herramientas jurídicas. Además, no puede olvidarse que el propio derecho a la protección de datos, como derecho fundamental con reconocimiento constitucional, nace como una conjugación del derecho a la intimidad —art. 18.1 CE— y el derecho a la autodeterminación informativa —art. 18.4 CE—; luego ya, desde un primer punto de partida, se constata la participación de uno de los derechos del artículo 18.1 en la construcción jurídica del derecho al olvido. El estado de la cuestión revela, por tanto, que el bien jurídico prote-

---

706 Murillo de la Cueva, P. L., «Perspectivas del derecho a la autodeterminación informativa», *Revista Internet, Derecho y Política*, n.º 5, 2007, p. 30.

707 AEPD, *Memoria Anual 2021*, https://www.aepd.es/es/documento/memoria-aepd-2021.pdf (fecha de consulta: 21 de agosto de 2022).

708 Artículo 3.a) Ley Orgánica 15/1999, de 13 de diciembre: «A los efectos de la presente Ley Orgánica se entenderá por [...] Datos de carácter personal: cualquier información concerniente a personas físicas identificadas o identificables».

709 Vizcaíno Calderón, M., *Comentarios a la Ley Orgánica de Protección de Datos de Carácter Personal*, Civitas, Madrid, 2001, p. 72.

gido por el derecho al olvido excede de ser una estricta cuestión circunscrita a la normativa de protección de datos pues, como se ha dicho, manifiesta la libertad de desarrollar la propia dignidad personal mediante un derecho a la autodeterminación informativa en Internet. Pero, a su vez, el derecho al olvido añade otro elemento, el de que nadie se vea atado a informaciones del pasado que puedan perjudicar su propio proyecto vital; podría decirse que el derecho al olvido es un derecho a la autodeterminación informativa del pasado ejercitado desde el presente.

La idea central del derecho al olvido reside en el factor tiempo, en esta paradójica realidad virtual en la que los actos comunicativos ni desaparecen ni se olvidan, que quedan suspendidos en una especie de nebulosa y constante difusión. Evidentemente, toda esta construcción jurídica carecería de sentido solamente para argumentar una salvaguarda de los derechos de la personalidad frente a las injerencias perpetradas el ámbito informático. Las intromisiones ilegítimas en los derechos fundamentales del artículo 18.1 CE ocasionadas a través de los medios de comunicación informáticos ya contaban con mecanismos de garantía y reclamación —valga por ejemplo un caso de insultos a través de redes sociales—. Lo que se defiende mediante el derecho al olvido es que la difusión a tiempo presente de una noticia antigua, a pesar de su veracidad o de su relevancia pública en el pasado, no estaría protegida por los derechos comunicativos del artículo 20.1 CE. Toda vez que, como se viene afirmando, el derecho al olvido garantiza que no se divulguen hechos pasados sin relevancia actual o, dicho de otro modo, a que se interrumpa la constante difusión digital de noticias pasadas. Podría decirse que la *exceptio veritatis* carecería de aplicación en el campo del derecho al olvido, al igual que carece de relevancia respecto al derecho a la intimidad, es decir, que la certeza de la información no exculpa la ilicitud de la intromisión al haberse desvanecido la relevancia pública con el paso del tiempo[710]. De este modo, el transcurso del tiempo implica que el interés público de la noticia desaparezca y que por ello varíen los elementos de ponderación entre los derechos de la personalidad y los derechos comunicativos respecto de su valoración en el momento noticioso. Con esto se quiere decir que lo que un día quedó amparado por el interés preponderante de la libertad de información haya dejado de estarlo por lo que, en consecuencia, se produce una merma al honor, a la intimidad o a la propia imagen de una persona[711]. La constante transmisión de una noticia afecta el libre desarrollo de la personalidad y también conlleva un daño a los derechos fundamentales del artículo 18.1 CE[712].

---

710 Carpio Fiestas, V., «Libertad de expresión, personas jurídicas y derecho al honor», *Derecho Privado y Constitución*, n.º 10, pp. 91-116.

711 Martínez, Á., *Derecho al olvido: recorrido histórico y multidimensional..., op. cit.*, p. 11.

712 Simón Castellano, P., *El régimen constitucional del derecho al olvido digital..., op. cit.*, p. 122.

Similar circunstancia se plantea en el caso de quien habiendo ocupado un puesto de relevancia en el pasado haya transitado a la vida privada y abandonado su condición de personaje público. Su salida del mundo público implica que los asuntos concernientes al mismo pierdan transcendencia. Lo contrario —esto es, la eterna publicación de noticias adheridas a sus datos personales—, implicaría un grave impedimento en el desarrollo de su proyecto vital en la vida ordinaria y una intromisión en sus derechos de la personalidad. Con todo, la cuestión dependerá del tipo de protagonismo público desempeñado para valorar si concurre un efectivo derecho al olvido —imagínese, como ejemplo extremo, que el Rey Emérito solicitase el borrado de todos sus datos personales, lo que no tendría cabida—.

Dicho de otro modo, el derecho al olvido reconoce, como garantías de la dignidad personal y del libre desarrollo de la personalidad, el derecho a que no se perpetúen publicaciones acerca de datos del pasado sin interés público en el presente. Es decir, la legitimidad acerca de datos concernientes al derecho al honor, a la intimidad o a la propia imagen, habrá de derivar de una nueva ponderación al momento presente, pues la prevalencia de los derechos de la comunicación en el pasado no justificaría su difusión al momento actual. En este sentido, la conexión en Internet de unos hechos relativos al pasado con la identidad personal de un individuo implicaría un menoscabo de sus derechos fundamentales y un daño moral objeto de reclamación[713]. En cambio, la divulgación de hechos pasados que sigan gozando de relevancia pública actual, se encuadraría dentro del paraguas protector de las libertades informativas y el derecho al olvido decaería frente a estas, luego todo dependerá de si el lapso temporal conlleva el desinterés público del pretérito suceso —extremo que habría de interpretarse favorablemente salvo contadas excepciones de interés social—.

El TC se pronunció por primera vez respecto al derecho al olvido digital en la reciente STC 58/2018, de 4 de junio. De hecho, comienza su fundamentación jurídica advirtiendo de que no había tenido ocasión previa de manifestarse respecto a este derecho «como posible proyección del derecho al honor, a la intimidad (art. 18. 1 CE) o a la protección de datos de carácter digital»[714]. Versando sobre un conflicto entre los derechos al honor, a la intimidad y a la protección de datos frente al derecho a la información, argumenta que «este conflicto adopta, en este caso, matices singulares que tienen que ver con el modo en que la intimidad de las personas titulares de este derecho se ve expuesta con el uso de las tecnologías de la información, en particular con el uso de Internet; con la forma en que las herramientas informáticas desarrolladas para facilitar el acceso a la información, como los buscadores, afectan singularmente a los datos personales de la ciudadanía; con el modo en que

713 Simón Castellano, P., *El régimen constitucional del derecho al olvido digital...*, *op. cit.*, p. 192.

714 STC 58/2018, de 4 de junio, FJ 4.°.

el transcurso del tiempo puede llegar a influir en los equilibrios entre derecho al honor y la intimidad (art. 18.1 CE) y las libertades informativas [art. 20.1. d) CE], haciendo nacer un «derecho al olvido»»[715]. No duda en remarcar el TC que el derecho al olvido, más allá de tratarse de un mecanismo de protección de datos, es «un mecanismo de garantía para la preservación de los derechos a la intimidad y al honor, con los que está íntimamente relacionado, aunque se trate de un derecho autónomo»[716]. Esto no ha de significar que el derecho a la propia imagen deba quedar fuera de juego en su relación con el derecho al olvido, lejos de ello se ha de tener presente que la sentencia resuelve respecto a un recurso de amparo, donde se planteaba únicamente la intromisión en los derechos al honor y a la intimidad —pues ciertamente el supuesto de hecho no plantea injerencia en el derecho a la propia imagen—. Por ello, conviene subrayar que, al argumentar en favor de la conexión del derecho al olvido con dos de los derechos del artículo 18.1 CE y, tratándose todos ellos de derechos, aun autónomos, estrechamente conectados, se deduzca también la relación con el tercero de ellos —el derecho a la propia imagen—.

La sentencia continúa advirtiendo acerca de cómo mediante las herramientas comunicativas actuales se evocan noticias antiguas sobre sucesos sin actualidad y que dichos mecanismos tendentes a hurgar en el pasado requieren nuevos criterios de ponderación: «hoy, la información periodística ya no es solo la actualidad publicada en la prensa escrita o audiovisual, sino un flujo de datos sobre hechos y personas que circula por cauces no siempre sujetos al control de los propios medios de comunicación, y que nos permite ir hacia atrás en el tiempo haciendo noticiables sucesos que no son actuales. Las anteriores circunstancias exigen ajustar nuestra jurisprudencia sobre la ponderación de los derechos en conflicto»[717]. Para dicha ponderación se «debe partir del recurso al canon habitual que emplea nuestra jurisprudencia para dirimir la colisión entre el derecho a la información y los derechos de la personalidad»[718], esto es: veracidad y relevancia pública. «Pero deben ser añadidas al canon dos variables determinantes en supuestos como el que nos ocupa, porque estamos ante el apartado cuarto del artículo 18 CE con carácter prevalente: el valor del paso del tiempo a la hora de calibrar el impacto de la difusión de una noticia sobre el derecho a la intimidad del titular de dicho derecho, y la importancia de la digitalización de los documentos informativos, para facilitar la democratización del acceso a la información de todos los usuarios de Internet»[719]. Y es que el carácter noticiable de cierto suceso «también puede tener que ver con la «actualidad» de la noticia, es

715 STC 58/2018, de 4 de junio, FJ 5.°.

716 STC 58/2018, de 4 de junio, FJ 5.°.

717 *Ibídem*.

718 STC 58/2018, de 4 de junio, FJ 6.°.

719 *Ibídem*.

decir con su conexión, más o menos inmediata, con el tiempo presente [...] Por esa razón podría ponerse en duda, en estos casos, la prevalencia del derecho a la información [art. 20.1 d) CE] sobre el derecho a la intimidad de una persona (art. 18.1 CE) que, pasado un lapso de tiempo, opta por solicitar que estos datos e información, que pudieron tener relevancia pública en su día, sean olvidados»[720].

5.5. Repercusiones jurisprudenciales tras la STJUE de 13 de mayo de 2014

5.5.1. Hacia el primer pronunciamiento del Tribunal Supremo. Indemnización por intromisión en el derecho al honor y a la intimidad. Inaplicación del derecho al olvido ante las hemerotecas digitales

La STJUE de 13 de mayo de 2014 tuvo un marcado impacto y fue sumamente comentada, con ello, se dio a conocer entre la sociedad un mecanismo para muchos aún desconocido y la posibilidad de ejercer un derecho con el que la mayoría no contaba. Así, los años 2014 y 2015 llegaron acompañados de una primera gran oleada[721] de reclamaciones frente a *Google* solicitando la supresión de resultados ante la AEPD. Estas reclamaciones fueron recurridas por *Google* ante la Audiencia Nacional, que en la mayor parte de casos confirmó las resoluciones administrativas de la AEPD[722].

Sin embargo, en algunos casos la Audiencia Nacional estimó los recursos denegando la aplicación del derecho al olvido por no haberse acreditado de manera suficiente la existencia del perjuicio sufrido por parte del demandante[723], no pudiendo contar por tanto la Sala con suficientes elementos de juicio en aras a la ponderación de intereses[724]. De ello, se podría deducir la obligación de la carga probatoria del afectado a la hora de acreditar el interés

720 *Ibídem*.

721 MARTINEZ, Á., *Derecho al olvido: recorrido histórico y multidimensional..., op. cit.,* p. 19.

722 Véanse las SAN (Sala de lo contencioso-administrativo) 86/2015 de 5 febrero; 273/2015 de 11 junio y 308/2015 de 16 junio.

723 SEMPERE, F. J., *Sentencias de la Audiencia Nacional y Tribunal Supremo sobre el «derecho al olvido»*, Privacidad Lógica, https://www.privacidadlogica.es/sentencias-de-la-audiencia-nacional-y-tribunal-supremo-sobre-el-derecho-al-olvido/ (fecha de consulta: 18 de agosto de 2022).

724 Véanse las SAN (Sala de lo contencioso-administrativo) 240/2015 de 9 de junio, FJ 9.°.

en la supresión del resultado, si bien, lo cierto, es que dicha jurisprudencia —un tanto «verde» todavía— data del año 2015 y previa, por tanto, a la actual normativa de protección de datos —RGPD y LO 3/2018—, de la que se extrae justamente lo contrario: el deber de borrado salvo casos concretos de relevancia pública que consiguientemente habrían de ser fundamentados por el buscador.

Respecto a casos relativos a la trascendencia pública de la información, pueden destacarse dos sentencias significativas. Primeramente, un supuesto de derecho al olvido vinculado a una noticia publicada en el diario El País respecto a la presunta participación del afectado con la banda terrorista ETA. La Sentencia de la Audiencia Nacional 77/2015 efectúa un razonamiento que parte de afirmar la necesidad de efectuar un adecuado juicio de ponderación entre la existencia de un interés público de localizar la información o el derecho del afectado a ejercitar el derecho de oposición frente a la localización de la noticia mediante su nombre en *Google*[725]. El resultado del análisis derivó en la estimación del derecho de oposición ya que la noticia, aparte de ser antigua y sin interés actual, introducía un margen de sospecha sin posterior aclaración sobre lo incierto o veraz de su colaboración con la banda terrorista[726]. En segundo lugar, pero con resultado contrario, se encuentra la Sentencia de la Audiencia Nacional 267/2015, la cual parte de los mismos principios y criterios para resolver un supuesto en que el demandante era Letrado y presidente de la Asociación Nacional de Abogados Matrimonialistas, además de haber sido Director General del Ayuntamiento de Boadilla del Monte y Vicepresidente de la Empresa Municipal del Suelo y Vivienda. Este solicitaba el derecho al olvido frente *Google* en referencia a unas noticias que aludían a su implicación en una trama de corrupción que estaba siendo aún instruida, por lo que la Audiencia Nacional entendió que se trataba de «unos hechos que continúan teniendo una notable relevancia pública, pues se trata de una red corrupción, que operaba principalmente en las Comunidades de Madrid y Valencia. El actor se encuentra actualmente imputado en dicha trama en la causa que se sigue en el Jugado Central de Instrucción n.º 5, por lo que, si bien han transcurrido unos años desde las noticias, la relevancia de los hechos en cuestión hace que no pierdan relevancia pública actual, no siendo atendible que las informaciones sobre su persona sean obsoletas»[727].

El principal motivo de solicitud de las reclamaciones y, a su vez, el elemento de valoración principal para la concesión del derecho al olvido por parte de la Audiencia Nacional fue el transcurso del tiempo. Cabe destacar la Sentencia 258/2015, por el caso de unas noticias publicadas en el periódico El País donde se informaba del ingreso en prisión del demandante 20 años

725 SAN (Sala de lo contencioso-administrativo) 77/2015, de 10 de febrero, FJ 7.º.

726 SAN (Sala de lo contencioso-administrativo) 77/2015, de 10 de febrero, FJ 8.º.

727 SAN (Sala de lo contencioso-administrativo) 267/2015, de 5 de junio, FJ 10.º.

atrás, respecto a lo que se solicitaba la desindexación de los resultados que aparecían en *Google* al introducir su nombre y apellidos. La ponderación de intereses tomó en cuenta el tiempo transcurrido desde la publicación de una noticia con carácter sensible y estimó que, habiendo transcurrido veinte años desde entonces y no tratándose de una persona de relevancia pública, la información había perdido su vigencia[728].

Con todo, no fue hasta el 15 de octubre de 2015, prácticamente un año y medio después de la famosa sentencia del TJUE, que el TS tuviera ocasión de dictar su primer pronunciamiento respecto al derecho al olvido, se trata de la STS 545/2015, de 15 de octubre, de la Sala de lo Civil —antecedente de la STC 58/2018—. Los antecedentes de hecho se remontan a una condena en los años ochenta por un delito tráfico de drogas de la que el diario El País había dado la noticia publicando el nombre de los dos condenados. En este caso, optaron por presentar una demanda civil ante los Juzgados de Primera Instancia en lugar de la habitual reclamación administrativa ante la AEPD. Además, la demanda se dirigía única y exclusivamente frente a El País, dejando al margen a los motores de búsqueda. Los demandantes planteaban la intromisión en los derechos al honor y a la intimidad por permitir que sus nombres reflejaran la noticia tanto en los motores de búsqueda como en el buscador interno de la página del noticiero y solicitaban como condena el pago de una indemnización y la supresión de sus datos identificativos. El Juzgado de Primera Instancia estimó íntegramente la demanda con condena en costas a la demandada, la cual interpuso recurso de apelación ante la Audiencia Provincial, que desestimó el recurso. La representación procesal de Ediciones el País S.L. interpuso en plazo y forma recurso de casación frente a la sentencia dictada en apelación.

Uno de los motivos esgrimidos por la recurrente en casación consistía en alegar la caducidad de la acción por el tiempo transcurrido desde la publicación de la noticia. Al respecto, considera el TS que lo relevante en el asunto no es cuándo se publicó la noticia en el periódico, sino la persistencia al momento de presentación de la demanda de un tratamiento de datos personales que incumple la normativa. Mantener en la web datos personales en un modo por el que se permite la indexación de los motores de búsqueda ocasiona un daño en el honor y la intimidad de los afectados[729]. Como segundo motivo, la recurrente alega que no se ha de atender al interés económico de El País, sino al derecho de información por el que se legitimaba la publicidad de los datos de los demandantes. Nuevamente, indica el TS que no se trata de analizar si la publicación de la noticia en los años ochenta era o no lícita, pues lo que se reclama es una acción basada en el derecho al olvido digital, por lo que se ha de ceñir la cuestión al tratamiento actual unos datos

728 SAN (Sala de lo contencioso-administrativo) 268/2015, de 11 de junio, FJ 10.°.

729 STS 545/2015, de 15 de octubre, FJ 3.°.

personales de los que la demandada debe responder como responsable del tratamiento[730].

El problema no estriba en la veracidad de la información en su día publicada, sino que el factor tiempo es un elemento consustancial a lo que se está juzgando, pues «un tratamiento que inicialmente pudo ser adecuado a la finalidad que lo justificaba puede devenir con el transcurso del tiempo inadecuado para esa finalidad, y el daño que cause en derechos de la personalidad como el honor y la intimidad, desproporcionado»[731]. Por tanto, en este aspecto el TS sostuvo que la publicidad permanente de sus datos personales, como resultado de no adoptar las medidas pertinentes para evitar su indexado por los motores de búsqueda supuso un daño desproporcionado para el honor de las personas demandantes[732].

El objeto de controversia para el TS se centra en lo relativo a la supresión de los datos personales de las búsquedas realizadas en las hemerotecas internas de los propios medios de información, adoptando un criterio contrario al sostenido hasta entonces por el órgano *a quo* y la Audiencia Provincial, en base a lo siguiente:

> «El riesgo para los derechos de la personalidad de las personas afectadas por la información guardada en la hemeroteca digital no radica tanto en que la información sea accesible a través del motor de búsqueda interno del sitio web en que se encuentra alojada, pues se trata de una búsqueda comparable a la que efectuaban quienes acudían a las viejas hemerotecas en papel, como en la multiplicación de la publicidad que generan los motores de búsqueda de Internet, y en la posibilidad de que mediante una simple consulta utilizando los datos personales, cualquier internauta pueda obtener un perfil completo de la persona afectada en el que aparezcan informaciones obsoletas sobre hechos ya remotos en la trayectoria vital del afectado, con un grave potencial dañoso para su honor y su intimidad, que tengan un efecto distorsionador de la percepción que de esta persona tengan los demás conciudadanos y le estigmatice. Es por eso que esa información debe resultar invisible para la audiencia general de los usuarios de los motores de búsqueda, pero no para la audiencia más activa en la búsqueda de información, que debe tener la posibilidad de acceder a las noticias en su integridad a través del sitio web de la hemeroteca digital»[733].

Pese a desestimar las medidas destinadas a impedir la búsqueda de los datos personales en las hemerotecas digitales, este pronunciamiento supone una enorme aportación en el reconocimiento jurídico del derecho al olvido. Con él, se avala la facultad de invocar el derecho al olvido en la vía jurisdic-

730 STS 545/2015, de 15 de octubre, FJ 5.°.

731 STS 545/2015, de 15 de octubre, FJ 6.°.

732 STS 545/2015, de 15 de octubre, FJ 7.°.

733 *Ibídem.*

cional civil, de dirigir la acción directa y exclusivamente contra la página web, se conecta el derecho al olvido con los derechos de la personalidad, lo que implica la reclamación de una indemnización y, con todo ello, la eliminación de los resultados del motor de búsqueda al condenarse a la página web a bloquear su indexación. Desde este momento, la conexión del derecho al olvido con los derechos al honor, a la intimidad y a la propia imagen, resulta evidente. «En la práctica, este fallo de la Sala Primera del Tribunal Supremo abre el camino de la vía de la jurisdicción civil de las futuras demandas por el llamado derecho al olvido»[734].

5.5.2. La disparidad de criterios entre las Salas Primera y Tercera del Tribunal Supremo: el problema de la territorialidad

Tras la STS 545/2015, de 15 de octubre, el segundo caso relacionado con el derecho al olvido fue resuelto también por la Sala Primera de lo Civil. Se trata de la STS 210/2016, de 05 de abril, por un supuesto en que el afectado reclamaba que al introducir su nombre en *Google* se dirigía al usuario a una página del BOE donde aparecía el indulto que le había sido concedido por un delito en el año 1981. El demandante había solicitado previamente al BOE la eliminación de los datos, a lo cual el organismo le respondió que no era posible atender dicha petición, en aras al debido acceso público. Paralelamente presentó reclamación ante la AEPD, quien estimó la solicitud de suprimir los resultados por la búsqueda de su nombre y apellidos en los buscadores de *Google* y *Yahoo*, y desestimó su pretensión frente al BOE. Además, presentó demanda civil ante el Juzgado de Primera Instancia, el cual desestimó la demanda por entender que había caducado la acción, debiendo haber presentado la demanda en el momento en que tuvo conocimiento de estas publicaciones. Por lo que presentó recurso de apelación que fue aceptado por la Audiencia Provincial quien entendió que la acción no caducaría hasta que los buscadores hubieran eliminado los datos de las búsquedas. Desestimó la acción frente a *Yahoo* pues no constaba que en el email dirigido por el demandante se hubiera advertido debidamente de la ilicitud de la difusión y estimó la acción frente a *Google* por una intromisión en los derechos al honor y a la intimidad, aunque no en la propia imagen. *Google* interpuso recurso de casación ante el TS, que desestimó el motivo de la falta de legitimación pasiva planteado por entender que *Google Spain* no era la matriz encargada del tratamiento, sino *Google Inc.* El motivo —falta de legitimación pasiva de la demandada— fue desestimado por el TS bajo los criterios al respecto de

734 El Confilegal, *Dos Salas del Supremo discrepan sobre la responsabilidad de Google Spain y el derecho al olvido,* https://confilegal.com/20160406-dos-salas-supremo-discrepan-responsabilidad-google-spain-derecho-olvido/ (fecha de consulta: 26 de agosto de 2022)

la STJUE de 13 de mayo de 2014, indicando que se trata de una «finalidad teórica de protección muy elevada de los derechos de la personalidad de los afectados por el tratamiento [...] [por lo que emplear tales criterios estaría] abocando a los interesados a unos procesos que dificultan, haciendo casi imposible en la práctica, dicha protección, pues habrían de interponerse contra una empresa radicada en los Estados Unidos»[735]. Por todo ello, confirmaba la condena contra *Google* considerando que «un tratamiento que inicialmente pudo ser adecuado a la finalidad que lo justificaba puede devenir con el transcurso del tiempo inadecuado para la finalidad con la que los datos personales fueron recogidos y tratados inicialmente, y el daño que cause en derechos de la personalidad como el honor y la intimidad, desproporcionado en relación al derecho que ampara el tratamiento de datos»[736].

Siguiendo con el mismo caso, sucedió la paradójica circunstancia de que las Salas Primera y Tercera del TS adoptaron criterios dispares y diametralmente opuestos[737]. Resulta que contra las mencionadas resoluciones de la AEPD interpuso *Google* recurso contencioso-administrativo con el alegato de la comentada falta de legitimación pasiva. La Audiencia Nacional confirmó las sanciones impuestas por la AEPD, por lo que se interpuso recurso de casación. Esto derivó en las STS 1381/2016 y 1387/16, ambas de 13 de junio, de la Sala de lo Contencioso-Administrativo, que fundamentaban que las obligaciones en materia de protección de datos de la Directiva 95/46 incumben al responsable del tratamiento, que no cabe duda que es *Google Search*, sin que se pueda apreciar ningún margen de implicación por parte de *Google Spain* que la hagan merecedora de ninguna responsabilidad y, por tanto, estimaba el recurso de casación considerando que «necesariamente el pronunciamiento de la decisión estimando el ejercicio el derecho al olvido por la interesada debió efectuarse contra dicho responsable sin que pueda imponerse a Google Spain, S.L. el cumplimiento de unas obligaciones que no le son exigibles»[738].

Es cierto que esta discrepancia de criterios tiene su base en la interpretación sólida de los preceptos en juego, que son diferentes para ambas Salas. Desde una óptima, los derechos de la personalidad tienen, como derechos fundamentales, una dimensión prioritaria; en cambio, desde un estudio rígido de normativa de protección de datos —Directiva 95/46— puede fundamentase la falta de legitimación pasiva de *Google Spain*. En todo caso, lo más deseable hubiera sido que la Sala Tercera, consciente del reciente pronunciamiento por la Sala de lo Civil y ante la confusa interpretación de la normativa

735 STS 1280/2016, de 5 de abril, FJ 3.º.

736 STS 1280/2016, de 5 de abril, FJ 5.º.

737 Martínez Otero, J. M., «La aplicación del derecho al olvido en España tras la STJUE Google contra AEPD y Mario Costeja», *Rev. Boliv. de Derecho*, n.º 23, 2017, p. 126.

738 1381/2016, de 13 de junio, y 1387/2016, de 13 de junio, FJ 7.º.

europea, hubiera planteado una cuestión prejudicial. Y no es descabellado apuntar que al no elevar dicha cuestión prejudicial pretendía introducir un criterio interpretativo diferente, pues lo cierto es que la reciente STJUE de 13 de mayo de 2014 ya había sostenido la legitimación pasiva de *Google Spain* al tratarse de una filial perteneciente a la matriz *Google* con base en suelo comunitario. No obstante, la realidad es que tal disparidad de criterios no se ha mantenido en el tiempo, la jurisprudencia reciente de la Sala Contencioso-Administrativa del TS viene estimando las reclamaciones del derecho al olvido frente a *Google Spain*.

La actual normativa europea es clara y contundente en este sentido, el artículo 3.1 RGPD dispone la aplicación del tratamiento de datos personales en el contexto de las actividades de un establecimiento del responsable o del encargado en la Unión, independientemente de que el tratamiento tenga lugar en la Unión o no; al tratamiento de datos personales de interesados que residan en la Unión por parte de un responsable o encargado no establecido en la Unión, cuando las actividades de tratamiento estén relacionadas con la oferta de bienes o servicios a dichos interesados en la Unión o el control de su comportamiento, en la medida en que este tenga lugar en la Unión; e incluso añade que el Reglamento es aplicable al tratamiento de datos por parte de un responsable que no esté establecido en la Unión sino en un lugar en que el Derecho de los Estados miembros sea de aplicación en virtud del Derecho internacional público. No cabe duda, como apunta Elisa Torralba, de que el RGPD «afirma su carácter extraterritorial, en la medida en que no se aplica únicamente a encargados o responsables con establecimiento en la Unión Europea, [...] sino también a establecidos en terceros Estados cuando el interesado resida en la Unión y la actividad del responsable o encargado se dirija a la Unión y alcance a tales interesados»[739].

A colación con lo anterior, deviene preciso apuntar un límite en la aplicación extraterritorial[740] del derecho al olvido digital como consecuencia de la STJUE C-507/17, de 24 de septiembre de 2019, en la que se concreta una cuestión importante: la aplicación del derecho al olvido implica la obligación de retirar los enlaces únicamente en las versiones de los motores de búsqueda pertenecientes a los Estados miembros[741]. En conclusión, es posible ejercer el derecho al olvido frente a responsables del tratamiento, aunque no tengan sede en la UE siempre que su actividad afecte a los ciudadanos comunitarios, pero sus efectos solo se aplican para las búsquedas realizadas desde el territorio de la Unión.

739 Torralba, E., «Reflexiones sobre el alcance territorial del derecho al olvido», *Cuadernos de Derecho Transnacional*, vol. 13, n.° 2, 2021, p. 580.

740 Miglio, A., «Enforcing the Right to Be Forgotten Beyond EU Borders», *Use and Misuse of New Technologies*, n.° 20, 2019, p. 310.

741 Sentencia TJUE (Sala Gran Sala) de 24 de septiembre de 2019, apartado 62.

5.5.3. La Sala Tercera del Tribunal Supremo y el derecho al olvido como proyección de los derechos de la personalidad

En cuanto a la conexión del derecho al olvido con los derechos fundamentales del artículo 18.1 CE, interesa apuntar que este fundamento no ha sido recogido exclusivamente en la jurisdicción civil, sino que son varios los pronunciamientos de la Sala Tercera del TS en los que se alude al daño que un tratamiento indebido de los datos personales implica para los derechos de la personalidad por el transcurso del tiempo. En la STS 12/2019, de 11 de enero[742], se efectúa un análisis sobre la concurrencia del derecho al olvido que parte de la ponderación del derecho a la libertad de información frente a los derechos de la personalidad y se manifiesta que la exigencia de tutelar la libertad de información no puede vaciar de contenido la protección del derecho a la intimidad, a la propia imagen y a los datos personales cuando se vean afectados por la difusión de noticias en la red. En virtud de ello, «la persona afectada por una supuesta lesión del derecho al honor, a la intimidad personal y familiar y a la propia imagen está legitimada para fundamentar válidamente una acción de reclamación ante la entidad proveedora de los servicios de motor de búsqueda en Internet o ante la Agencia Española de Protección de Datos». Considera de este modo que la afectación de los derechos del artículo 18.1 CE es motivo suficiente para plantear la reclamación del derecho al olvido ante la AEPD.

Un caso curioso en esta materia fue el resuelto por la STS 1624/2020, de 27 de enero. La AEPD y la Audiencia Nacional habían rechazado una reclamación formulada en base al derecho al olvido contra el buscador *Bing* por la búsqueda concerniente a los dos apellidos del afectado —sin el nombre—. Las desestimaciones argüían que de los criterios fijados por la jurisprudencia del STJUE solo podía concluirse pertinente la reclamación del derecho al olvido en base al nombre completo de la persona. Evidentemente, el recurrente sostenía que su derecho a la eliminación debía de proceder independientemente de que se tratara del nombre de pila, los apellidos o ambos en conjunto. El recurso es aceptado por el TS reconociendo que no procede una interpretación tan garantista pues se estaría atentando contra la propia finalidad pretendida en el marco de las libertades informáticas. Consiguientemente, el TS sostiene que el derecho al olvido «faculta a la persona interesada a exigir del gestor de un motor de búsqueda que elimine de la lista de resultados, obtenida como consecuencia de una búsqueda efectuada tanto a partir de su nombre completo o de sus dos apellidos, vínculos a páginas webs, publicados legalmente por terceros, que contengan datos e informaciones veraces, relativos a su persona, cuando la difusión de dicha información, relativa a su persona, menoscabe el derecho al honor, a la intimidad, o a la propia

742 STS 12/2019, de 11 de enero, FJ 3.º.

imagen del interesado, y carezca de interés público, y pueda considerarse, por el transcurso del tiempo, obsoleta»[743]. Valga apreciar la conexión del derecho al olvido con los derechos de la personalidad, suscitada por el transcurso del tiempo de una información, independientemente de su veracidad pasada.

La STS 1175/2020, de 17 de septiembre, es un ejemplo revelador de que el derecho al olvido tampoco es un derecho infinito y sin límites. Afirma la sentencia que el derecho al olvido consiste en que ciertos datos del pasado dejen de ser difundidos cuando puedan provocar más daños que beneficios, de tal forma que a raíz del transcurso del tiempo ciertos hechos públicos sean devueltos al área privada. Los hechos tratan acerca del comentario de una cliente insatisfecha con los servicios inmobiliarios de la empresa que dirigía el recurrente. Al tratarse de una información desarrollada con la esfera profesional, se concluye que no implica una injerencia directa en el derecho a la intimidad personal y familiar del reclamante[744]. En sentido similar, la STS 1176/2020, de 17 de septiembre, desestima la aplicación del derecho al olvido. En este supuesto se constataba que el demandante era un empresario conocido que lideraba una mercantil de gran envergadura, que los hechos acerca de las prácticas irregulares no iban dirigidos a su vida personal sino a su trayectoria profesional, que tales hechos no habían sido desacreditados y que eran sumamente recientes, por lo que debía de prevalecer el derecho a la información frente al derecho al olvido y que, por ende, «la noticia no afecta al derecho a la intimidad personal y familiar del recurrente (artículo 18 CE) o a la vida familiar (artículo 8 CEDH) en la interpretación que de su extensión y límites»[745].

En base a lo anterior, se hace preciso subrayar la metodología ponderativa desarrollada por el TS para el reconocimiento del derecho al olvido, pues incluso en vía contencioso-administrativa y frente a las reclamaciones de la AEPD, se oscila en unos márgenes similares, consistentes en ponderar la afectación de los derechos de la personalidad frente a la posible prevalencia de la libertad de información y tomando para ello en consideración el transcurso del tiempo junto a la relevancia pública de los hechos en el momento de la reclamación.

5.5.4. Jurisprudencia del Tribunal Constitucional: el derecho al olvido como derecho fundamental y su aplicación ante las hemerotecas digitales

Una hemeroteca es una biblioteca digital que almacena libros, periódicos, revistas o publicaciones[746]. Por lo general, los medios de comunicación en línea

743 STS 1624/2020, de 27 de enero, FJ 4.º.

744 STS 1175/2020, de 17 de septiembre, FJ 3.º.

745 STS 1176/2020, de 17 de septiembre, FJ 3.º.

746 Biblioteca Nacional De España, *Hemeroteca Digital*, https://www.bne.es/es/catalogos/hemeroteca-digital (fecha de consulta: 26 de agosto de 2022).

cuentan con hemerotecas digitales que incluyen una herramienta de búsqueda propia que ayuda a ubicar los contenidos deseados. Es decir, se trata de una especie de motor de búsqueda pero que hace un rastreo exclusivamente entre la información contenida en esa especie de biblioteca digital. Por tanto, para comenzar una búsqueda en una hemeroteca digital hay que dirigirse primero a la página web del noticiero y, una vez en ella, hacer la búsqueda informática. Esto hace que tengan un menor poder de difusión frente a los motores de búsqueda de Internet, ya que no basta con hacer un simple y cómodo rastreo del nombre y apellidos de una persona en *Google*, sino que se precisa de una actitud investigadora concreta a la hora de dirigirse a un diario en cuestión.

En este sentido, las resoluciones de la AEPD habían venido desestimando las reclamaciones de derecho al olvido presentadas contra las hemerotecas digitales por considerar que estas estaban protegidas por el derecho de información[747]. Esta había sido una situación polémica entre la doctrina que enfrentaba, básicamente, dos posturas: quienes defendían que el buscador de las hemerotecas digitales era una herramienta informática que excedía las funciones propias de los medios de comunicación y a la que se habría de aplicar el derecho al olvido[748]; y quienes, de otra parte, sostenían que era absurdo que cierta información con interés social pudiera ser consultada en las bibliotecas físicas de los periódicos impresos y que, por el contrario, tuviera que ser bloqueada en el portal digital[749]. También hubo quienes consideraron que habría resultado deseable un desarrollo al respecto en el RGPD para evitar las vulneraciones que pudieran llegar a producir las nuevas tecnologías en este ámbito[750].

La jurisprudencia tuvo ocasión de discutir esta cuestión precisamente en el primer asunto que llegó al TS consistente en una demanda civil contra El País por intromisión en los derechos al honor y a la intimidad. La demandante solicitaba, entre otros pedimentos, que la edición digital del periódico suprimiera los resultados de la búsqueda por su nombre y apellidos en la hemeroteca digital. Si bien el Juzgado de Primera Instancia y la Audiencia Provincial estimaron esta petición, el pronunciamiento en casación del TS la revocó al considerar que el riesgo de la hemeroteca era inferior al potencial dañoso de un motor de búsqueda porque se asimilaba a la labor investigadora concreta y

747 Véase TD/01164/2008; TD/01540/2008; y TD/01887/2009.

748 Cotino Hueso, L., «Datos personales y libertades informativas. Medios de comunicación social como fuentes accesibles al público (Art. 3 de la LOPD)», en Troncoso Reigada, A., *Comentario a la Ley Orgánica de Protección de Datos Personales,* Civitas, 2010, pp. 289–299.

749 Carrillo, M., «El derecho al olvido en Internet», *El País*, https://elpais.com/diario/2009/10/23/opinion/1256248805_850215.html (fecha de consulta: 25 de agosto de 2022).

750 Berrocal Lanzarot, A.I., «El derecho de supresión de datos o derecho al olvido en el Reglamento General de Protección de Datos», *Revista General de Legislación y, Jurisprudencia,* n.º 1, 2017, p. 13.

reducida de un público más activo con un efecto similar al de las hemerotecas en papel[751]. Sin embargo, los demandantes interpusieron recurso de amparo dando lugar, casualmente también, al que fue el primer pronunciamiento en relación con el derecho al olvido por parte del TC.

La STC 58/2018, de 4 de junio, tiene una importancia transcendental en materia del derecho al olvido. No solo se trata del primer pronunciamiento en que el TC tuvo ocasión de manifestarse en relación con el derecho al olvido, sino que además se trata de una sentencia en la que se le reconoce al «derecho al olvido» o «derecho al olvido digital» el valor de derecho fundamental autónomo. Para ello, se parte de reconocer que «éste plantea un problema o afecta a una faceta de un derecho fundamental sobre el que no hay doctrina de este Tribunal [...] En efecto, aún no hemos tenido ocasión de pronunciarnos sobre el «derecho al olvido» o «derecho al olvido digital» como posible proyección del derecho al honor, a la intimidad (art. 18.1 CE) o a la protección de datos de carácter personal (art. 18.4 CE), en relación con las hemerotecas digitales y su eventual consideración como uno de los ámbitos a través de los cuales se puede manifestar el ejercicio de las libertades informativas»[752]. Es decir, ya de partida, se indica que es un derecho fundamental sobre el que aún no hay jurisprudencia constitucional y que se trata de una proyección de los artículos 18.1 y 18.4 CE.

Prosigue exponiendo la evolución en la autodeterminación informativa —STC 292/2020— como derecho fundamental autónomo generado a partir del derecho a la intimidad y el derecho a la protección de datos, en aras a considerar que «el derecho al olvido es una vertiente del derecho a la protección de datos personales frente al uso de la informática (art. 18.4 CE), y es también un mecanismo de garantía para la preservación de los derechos a la intimidad y al honor, con los que está íntimamente relacionado, aunque se trate de un derecho autónomo [...] Por tanto, si las libertades informáticas pueden definirse como derecho fundamental, también lo es, porque se integra entre ellas, el derecho al olvido»[753]. Ya que el derecho al olvido opera como una manifestación del *habeas data* en Internet respecto a informaciones antiguas que pueden afectar negativamente a los derechos de la personalidad, «este reconocimiento expreso del derecho al olvido, como facultad inherente al derecho a la protección de datos personales, y por tanto como derecho fundamental, supone la automática aplicación al mismo de la jurisprudencia relativa a los límites de los derechos fundamentales»[754].

Pero, además del reconocimiento del derecho al olvido como derecho fundamental, la STC 58/2018 es fuente jurisprudencial de otra importante cues-

751 STS 545/2015, de 15 de octubre, FJ 7.°.

752 STS 58/2018, de 4 de junio, FJ 4.°.

753 STS 58/2018, de 4 de junio, FJ 5.°.

754 STS 58/2018, de 4 de junio, FJ 6.°.

tión. Con un criterio diametralmente opuesto al del TS, confirma que el derecho al olvido es de aplicación frente a las hemerotecas digitales[755]. Entiende el TC que la digitalización de las comunicaciones ha facilitado el acceso a las hemerotecas digitales y la expansión de los medios de comunicación como elementos favorecedores de una opinión pública libre, pero que la puesta a disposición del público, en general, de un lote de noticias antiguas propicia que, de forma injustificada, se retrotraigan hechos del pasado con un impacto negativo en el presente. La puesta a disposición de noticias obsoletas mediante la búsqueda por nombre y apellidos de una persona colisiona con el derecho a la supresión de datos personales de una base informatizada en relación con los derechos al honor y a la intimidad. La «universalización del acceso a las hemerotecas, como la universalización del acceso a la información a través de los motores de búsqueda, multiplica las injerencias en los derechos a la autodeterminación informativa (art. 18.4 CE) y a la intimidad (art. 18.1 CE) de los ciudadanos»[756].

Por tanto, cuando se estime el sacrificio de la libertad de información frente al derecho al olvido, el restablecimiento de los derechos al honor, a la intimidad y a los datos personales ha de conllevar la obligación de que se limite adecuadamente la noticia en las hemerotecas digitales y se elimine la búsqueda por el nombre y apellidos del afectado. Con esta medida, se reduce potencialmente la localización de una información perjudicial vinculada a una persona sin relevancia pública y deviene innecesario alterar la noticia mediante su anonimización, extremo que supondría una intromisión más intensa en el derecho de prensa, por cuanto la difusión se ha reducido considerablemente al desvincularla de sus nombres y apellidos[757]. Además, manteniéndose la noticia incólume y accesible mediante otros parámetros de búsqueda se amparan las actividades investigadoras[758].

A lo largo de la sentencia se alude en varias ocasiones a la repercusión del factor tiempo como un elemento inherente al derecho al olvido que implica la pérdida de relevancia pública de la información. De hecho, se expone que la valoración del derecho al olvido ha de partir, en base al principio de proporcionalidad, del recurso al canon jurisprudencial habitual de ponderación entre la colisión de los derechos de la personalidad y el derecho a la información, pero con la salvedad de que dicho conflicto se calibre atendiendo a si, tras el tiempo transcurrido, concurre algún interés que justifique la difusión o si, de adverso, pasa a suponer una lesión en el honor e intimidad. Alejan-

755 Obispo Triana, C., «Cuando la libertad de información cede frente al derecho al olvido de los datos personales», *Revista Aranzadi Doctrinal*, n.º 10, 2018, pp. 1 a 4.

756 STS 58/2018, de 4 de junio, FJ 7.º.

757 STS 58/2018, de 4 de junio, FJ 8.º.

758 Bercovitz Rodríguez-Cano, R., «Derecho al Olvido», *Revista Doctrinal Aranzadi Civil-Mercantil*, n.º 10, 2018, p. 3.

dro Platero Alcón opina que el TC hace alusiones genéricas al elemento del tiempo, pero no precisa un período concreto[759]. En otros casos, sí se han fijado plazos concretos por la normativa de protección de datos[760], como por ejemplo ya ocurría con la ilicitud de los registros de morosos que el derogado artículo 29.4 LO 15/1999 fijaba en seis años[761] y el actual artículo 20.1.d)[762] ha reducido a cinco años[763]. En tal sentido, Tábata Andrea Romero Cerdán opina que «se considera necesario determinar el criterio de temporalidad para solicitar al motor de búsqueda la supresión de datos indexados y establecer los límites al ejercicio de control y supresión»[764].

La doctrina reclama la especificación de unos criterios temporales y ciertamente no le falta razón en lo caótico de esta ambigüedad. No obstante, en un primer orden de cosas, hay que apuntar que el derecho al olvido —como proyección de los derechos de la personalidad y de la protección de datos— colisiona en la práctica con los derechos de la comunicación. Tal ponderación habrá de realizarse caso por caso atendiendo a los hechos e intereses en juego y dicha función le corresponde en exclusiva a los órganos judiciales. La aplicación de un criterio temporal *in omnibus casibus* plantea un grave riesgo para los derechos de la comunicación, pues presupone la supresión por defecto —una vez cumplido el plazo— de noticias que todavía pueden tener gran transcendencia y relevancia. Pero también es cierto que esta indeterminación conlleva que las fuentes de información y los motores de búsqueda puedan resultar condenados civilmente al pago de una indemnización por la intromisión producida en los derechos del artículo 18.1 CE.

Resulta difícil plantear una solución a este complicado problema. Pero quizás un primer acercamiento debiera comenzar con la inclusión de mecanis-

---

759 Platero Alcón, A., *El derecho al olvido en Internet: la responsabilidad civil de los motores de búsqueda y las redes sociales: estudio doctrinal y jurisprudencial..., op. cit.,* p. 143.

760 Mendoza Losana, A. I., «Guía Práctica sobre la inclusión en un registro de morosos», *Revista CESCO de Derecho de Consumo*, n.° 4, 2012, p. 155.

761 Artículo 29.4 LO 15/1999: «Sólo se podrán registrar y ceder los datos de carácter personal que sean determinantes para enjuiciar la solvencia económica de los interesados y que no se refieran, cuando sean adversos, a más de seis años, siempre que respondan con veracidad a la situación actual de aquéllos».

762 Artículo 20.1.d) LO 3/2018: «Salvo prueba en contrario, se presumirá lícito el tratamiento de datos personales relativos al incumplimiento de obligaciones dinerarias, financieras o de crédito por sistemas comunes de información crediticia cuando se cumplan los siguientes requisitos [...] que los datos únicamente se mantengan en el sistema mientras persista el incumplimiento, con el límite máximo de cinco años desde la fecha de vencimiento de la obligación dineraria, financiera o de crédito».

763 Desimone Dasero, L. L., «Responsabilidad de la empresa en el acceso indebido de datos a ficheros de morosos», Indret, n.° 3, 2017, pp. 1 - 36.

764 Romero Cerdán, T. A., «Desindexación de datos personales: Fortaleciendo el derecho a la autodeterminación informativa y el olvido digital», *Revista de investigación en Derecho, Criminología y Consultoría Jurídica*, n.° 22, 2018, p. 242.

mos de solicitud de supresión al acceso de los usuarios, el establecimiento de unos plazos cíclicos de revisión de la información y la incorporación en tales empresas de personal jurídico cualificado en la materia que revisara las anteriores cuestiones. Otra opción, tendente al tratamiento informático automatizado, podría residir en que las noticias se clasificaran en función de su relación con personas privadas o públicas, de forma que la desindexación de los datos personales se produjese de forma automática cumplido determinado plazo. Aunque la consideración de personaje público plantea parámetros difusos y retrotrae de nuevo la cuestión al problema del margen temporal, quizás el plazo de cinco años pudiera resultar prudente.

El TC tuvo ocasión de pronunciarse, por segunda vez, en relación con el derecho al olvido. Es el caso de la STC 89/2022, de 29 de junio, que resuelve el recurso de amparo promovido contra la STS 1175/2020 —previamente comentada[765]— en que se desestimaba la aplicación del derecho al olvido en base a las consideraciones desfavorables de una usuaria acerca de la actividad inmobiliaria del recurrente, al considerar el TS que tales manifestaciones se referían a la esfera profesional y, por tanto, no afectaban a su intimidad personal o familiar. En general, este pronunciamiento reafirma las consideraciones jurídicas sobre el derecho al olvido sostenidas en la STC 58/2018. No obstante, introduce una cuestión importante, la presunción de prevalencia respecto al derecho al olvido: «el derecho al olvido prevalece en principio, y en los supuestos en los que se considere que debe prevalecer el interés de los internautas en tener acceso a dicha información deben existir razones concretas que justifiquen la quiebra de esta presunción»[766]. Especialmente, incide en lo consustancial del factor tiempo como elemento de ponderación: «la antigüedad de los datos es un elemento que permite valorar si verdaderamente existe un interés actual de los internautas en acceder a la información publicada en la medida en que el paso del tiempo puede hacer disminuir el interés del público en acceder a dicha información»[767].

El motivo de la demanda de amparo se centraba en la indebida apreciación del factor tiempo por parte de la Audiencia Nacional y del Tribunal Supremo. El TC considera, en lo referente al trabajo desarrollado por el demandante, que la profesión inmobiliaria no constituye una actividad que dote de relevancia pública a los profesionales de dicho sector. Tras descartar la condición de personaje público, procede a determinar si subsiste un interés público en acceder a dicha información en base a la materia. Considera el TC que los comentarios controvertidos, aunque descalifican al recurrente, no suponen una vejación directa, pero ha de «señalarse que la aplicación del criterio de

765 *Véase* el apartado «La Sala Tercera del Tribunal Supremo y el derecho al olvido como proyección de los derechos de la personalidad».

766 STC 89/2022, de 29 de junio, FJ 4.°.

767 *Ibídem.*

la relevancia pública debe ser más restrictivo cuando se trata de un acceso a través de un enlace en un buscador, en la medida en que, aunque se suprima el enlace que se obtiene tras una búsqueda que tenga por objeto el nombre y apellidos de dicha persona»[768]. Por consiguiente, valorando que se trata de unos comentarios de carácter subjetivo y del tiempo transcurrido, concluye que no existe un interés social preponderante en el acceso a la información que impliquen el sacrificio del derecho al olvido del recurrente ante *Google*.

Con resultado del pronunciamiento constitucional sostenido en la STC 89/2022, de 29 de junio, Ricardo Alonso García plantea el debate acerca de si el TC hubiera pretendido allanar un camino «a la alemana» de la CDFUE como parámetro directo para el recurso de amparo. Esta disyuntiva se presenta por la posibilidad de que los derechos fundamentales de la UE, desde que con el Tratado de Lisboa se dotara a la CDFUE de fuerza vinculante, puedan penetrar en nuestro ordenamiento jurídico mediante la vía constitucional habilitante del artículo 93 CE[769], en lugar del artículo 10.2 CE. No obstante, apunta que, al tratarse de una cuestión tan ligada al Derecho de la UE, el artículo 10.2 CE rige como un simple canon de interpretación junto a la vía *ex* artículo 93 CE que debe aplicarse como el medio adecuado para la regulación de los derechos fundamentales de la CDFUE. Es decir, el artículo 10.2 CE tiene el valor de cláusula meramente interpretativa, mientras que el artículo 93 CE supone una vía de integración para el Derecho de la Unión. Por ello, considera que «resulta cuanto menos llamativo que el TC no mencionara a lo largo de su pronunciamiento, ni una sola vez, la base constitucional sobre la cual estaría llevando a cabo una integración del artículo 18.4 CE con la legislación y la jurisprudencia europeas sobre la protección de datos personales»[770].

Esta falta de concreción sobre la base de integración constitucional permite descartar, al menos por el momento, la penetración de los derechos fundamentales comunitarios por la vía del artículo 93 CE y descartar su inclusión como parámetro directo de amparo. Todo ello, conduce a la conclusión de que, si bien el derecho al olvido ha sido reconocido como derecho fundamental autónomo, no constituye, por sí mismo, un medio de acceso habilitante para la vía de amparo. Los recursos de amparo que se fundamenten en

---

768 STC 89/2022, de 29 de junio, FJ 5..°.

769 Artículo 93 CE: «Mediante ley orgánica se podrá autorizar la celebración de tratados por los que se atribuya a una organización o institución internacional el ejercicio de competencias derivadas de la Constitución. Corresponde a las Cortes Generales o al Gobierno, según los casos, la garantía del cumplimiento de estos tratados y de las resoluciones emanadas de los organismos internacionales o supranacionales titulares de la cesión».

770 Alonso García, R., «El TC y el derecho al olvido: ¿allanando un camino "a la alemana" de la CDFUE como parámetro directo de amparo?», *Revista Española de Derecho Europeo*, n.° 82, 2022, pp. 9 – 16.

el derecho al olvido habrán de invocar los derechos fundamentales expresamente contenidos en los artículos 18.1 CE y 18.4 CE.

La STC 105/2022, de 13 de septiembre de 2022, supuso el tercer pronunciamiento del TC respecto al derecho al olvido. En este caso, el recurso de amparo se promovió frente a la Providencia de la Sala Tercera del TS por el que se inadmitía el recurso de casación —al considerar que el asunto no revestía interés casacional dada su similitud con el asunto de la STC 89/2022— y frente a la Sentencia de la Sala de lo Contencioso de la Audiencia Nacional que dejaba sin efecto la resolución de la AEPD —al considerar que la relevancia de la información debía prevalecer en base al interés público de la noticia— por la que inicialmente se concedió el derecho al olvido y la supresión de una *URL* de la lista de resultados de *Google* de las búsquedas por el nombre y apellidos del reclamante. El fallo del TC consideró que procedía dejar sin efecto la Sentencia dictada por la Audiencia Nacional, dado que vulneraba el derecho del recurrente a la protección de datos personales. En cuanto a la fundamentación jurídica, no se incluye ninguna cuestión nueva o de relevancia respecto a la jurisprudencia anterior. Es más, el propio TC manifiesta que descartada la presencia de ningún elemento distintivo que precise de un resultado distinto a lo declarado entonces procede que se aplique directamente la fundamentación jurídica recogida en la STC 89/2022[771].

5.6. Pensamiento crítico acerca del derecho al olvido

Siguiendo a Juan Martínez Caballero, la principal crítica respecto del derecho al olvido es que su reconocimiento equivaldría a autorizar el borrado o la reescritura del pasado, ya que permitiría a los individuos rectificar los hechos objetivos acaecidos, alterar su contenido o impedir su consulta.

La Organización de Reporteros sin Fronteras alertó en el año 2012 de que la extensión del derecho al olvido podría ser inconciliable con las libertades de expresión e información en la red. Venía a cuestionar por qué una noticia que en su momento fue publicada en Internet podía ser eliminada por el mero transcurso del tiempo y hasta qué punto dicho borrado no venía a suponer una especie de censura retroactiva que atentara contra el libre ejercicio de los derechos de la comunicación. Dicha ONG interpreta que la instauración del derecho al olvido a nivel jurídico podría suscitar reacciones nocivas e impredecibles frente a muchas personas, toda vez que podría alimentar e incentivar prejuicios entre los ciudadanos[772].

771 STC 105/2022, de 13 de septiembre, FJ 2.º.

772 Datalia, *El derecho al olvido: ¿una posible censura retroactiva a los medios de comunicación?,* http://www.datalia.info/blog/2014/07/30/el-derecho-al-olvido-una-posible-censura-retroactiva-a-los-medios-de-comunicacion/ (fecha de consulta: 15 de mayo de 2021).

En segundo lugar, se comenta que el derecho al olvido puede actuar como freno de la libertad de expresión, de la que los internautas deben disponer para emplear con madurez e independencia las plataformas digitales de intercambio de información. El hecho de que los motores de búsqueda, como sistemas informáticos intermediarios, puedan bloquear ciertos datos, conlleva un riesgo de censura informática que cohibiría profundamente el libre ejercicio del derecho de expresión.

Otro aspecto criticado es el resultado negativo que el derecho al olvido supone para la transparencia que debe ir asociada a todo acto informativo, pues el hecho de que un tercero disponga de la facultad decisoria acerca de qué información permanece y cuál no, o incluso qué parte puede ser rectificada, implicaría reconocer la preponderancia del derecho a la protección de datos sobre el derecho a la información. Esta facultad de control, en manos de un tercero, puede desencadenar en un control arbitrario de la información.

En cuarto lugar, aunque estrechamente ligado a lo previamente expuesto, sucede que el derecho al olvido podría operar como una máquina censora que dejase borrones en la historia de la sociedad. Cabe destacar la manifestación de JIMMY WALES, el cofundador de la Wikipedia: «conocer la historia es un derecho humano. Lo peor que puede hacer una persona es tratar de forzar el silencio de otra»[773].

Otra postura sería la defendida por el letrado CARLOS SÁNCHEZ ALMEIDA, para quien «la intimidad está muerta y enterrada en un sepulcro franqueado con protección de datos y falso olvido»[774]. En cuanto a la falta de ponderación concreta caso por caso, ha venido argumentando de forma contundente en contra de las sentencias dictadas por la Audiencia Nacional sobre esta cuestión al manifestar «que son todas un corta y pega con idénticos argumentos, pero sin criterio y extrapolando el derecho al olvido a cuestiones que no se deberían hacer desaparecer, como casos de agresiones sexuales, por ejemplo»[775].

Por último, que los buscadores sean los mecanismos encargados de valorar la extensión del derecho al olvido a la hora de dictaminar qué información ha de ser bloqueada, es poco menos que otorgarles un papel de juez en la ponderación de los derechos en conflicto. Derechos tan básicos y fundamentales, como la libertad de expresión e información, pueden resul-

---

773 ABC, *Wikipedia sobre el «derecho al olvido»: «Esta forma de censura es inaceptable»*, https://www.abc.es/tecnologia/redes/20140807/abci-wikipedia-censura-derecho-olvido-201408062135.html, (fecha de consulta: 15 de mayo de 2021).

774 NOTICIAS JURÍDICAS, *Expertos critican la forma en que los tribunales españoles están aplicando la sentencia del TJUE sobre el derecho al olvido*, https://noticias.juridicas.com/actualidad/noticias/10052-expertos-critican-la-forma-en-que-los-tribunales-espanoles-estan-aplicando-la-sentencia-del-tjue-sobre-el-derecho-al-olvido/, (fecha de consulta: 15 de mayo de 2021).

775 *Ibídem.*

tar sacrificados por la aplicación indubitada del derecho al olvido, pues no sería raro considerar que los motores de búsqueda desarrollasen, como *modus operandi*, borrados sistemáticos de material controvertido al objeto de evitar toda posible sanción por parte de las agencias de protección de datos[776]. En opinión de Mónica Arenas Ramiro, el cometido de Google de acomodar el derecho al olvido ha puesto a los motores de búsqueda en una situación muy complicada, al no tratarse los mismos de órganos judiciales que puedan valorar las circunstancias concurrentes con la misma eficacia de un tribunal.

Las anteriores fundamentaciones deben ser tenidas en consideración como horizonte límite en la aplicación del derecho al olvido y, si bien es prudente contar con una frontera que garantice la correcta garantía de las libertades de expresión e información, la realidad actual manifiesta, al menos por el momento, que se trata de posturas un tanto hiperbólicas que distan notablemente del escenario actual donde se precisa más de la tutela de los derechos de los usuarios ante un nuevo escenario comunicativo sin cortapisas, que de la salvaguarda de los derechos de la comunicación por la aplicación excesiva de medidas proteccionistas —todavía en pleno nacimiento—. Frente a las críticas contra el derecho al olvido, Pablo Fernández García-Armero, alude que el TEDH ya ha fijado unas primeras premisas en aras a ponderar un equilibrado juicio de valor que aborde el derecho al olvido. En síntesis, la intimidad del perjudicado debe prevalecer, en cualquier caso, frente al interés económico del motor de búsqueda, sin que sea necesario un perjuicio directo por la información contenida; la intimidad del sujeto también se ha de priorizar sobre el interés social de acceder a tal información salvo que, por motivos concretos, se haya de salvaguardar el interés predominante de la sociedad para conocer de dicha información —como en el supuesto de que el sujeto tenga una marcada proyección pública—[777].

Sirve de conclusión a lo anterior lo manifestado por la *Commission National de L'Informatique et des Libertés* de Francia: «es inaceptable y peligroso que la información publicada en línea de una persona permanezca fija e intangible, mientras que la naturaleza humana implica, precisamente, que las personas cambian, se contradicen y, en definitiva, evolucionan por naturaleza. Esto se aplica a todo, pues hay que proteger la libertad de expresión y la libertad de pensamiento, pero también el derecho a cambiar de opinión, religión, opinión política, la posibilidad de cometer errores de juventud o cambiar de vida»[778].

---

776 Martínez Caballero, J., «Cómo conjugar el derecho al olvido», *Revista Jurídica de Castilla-La Mancha,* n.° 57, 2015, pp. 174-175.

777 Fernández García-Armero, P., «El derecho al olvido»,...*op.cit.,* p.432.

778 Commission National de l´informatique et des Libertés, *Rapporte d´ Activité*, 2009 , p. 26.

5.7. La protección del derecho al olvido

5.7.1. Mecanismos digitales de protección (especial referencia a Google)

Sin perjuicio del derecho posterior que asiste al interesado para interponer una reclamación ante la autoridad de control competente en materia de protección de datos —en España, la AEPD— o a obtener la tutela judicial efectiva contra el responsable de un tratamiento cuando considere que su derecho al olvido en virtud del RGPD está siendo vulnerado, aquel deberá dirigirse, en primer lugar, ante el encargado o responsable del tratamiento. La propia AEPD establece que para poder interponer una reclamación ante dicho organismo «es imprescindible que el ciudadano se dirija en primer lugar a la entidad que está tratando sus datos, en este caso al buscador. Los buscadores mayoritarios han habilitado sus propios formularios (*Google*, *Bing* o *Yahoo*) para recibir las peticiones de ejercicio de este derecho en este ámbito. Si la entidad no responde a la petición realizada o el ciudadano considera que la respuesta que recibe no es la adecuada, puede interponer una reclamación ante la Agencia Española de Protección de Datos»[779]. Así lo dispone el artículo 17 RGPD —derecho de supresión («el derecho al olvido»)— al establecer, en su apartado primero, que «el interesado tendrá derecho a obtener sin dilación indebida del responsable del tratamiento la supresión de los datos personales que le conciernan». En la misma línea, el artículo 93 LOPD especifica que todo usuario cuenta con el derecho a solicitar a los motores de búsqueda que borren de sus listas de resultados a partir de su nombre y apellidos los enlaces relacionados con su persona. Además, el artículo 12.2 LOPD impone a los responsables del tratamiento —motores de búsqueda— la obligación de informar a los usuarios sobre los medios a su disposición para ejercer los derechos que le corresponden. Por consiguiente, todos los motores de búsqueda deberían tener un apartado específico dedicado al derecho al olvido y contar con un formulario de reclamación.

Este nuevo marco jurídico en materia de protección de datos y, concretamente, en relación con el derecho al olvido, ha supuesto la necesidad para los motores de búsqueda de contar con mecanismos orientados a tramitar las solicitudes tendentes a la supresión de datos. Estos deben incorporar herramientas de visible acceso e informaciones detalladas para que los usuarios de Internet vean garantizado el ejercicio de su derecho al olvido[780]. Aunque

779 AEPD, *Derecho de supresión («al olvido»): buscadores de Internet*, https://www.aepd.es/areas-de-actuacion/Internet-y-redes-sociales/derecho-al-olvido (fecha de consulta: 14 de noviembre de 2023).

780 Ferro López, C. y Sixto García, J., «El derecho al olvido en Google», *Ruta comunicación*, n.° 9, pp. 163 - 164.

la casuística del derecho al olvido resulta inconmensurable y, en no pocos casos, resultará de aplicación también ante la fuente principal[781], no hay que olvidar que el espíritu consagrado en su día por la STJUE de 13 de mayo de 2014 establecía el derecho a eliminar los resultados de búsqueda por nombre y apellidos efectuados en los motores de búsqueda sin que ello implicara el borrado de la información en la página web. Esto se debía al gravoso efecto multiplicador que los buscadores ocasionan respecto a una información alojada en un servidor al que, sin su ayuda, se tendría difícil acceso. Por tanto, independientemente de que, según el caso concreto, proceda o no ejercitar el derecho al olvido ante la página web principal —por ejemplo, de tratarse de un periódico digital—, lo que parece indiscutible es que la primera acción tendente a consagrar los derechos en juego deberá implicar la supresión de los resultados del motor de búsqueda por ser este el medio que difunde en mayor medida la información en cuestión.

En definitiva, un correcto ejercicio del derecho al olvido parte de que el afectado se dirija inmediatamente al motor de búsqueda para solicitar la supresión de los resultados. A tal fin, los principales buscadores de Internet —*Google, Bing* y *Yahoo*— ya han incorporado formularios mediante los que tramitar las peticiones de eliminación de contenidos en base al derecho al olvido[782]. Sin embargo, la realidad es que *Google* lidera ampliamente la cuota de mercado entre estas principales plataformas, con un porcentaje de entre el ochenta y seis y el noventa y seis por ciento[783]. Ello se debe al origen pionero de *Google*, que comenzó a operar en 1995 a raíz de la tesis doctoral en ciencias de la computación de Larry Page y Sergey Brinse, basada en la elaboración de un algoritmo que organizara búsquedas estructuradas en Internet. Este mecanismo —*BackRud*— fue reelaborado un año después para que tales búsquedas tuvieran en cuenta la relevancia de las páginas web y bautizado con el nombre de *Google* —en referencia al número «gúgol» que significa diez elevado a cien—, hasta que en el año 1998 se constituyó como la empresa *Google Inc*[784]. Es decir, el nacimiento de *Google* instauró un sistema sin precedentes y supuso una verdadera revolución informática[785]

781 *Véase* la STS 545/2015, de 15 de octubre.

782 Barros González, L., «La configuración jurídica del derecho al olvido digital», *Universidad de Cantabria*, 2021.

783 Kinsta, *Cuota de Mercado de los Buscadores: Quién Lidera la Carrera en 2023*, https://kinsta.com/es/cuota-mercado-buscadores/#:~:text=Cuota%20de%20Mercado%20de%20los%20Buscadores%20en%202023,de%20los%20motores%20de%20b%C3%BAsqueda. (fecha de consulta: 07 de septiembre de 2023).

784 García, R., «Google Inc. Cotización de Google Inc. en BMV», *Tópicos Selectos de Economía,* vol. 3, 2015, pp. 131.

785 Basavilvazo, G., *El imperio de Google en números [Infografía]*, https://www.unocero.com/noticias/el-imperio-de-google-en-numeros-infografia/ (fecha de consulta: 05 de octubre de 2022).

que no contaba con competencia en sus orígenes. Como resultado, *Google* se ha consolidado en la actualidad como el motor de búsqueda principal de Internet y, dado que el impacto social de sus resultados de búsqueda es notoriamente mayor, se ha de hacer un estudio concreto de los mecanismos de protección instaurados por este buscador.

Google cuenta con una página en la que expone cómo está implementando la STJUE sobre el derecho al olvido. En ella, explica que el TJUE ha considerado que los usuarios pueden solicitar a los motores de búsqueda la supresión de las consultas que incluyan su nombre cuando puedan resultar inadecuadas, irrelevantes o excesivas. Indica que están trabajando a contrarreloj para garantizar este derecho, pero que se trata de una cuestión complicada que implica evaluar individualmente cada solicitud para ponderar los intereses en juego, lo cual conlleva un arduo trabajo para los motores de búsqueda en el que se espera colaborar estrechamente con las autoridades de control y otros organismos en materia de protección de datos. La petición se ha de realizar mediante un formulario web, tras cuya recepción *Google* procede a su evaluación, alertando de una posible demora en esta: «ten en cuenta que esta evaluación puede tardar algún tiempo, puesto que ya hemos recibido muchas de estas solicitudes»[786].

En otra de las páginas de *Google* se realiza una «descripción general del derecho al olvido», que se encabeza con un vídeo explicativo de siete minutos y seis segundos de duración. Cabe advertir que en dicho vídeo se comenta que *Google* solamente borra el contenido de sus búsquedas, por lo que si se quiere eliminar la información de la página web se ha de contactar directamente con el proveedor. En este punto, *Google* olvida lo dispuesto en el artículo 17.2 RGPD por el que debería, dentro de sus posibilidades, adoptar medidas técnicas razonables con miras a informar a los responsables que estén tratando los datos personales de la solicitud del interesado de supresión. Por lo demás, a lo largo de dicha página se explica qué es el derecho al olvido; se aclara que es un derecho destinado, por lo general, a las personas físicas; se precisa que debe tratarse de un contenido publicado por otros usuarios, ya que en caso contrario podría borrarlo directamente el propio solicitante; se pone a disposición un formulario web mediante el que enviar la solicitud; y se explica el sistema de toma de decisiones de *Google* basado en una revisión manual mediante la que se pondera el interés público —papel desempeñado en la vida pública, origen de la información, antigüedad del contenido, el efecto en los usuarios, falsedad o datos sensibles— y los derechos afectados[787].

786 Google, *¿Cómo está implementando Google la reciente sentencia dictada por el Tribunal de Justicia de la Unión Europea (TJUE) sobre el derecho al olvido?*, https://policies.google.com/faq?hl=es (fecha de consulta: 05 de octubre de 2022).

787 Google, *Descripción general del derecho al olvido*, https://support.google.com/legal/answer/10769224?hl=es#zippy= (fecha de consulta: 05 de octubre de 2022).

En esta línea, otra de las páginas de *Google* explica al usuario con qué posibilidades cuenta para solicitar la retirada de alguno de sus contenidos y un desplegable que, tras elegir el tipo de producto de *Google* sobre el que se quiere hacer la reclamación —en estos casos, su buscador—, permite seleccionar varios tipos de denuncia: software malicioso o suplantación de identidad, memoria caché, información personal, propiedad intelectual u otros problemas legales. Al pulsar sobre «información personal», se despliegan dos opciones: difamación y derecho al olvido[788]. Seleccionando la opción «derecho al olvido» se abre la opción de «crear solicitud» y, a través de la misma, se accede a un formulario de retirada de datos. En dicho formulario, se explica que se puede solicitar la retirada de contenidos que contengan el nombre del solicitante y que dicha solicitud será gestionada por *Google LLC*, como responsable del tratamiento de datos personales que se muestran en los resultados de búsqueda. No obstante, se advierte que para la resolución de dichas reclamaciones se sopesará el equilibrio entre los derechos de privacidad y protección de datos personales, por un lado, y el interés público en el acceso a dicha información junto al derecho de otros usuarios para difundirla, de otro lado. En tal sentido, indica a modo de ejemplo: «podemos negarnos a retirar determinada información sobre estafas financieras, negligencia profesional, condenas penales o comportamientos impropios de funcionarios públicos».

Respecto a las resoluciones efectuadas por los motores de búsqueda, no existen unos criterios claros ni una coordinación administrativa acerca de la tramitación y la resolución de tales solicitudes, resultando que los buscadores podrían llegar a decidir atendiendo más bien a su propio interés económico que a una equilibrada ponderación de los intereses en juego. Es por ello que Pablo Tortajada Chardí manifiesta que «en suma, se provee al ámbito privado el ejercicio de la tutela de los derechos fundamentales de las personas, en un claro avasallamiento de la tutela judicial efectiva, sin ningún tipo de reglamentación en su llevanza, modelos, mandatos, seguimiento, únicamente su preceptividad de acudir al ente privado, el cual será incluso quien interprete si ha lugar o no al borrado y eliminación de los datos, quedando deshonestamente en sus manos, por tanto la tutela del derecho»[789].

A pesar de facilitar tales explicaciones y formularios para acercar a los usuarios a la comprensión y ejercicio del derecho al olvido en el manejo de este buscador, *Google* ha sido objeto de una de las sanciones más reseñables de entre las impuestas por la AEPD durante el año 2022[790]. La autori-

---

788 Google, *Cómo retirar contenido de Google*, https://support.google.com/legal/troubleshooter/1114905 (fecha de consulta: 05 de octubre de 2022).

789 Tortajada Chardí, P., «Implementación normativa del artículo 18.4 de la CE: El derecho al olvido», *CEFLegal*, n.° 258, 2022, p. 77.

790 Arbás Martín, C., «Las multas de la AEPD en 2022 superan los 20 millones de euros, 10 de ellos a Google», *La Ley privacidad*, n.° 12, 2022, p. 8.

dad nacional de control en materia de protección de datos ha impuesto a *Google* una multa de nada menos que diez millones de euros por vulnerar los artículos 6 y 17 RGPD en relación con el derecho al olvido[791]. Se trata de la Resolución recaída en el Procedimiento Sancionador 140/2020, por la que se declara la comisión de dos infracciones muy graves consistentes en la cesión de datos de carácter personal a terceros, sin consentimiento del titular, y en la obstrucción del ejercicio del derecho al olvido. Sucedía que el formulario de solicitud de supresión de contenidos, en el que solicitaban datos de carácter personal —nombre completo, país de residencia y la dirección web a ser retirada—, se incluía en otra base de datos que resultaba accesible al público —*lumendatabase.org*—.

La AEPD razona que resulta absurdo el hecho de que el usuario deba enviar una solicitud de supresión sobre un contenido que considera personal y que dicho contenido, junto a otros datos de carácter personal, sean publicados en un registro de solicitudes, pues ello frustra la propia finalidad del ejercicio del derecho al olvido. No solo se vuelve a publicar esa información junto a los datos identificativos de la persona, sino que se revela su deseo de que aquella sea borrada. A mayor abundamiento, la política de privacidad de *Google* no contenía ninguna referencia sobre dicho tratamiento ni se hacía constar la comunicación de datos al «Proyecto Lumen». Además, dicha cesión de datos devenía obligatoria para aquellos usuarios que quisieran borrar contenidos y sin posibilidad alguna de formular oposición, por tanto, sin un consentimiento válido por parte del usuario. Por último, la AEPD aprovechaba la ocasión para criticar el tipo de formulario diseñado por *Google*, ya que este requiere que sea el propio usuario quien plasme las direcciones web en que se contiene la información y, con ello, se le obliga a desarrollar una labor de rastreo que habría de ser asumida por *Google* cuando el usuario pudiera equivocarse en un proceso que alberga cierta complejidad[792]. En definitiva, con esta sanción la AEPD aclara que, una vez enviada una reclamación en base al derecho de supresión de datos personales, no puede realizarse ningún tratamiento posterior a aquella[793] y, en ningún modo, facilitar su acceso a terceros.

Detrás de *Google* y en segunda posición se encuentra el buscador *Bing,* de la corporación *Microsoft*. Este buscador también ha comenzado a facilitar la solicitud del derecho al olvido; no obstante, el acceso a su formulario resulta

---

791 RTVE, *Protección de Datos sanciona a Google con 10 millones de euros por vulnerar el derecho al olvido*, https://www.rtve.es/noticias/20220518/proteccion-datos-sanciona-google-derecho-olvido/2349604.shtml (fecha de consulta: 05 de octubre de 2022).

792 AEPD, *Resolución Expediente N.º: PS/00140/2020*, https://www.aepd.es/es/documento/ps-00140-2020.pdf (fecha de consulta: 05 de octubre de 2022).

793 Merino, M., *Multa récord de la AEPD a Google (10 millones de euros) por boicotear el ejercicio del 'derecho al olvido'*, https://www.genbeta.com/actualidad/multa-record-aepd-a-google-10-millones-euros-boicotear-ejercicio-derecho-al-olvido (fecha de consulta: 05 de octubre de 2022).

algo más complicado. En él, tras una sucinta introducción acerca del derecho al olvido, se advierte que se contrastarán varias fuentes de información y que se valorarán las solicitudes mediante un equilibrio entre «los intereses de privacidad individuales frente al interés público para proteger la libertad de expresión y la disponibilidad libre de la información, de manera coherente con la legislación europea»[794]; seguidamente se solicitan una serie de datos —identidad legal, validación mediante carga de documento identificativo, nombre de búsqueda, papel desempeñado en la comunidad y la dirección web en que se contiene la información—.

Yahoo es otro motor de búsqueda de conocida aplicación dentro de Internet; sin embargo, este no cuenta con un formulario específico para ejercer el derecho al olvido, sino que hay que acceder al «centro de ayuda» y dirigirse a la opción «obtén ayuda si alguien publica contenido íntimo tuyo sin tu permiso» para reportar el problema[795]. Este formulario se antoja algo obsoleto dado que dedica un apartado genérico para tratar de forma indiferenciada el abanico de problemas relacionados con la publicación de contenidos indeseados. Además, el ejercicio del derecho al olvido no tiene por qué asociarse exclusivamente con el derecho a la intimidad, dado que un contenido en línea puede causar también intromisión en los derechos al honor o a la propia imagen y, en cualquier caso, es posible ejercer el derecho al olvido en cualquiera de las circunstancias recogidas en los artículos 17 RGPD —pudiendo bastar, simplemente, que el interesado se oponga al tratamiento de los datos cuando no hayan de prevalecer otros motivos— y 93 LOPD.

Estas herramientas arrojan bastante luz al problema masivo sobre la perennidad de la información en línea. Ahora bien, el derecho al olvido es una realidad más amplia en la que también tienen cabida otro tipo de supuestos, tales como la difusión de informaciones obsoletas. El derecho al olvido impone una ponderación entre los derechos de la personalidad y la autodeterminación informativa tras el transcurso del tiempo, independientemente de que su difusión fuera lícita en el pasado. Luego, no solo la imperecedera permanencia en línea, sino también una redifusión de noticias pasadas puede conculcar el derecho al olvido. Y esta difusión de noticias obsoletas y sin relevancia social actual no solo puede producirse en Internet, sino también mediante los canales tradicionales de comunicación como la radio o la televisión. En consecuencia, cuando se trate de contenidos virtuales, estos mecanismos digitales de protección habrán de solicitarse siempre como una

794 MICROSOF BING, *Solicitud para bloquear resultados de búsqueda en Bing en Europa*, https://www.bing.com/webmaster/tools/eu-privacy-request (fecha de consulta: 10 de octubre de 2022).

795 YAHOO, *Obtén ayuda si alguien publica contenido íntimo tuyo sin tu permiso*, https://es-us.ayuda.yahoo.com/kb/search-for-desktop/Obt%C3%A9n-ayuda-si-alguien-publica-contenido-%C3%ADntimo-tuyo-sin-tu-permiso-sln26123.html (fecha de consulta: 10 de octubre de 2022).

primera medida destinada a cesar su difusión y a interrumpir el daño, independientemente de la posterior reclamación; pero cuando la difusión se haya producido de forma puntual mediante un medio convencional de difusión instantánea —radio o televisión— solo quedará el resarcimiento del daño mediante la correspondiente reclamación.

En definitiva, para una gestión eficaz del derecho al olvido habrá que comenzar solicitando a los buscadores principales —especialmente de *Google*— que se elimine el resultado de búsqueda por nombre y apellidos de la información en cuestión, al ser estos potentes localizadores los que facilitan la ubicación de un servidor cuya localización resultaría de intrincada complejidad sin su ayuda. El apartado segundo del artículo 17 RGPD obligaría a estos buscadores a adoptar las medidas técnicas necesarias para advertir a la página en que se ubica la información de que el usuario ha ejercido su derecho de supresión. Ahora bien, tal y como se ha visto, el derecho al olvido es aún una realidad incipiente para los buscadores que está siendo implantada en la medida de sus posibilidades; luego resultaría oportuno que el usuario, entretanto, se pusiera también en contacto con la página fuente para invocar su derecho, especialmente, si se trata de un periódico en línea con hemeroteca propia.

5.7.2. La reclamación en vía administrativa y ante la jurisdicción contencioso-administrativa

La difusión de información privada a través de redes sociales, la divulgación por parte de los medios de comunicación digitales de los nombres propios de los implicados en las noticias o las publicaciones oficiales de las Administraciones Públicas con nombres o apellidos, son algunos de los supuestos más habituales en base a los que se han venido formulando las solicitudes de supresión de datos personales. Aunque estas solicitudes generalmente se presentarán ante los motores de búsqueda, por ser los mayores difusores de información, no hay que olvidar que la exclusión de la lista de resultados en base a la búsqueda mediante el nombre del interesado no implica que el contenido deje de residir en la fuente principal o se mantenga accesible mediante otros parámetros de búsqueda[796].

Después de que un interesado haya presentado una solicitud de supresión frente a un motor de búsqueda, pueden darse cuatro supuestos: que el propio motor de búsqueda (responsable del tratamiento) no responda, que rechace la solicitud en base a unos fundamentos, que la estime parcialmente o bien

796 European Data Protection Board, *Directrices 5/2019 sobre los criterios del derecho al olvido en los casos de motores de búsqueda en virtud del RGPD*, https://edpb.europa.eu/sites/default/files/files/file1/edpb_guidelines_201905_rtbfsearchengines_afterpublicconsultation_es.pdf (fecha de consulta: 18 de julio de 2023).

que la estime en su integridad y, con ello, se proceda a la completa desindexación de los datos. Además de invocar sus derechos frente al navegador y ante una respuesta insatisfactoria de aquel, como responsable del tratamiento, el interesado podrá interponer una reclamación ante la autoridad de control competente en materia de protección de datos que, en España, es la AEPD. Es decir, la reclamación ante la AEPD se podrá interponer después de haberse dirigido previamente ante los responsables del tratamiento, y haber obtenido como resultado de una respuesta insatisfactoria o incompleta.

Al amparo del artículo 12, apartados tercero y cuarto[797], de la LO 3/2018, el responsable del tratamiento ante quien se hubiera presentado la solicitud de supresión habrá de facilitar al interesado la información relativa a sus actuaciones en el plazo máximo de un mes, que podrá ser ampliado otros dos meses en casos de especial complejidad, ampliación que deberá comunicarse al solicitante. Transcurrido un mes desde la recepción de la solicitud sin que el responsable del tratamiento haya resuelto su solicitud, deberá informar al solicitante sobre su derecho a reclamar ante la autoridad de control competente o bien ejercitar acciones judiciales. Es decir, si el interesado no queda conforme con la resolución o bien no recibe respuesta en el plazo de un mes, tendrá dos opciones a su alcance: acudir a la vía administrativa o a la jurisdicción ordinaria civil. Esto es así porque, tal y como se ha expuesto previamente, hay que tener muy presente la peculiaridad que presenta el derecho de supresión o derecho al olvido digital. Y es que no solo se trata de un derecho administrativo reconocido al amparo de la normativa de protección de datos, sino que también se trata de un derecho fundamental autónomo y vinculado con los derechos de la personalidad —artículo 18.1 CE— por lo que puede dar pie a una reclamación civil, tal y como preconizan las ya comentadas STC 58/18 y STC 89/22 y, en igual sentido, manifiesta Luis Javier Mieres Mieres:

> «De este modo, a partir de estos dos grupos de derechos base, los de protección del honor y la intimidad y el de protección de datos, se deriva una tutela concurrente del derecho al olvido en relación con aquellas informaciones o datos que

797 Artículo 12 RGPD: «3. El responsable del tratamiento facilitará al interesado información relativa a sus actuaciones sobre la base de una solicitud con arreglo a los artículos 15 a 22, y, en cualquier caso, en el plazo de un mes a partir de la recepción de la solicitud. Dicho plazo podrá prorrogarse otros dos meses en caso necesario, teniendo en cuenta la complejidad y el número de solicitudes. El responsable informará al interesado de cualquiera de dichas prórrogas en el plazo de un mes a partir de la recepción de la solicitud, indicando los motivos de la dilación. Cuando el interesado presente la solicitud por medios electrónicos, la información se facilitará por medios electrónicos cuando sea posible, a menos que el interesado solicite que se facilite de otro modo. 4. Si el responsable del tratamiento no da curso a la solicitud del interesado, le informará sin dilación, y a más tardar transcurrido un mes de la recepción de la solicitud, de las razones de su no actuación y de la posibilidad de presentar una reclamación ante una autoridad de control y de ejercitar acciones judiciales».

puedan ser subsumibles en el ámbito protegido por cada uno de ellos. Según sea el régimen activado por la persona afectada, la normativa aplicable y las formas de tutela serán distintas, aunque, en sustancia, los remedios los mismos: cesar o limitar la publicidad o corregir la información. Mientras la tutela a partir de los derechos al honor y a la intimidad es un ámbito regido por las normas nacionales (en el caso de España, artículo 18.1 CE y Ley Orgánica 1/1982, de 5 de mayo, de protección al honor, a la intimidad personal y familiar y a la propia imagen, básicamente), la protección derivada del derecho a la protección de datos es un espacio sujeto a la armonización de la normativa europea. Otra diferencia relevante se produce en los instrumentos de tutela: mientras que los derechos al honor y a la intimidad gozan de la tutela dispensada por jueces y tribunales, el derecho a la protección de datos cuenta con un sistema administrativo de protección a través de una agencia independiente»[798].

En consecuencia, la defensa del derecho al olvido digital se puede articular a través de la jurisdicción civil o mediante una reclamación administrativa[799]. El apartado siguiente versará sobre la reclamación a través de la vía judicial ordinaria, por lo que en el presente se tratarán los mecanismos de reclamación administrativos y contencioso-administrativos.

La reclamación por el cauce administrativo da comienzo con la interposición de una reclamación ante la Autoridad de Control competente del Estado miembro —AEPD— contra la respuesta desfavorable por parte del responsable del tratamiento o una vez transcurrido un mes sin respuesta desde su presentación. Aunque también se podría interponer directamente la reclamación ante la Autoridad de Control competente pues, conforme dispone el artículo 77 RGPD, sin perjuicio de cualquier otro recurso administrativo o acción judicial, todo interesado tiene derecho a presentar una reclamación ante una autoridad de control del Estado miembro en el que tenga su residencia habitual, la cual le habrá de informar sobre el curso y el resultado de la reclamación. Ambas formas de iniciación del procedimiento están previstas en los apartados primero[800] —cuando el procedimiento se refiera exclusivamente a la falta de atención de una solicitud de ejercicio

---

798 Mieres Mieres, L. J., «El derecho al olvido digital», *Fundación Alternativas*, 2014, p. 12.

799 Fernández López, L., «El derecho al olvido: Aproximación a su regulación y ejercicio», *Escuela de Práctica Jurídica de Salamanca*, 2018, pp. 33-35.

800 Artículo 64.1 LO 3/2018: «Cuando el procedimiento se refiera exclusivamente a la falta de atención de una solicitud de ejercicio de los derechos establecidos en los artículos 15 a 22 del Reglamento (UE) 2016/679 del Parlamento Europeo y del Consejo, de 27 de abril de 2016, se iniciará por acuerdo de admisión a trámite, que se adoptará conforme a lo establecido en el artículo 65 de esta ley orgánica. En este caso el plazo para resolver el procedimiento será de seis meses a contar desde la fecha en que hubiera sido notificado al reclamante el acuerdo de admisión a trámite. Transcurrido ese plazo, el interesado podrá considerar estimada su reclamación».

de los derechos establecidos en los artículos 15 a 22 RGPD— y segundo[801] —cuando el procedimiento tenga por objeto una posible infracción contra el RGPD, por propia iniciativa o como consecuencia de una reclamación— del artículo 64 de la LO 3/2018.

En cuanto al acceso a la vía judicial, el RGPD prevé dos vías posibles. Por un lado, el artículo 78 RGPD contempla el derecho a la tutela judicial efectiva que asiste al interesado contra cualquier decisión jurídicamente vinculante de una autoridad de control o bien cuando aquella no hubiera dado curso a la reclamación o no le hubiese informado en el plazo de tres meses sobre el curso o el resultado de la reclamación presentada. Es decir, el artículo 78 RGPD contempla el acceso a la tutela judicial como actividad revisora de la actuación administrativa ejercida por parte de la autoridad de control. Dicho de otra forma, dispone que la resolución de la autoridad de control podrá ser recurrible ante la autoridad judicial. En España, la actividad judicial de control de la potestad reglamentaria y de la legalidad de la actividad administrativa le compete a la jurisdicción contencioso-administrativa[802].

Por otro lado, el artículo 79 RGPD introduce la posibilidad de que, sin perjuicio de los recursos administrativos o extrajudiciales disponibles, al interesado le asista la facultad de acudir directamente a la vía judicial cuando considere que sus derechos en virtud del presente Reglamento han sido vulnerados como consecuencia de un tratamiento de sus datos personales. Es decir, se dispone la facultad de instar el procedimiento directamente ante los órganos judiciales sin necesidad de reclamaciones administrativas previas. En nuestro derecho nacional, el acceso directo a la tutela judicial efectiva, en base a una vulneración de la normativa de protección de datos, se habría de ejercitar por el principio de justicia rogada a través de la jurisdicción civil mediante

---

801 Artículo 64.2 LO 3/2018: «Cuando el procedimiento tenga por objeto la determinación de la posible existencia de una infracción de lo dispuesto en el Reglamento (UE) 2016/679 del Parlamento Europeo y del Consejo, de 27 de abril de 2016, y en la presente ley orgánica, se iniciará mediante acuerdo de inicio, adoptado por propia iniciativa o como consecuencia de reclamación, que le será notificado al interesado. Si el procedimiento se fundase en una reclamación formulada ante la Agencia Española de Protección de Datos, con carácter previo, esta decidirá sobre su admisión a trámite, conforme a lo dispuesto en el artículo 65 de esta ley orgánica. Admitida a trámite la reclamación, así como en los supuestos en que la Agencia Española de Protección de Datos actúe por propia iniciativa, con carácter previo al acuerdo de inicio podrá existir una fase de actuaciones previas de investigación, que se regirá por lo previsto en el artículo 67 de esta ley orgánica. El procedimiento tendrá una duración máxima de doce meses a contar desde la fecha del acuerdo de inicio. Transcurrido ese plazo se producirá su caducidad y, en consecuencia, el archivo de actuaciones».

802 Artículo 1.1 Ley 29/1998, de 13 de julio, reguladora de la Jurisdicción Contencioso-administrativa: «Los Juzgados y Tribunales del orden contencioso-administrativo conocerán de las pretensiones que se deduzcan en relación con la actuación de las Administraciones públicas sujeta al Derecho Administrativo, con las disposiciones generales de rango inferior a la Ley y con los Decretos legislativos cuando excedan los límites de la delegación».

los trámites del procedimiento ordinario al ser el procedimiento dispuesto para la defensa de los derechos personalísimos y demás derechos fundamentales[803]. Conviene recordar aquí que la STC 292/2000 otorgó al derecho a la protección de datos personales el reconocimiento de un derecho básico, fundamental y autónomo[804]. Del mismo modo, el artículo 8 CDFUE recoge como derecho fundamental el derecho a la protección de datos personales. A su vez, el derecho al olvido también ha sido reconocido en la STC 58/2018 como un derecho fundamental autónomo, además de configurarlo como una proyección del derecho a la protección de datos de carácter personal y una garantía para la tutela de los derechos de la personalidad[805].

En definitiva, el derecho al olvido se puede ejercitar mediante la interposición de una reclamación ante la autoridad de control competente —AEPD— o mediante la interposición de una demanda ante la jurisdicción civil, o bien ambas a la vez —aunque el acceso a la vía judicial civil no requiere, en ningún caso, que se haya interpuesto una reclamación ante la AEPD, lo cierto es que una resolución administrativa favorable sería, en este sentido, un medio probatorio idóneo para acreditar la comisión de una infracción en materia de protección de datos ante la jurisdicción ordinaria—. La resolución de la AEPD dará acceso, por la vía del recurso, a la jurisdicción contencioso-administrativa pero el interesado podrá acudir, directamente, a la vía judicial sin reclamaciones ni recursos previos instando el procedimiento a través de la jurisdicción civil. En todo caso, el interesado podrá ir a la vía administrativa —con su eventual recurso contencioso-administrativo— e instar la reclamación civil de forma paralela e indistinta —sin olvidarse que, una resolución estimatoria por parte de la AEPD sería un medio de prueba bastante útil—.

El artículo 56.1 RGPD establece que cada autoridad de control será competente para desempeñar las funciones que se le asignen y ejercer los poderes que se le confieran de conformidad con el RGPD en el territorio de cada Estado miembro. Por su parte, la LO 3/2018 dedica su TÍTULO VII a las Autoridades de Protección de Datos, siendo su artículo 44 el que define a la AEPD como una autoridad administrativa independiente de ámbito estatal, con personalidad jurídica y plena capacidad pública y privada, que actúa con plena independencia de los poderes públicos en el ejercicio de sus funciones. Su denominación oficial es «Agencia Española de Protección de Datos, Autori-

803 Artículo 249.1.2.º LEC: «Se decidirán en el juicio ordinario, cualquiera que sea su cuantía: [...] Las que pretendan la tutela del derecho al honor, a la intimidad y a la propia imagen, y las que pidan la tutela judicial civil de cualquier otro derecho fundamental, salvo las que se refieran al derecho de rectificación. En estos procesos, será siempre parte el Ministerio Fiscal y su tramitación tendrá carácter preferente».

804 STC 292/2000, de 30 de noviembre, FJ 6.º.

805 STC 58/2018, de 4 de junio, FJ 5.º y 6.º.

dad Administrativa Independiente»[806] y tendrá la condición de representante común de las autoridades de protección de datos del Reino de España en el Comité Europeo de Protección de Datos. Sus funciones son las de supervisar la aplicación de ley orgánica de protección de datos y del RGPD[807], así como las funciones que el propio RGPD asigna a las autoridades de control[808]. Es decir, la AEPD es el organismo nacional encargado de velar por el cumplimiento de la normativa en materia de protección de datos dentro del territorio español.

Ahora bien, lo anterior ha de ser complementado con lo dispuesto en el artículo 60 RGPD para cuestiones de cooperación internacional en que se puedan ver implicadas varias autoridades de control. Hay que tener en cuenta que, por lo general, los motores de búsqueda son responsables del tratamiento de datos personales que operan en varios de los Estados de la UE. Así las cosas, la autoridad de control del Estado en el que el interesado presente la reclamación actuará como autoridad supervisora principal y se coordinará con el resto de autoridades de control que podrán aportar sus respectivos dictámenes u objeciones motivadas al proyecto de decisión formulado por la autoridad de control principal. Con esta metodología, el RGPD «ha dejado de lado esa noción de competencia exclusiva de la autoridad de control principal, para operar sobre un sistema en que todas las autoridades relacionadas con un responsable o encargado [...] tienen participación en las decisiones»[809].

En España, la AEPD ha venido ejerciendo una labor pretoriana como garante de los derechos digitales en materia de protección de datos[810] y ha tratado de garantizar unas efectivas herramientas para que se dé «la posibilidad de que el individuo pueda controlar cuándo ser olvidado y desarrollar su vida desde

---

806 Conforme dispone el artículo 109.3 de la Ley 40/2015, de 1 de octubre, de Régimen Jurídico del Sector Público: «con independencia de cuál sea su denominación, cuando una entidad tenga la naturaleza jurídica de autoridad administrativa independiente deberá figurar en su denominación la indicación «autoridad administrativa independiente» o su abreviatura «A.A.I.»».

807 Artículo 47 LO 3/2018: «Corresponde a la Agencia Española de Protección de Datos supervisar la aplicación de esta ley orgánica y del Reglamento (UE) 2016/679 y, en particular, ejercer las funciones establecidas en el artículo 57 y las potestades previstas en el artículo 58 del mismo reglamento, en la presente ley orgánica y en sus disposiciones de desarrollo. Asimismo, corresponde a la Agencia Española de Protección de Datos el desempeño de las funciones y potestades que le atribuyan otras leyes o normas de Derecho de la Unión Europea».

808 Véanse artículos 57 y 58 RGPD.

809 Berrocal Lanzarot, A. I., *Derecho de supresión de datos o derecho al olvido... op. cit.*, p. 382.

810 Martínez López-Sáez, M., *El derecho al olvido como garantía frente a situaciones de vulnerabilidad en la UE y España,* Centro de Estudios Políticos y Constitucionales, Madrid, 2022, p. 241.

una hoja en blanco»[811]. Una referencia pionera respecto al derecho al olvido se puede encontrar en la Declaración sobre buscadores de Internet, que la AEPD publicó el 1 de diciembre de 2007, y en cuyas conclusiones manifestaba que «aunque la incorporación inicial de esta información personal a la red pueda estar legitimada en origen, su mantenimiento universal en Internet puede resultar desproporcionado» y donde se demandaban ciertas «garantías frente a los nuevos riesgos que aventuran servicios de Internet como los motores de búsqueda»[812]. Tampoco puede olvidarse que el famoso caso de Mario Costeja frente a *Google Spain S.L.* en solicitud del reconocimiento del derecho al olvido comenzó con una resolución estimatoria por parte de la AEPD. Resulta evidente que, desde el principio, la AEPD ha apostado con ambiciosas propuestas por el reconocimiento del derecho al olvido[813].

En la web de la AEPD, dentro de un apartado con nombre «conoce tus derechos», se incluye una opción donde se ofrece una descripción acerca de los supuestos ante los que se puede ejercitar el derecho de supresión o derecho al olvido[814] y se facilita la descarga de un formulario para ejercer tal derecho[815]. Dicho formulario alberga unos apartados a cumplimentar consistentes en los datos del responsable del tratamiento y en los datos del afectado o representante legal, a ello le sucede la solicitud del acuerdo de supresión de tales datos en el plazo de un mes y la recomendación de adjuntar a dicho formulario una relación de hechos acerca del objeto de la pretensión. Si bien no queda muy claro —al menos, por el momento—, cabe entender que se trata de un modelo orientado a la solicitud del derecho ante el propio responsable del tratamiento pues, por otro lado, clicando en la pestaña de «trámites» y seguidamente en el apartado «publicación de datos en Internet» y «continuar», se ofrecen seis modelos de reclamación entre los que cabe destacar el de «datos accesibles en buscadores por nombre y apellidos». Llegados a ese punto, previa exposición de las características del derecho de supresión y el derecho al olvido, se da la posibilidad de presentar la reclamación, electrónicamente o en soporte papel, ante la propia AEPD.

El procedimiento para las reclamaciones ante la AEPD, en los supuestos en los que no hayan sido atendidas las solicitudes de los derechos reco-

811 Arenas Ramiro, M., «El derecho de protección de datos personales como garantía de las libertades de expresión e información», en Cotino Hueso, L., *Libertad en Internet. La red y las libertades de expresión e información,* Tirant lo Blanch, Valencia, 2007, p. 375.

812 AEPD, *Declaración sobre buscadores de Internet*, http://www.facua.org/es/documentos/declaracionsobrebuscadoresdeInternet.pdf (fecha de consulta: 24 de julio de 2023).

813 López Portas, M. B., «La configuración jurídica del derecho al olvido en el Derecho Español a tenor de la doctrina del TJUE», *UNED. Revista de Derecho Político*, n.º 93, 2015, p. 169.

814 AEPD, *Derecho de supresión («al olvido»)*, https://www.aepd.es/es/derechos-y-deberes/conoce-tus-derechos/derecho-de-supresion-al-olvido (fecha de consulta: 18 de julio de 2023).

815 AEPD, *Formulario para el ejercicio del derecho de supresión*, https://www.aepd.es/es/documento/formulario-derecho-de-supresion.pdf (fecha de consulta: 18 de julio de 2023).

nocidos en los artículos 15 a 22 RGPD o en los que se estime una posible infracción de la normativa de protección de datos personales, se sustanciará conforme los trámites previstos en el Título VIII de la LO 3/2018, que lleva por rúbrica «procedimientos en caso de posible vulneración de la normativa de protección de datos». El procedimiento se iniciará mediante un acuerdo de admisión a trámite[816] para los supuestos en que se reclame la falta de atención de los derechos solicitados ante el responsable del tratamiento y tendrá una duración máxima de seis meses, transcurridos los cuales se entenderá estimada la solicitud —silencio administrativo positivo—. Cuando el procedimiento se inicie mediante una reclamación fundada en la posible infracción de la normativa de protección de datos se decidirá, con carácter previo, sobre su admisión a trámite y le podrá seguir una fase de investigación. Este procedimiento tendrá una duración máxima de doce meses tras los cuales se producirá la caducidad y el archivo de las actuaciones. En consecuencia, parece más favorable el procedimiento por la falta de atención de la solicitud, con un plazo de tramitación más breve, junto al hecho de que la falta de notificación por la AEPD implica la estimación de la reclamación, mientras que el procedimiento por la infracción de la normativa de protección de datos puede conllevar la caducidad del procedimiento.

En todo caso y con carácter previo, la AEPD podrá decretar, según los casos, el alcance nacional o transfronterizo del procedimiento[817]. Además, durante la tramitación del mismo, la AEPD podrá acordar las medidas provisionales que estime pertinentes a fin de garantizar la tutela del derecho a la protección de datos, tales como el bloqueo, la cesación en el tratamiento o, incluso, la estimación del derecho solicitado, sin perjuicio de que el procedimiento siga adelante en el resto de las cuestiones[818]. Una vez concluidas

816 Véase artículo 65 LO 3/2018.

817 Artículo 66 LO 3/2018: «1. Salvo en los supuestos a los que se refiere el artículo 64.4 de esta ley orgánica, la Agencia Española de Protección de Datos deberá, con carácter previo a la realización de cualquier otra actuación, incluida la admisión a trámite de una reclamación o el comienzo de actuaciones previas de investigación, examinar su competencia y determinar el carácter nacional o transfronterizo, en cualquiera de sus modalidades, del procedimiento a seguir. 2. Si la Agencia Española de Protección de Datos considera que no tiene la condición de autoridad de control principal para la tramitación del procedimiento remitirá, sin más trámite, la reclamación formulada a la autoridad de control principal que considere competente, a fin de que por la misma se le dé el curso oportuno. La Agencia Española de Protección de Datos notificará esta circunstancia a quien, en su caso, hubiera formulado la reclamación. El acuerdo por el que se resuelva la remisión a la que se refiere el párrafo anterior implicará el archivo provisional del procedimiento, sin perjuicio de que por la Agencia Española de Protección de Datos se dicte, en caso de que así proceda, la resolución a la que se refiere el apartado 8 del artículo 60 del Reglamento (UE) 2016/679».

818 Artículo 69 LO 3/2018: «1. Durante la realización de las actuaciones previas de investigación o iniciado un procedimiento para el ejercicio de la potestad sancionadora, la Agencia Española de Protección de Datos podrá acordar motivadamente las medidas provisionales

las actuaciones de investigación, la AEPD podrá dictar acuerdo de inicio de procedimiento para la interposición de una posible sanción frente al responsable del tratamiento[819].

La Sala de lo Contencioso-Administrativo del TS confirmó en su STS 1381/2016, dictada tras la reciente publicación del RGPD, que el procedimiento contencioso-administrativo para la reclamación del derecho al olvido «se recaba mediante la impugnación de la correspondiente resolución de la Agencia Española de Protección de Datos, resolución que se produce, como se ha indicado anteriormente, a través de un procedimiento que comienza con la reclamación o comunicación dirigida al responsable del tratamiento, ejercitando el correspondiente derecho [...], frente a cuya respuesta el interesado puede formular reclamación ante la referida Agencia Española de Protección de Datos [...], que deberá dictar resolución en el plazo de seis meses, contra la cual puede interponerse el recurso contencioso-administrativo»[820]. Asimismo, conforme preceptúa el artículo 48.6 de la LO 3/2018, las resoluciones dictadas por la AEPD agotan la vía administrativa y son susceptibles de recurso contencioso-administrativo ante la Sala de lo Contencioso-administrativo de la Audiencia Nacional[821], que habrá de interponerse en el plazo

necesarias y proporcionadas para salvaguardar el derecho fundamental a la protección de datos y, en especial, las previstas en el artículo 66.1 del Reglamento (UE) 2016/679, el bloqueo cautelar de los datos y la obligación inmediata de atender el derecho solicitado. 2. En los casos en que la Agencia Española de Protección de Datos considere que la continuación del tratamiento de los datos personales, su comunicación o transferencia internacional comportara un menoscabo grave del derecho a la protección de datos personales, podrá ordenar a los responsables o encargados de los tratamientos el bloqueo de los datos y la cesación de su tratamiento y, en caso de incumplirse por estos dichos mandatos, proceder a su inmovilización. 3. Cuando se hubiese presentado ante la Agencia Española de Protección de Datos una reclamación que se refiriese, entre otras cuestiones, a la falta de atención en plazo de los derechos establecidos en los artículos 15 a 22 del Reglamento (UE) 2016/679, la Agencia Española de Protección de Datos podrá acordar en cualquier momento, incluso con anterioridad a la iniciación del procedimiento para el ejercicio de la potestad sancionadora, mediante resolución motivada y previa audiencia del responsable del tratamiento, la obligación de atender el derecho solicitado, prosiguiéndose el procedimiento en cuanto al resto de las cuestiones objeto de la reclamación.».

819 Artículo 68 LO 3/2018: «1. Concluidas, en su caso, las actuaciones a las que se refiere el artículo anterior, corresponderá a la Presidencia de la Agencia Española de Protección de Datos, cuando así proceda, dictar acuerdo de inicio de procedimiento para el ejercicio de la potestad sancionadora, en que se concretarán los hechos, la identificación de la persona o entidad contra la que se dirija el procedimiento, la infracción que hubiera podido cometerse y su posible sanción. 2. Cuando la Agencia Española de Protección de Datos ostente la condición de autoridad de control principal y deba seguirse el procedimiento previsto en el artículo 60 del Reglamento (UE) 2016/679, el proyecto de acuerdo de inicio de procedimiento sancionador se someterá a lo dispuesto en el mismo».

820 STS 1381/2016, de 5 de abril de 2016, FJ 11.º.

821 Artículo 48.6 LO 3/2018: «Los actos y disposiciones dictados por la Presidencia de la Agencia Española de Protección de Datos ponen fin a la vía administrativa, siendo recurribles, directamente, ante la Sala de lo Contencioso-administrativo de la Audiencia Nacional».

de dos meses desde la notificación de la resolución o en el plazo de seis meses si no fuera un acto expreso[822]. La sentencia Sala de lo Contencioso-administrativo de la Audiencia Nacional será susceptible de recurso de casación[823] ante la Sala de lo Contencioso-Administrativo del Tribunal Supremo en el plazo de treinta días desde la notificación de la sentencia[824]. Frente a la sentencia dictada por la Sala de lo Contencioso-Administrativo del Tribunal Supremo se podrá interponer recurso de amparo en base a la infracción un derecho fundamental de los contenidos entre los artículos catorce a veintinueve de la Constitución[825] —que en el caso del derecho al olvido habrían de ser los artículos 18.1 y 18.4 CE— en el plazo de treinta días ante el Tribunal Constitucional[826].

Por último, coincidimos con Mónica Martínez López-Sáez en destacar el papel que también asiste al Defensor del Pueblo como garante de los derechos reconocidos en materia de protección de datos frente al marco de ejercicio de la actuación administrativa. De partida, el Defensor del Pueblo está legitimado para efectuar, de oficio o a instancia de parte, la investigación relativa al esclarecimiento de los actos y resoluciones de la Administración pública y sus agentes, en relación con los ciudadanos, a la luz de lo dispuesto en el artículo 103.1 CE[827], y el respeto debido a los Derechos proclamados en

---

822 Artículo 46.1 Ley 29/1998, de 13 de julio, reguladora de la Jurisdicción Contencioso-administrativa: «El plazo para interponer el recurso contencioso-administrativo será de dos meses contados desde el día siguiente al de la publicación de la disposición impugnada o al de la notificación o publicación del acto que ponga fin a la vía administrativa, si fuera expreso. Si no lo fuera, el plazo será de seis meses y se contará, para el solicitante y otros posibles interesados, a partir del día siguiente a aquél en que, de acuerdo con su normativa específica, se produzca el acto presunto».

823 Artículo 86.1 Ley 29/1998, de 13 de julio, reguladora de la Jurisdicción Contencioso-administrativa: «Las sentencias dictadas en única instancia por los Juzgados de lo Contencioso-administrativo y las dictadas en única instancia o en apelación por la Sala de lo Contencioso-administrativo de la Audiencia Nacional y por las Salas de lo Contencioso-administrativo de los Tribunales Superiores de Justicia serán susceptibles de recurso de casación ante la Sala de lo Contencioso-administrativo del Tribunal Supremo [...]».

824 Artículo 89.1 Ley 29/1998, de 13 de julio, reguladora de la Jurisdicción Contencioso-administrativa: «El recurso de casación se preparará ante la Sala de instancia en el plazo de treinta días, contados desde el siguiente al de la notificación de la resolución que se recurre, estando legitimados para ello quienes hayan sido parte en el proceso, o debieran haberlo sido».

825 Artículo 41.1 Ley Orgánica 2/1979, de 3 de octubre, del Tribunal Constitucional: «Los derechos y libertades reconocidos en los artículos catorce a veintinueve de la Constitución serán susceptibles de amparo constitucional [...]».

826 Artículo 44.2 Ley Orgánica 2/1979, de 3 de octubre, del Tribunal Constitucional: «El plazo para interponer el recurso de amparo será de 30 días, a partir de la notificación de la resolución recaída en el proceso judicial».

827 Artículo 103.1 CE: «La Administración Pública sirve con objetividad los intereses generales y actúa de acuerdo con los principios de eficacia, jerarquía, descentralización, desconcentración y coordinación, con sometimiento pleno a la ley y al Derecho».

su Título primero[828]. Por ello, cuando la cuestión verse sobre la vulneración de cualquier derecho fundamental de los reconocidos entre los artículos 10 al 30.2 CE, el Defensor del Pueblo podrá velar, mediante las facultades que le competen —artículos 15 a 21 y 28 a 31 de la LOPD—, por los derechos de los interesados siempre que el responsable del tratamiento sea una autoridad administrativa u organismo público. Y, en consecuencia, el derecho al olvido se ha de incluir entre tales derechos por cuanto que ha sido reconocido como derecho fundamental autónomo y, además, su configuración constitucional se relaciona con el respeto a la dignidad humana y al libre desarrollo de la personalidad —artículo 10.1 CE—, los derechos al honor, a la intimidad, a la propia imagen —artículo 18.1 CE— y a la autodeterminación informativa o protección de datos —artículo 18.3 CE—[829]. De esta forma, además de reclamar ante la AEPD, se podrá solicitar el auxilio del Defensor del Pueblo cuando los derechos se ejerciten frente a la actuación de una corporación administrativa.

5.7.3. La tutela civil del derecho al olvido

El RGPD recoge en su artículo 17 la figura del derecho de supresión o «derecho al olvido" mediante el cual el interesado tiene derecho a solicitar a un responsable del tratamiento la supresión inmediata de los datos personales que le conciernen en una serie de circunstancias y, en especial, cuando el interesado pasa a retirar su consentimiento inicial o cuando aquellos datos personales en cuestión ya no resultan necesarios en base a los fines que propiciaron su recogida. No obstante, en su apartado tercero, se contemplan una serie de excepciones a la aplicación de este derecho de supresión o derecho al olvido, es decir, no se trata de un derecho absoluto.

En este sentido, Joaquín Muñoz señala que el juicio de ponderación del derecho de supresión se ha de dirimir atendiendo a cuatro aspectos: «La naturaleza de la información de que se trate así sea inexacta o falsa, incompleta o inadecuada, excesiva, obsoleta o ya no relevante; el carácter sensible de esta información para la vida privada del individuo; el interés público en disponer de dicha información en el presente; el papel que dicha persona desempeñe en la vida pública»[830]. A ello se ha de añadir un nuevo factor, el

828 Así lo dispone el artículo 9.1 de la Ley Orgánica 3/1981, de 6 de abril, del Defensor del Pueblo.

829 Martínez López-Sáez, M., *El derecho al olvido como garantía frente a situaciones de vulnerabilidad en la UE y España...*, *op. cit.*, p. 247.

830 Muñoz, J., *La desindexación de contenidos del índice de resultados de buscadores de Internet tras la sentencia del TJUE sobre «derecho al olvido»*, Abogacía Española Consejo General, https://www.abogacia.es/actualidad/noticias/la-desindexacion-de-contenidos-del-indice-de-resultados-de-buscadores-de-Internet-tras-la-sentencia-del-tjue-sobre-derecho-al-olvido/ (fecha de consulta: 13 de septiembre de 2023).

transcurso del tiempo, que ha emergido como un nuevo criterio de ponderación al considerar el elemento de la relevancia pública desde el prisma del derecho al olvido[831]. La STC 58/2018, de 4 de junio, se ha pronunciado sobre esta misma cuestión dejando claro que el carácter noticiable de la información está estrechamente ligado a la actualidad de los sucesos, por lo que el transcurso del tiempo irá disipando su relevancia e interés público[832]. Esta sentencia también ha dejado sentado que el derecho al olvido es un derecho fundamental autónomo[833] y, por tanto, es un derecho más amplio que su homólogo derecho de supresión del artículo 17 RGPD[834].

De lo anterior, se puede extraer que tanto la negativa de un responsable del tratamiento a atender una solicitud de supresión como la incorrecta ponderación de las excepciones contempladas en el artículo 17.3 RGPD —cuando, a diferencia del criterio aplicado por el responsable del tratamiento, hubiera de prevalecer el derecho al olvido del solicitante— supondrán un incumplimiento del RGPD[835]. Lo cierto es que son varios los métodos que el RGPD contempla para reclamar contra un incumplimiento sobre la normativa en materia de protección de datos personales, pero no prevé un desarrollo normativo claro que regule de forma precisa y unitaria el cauce legal a seguir, en concreto, respecto al acceso directo a la vía judicial y el derecho de indemnización, resultando que tales carencias deben de ser suplidas por la legislación propia de cada país.

Por una parte, el interesado tiene a su alcance la posibilidad de presentar, al amparo del artículo 77 RGPD, una reclamación ante la AEPD, como autoridad de control competente. Contra la resolución de la AEPD se podrá, a su vez y conforme establece el artículo 78 RGPD, interponer un recurso contencioso-administrativo al objeto de acceder a la tutela judicial efectiva en revisión de dicho acto administrativo. Pero, por otro lado, el artículo 79 RGPD[836] contempla la posibilidad del acceso directo a la vía judicial ordinaria,

---

831 Domínguez Mejías, I., «Hacia la memoria selectiva en Internet. Honor, intimidad y propia imagen en la era digital a partir de la jurisprudencia española», *Revista CTS*, n.º 32, vol. 11, 2016, p. 60.

832 STC 58/2018, de 4 de junio, FJ 7.º.

833 STS 58/2018, de 4 de junio, FJ 4.º.

834 Tortajada Chardí, P., «Implementación normativa del artículo 18.4 de la CE: El derecho al olvido»..., *op. cit,* p. 74.

835 Aguinaga Glaría, B., «La tutela judicial civil del derecho al olvido digital», *Revista General de Derecho Constitucional*, n.º 37, 2022, p. 10.

836 Artículo 79 RGPD: «1. Sin perjuicio de los recursos administrativos o extrajudiciales disponibles, incluido el derecho a presentar una reclamación ante una autoridad de control en virtud del artículo 77, todo interesado tendrá derecho a la tutela judicial efectiva cuando considere que sus derechos en virtud del presente Reglamento han sido vulnerados como consecuencia de un tratamiento de sus datos personales. 2. Las acciones contra un responsable o encargado del tratamiento deberán ejercitarse ante los tribunales del Estado

es decir, sin la necesidad —aunque tampoco se excluye la posibilidad— de haber reclamado previamente a la autoridad administrativa de control. En todo caso, y aunque para el acceso directo a la vía ordinaria no resulte preceptiva la reclamación a la AEPD, lo cierto es que una resolución favorable en este sentido sería un medio probatorio de utilidad ante la jurisdicción civil.

En España, este acceso directo a la tutela jurisdiccional se habrá de ejercitar a través de la jurisdicción civil, conforme establece el artículo 249.1.2.º LEC —procedimiento de tutela civil para los derechos fundamentales— o conforme a la Ley Orgánica 1/1982, de 5 de mayo, de protección civil del derecho al honor, a la intimidad personal y familiar y a la propia imagen —en lo sucesivo, LOPH—. Apunta Marina Sancho López que, aunque las vías tuitivas preferentes hayan sido habitualmente la administrativa y la contencioso administrativa, el RGPD faculta a los interesados para que puedan optar por la vía jurisdiccional civil para solicitar el borrado de sus datos personales. Además, esta vía ofrece importantes aspectos de economía procesal, por cuanto que la reclamación civil parece ser el único conducto posible para solicitar una indemnización por daños y perjuicios[837].

5.7.3.1. El derecho de indemnización

Un elemento importante a considerar como presupuesto de resarcimiento ante la transgresión del derecho de supresión o derecho al olvido es el Considerando 146 RGPD[838]. Este reconoce el derecho a obtener una indemniza-

miembro en el que el responsable o encargado tenga un establecimiento. Alternativamente, tales acciones podrán ejercitarse ante los tribunales del Estado miembro en que el interesado tenga su residencia habitual, a menos que el responsable o el encargado sea una autoridad pública de un Estado miembro que actúe en ejercicio de sus poderes públicos».

837 Sancho López, M., «La responsabilidad civil en supuestos de vulneración del derecho al olvido», *Revista Aranzadi de derecho patrimonial*, n.º 59, 2022, pp. 1-4.

838 Considerando 146 RGPD: «El responsable o el encargado del tratamiento debe indemnizar cualesquiera daños y perjuicios que pueda sufrir una persona como consecuencia de un tratamiento en infracción del presente Reglamento. El responsable o el encargado deben quedar exentos de responsabilidad si se demuestra que en modo alguno son responsables de los daños y perjuicios. El concepto de daños y perjuicios debe interpretarse en sentido amplio a la luz de la jurisprudencia del Tribunal de Justicia, de tal modo que se respeten plenamente los objetivos del presente Reglamento. Lo anterior se entiende sin perjuicio de cualquier reclamación por daños y perjuicios derivada de la vulneración de otras normas del Derecho de la Unión o de los Estados miembros. Un tratamiento en infracción del presente Reglamento también incluye aquel tratamiento que infringe actos delegados y de ejecución adoptados de conformidad con el presente Reglamento y el derecho de los Estados miembros que especifique las normas del presente Reglamento. Los interesados deben recibir una indemnización total y efectiva por los daños y perjuicios sufridos. Si los responsables o encargados participan en el mismo tratamiento, cada responsable o encargado debe ser considerado responsable de la totalidad de los daños y perjuicios. No obstante, si se acumulan en la misma causa de conformidad con el Derecho

ción por los daños y perjuicios sufridos por cualquier infracción del RGPD. Además, dicho concepto de daños y perjuicios deberá de interpretarse «en un sentido amplio» a la luz de la jurisprudencia del TJUE, de forma que se salvaguarden debidamente los principios del Reglamento. De esta forma, se articulan las bases para la reparación de los daños y perjuicios sufridos con motivo de la vulneración de cualesquiera de los derechos contemplados en el RGPD y, con ello, del derecho al olvido. Dicha vulneración, será indemnizable *ex* artículo 82 RGPD[839], que especifica además que corresponderá tal derecho de indemnización cuando se trate tanto de daños y perjuicios materiales como inmateriales, concretando así el derecho a indemnización por daños morales[840].

Como quiera que el derecho de supresión o derecho al olvido está previsto en el artículo 17 RGPD, todo individuo tendrá derecho a solicitar una indemnización por los daños y perjuicios morales sufridos por la vulneración de este derecho. Con ello, el legislador europeo ha tratado de introducir un sistema indemnizatorio unánime para quienes se vean afectados por cualquier

de los Estados miembros, la indemnización puede prorratearse en función de la responsabilidad de cada responsable o encargado por los daños y perjuicios causados por el tratamiento, siempre que se garantice la indemnización total y efectiva del interesado que sufrió los daños y perjuicios. Todo responsable o encargado que haya abonado la totalidad de la indemnización puede interponer recurso posteriormente contra otros responsables o encargados que hayan participado en el mismo tratamiento».

839 Artículo 82 RGPD: «1. Toda persona que haya sufrido daños y perjuicios materiales o inmateriales como consecuencia de una infracción del presente Reglamento tendrá derecho a recibir del responsable o el encargado del tratamiento una indemnización por los daños y perjuicios sufridos. 2. Cualquier responsable que participe en la operación de tratamiento responderá de los daños y perjuicios causados en caso de que dicha operación no cumpla lo dispuesto por el presente Reglamento. Un encargado únicamente responderá de los daños y perjuicios causados por el tratamiento cuando no haya cumplido con las obligaciones del presente Reglamento dirigidas específicamente a los encargados o haya actuado al margen o en contra de las instrucciones legales del responsable. 3. El responsable o encargado del tratamiento estará exento de responsabilidad en virtud del apartado 2 si demuestra que no es en modo alguno responsable del hecho que haya causado los daños y perjuicios. 4. Cuando más de un responsable o encargado del tratamiento, o un responsable y un encargado hayan participado en la misma operación de tratamiento y sean, con arreglo a los apartados 2 y 3, responsables de cualquier daño o perjuicio causado por dicho tratamiento, cada responsable o encargado será considerado responsable de todos los daños y perjuicios, a fin de garantizar la indemnización efectiva del interesado. 5. Cuando, de conformidad con el apartado 4, un responsable o encargado del tratamiento haya pagado una indemnización total por el perjuicio ocasionado, dicho responsable o encargado tendrá derecho a reclamar a los demás responsables o encargados que hayan participado en esa misma operación de tratamiento la parte de la indemnización correspondiente a su parte de responsabilidad por los daños y perjuicios causados, de conformidad con las condiciones fijadas en el apartado 2».

840 Zunón Villalobos, M., «La garantía civil de la privacidad», *Revista Aranzadi Doctrinal*, n.º 9, 2013, p. 12.

tratamiento de datos contrario a la normativa de protección de datos[841]. No obstante, la norma no deja en absoluto claro cuál ha de ser el conducto para la solicitud de dicho resarcimiento pues, recuérdese, son varias las vías de reclamación: ante el propio encargado o responsable del tratamiento, ante la autoridad de control, el recurso ante la autoridad judicial de la resolución administrativa o el acceso directo a la tutela judicial.

Por su parte, la LOPD 3/2018 únicamente detalla el proceso de reclamación ante la AEPD —como autoridad de protección de datos, contemplada en el Capítulo I del Título VII— y prevé, en su Título IX, el régimen sancionador de aplicación del que puede resultar la imposición de sanciones incluso superiores a los 300.000 euros. Pero tal régimen sancionador versa sobre la aplicación de multas a los encargados y responsables infractores de la normativa de protección de datos, y una cosa son las multas, como mecanismos de sanción, y otra las indemnizaciones como supuestos de reparación. En consecuencia, no se detalla nada acerca del sistema indemnizatorio previsto en el Considerando 146 y en el artículo 82 RGPD, por lo que cabe concluir que la AEPD no dispone de la facultad de conceder indemnizaciones a los afectados. En este sentido, se sugiere una propuesta *de lege ferenda* respecto a la LOPD 3/2018 que contemple la inclusión de un régimen de concesión de compensaciones económicas por parte de la AEPD a los afectados; pues no parece del todo razonable que esta autoridad de control disponga de la facultad de imponer cuantiosas sanciones y, quedando acreditada la infracción en materia de protección de datos, no cuente con la facultad de índole restaurativa de otorgar en paralelo un mandato de compensación al reclamante o afectado por la infracción.

Beatriz Aguinaga Glaría señala que el ejercicio de esta acción indemnizatoria solamente se puede obtener ante el tribunal civil u ordinario que resulte competente —según se trate de un ente público o privado—, ya que la función de la AEPD consiste exclusivamente en tutelar y sancionar los derechos de protección de datos y no es un órgano competente para otorgar ninguna clase de resarcimiento indemnizatorio. Del mismo modo, la jurisdicción contencioso-administrativa tampoco, puesto que su labor ha de ceñirse únicamente a controlar la legalidad de las resoluciones administrativas[842]. La propia AEPD precisa en su página web oficial que «toda persona que haya sufrido daños y perjuicios materiales o inmateriales como consecuencia de una infracción de la normativa de protección de datos tendrá derecho a recibir del responsable o del encargado del tratamiento una indemnización [...] [pero que] las acciones judiciales para reclamar esta indemnización se presentarán ante los tribuna-

841 Nieto Garrido, E., «Derecho a la indemnización y responsabilidad», en Piñar Mañas, J. L., Álvarez Caro, M., Recio Gayo, M., *Reglamento General de Protección de Datos. Hacia un nuevo modelo europeo de privacidad*, Reus, Madrid, 2016, p. 559.

842 Aguinaga Glaría. B., «La tutela judicial civil del derecho al olvido digital», *Revista General de Derecho Constitucional*, n.° 37, 2022, p. 10.

les»[843] y, con ello, aclara que este órgano administrativo competente no es la instancia pertinente para reconocer indemnización alguna. La jurisprudencia civil también se ha encargado de esclarecer esta cuestión: la STS 545/2015, de 15 de octubre, ha constatado que la vulneración del derecho al olvido y los derechos de la personalidad asociados a ella constituyen un presupuesto válido para la reclamación de la indemnización por daños y perjuicios contemplada en el artículo 82 RGPD. Además, hay que añadir que el reconocimiento judicial del derecho a la indemnización exige que se haya infringido el RGPD, pero en absoluto es necesario que dicha infracción tenga que haber sido reconocida previamente en un procedimiento administrativo sancionador[844], toda vez que los propios jueces podrán reconocerla de forma independiente; aunque sí sería un medio de prueba a tener en cuenta. Si bien es cierto que, en este aspecto, el TS ha establecido que las resoluciones administrativas podrán operar como indicios de la comisión, mientras que los hechos probados en las sentencias contencioso-administrativas habrán de ser vinculantes y condicionantes para la fundamentación de los asuntos civiles[845].

En definitiva, aunque los afectados podrán reclamar la vulneración del derecho al olvido a través de los cauces previstos en los artículos 77, 78 y 79 RGPD; el derecho de indemnización contemplado en el artículo 82 RGPD solamente se podrá ver satisfecho mediante la interposición directa de acciones ante la jurisdicción competente. Y esto es así por cuanto que la autoridad de control en materia de protección de datos no es competente para otorgar indemnizaciones y, en consecuencia, tampoco lo será la jurisdicción contencioso-administrativa en vía de recurso contra las resoluciones de la AEPD. En consecuencia, solo será posible obtener este derecho mediante una demanda directa ante los órganos judiciales del orden civil cuando el infractor sea un ente privado o una reclamación por responsabilidad patrimonial si se trata de una administración pública. Es decir, llegados a este punto, habrá que diferenciar dos supuestos:

Si el responsable infractor —encargado o responsable del tratamiento— es una administración pública, se podrá solicitar una reclamación por responsabilidad patrimonial de conformidad con artículo 106.2 CE[846] y conforme

843 AEPD, *Si interpongo una reclamación y el responsable es sancionado ¿Puedo obtener una indemnización económica?*, aepd.es/preguntas-frecuentes/13-reclamaciones-ante-aepd-y-ante-otros-organismos-competentes/FAQ-1302-si-interpongo-una-reclamacion-y-el-responsable-es-sancionado-puedo-obtener-una-indemnizacion-economica (fecha de consulta: 12 de octubre de 2023).

844 Rubí Puig, A., «Problemas de coordinación y compatibilidad entre la acción indemnizatoria del artículo 82 del Reglamento General de Protección de Datos y otras acciones en derecho español», *Derecho Privado y Constitución*, n.º 34, 2019, p. 215.

845 STS 634/2014, Sala Primera, de 9 de enero, FJ 15.º.

846 Artículo 106.2 CE: «Los particulares, en los términos establecidos por la ley, tendrán derecho a ser indemnizados por toda lesión que sufran en cualquiera de sus bienes y derechos,

se garantiza en el artículo 9.3 CE —«la responsabilidad y la interdicción de la arbitrariedad de los poderes públicos»—. De conformidad con el artículo 149.1.18 CE, la regulación jurídica del sistema de responsabilidad de las Administraciones Públicas es una competencia exclusiva del Estado que se articula mediante la Ley 40/2015, de 1 de octubre, de Régimen Jurídico del Sector Público y la Ley 39/2015, de 1 de octubre, del Procedimiento Administrativo Común de las Administraciones Públicas. Dicha reclamación seguirá las reglas generales del procedimiento administrativo, con las especialidades previstas en los artículos 67, 81, 91 y 92 de la Ley 39/2015, de 1 de octubre. La solicitud de responsabilidad patrimonial podrá articularse a través del procedimiento ordinario previsto en la LPAC, con las especialidades previstas, o a través del procedimiento abreviado, entre cuyos supuestos de responsabilidad se han incluido los procedimientos administrativos, también con sus respectivas especialidades. Dentro del procedimiento general, la reclamación se deberá interponer en el plazo máximo de un año contra la administración de cuyo acto se derive la solicitud, habrá de ser resuelta en el plazo de seis meses, entendiéndose desestimada en caso de silencio administrativo, y contra dicha resolución se podrá interponer recurso contencioso-administrativo. Los procedimientos de responsabilidad patrimonial terminarán con el dictado de una resolución, mediante convenio con el interesado, por los motivos tasados en el artículo 84 LPAC o por silencio administrativo. Se trata, en definitiva, de un procedimiento de reclamación patrimonial ante la administración pública con posterior acceso a la jurisdicción contencioso-administrativa, pero que es independiente de la reclamación en materia de protección ante la AEPD. Como apunta Luis Felipe López Álvarez, el supuesto de responsabilidad será siempre objetivo cuando el responsable sea una Administración Pública, al contrario que lo dispuesto en el artículo 1902 CC, por lo que el deber de indemnizar surge de forma independiente a la concurrencia de dolo o negligencia por la Administración o del proceder ilícito de los funcionarios actuantes[847]: «En este sentido, el ajuste de la conducta al Reglamento no impedirá el deber de indemnizar, pues basta con demostrar que la causa del daño ha sido el funcionamiento o la actuación de la Administración, que el daño es evaluable económicamente y que el interesado no tiene la obligación jurídica de soportarlo, para que se origine, por mandado constitucional, el deber de indemnizar los daños causados»[848].

---

salvo en los casos de fuerza mayor, siempre que la lesión sea consecuencia del funcionamiento de los servicios públicos».

847 López Álvarez, L. F., «La responsabilidad patrimonial de la Administración», en Herreros López, J. M. (coord.), *Responsabilidad en el ámbito del Derecho público y por la lesión de los derechos fundamentales*, Ediciones CEF, UDIMA, p. 22.

848 López Álvarez, L. F., «La responsabilidad del responsable», en Piñar Mañas, J. L. (director), Álvarez Caro, M. y Recio Gayo, M. (coords.), *Reglamento General de Protección de Datos. Hacia un nuevo modelo europeo de privacidad*, Reus, Madrid, 2016, pp. 281 – 282.

Por otro lado, si el encargado o responsable del tratamiento es una entidad privada —como por ejemplo un motor de búsqueda o un periódico digital— la única vía para obtener la tutela resarcitoria prevista en el artículo 82 RGPD será la jurisdicción civil. Nada impide que el resto de las pretensiones tendentes al restablecimiento del derecho infringido se articulen a través de una reclamación ante la AEPD y la reclamación del derecho de indemnización por los daños y perjuicios sufridos ante la jurisdicción civil. Ahora bien, también pueden solicitarse conjuntamente tales pretensiones a través de una demanda civil. El artículo 82.6 RGPD refiere que las acciones judiciales en ejercicio del derecho a indemnización se presentarán ante los tribunales competentes con arreglo al Derecho del Estado miembro. En España, esta acción se habrá de articular mediante un procedimiento civil ordinario de tutela de derechos fundamentales conforme a lo dispuesto en el artículo 249.1.2.° LEC, con las especialidades propias de la materia contenidas en el RGPD, ante los Juzgados de Primera Instancia[849] en que el interesado tenga su residencia habitual[850].

En otro orden de cosas, el artículo 82.2 RGPD estipula un régimen de responsabilidad diferente para encargados y responsables del tratamiento. Los primeros únicamente responderán por los daños y perjuicios ocasionados por el tratamiento cuando hayan infringido, mediante culpa o negligencia, las obligaciones previstas en el RGPD. Sin embargo, los responsables del tratamiento responderán en todo caso cuando participen en operaciones de tratamiento que no respeten la normativa del RGPD. Con ello, se establece una regla de responsabilidad objetiva para los responsables del tratamiento de datos[851] y es importante tener presente que los motores de búsqueda, como principales destinatarios de las solicitudes de supresión por derecho al olvido, responden como responsables del tratamiento. Sin embargo, tanto los encargados como los responsables del tratamiento quedarán exentos de toda responsabilidad indemnizatoria si demuestran que no son en modo alguno responsables del hecho causante de los daños y perjuicios.

En cualquier caso, el régimen indemnizatorio establecido en el RGPD parte de la idea de que los daños y los perjuicios ocasionados deben ser resarcidos independientemente del tipo de vínculo entre las partes. Dicho de otro modo, para el derecho de responsabilidad resulta indiferente si el daño se ha producido en base a un vínculo contractual o extracontractual, o bien de ambos a la vez. En efecto, las solicitudes en ejercicio del derecho al olvido más habi-

849 Artículo 85.1 LOPJ: «Los Juzgados de Primera Instancia conocerán en el orden civil: [...] En primera instancia, de los juicios que no vengan atribuidos por esta ley a otros juzgados o tribunales».

850 La competencia territorial viene atribuida por el artículo 79.2 RGPD.

851 Rubí Puig, A., «Daños por infracciones del derecho a la protección de datos personales. El remedio indemnizatorio del artículo 82 RGPD», *Revista de Derecho Civil*, vol. V, n.° 4, 2018, p. 62.

tuales se presentan contra motores de búsqueda o hemerotecas de diarios digitales, donde no existe vínculo contractual previo, por lo que la obligación surge posteriormente, como responsabilidad extracontractual[852], en base al principio *alterum non laedere* que exige no dañar injustamente a los demás.

5.7.3.2. El procedimiento de tutela de derechos fundamentales

El derecho al olvido está estrechamente relacionado con el derecho fundamental al honor, a la intimidad y a la propia imagen. Así lo dispuso la STC 58/2018 al manifestar que «el derecho al olvido es una vertiente del derecho a la protección de datos personales frente al uso de la informática (art. 18.4 CE), y es también un mecanismo de garantía para la preservación de los derechos a la intimidad y al honor, con los que está íntimamente relacionado, aunque se trate de un derecho autónomo»[853]. Desde un prisma contrario, se relaciona también con las libertades de expresión e información[854], pues a tenor de la STC 58/2018, «el transcurso del tiempo puede llegar a influir en los equilibrios entre derecho al honor y la intimidad (art. 18.1 CE) y las libertades informativas [art. 20.1. d) CE], haciendo nacer un "derecho al olvido"»[855]. De la misma manera, el derecho al olvido es una proyección del derecho de protección de datos personales frente al uso de la informática —artículo 18.4 CE— y del derecho a la intimidad[856]. Y este derecho a la protección de datos es, por sí mismo, un derecho fundamental autónomo desde su reconocimiento como tal por la STC 292/2000: «corroborar el sentido y alcance del específico derecho fundamental que, a partir del contenido del derecho a la intimidad (art. 18.1 C.E.) y del mandato del art. 18.4 C.E., ha reconocido nuestra Constitución en orden a la protección de datos personales»[857].

Resulta así que el derecho al olvido está íntimamente ligado a una serie de derechos fundamentales: honor, intimidad, propia imagen, limitación en el uso de la informática, protección de datos personales, expresión e información. Pero resulta también que el derecho al olvido ha sido reconocido

852 Ruipérez Azcárate, C., «Los motores de búsqueda: el Caronte de Internet y su responsabilidad frente a vulneraciones del derecho de autor (una reflexión sobre la jurisprudencia en relación con la responsabilidad de los motores de búsqueda de Internet)», *Revista Crítica de Derecho Inmobiliario*, n.° 740, 2013, pp. 4235 a 4252.

853 STC 58/2018, de 4 de junio, FJ 5.°.

854 *Véase* Seisdedos Potes, V., «Derecho al olvido. Jaque a Google en Europa», *Cadernos de Dereito Actual,* n.° 2, 2014, pp. 119-121.

855 Martinez, Á., *Derecho al olvido: recorrido histórico y multidimensional..., op. cit.*, p. 35.

856 Rico Carrillo, M., «Las implicaciones de Facebook en el derecho al honor, la intimidad personal y familiar y la propia imagen», *Revista de contratación electrónica*, n.° 117, 2012, p. 36.

857 STC 292/2000, de 30 de noviembre, FJ 3.°.

como un derecho autónomo e independiente y, como tal, goza de una protección especial. Adviértase, en este sentido, que el reconocimiento de derechos fundamentales no tendría sentido si el constituyente no hubiera previsto mecanismos específicos de tutela ante su vulneración[858]. Al amparo del artículo 53.2 CE los ciudadanos podrán recabar la tutela de las libertades y derechos fundamentales ante los tribunales ordinarios a través de un procedimiento preferente y sumario. Como destaca Encarnación Carmona Cuenca, en el sistema jurídico español existe una doble competencia jurisdiccional, ordinaria y constitucional, para el amparo de los derechos fundamentales, que parte de su tutela por la jurisdicción ordinaria —carente de una suficiente regulación de amparo ordinario— y cuyas resoluciones judiciales son revisables, en último término, por el Tribunal Constitucional —con la subsecuente posibilidad de un conflicto interpretativo—[859]. En esta línea, Pablo Lucas Murillo de la Cueva ha señalado que, de hecho, el artículo 53.2 encomienda la tutela de los derechos fundamentales en primer lugar a la jurisdicción ordinaria y solamente «en su caso» a través del recurso de amparo ante el Tribunal Constitucional[860].

Dado que el derecho al olvido tiene reconocida la condición de derecho fundamental, se podrá articular a través de dicho procedimiento[861]. Por último, cuando se agote la vía judicial previa, podrán también interponer demanda de amparo ante el TC en base a la vulneración del derecho al olvido[862]; aunque, en este sentido, la falta de claridad sobre el supuesto de integración constitucional sugiere la idea de descartar la penetración del derecho fundamental comunitario por la vía del artículo 93 CE y desestimar la opción del acceso directo a la vía de amparo, con lo que se tendría que relacionar con los derechos fundamentales expresamente reconocidos en el artículo 18.1 CE[863].

Asimismo, que el derecho al olvido sea, por un lado, un derecho fundamental autónomo y, por otro, una manifestación de los derechos de la personalidad del artículo 18.1 CE, ha dado pie a la posibilidad de acceso a la vía judicial a través de dos procedimientos diferentes[864]. Si se trata de la vulne-

858 Garcimartín Montero, R., *El Proceso civil de tutela de los Derechos Fundamentales,* Aranzadi, Pamplona, 2016.

859 Carmona Cuenca, E., *La crisis del recurso de amparo. La protección de los derechos fundamentales entre el Poder Judicial y el Tribunal Constitucional*, Universidad de Alcalá, Servicio de Publicaciones, Madrid, 2005, pp. 24-35.

860 Murillo De La Cueva, P. L., «Respuesta a la Encuesta sobre el Pacto de Estado para la Reforma de la Justicia», *Teoría y Realidad Constitucional*, n.º 8 – 9, 2001 – 2002, p. 27.

861 Aguinaga Glaría. B., «La tutela judicial civil del derecho al olvido digital», *...op. cit.,* p. 10.

862 Simón Castellano, P., *El régimen constitucional del derecho al olvido digital... op. cit.* pp. 193 - 194.

863 Alonso García, R., «El TC y el derecho al olvido: ¿allanando un camino «a la alemana» de la CDFUE como parámetro directo de amparo?»..., *loc. cit.*

864 Huertas Anisa, C., «Derecho al olvido digital», *Universidad Loyola*, 2018, p. 22.

ración del derecho al olvido como una injerencia en los derechos al honor, a la intimidad o a la propia imagen, se podrá interponer un procedimiento judicial al amparo de la LOPH —a tratar en el siguiente apartado—. Pero si se entiende como la intromisión a un derecho fundamental autónomo, se habría de plantear como un procedimiento de tutela de derechos fundamentales[865].

El artículo 249.1.2.º LEC estipula que la tutela de los derechos fundamentales se habrá de articular, independientemente de su cuantía, a través de un procedimiento ordinario. Sin embargo, se trata de un procedimiento con ciertas peculiaridades procesales que lo sitúan en un cauce intermedio entre el procedimiento ordinario y un procedimiento especial. Agustín Jesús Pérez-Cruz Martín los califica como «procesos ordinarios con especialidades»[866]. El artículo 53.2 CE detalla que estos procedimientos se habrán de tramitar con preferencia y sumariedad. Lo primero implica que las demandas habrán de ser repartidas y turnadas de forma preferente a las demás y que, una vez en las oficinas judiciales, no se ajusten al orden de procedimientos dispuestos en los artículos 182.4 LEC[867] y 250 LOPJ[868], gozando de preferencia sobre el resto. Lo segundo supone que tales procesos judiciales hayan de ser ventilados y resueltos a la mayor brevedad posible[869]. El propio artículo 249.1.2.º LEC precisa que su tramitación tendrá carácter preferente y añade que en ellos resultará también preceptiva la intervención del Ministerio Fiscal. Pablo Lucas Murillo de la Cueva apunta que, mediante estos requisitos, «a los problema de fondo, comunes a todos los supuestos de aplicación jurisdiccional de normas jurídicas, se añaden en este caso los relacionados con la agilidad en la respuesta judicial que, si siempre es importante, en estos casos lo resulta especialmente por el mayor valor que hay que atribuir a los derechos infringidos»[870].

---

865 Jover, F., *Derecho al olvido: distintos criterios del Tribunal Supremo en cuanto a la responsabilidad y legitimación pasiva de Google*, El Derecho, https://elderecho.com/derecho-al-olvido-distintos-criterios-del-tribunal-supremo-en-cuanto-a-la-responsabilidad-y-legitimacion-pasiva-de-google (fecha de consulta: 15 de agosto de 2022)

866 Perez-Cruz Martín, A. J., «Los procedimientos civiles ordinarios con especialidades procesales», *Anuario da Facultade de Dereito da Universidade da Coruña*, n.º 5, 2001, p. 557.

867 Artículo 182.4 LEC: «Los Letrados de la Administración de Justicia establecerán la fecha y hora de las vistas o trámites equivalentes sujetándose a los criterios e instrucciones anteriores y gestionando una agenda programada de señalamientos y teniendo en cuenta las siguientes circunstancias».

868 Artículo 250 LOPJ: «Corresponderá a los Presidentes de Sala y a los de Sección el señalamiento de las vistas o trámite equivalente y el del comienzo de las sesiones del juicio oral».

869 Pérez Daudí, V., *La protección civil de los derechos fundamentales*, Atelier, Barcelona, 2011, p. 22.

870 Murillo de la Cueva, P. L., «Presentación», en Murillo de la Cueva, P. L. y Carmona Cuenca, E. (coords.), *La tutela jurisdiccional de los derechos fundamentales por los tribunales ordinarios*, Tirant lo Blanch, Valencia, 2008, p. 12.

Al amparo de los artículos 45 LEC[871] y 85.1 LOPJ[872], la competencia objetiva para la tramitación de los procedimientos de tutela de derechos fundamentales corresponde a los Juzgados de Primera Instancia. La competencia territorial, conforme al artículo 52.1.6.° LEC[873], recaerá en el Juzgado de Primera Instancia del partido territorial correspondiente al domicilio del demandante que, cuando no lo tuviera en territorio español, será el del lugar donde se hubiera visto vulnerado el derecho fundamental; esta regla será indisponible para las partes[874] al amparo del artículo 54.1 LEC[875]. En esta línea, Regina Garcimartín Montero apunta que, además de los requisitos formales de la demanda estipulados en el artículo 399 LEC, se habrá de incorporar una pretensión declarativa tendente al reconocimiento de la vulneración del derecho fundamental y una solicitud de condena orientada al restablecimiento del derecho afectado. Junto a ello, deviene de especial interés la posibilidad de incluir una pretensión indemnizatoria de los daños y perjuicios sufridos, mediante la inclusión de una acción de responsabilidad, contractual o extracontractual[876].

Las demandas que se planteen a raíz de la información suministrada a través de los motores de búsqueda, de las hemerotecas o de las propias páginas web, tendrán carácter extracontracual y por ello se deberán fundar en base al régimen dispuesto por el artículo 1902 CC[877], cuyo plazo de prescripción es de un año. Sin embargo, las reclamaciones frente a los daños ocasionados en materia de derecho al olvido por las redes sociales sí tendrán carácter

---

871 Artículo 45 LEC: «Corresponde a los Juzgados de Primera Instancia el conocimiento, en primera instancia, de todos los asuntos civiles que por disposición legal expresa no se hallen atribuidos a otros tribunales. Conocerán, asimismo, dichos Juzgados de los asuntos, actos, cuestiones y recursos que les atribuye la Ley Orgánica del Poder Judicial».

872 Artículo 85.1 LOPJ: «Los Juzgados de Primera Instancia conocerán en el orden civil [...] En primera instancia, de los juicios que no vengan atribuidos por esta ley a otros juzgados o tribunales».

873 Artículo 52.1.6.° LEC: «En materia de derecho al honor, a la intimidad personal y familiar y a la propia imagen y, en general, en materia de protección civil de derechos fundamentales, será competente el tribunal del domicilio del demandante, y cuando no lo tuviere en territorio español, el tribunal del lugar donde se hubiera producido el hecho que vulnere el derecho fundamental de que se trate.».

874 Pérez Daudí, V., *La protección civil de los derechos fundamentales... op. cit.*, p. 29 - 30.

875 Artículo 54.1 LEC: «Las reglas legales atributivas de la competencia territorial sólo se aplicarán en defecto de sumisión expresa o tácita de las partes a los tribunales de una determinada circunscripción. Se exceptúan las reglas establecidas en los números 1.° y 4.° a 15.° del apartado 1 y en el apartado 2 del artículo 52 y las demás a las que esta u otra Ley atribuya expresamente carácter imperativo. Tampoco será válida la sumisión expresa o tácita en los asuntos que deban decidirse por el juicio verbal».

876 Garcimartín Montero, R., *El Proceso civil de tutela de los Derechos Fundamentales*, Aranzadi, Pamplona, 2016.

877 Artículo 1902 CC: «El que por acción u omisión causa daño a otro, interviniendo culpa o negligencia, está obligado a reparar el daño causado».

contractual, conforme lo previsto en el artículo 1101 CC[878], pues la acción resarcitoria nace del vínculo obligacionista[879], que tiene su origen en el registro y aceptación de términos y condiciones de sus usuarios. En este aspecto, Alejandro Platero Alcón precisa que no toda infracción por parte de los motores de búsqueda llevará aparejada una indemnización, sino que el afectado tendrá la carga de probar el daño derivado de esa exposición permanente a la noticia a través de la búsqueda por su nombre y apellidos, por lo que resultaría más sensato aplicar el régimen de responsabilidad extracontractual que la materia de protección de datos[880]. Un desarrollo más pormenorizado acerca de las diferencias entre las reclamaciones civiles contractuales o extracontractuales excedería de los límites de este trabajo. Sin embargo, lo que sí resulta preciso apuntar es que el propio artículo 82 RGPD, del que surge el derecho a la indemnización, únicamente discrimina entre encargados y responsables del tratamiento, pero no establece ninguna disimilitud entre la responsabilidad extracontractual o contractual, sino que parte de la idea de que todos los daños y perjuicios en materia de protección de datos —y consiguientemente del derecho al olvido— han de ser resarcidos independientemente del tipo de vínculo entre las partes. Además, conforme establece el artículo 82.3 RGPD, la exención de indemnización por parte de los responsables o encargados del tratamiento requerirá que sean estos quienes prueben que no son en modo alguno responsables del hecho que propicia los daños y perjuicios. No obstante, lo cierto es que el RGPD no concreta el plazo de prescripción para el ejercicio del derecho de indemnización *ex* artículo 82, por lo que la diferenciación entre tal tipo de responsabilidad, extracontractual o contractual, sí resultará pertinente para dilucidar dicho plazo. Al amparo del artículo 1968.2 CC[881], las acciones derivadas de responsabilidad civil extracontractual prescriben al año, desde su conocimiento por el afectado. Con respecto a la responsabilidad contractual, el artículo 1964.2 CC[882] fija el plazo en cinco años. Y, en este sentido, el procedimiento de reclamación civil español de la indemnización por daños y perjuicios ante un incumplimiento del derecho al olvido no favorece a las reclamaciones más habituales, que

878 Artículo 1101 CC: «Quedan sujetos a la indemnización de los daños y perjuicios causados los que en el cumplimiento de sus obligaciones incurrieren en dolo, negligencia o morosidad, y los que de cualquier modo contravinieren al tenor de aquéllas».

879 Asúa González, C., «Comentario al Artículo 1101 del Código Civil», en Rodríguez Cano, B., *et al*, *Comentarios al Código Civil*, Tirant lo Blanch, Madrid, 2013, p. 8062.

880 Platero Alcón, A., *El derecho al olvido en Internet: la responsabilidad civil de los motores de búsqueda y las redes sociales: estudio doctrinal y jurisprudencial..., op. cit.,* p. 145.

881 Artículo 1968.2 CC: «Prescriben por el transcurso de un año: [...] La acción para exigir la responsabilidad civil por injuria o calumnia y por las obligaciones derivadas de la culpa o negligencia de que se trata en el artículo 1.902, desde que lo supo el agraviado».

882 Artículo 1964.2 CC: «Las acciones personales que no tengan plazo especial prescriben a los cinco años desde que pueda exigirse el cumplimiento de la obligación. En las obligaciones continuadas de hacer o no hacer, el plazo comenzará cada vez que se incumplan».

serán en base a la responsabilidad extracontractual. Es más, si el afectado hubiera presentado o interpuesto previamente una reclamación ante la AEPD —lo cual suele ser el trámite más común— sería discutible si aquella interrumpiría el plazo de prescripción —pues difícilmente se podría interpretar como una «reclamación extrajudicial del acreedor» en el sentido del artículo 1973 CC[883]—. Más bien, tal reclamación previa no implicaría sino una demora en el exiguo plazo disponible a la hora de acudir a la reclamación civil.

5.7.3.3. La acción de reclamación fundada en la LO 1/82

El hiperdesarrollo de los medios comunicativos nacidos a raíz del entorno digital ha cultivado un flamante lote de amenazas para los derechos al honor, a la intimidad y a la propia imagen[884]. De la misma manera, el tratamiento automatizado de imágenes que ha irrumpido en el panorama jurídico ha llevado a considerar a estas no solo como un derecho de la personalidad, sino como «datos» tutelados al amparo de la normativa de protección de datos personales[885]. Se trata de un escenario con una complejidad totalmente inédita en el que el marco jurídico ha de ajustarse para mantener el equilibrio entre las libertades comunicativas y la muy necesaria protección de los derechos de la personalidad[886]. De hecho, antes de que comenzara a hablarse de lo que ahora se conoce como el derecho al olvido, ya se podían encontrar algunos pronunciamientos, como el de la STC 99/2022, en la que se fundamenta acerca de la protección de los derechos garantizados en el artículo 18.1 CE frente a la reiteración mediática y la publicación continuada ante la memoria pública: «así las cosas, será de destacar que la publicación ilícita de elementos a todas luces incluidos en el ámbito reservado propio de la intimidad, no destruye la protección del derecho fundamental reconocido en el art. 18.1 CE, es decir, no permite la reiteración de la publicación, que sigue integrando lesión del derecho, manteniendo en la memoria pública el dato e incluso ampliando el campo de personas que llegan a conocerlo»[887]. Por tanto, los medios de tutela de los derechos a la personalidad se habrán de adaptar a las amenazas propias de su tiempo[888].

883 Artículo 1973 CC: «La prescripción de las acciones se interrumpe por su ejercicio ante los Tribunales, por reclamación extrajudicial del acreedor y por cualquier acto de reconocimiento de la deuda por el deudor».

884 Hernández Ramos, M., «El derecho al olvido digital en la web 2.0», *Cátedra Telefónica de la Universidad de Salamanca*, n.º 11, 2013, p. 7.

885 Velasco Núñez, E., «Derecho a la imagen: tratamiento procesal penal», *Diario La Ley*, n.º 8595, 2015, p. 2.

886 Domínguez Mejías, I., «Hacia la memoria selectiva en Internet. Honor, intimidad y propia imagen en la era digital a partir de la jurisprudencia española» ..., *op. cit.,* p. 53.

887 STC 99/2002, de 6 de mayo, FJ 7.º.

888 Urías, J., *Lecciones de derecho a la información,* Tecnos, Madrid, 2011, pp. 145-146.

El derecho al olvido está muy estrechamente ligado a los derechos de la personalidad y a la protección de datos personales. La STS 545/2015 reconoció al demandante el derecho a ser indemnizado en base al derecho al olvido por resultar afectados sus derechos al honor y a la intimidad, conforme a la LOPH, incluso antes de la entrada en vigor del actual RGPD y, por tanto, del actual artículo 82 RGPD. En relación con este objeto, la jurisprudencia civil ha venido sosteniendo la misma postura y concediendo indemnizaciones por daños y perjuicios sufridos a raíz de la incorrecta aplicación de la normativa de protección de datos personales cuando, con ello, se hubiera ocasionado una intromisión ilegítima en los derechos de la personalidad. A modo de ejemplo, sirva la STS 338/2018[889] que consideró que la publicación de los datos personales del afectado en un archivo de morosos implicaba una injerencia en su derecho al honor y le concedió una indemnización por daños morales al amparo de la LOPH[890].

Cabe agregar que la STS 58/2018 ha dejado establecido que «el derecho al olvido es una vertiente del derecho a la protección de datos personales frente al uso de la informática (art. 18.4 CE), y es también un mecanismo de garantía para la preservación de los derechos a la intimidad y al honor con los que está íntimamente relacionado, aunque se trate de un derecho autónomo». Es decir, el derecho al olvido encuentra su fundamento en los derechos reconocidos por el artículo 18.1 CE[891]. Por tanto, a la hora de valorar una posible injerencia en los derechos de la personalidad, bastará con la vulneración del derecho al olvido para que, cuanto menos parcialmente, quepa entender también afectados los derechos de la personalidad, puesto que lo primero no deja de ser una extensión de lo segundo. Y, como apunta Beatriz Aguinaga Glaría, «este argumento abre una vía procesal interesante ya que, si una vulneración del derecho al olvido comporta a su vez una intromisión ilegítima al honor o a la intimidad, cabría acudir, a través de la figura de la acumulación de acciones, al procedimiento de tutela de los derechos fundamentales con las particularidades de la LOPH, que reportan ventajas procesales sustanciosas»[892].

La problemática suscitada a raíz de que el RGPD no regule debidamente el proceso de reclamación del derecho de indemnización ha llevado a que las peticiones planteadas ante los tribunales tengan como base el régimen tradicional de responsabilidad civil. Pero dentro del sistema de responsabilidad civil español no resulta en absoluto sencilla la prueba jurídica relativa a los daños y perjuicios sufridos a causa de una exposición continuada de los

889 STS 388/2018, de 21 de junio, FJ 2.º.

890 En igual sentido, la STS 557/2015, de 18 de febrero, FJ 4.º y 5.º.

891 Cobas Cobiella, M. E., «Derecho al olvido: de la STJUE de 2014 al Reglamento europeo de Protección de Datos», *Actualidad Civil*, n.º 1, 2017, p. 2.

892 Aguinaga Glaría, B., «La tutela judicial civil del derecho al olvido digital»..., *op. cit.*, p. 14.

datos personales. Este hecho ha propiciado que, en la práctica forense, las demandas se hayan fundamentado mediante una vinculación jurídica entre el derecho a la protección de datos y los derechos de la personalidad, con el objeto de solicitar una indemnización al amparo de la LOPH y se hayan venido aplicando los criterios valorativos de su artículo noveno a la reclamación de las indemnizaciones reconocidas en el artículo 82 RGPD[893]. La principal ventaja de este mecanismo de reclamación estriba en el hecho de poder contar, al amparo de su artículo 9.3[894], con una presunción *iuris tantum* respecto a la existencia de daño moral una vez que se haya acreditado una injerencia ilegítima en cualquiera de los derechos del artículo 18.1 CE[895]. Como manifiesta JUAN MANUEL HERREROS LÓPEZ, «en virtud del artículo 9.3 de la Ley Orgánica 1/1982, la mera acreditación de la intromisión ilegítima implica presunción de perjuicio (contrasta esta sola exigencia con lo que sucedía antes de la entrada en vigor de la LO 1/1982, pues entonces la indemnización reparadora de la lesión en los derechos que estudiamos se sustentaba en el art. 1.902 CC, que exige la concurrencia de daño, acto ilícito productor y relación causal entre ambos)»[896].

Al mismo tiempo, se ha de tener presente la posibilidad de que una conducta, que no hubiera sido sancionada en un procedimiento administrativo seguido ante la AEPD, sí acarree un eventual reconocimiento de daños morales por intromisión en los derechos de la personalidad. Esto es así porque, en el derecho de daños, el mero cumplimiento de los deberes de cuidado y el acatamiento de las normas no excluirían, por sí mismos, un posible reconocimiento de responsabilidad civil por culpa[897]. En concordancia con ello, ANTONIO RUBÍ PUIG manifiesta que «si se asume que ambas acciones protegen derechos diferentes y son independientes, no parece que el cumplimiento de la normativa sobre protección de datos hubiera de tenerse por prueba de que no se ha producido una intromisión ilegítima en los derechos al honor,

893 ZUNÓN VILLALOBOS, M., «La garantía civil de la privacidad», ...*op. cit.,* p. 10.

894 Artículo 9.3 LO 1/1982: «La existencia de perjuicio se presumirá siempre que se acredite la intromisión ilegítima. La indemnización se extenderá al daño moral, que se valorará atendiendo a las circunstancias del caso y a la gravedad de la lesión efectivamente producida, para lo que se tendrá en cuenta, en su caso, la difusión o audiencia del medio a través del que se haya producido».

895 RUBÍ PUIG, A., «Problemas de coordinación y compatibilidad entre la acción indemnizatoria del artículo 82 del Reglmento General de Protección de Datos y otras acciones en derecho español»..., *op. cit.,* p. 223.

896 HERREROS LÓPEZ, J. M., «La responsabilidad por lesión de los derechos al honor, intimidad y propia imagen», en HERREROS LÓPEZ, J. M. (coord.), *Responsabilidad en el ámbito del Derecho público y por la lesión de los derechos fundamentales, Ediciones* CEF, UDIMA, p. 114.

897 SALVADOR, P., GÓMEZ, C., RAMOS, S., RUBÍ, A. y LUNA, A., *Derecho de Daños (DdD), Análisis, aplicación e instrumentos comparados*, 7.ª ed., 2018, p. 100.

a la intimidad o a la propia imagen»[898]. Es decir, las reclamaciones en base al derecho al olvido pueden ser objeto de indemnización en un proceso civil por injerencia de los derechos de la personalidad aun cuando el demandado hubiera cumplido fielmente con la normativa de protección de datos.

Surge el problema de calcular el *quantum indemizatorio* del *pretium doloris,* pues la mera esencia subjetiva del daño moral complica el cómputo de este tipo de cuantías. Ahora bien, la certeza del daño moral —que se presume por la mera injerencia en los derechos de la personalidad— comprende la exigencia de que, conforme al principio de la *restitutio in integrum*, se reconozca una indemnización que resarza suficientemente el daño sufrido[899]. Al mismo tiempo, de conformidad con el artículo 9.4 LOPH, la cuantía de la indemnización se fijará atendiendo a las circunstancias del caso y a la gravedad de la lesión sufrida, para lo que se tendrá en cuenta la difusión o audiencia del medio a través del que se haya propagado.

No obstante, en el ámbito de Internet y de las redes sociales resulta sumamente complicado hacer un cálculo de audiencia. Se podrá partir de algunos factores orientativos, como por ejemplo el número de «seguidores» o de «amigos» del usuario de la red social, o si la cuenta es «pública» o «privada». Quizá algunas páginas web cuenten con un contador de visitantes. Pero, lo cierto es que el criterio de la audiencia en la divulgación de la información a través de Internet implica un elemento de dificultad, pues una vez *online* su difusión resulta prácticamente infinita[900] e incluso exponencial, pudiendo ser capturada, almacenada e incluso redistribuida por otras páginas o usuarios. En consecuencia, se habrá de tener en consideración el riesgo que implica la difusión de información a través de Internet a la hora de valorar el daño efectivo para el cómputo de la indemnización.

Todas estas cuestiones suponen que subyazca un ineludible margen de discrecionalidad en el aspecto de la fijación de las cuantías por la autoridad judicial[901]. Dicho margen ya era propio de las valoraciones empleadas para la cuantificación del daño en las difusiones a través de los medios de comunicación tradicionales, en los que al menos era posible contar con un dato más o menos objetivo: el número de espectadores en base a la audiencia del programa televisivo o del periódico. En efecto, las circunstancias inheren-

---

898 Rubí Puig, A., «Daños por infracciones del derecho a la protección de datos personales. El remedio indemnizatorio del artículo 82 RGPD»..., *op. cit.,* p. 226.

899 De la Torre Olid, F., Conde Colmenero, P., «Consideraciones críticas en torno a la autogestión y preservación de la intimidad en un escenario de riesgo», en Fayos Gardó, A., *Los derechos a la intimidad y a la privacidad en el Siglo XXI*, Dykinson. Madrid, 2015. p. 49.

900 Lanzadera Arencibia, E., «La eficacia del derecho a la intimidad en el entorno digital y su protección. Especial referencia a la relación laboral»... *op. cit.,* p. 873.

901 García Sanz, J., «La protección civil frente a la utilización inconsentida de la propia imagen para fines publicitarios o comerciales. Doctrina judicial», *Revista para el Análisis del Derecho, Universidad Pompeu Fabra*, n.° 1, 2008, pp. 21–22.

tes a las difusiones en línea hacen aún más difícil que pueda delimitarse un patrón uniforme en la determinación de las cuantías indemnizatorias. Pero, al menos, sigue siendo posible establecer unos patrones orientadores.

En este aspecto, la fundamentación vertida en la STS 213/2003, de 7 de marzo, en aras a explicar el contenido del artículo 9.3 LOPH resulta muy esclarecedora: «El inciso primero del precepto contiene una "presunción *iuris et de iure*" que supone una aplicación de la regla '*in re ipsa loquitur*' que descarta las pretensiones sin contenido económico o cuando este sea meramente simbólico. Los incisos siguientes relacionan varios factores indicativos para la cuantificación del daño moral —circunstancias del caso, gravedad de la lesión, difusión o audiencia del medio a través del que se haya producido, y beneficio que haya obtenido el causante de la lesión—, que obviamente tienen carácter enunciativo, si bien, en cualquier caso, la amplia fórmula de 'circunstancias del caso' facilita la decisión del juzgador, aunque no le autoriza a su mera reproducción literal sin concretar cuales son las circunstancias específicas que se toman en cuenta»[902]. Es decir, los elementos de debate y decisión en la fijación de la cuantía indemnizatoria deberán incluir, en todo caso, la valoración de los supuestos contenidos en el precepto, por tratarse de una *quaestio iuris*. Además, en aras al principio de congruencia[903], la resolución judicial no podrá otorgar una cuantía superior a la solicitada en el suplico de la demanda. En consecuencia, la delimitación de la cuantía se habrá de ajustar al tope máximo de la cantidad solicitada por el actor. Pero, si se tiene en cuenta que la eventual desestimación de la demanda implicaría una condena en costas para el demandante[904], tal petición no debería ser en ningún caso rocambolesca, sino ajustada al daño efectivo.

El objetivo de la LOPH es desarrollar —por vía de ley orgánica a tenor del artículo 81 CE[905]— unos elementos de garantía y protección para los derechos fundamentales reconocidos en el artículo 18.1 CE. Conforme determina

902 STS, Sala de lo Civil, 213/2003, 07 de marzo, FJ 4.°.

903 Artículo 218.1 LEC: «Las sentencias deben ser claras, precisas y congruentes con las demandas y con las demás pretensiones de las partes, deducidas oportunamente en el pleito. Harán las declaraciones que aquéllas exijan, condenando o absolviendo al demandado y decidiendo todos los puntos litigiosos que hayan sido objeto del debate. El tribunal, sin apartarse de la causa de pedir acudiendo a fundamentos de hecho o de Derecho distintos de los que las partes hayan querido hacer valer, resolverá conforme a las normas aplicables al caso, aunque no hayan sido acertadamente citadas o alegadas por los litigantes».

904 Artículo 394.1 LEC: «En los procesos declarativos, las costas de la primera instancia se impondrán a la parte que haya visto rechazadas todas sus pretensiones, salvo que el tribunal aprecie, y así lo razone, que el caso presentaba serias dudas de hecho o de derecho. Para apreciar, a efectos de condena en costas, que el caso era jurídicamente dudoso se tendrá en cuenta la jurisprudencia recaída en casos similares».

905 Artículo 81 CE: «1. Son leyes orgánicas las relativas al desarrollo de los derechos fundamentales y de las libertades públicas, las que aprueben los Estatutos de Autonomía y el régimen electoral general y las demás previstas en la Constitución. 2. La aprobación,

su artículo 1.1, los derechos fundamentales al honor, a la intimidad y a la propia imagen serán protegidos civilmente frente a todo género de intromisiones ilegítimas, de acuerdo con lo dispuesto en esta ley orgánica. En cambio, no aporta ninguna definición acerca de dichos derechos fundamentales ni desarrolla ninguno de los que pudieran ser sus elementos configuradores, aunque sí existe cierta definición indirecta al indicar qué puede entenderse por intromisiones ilegítimas. En su Exposición de Motivos se explica que, con ello, pretende dejar espacio para que sean interpretados «por las ideas que prevalezcan en cada momento en la Sociedad y por el propio concepto que cada persona según sus actos propios mantenga al respecto y determine sus pautas de comportamiento [...] [permitiendo] al juzgador la prudente determinación de la esfera de protección en función de datos variables según los tiempos y las personas». De esta forma, quedan las puertas abiertas para que sus respectivas esferas de protección puedan ser replanteadas de conformidad con los avances tecnológicos y con las nuevas pautas de comunicación virtual[906].

La tutela judicial que la LOPH contiene en su artículo 9 implica un doble aspecto[907]. De un lado, se incluyen las medidas tendentes a adoptar para interrumpir y finalizar el acto de intromisión ilegítima. Es decir, se parte del reconocimiento del acto intromisivo, para dar cese al mismo y restablecer la situación al estado previo a la injerencia en los derechos del afectado[908]; se trata de poner cese a la difusión de contenidos al objeto de reposicionar el estado de la cuestión al momento previo de la intromisión. En este orden de cosas y dentro del ámbito del derecho al olvido, se podrían incluir medidas tales como la eliminación del contenido digital, la supresión de los resultados de las hemerotecas, la inclusión de algoritmos que impidieran el acceso a un resultado o que este fuera indexado por otros buscadores o la supresión de los resultados de los motores de búsqueda en base a las búsquedas por el nombre y apellidos del demandante, entre otras posibilidades o combinaciones, dependiendo de la circunstancia concreta. De otro lado, se incluye el reconocimiento a ser indemnizado por los daños y perjuicios sufridos a raíz de la intromisión ilegítima.

---

modificación o derogación de las leyes orgánicas exigirá mayoría absoluta del Congreso, en una votación final sobre el conjunto del proyecto».

906 Cordero Cutillas, I., Fayos Gardó, A., «Redefiniendo los derechos de la personalidad en el Siglo XXI», en Fayos Gardó, A., *Los derechos a la intimidad y a la privacidad en el Siglo XXI*, Dykinson, Madrid, 2015, pp. 24-33.

907 Lanzadera Arencibia, E., «La eficacia del derecho a la intimidad en el entorno digital y su protección. Especial referencia a la relación laboral», *Universidad Autónoma de Madrid – Facultad de Derecho*, Tesis Doctoral, 2017, p. 860.

908 Sánchez Urrutia, A, Silveira Gorski, H. C., Navarro Michel, M., *Tecnología, intimidad y sociedad democrática*, Icaria, Barcelona, 2003, pp. 67-68.

Los artículos 7 y 8 de la LOPH incluyen una exposición acerca de las posibles intromisiones o injerencias sobre el ámbito protegido de los respectivos derechos fundamentales. Ahora bien, deviene necesario apuntar que no se trata de un *numerus clausus* cerrado, sino que la jurisprudencia viene reconociendo situaciones que no están expresamente contempladas, pero que son el resultado de la amplia manifestación en que se ramifican los derechos de la personalidad[909]. Abelardo Hernández Fernández apunta que las acciones intromisivas que son objeto de protección, son aquellas en las que, además del perjuicio, interviene un mínimo elemento de dolo o culpa[910].

Otro aspecto que resulta clave para optar por la acción contemplada en la LOPH reside en el plazo de caducidad más favorable. En su artículo 9.5[911] se establece que estas acciones de protección civil frente a las intromisiones ilegítimas en los derechos de la personalidad tendrán un periodo de caducidad de cuatro años, a contar desde que el legitimado tuviera ocasión de ejercitarlas. De tal manera, se pasa del plazo de prescripción general, fijado en un año dentro del sistema de responsabilidad extracontractual, a un periodo de caducidad de cuatro años, con lo que se amplían relevantemente las opciones procesales de solicitar una indemnización judicial.

El concepto de la caducidad no se encuentra definido en el Código Civil, aunque sí se prevé para ciertos derechos. La STS 919/2021 manifiesta que es opinión general que el Código Civil adolece de cierta imprecisión técnica en materia de caducidad pero que la prescripción es susceptible de interrupción por el ejercicio del derecho, mientras que la caducidad no admite, de ningún modo, la interrupción del tiempo tras cuyo transcurso se pierde la posibilidad de ejercer el derecho[912]. En esta misma línea, con respecto al plazo de caducidad previsto en la LOPH, el TS ha aclarado que este plazo de caducidad de cuatro años «tampoco se interrumpe por la incoación de un expediente administrativo sancionador por infracción de las normas sobre protección de datos [porque] la resolución de la AEPD no es un requisito necesario para la interposición de la demanda de protección del derecho fundamental al honor»[913].

Las acciones intromisivas en los derechos de la personalidad acaecidas en el entorno virtual deberían de tener la consideración de daños continua-

909 Cordero Cutillas, I., Fayos Gardó, A., «Redefiniendo los derechos de la personalidad en el Siglo XXI», en Fayos Gardó, A., *Los derechos a la intimidad y a la privacidad en el Siglo XXI*, Dykinson, Madrid, 2015, p. 30.

910 Hernández Fernández, A., *El honor, la intimidad y la imagen como derechos fundamentales*, Colex, Madrid, 2009, p. 74.

911 Artículo 9.5 LO 1/1982: «Las acciones de protección frente a las intromisiones ilegítimas caducarán transcurridos cuatro años desde que el legitimado pudo ejercitarlas».

912 STS 919/2021, Sala de lo Civil, de 23 de diciembre, FJ 3.º.

913 STS 307/2014, Sala de lo Civil, de 4 de junio, FJ 3.º.

dos[914]. Más aún si cabe, en su relación con el derecho al olvido, dado que lo que se sanciona precisamente es la divulgación constante de ciertos datos cuya difusión indefinida afecta a los derechos fundamentales de su titular y sobre los que, a mayor abundamiento, se está solicitando la retirada. Sin embargo, hasta la fecha la jurisprudencia del TS ha diferenciado entre daños permanentes, que caducan a los cuatro años desde su comisión, y daños continuados, que caducan a los cuatro años desde su restitución, indicando que las publicaciones ofensivas en Internet tienen el carácter de daños permanentes, mientras que las publicaciones de datos personales en registros de morosos tienen la condición de datos continuados: «La consecuencia de lo expuesto es que la publicación de la obra en Internet, y no solo en papel, no modifica la calificación de los daños, que siguen siendo en principio de carácter permanente, no continuado, sin perjuicio de que la mayor difusión que pueda alcanzar por este medio pueda ser tomada en consideración a otros efectos, como la gravedad del daño causado»[915].

Así, en consideración del TS, los datos difamatorios vertidos a través de la red contarán con un *dies a quo* fijado a partir de la fecha de la publicación[916]. Sería conveniente que el TS revisara esta postura, pues todas las publicaciones virtuales que supongan una injerencia en los derechos de la personalidad deberían de tener la consideración de daños continuados y no permanentes, ya que la vigencia de tal información en la red no solo mantiene el daño, sino que lo reproduce y lo agrava. Parece más coherente el razonamiento que fue esgrimido en la STS 545/2015: «lo relevante para apreciar si la acción ha caducado no es cuándo se publicó la noticia en el periódico en papel, sino si persiste el tratamiento de los datos personales que no cumple los requisitos de la normativa sobre protección de datos personales y causa un daño a los afectados al vulnerar su honor y su intimidad». Además, dicho fundamento no tiene razón de ser, por cuanto que el hecho de considerar la fecha de publicación como inicio del cómputo no se acomoda a lo dispuesto en el propio artículo 9.5 LOPH, que establece expresamente que la acción caducará transcurridos cuatro años desde que el afectado «pudiera haber ejercido la acción». Entonces, si el afectado no hubiera tenido conocimiento de una divulgación lesiva para sus derechos fundamentales, ¿cómo hubiera podido ejercitar acción alguna? Téngase presente que el común de las personas no realiza búsquedas diarias de su nombre en Internet, por lo que es posible que pase bastante tiempo hasta que se percate de la divulgación de ciertos con-

---

914 Rapetti, B., «Prescripción en daños continuados», *Revista Crítica de Derecho Privado*, n.º 12, 2015, p. 453 y ss.

915 STS 596/2019, Sala de lo Civil, de 7 de noviembre, FJ 3.º. En igual sentido, la STS 115/2021, Sala de lo Civil, de 2 de marzo, FJ 6.º, y la STS 383/2022, Sala de lo Civil, de 9 de mayo, FJ 3.º.

916 STS 759/2021, Sala de lo Civil, de 2 de marzo, FJ 6.º: «La publicación en una página web de unas manifestaciones constitutivas de una intromisión ilegítima en el derecho al honor provoca un daño permanente, por lo que el *dies a quo* para el ejercicio de la acción de protección del derecho al honor es el de la publicación en Internet».

tenidos. Por tanto, el plazo debería computarse desde que se pudiera probar que el afectado hubiera realizado alguna actuación externa que constatara su conocimiento o bien habría que otorgarles la naturaleza de daños continuados, lo contrario supone dejar vacío de contenido el mandato del artículo 9.5 de la LOPH.

El procedimiento judicial para reclamar la protección de la LOPH será el contemplado, al igual que para el resto de los derechos fundamentales, en los artículos 249.1.2.º y 52.1.6.º LEC, pero con las especialidades previstas en los artículos 4 y 9 de la propia LOPJ. En primer lugar, el artículo 4 establece, para el supuesto de fallecimiento del afectado, un orden de legitimación hereditaria y, en su defecto, se faculta al Ministerio Fiscal para ejercer tales acciones en el plazo de ochenta años desde la defunción. En segundo lugar, el artículo 9.3 LOPH contempla la tutela judicial de los derechos protegidos por la norma a través de las vías ordinarias de declaración, cesación y reparación[917]. El apartado segundo especifica la adopción de medidas tendentes a la cesación de la injerencia. El apartado tercero introduce una inversión de la carga de la prueba frente a las pautas generales del artículo 217.2 LEC[918]. De esta forma, se introduce una presunción *iuris tantum* respecto a la existencia de daño moral tras acreditarse la comisión de una intromisión ilegítima[919]. El apartado cuarto recoge los elementos de valoración para el cómputo de la indemnización y el apartado quinto establece el plazo de caducidad de cuatro años.

En conclusión, el RGPD y la LOPD apenas hacen referencia al procedimiento judicial que habría de seguirse para obtener la tutela civil de los derechos reconocidos en aquellas y se limitan a regular exclusivamente el procedimiento administrativo ante la AEPD y sus facultades sancionadoras. Mientras tanto, frente al deficiente desarrollo del artículo 79 RGPD, en España la conexión entre estos derechos fundamentales abre las puertas a que se apliquen las disposiciones previstas en la LOPH para solicitar la indemnización contemplada en el artículo 82 RGPD ante los tribunales civiles. El vínculo constitucional entre el derecho al olvido y los derechos al honor, a la intimidad y a la propia imagen ofrece la posibilidad de plantear la acción al amparo de la LOPH, lo cual conlleva sustantivas ventajas procesales tales

---

917 Bru Cuadrada, E., «La protección de datos en España y en la Unión Europea. Especial referencia a los mecanismos jurídicos de reacción frente a la vulneración del derecho a la intimidad», *Revista de Internet, Derecho y Política*, n.º 5, 2007, p. 84.

918 Artículo 217.2 LEC: «Corresponde al actor y al demandado reconviniente la carga de probar la certeza de los hechos de los que ordinariamente se desprenda, según las normas jurídicas a ellos aplicables, el efecto jurídico correspondiente a las pretensiones de la demanda y de la reconvención».

919 Rovira Suerio, M., *La responsabilidad civil derivada de los daños ocasionados al derecho al honor, a la intimidad personal y familiar y a la propia imagen*, Cedecs, Barcelona, 1999, p. 239.

como la inversión de la carga de la prueba en el reconocimiento de daños morales, la ampliación del plazo de prescripción de un año al de caducidad de cuatro años y la concreción de unos criterios orientadores para la fijación de la cuantía indemnizatoria.

CONCLUSIONES

PRIMERA.- La formación de una opinión pública libre es una condición previa y necesaria para el correcto funcionamiento de todo sistema democrático, donde las libertades de expresión e información son una pieza clave para el desarrollo del pluralismo político que le es inherente. La formación de dicha opinión pública se ha ejercido histórica y principalmente desde la cúspide política hacia la ciudadanía —de arriba abajo—, a través del control de los medios de comunicación de masas tradicionales, a los que se les ha denominado «cuarto poder» y que reducían el escenario comunicativo a la propagación de los temas de debate que resultaran más beneficiosos para las élites gobernantes, dejando un escaso margen para la participación ciudadana. Ante esta crisis, ha surgido el concepto de «democracia deliberativa» como un ideal por el que el conjunto de la sociedad podría ser parte activa en la selección de los temas de debate público e intervenir activamente en los foros de debate. El nuevo entorno digital nacido a través de Internet ha relegado parcialmente a los *mass media* tradicionales y se ha consolidado como primera potencia en el entorno informativo. En este escenario cibernético, los usuarios han dejado de ser meros consumidores de contenido para consolidarse como creadores y productores de información. Esta realidad ha acuñado nuevos términos tales como «ciberpolítica», «ciberdemocracia», «e-democracia» o «política 2.0». Se trata de una cuarta fase de la comunicación política que ha superado el flujo unidireccional de la información y que ha relegado a los ciudadanos de su otrora papel de consumidores, dotándoles de unas herramientas interactivas para participar en las audiencias digitales. Con el concepto de «blogosfera política» se alude al nuevo foro de participación ciudadana en los temas de interés público y en la selección de los focos de debate. Las TIC no solo ofrecen nuevas herramientas de participación en la formación de la opinión pública, sino consolidan una nueva dimensión virtual que supone un flamante desafío para el Derecho.

SEGUNDA.- La revolución tecnológica ha traído consigo profundos cambios en los medios de difusión informativa y ha favorecido el acceso ilimitado a fuentes inagotables de datos. La universalización del acceso a Internet ha implicado el surgimiento de una esfera comunicativa virtual de tal magnitud que se ha pasado a hablar de una nueva «era digital» o «era informática». En este nuevo modelo digital, la transmisión de la información fluye de forma instantánea sin muros ni cortapisas a golpe de un solo clic. En el pasado, el acceso a la información precisaba de su búsqueda y consulta en libros, periódicos o enciclopedias. En la actualidad, toda esta información ha pasado a estar almacenada en bases de datos informáticos que se encuentran ubicadas en el entramado de la red virtual y a las que es posible acceder con un simple ordenador conectado a Internet. Los servidores informáticos se encuentran en constante conexión y sus datos en continua difusión. La información no se borra, sino que permanece publicada de forma indefinida y una vez difundida en Internet adopta un carácter imperecedero. La genealogía de la estructura digital implica que la información goce de constante vigencia y accesibilidad. Además, las publicaciones pueden ser indexadas o copiadas en otras páginas web de tal forma que el rastro digital, en lugar de desaparecer, se sigue extendiendo. La información resulta accesible a futuro de forma indefinida y, por tanto, se perpetra una incesante difusión del pasado. Esta constante divulgación de los datos colgados en la red puede afectar al desarrollo de las personas al quedar marcadas *ad infinitum* por dicha perennidad informativa.

TERCERA.- El olvido consiste en que ciertos recuerdos se desvanezcan de la memoria y se manifiesta en un doble plano: biológico y social. En su vertiente biológica, el olvido forma parte de los procesos fisiológicos de la actividad cerebral que operan como límite a los procesos de recuerdo, pero que, a su vez, refuerzan la propia actividad de la memoria, pues, al permitir que los recuerdos superfluos se diluyan, se garantiza una actividad mental concentrada en el presente. A su vez, el olvido garantiza la salud psicológica del individuo al liberarle del recuerdo de sucesos traumáticos. En su dimensión social, la pugna entre el olvido y la memoria colectiva exterioriza el modo en que las sociedades se construyen. Desde los albores de la humanidad, los grupos sociales se han desinteresado por los sucesos pasados sin importancia, dejando que se fueran desvaneciendo, al tiempo que han pretendido el olvido voluntario de los eventos dramáticos. Por otro lado, se ha de tener en cuenta que para todo individuo inserto en una sociedad es de vital importancia la estima que los demás tengan de él. En ocasiones, las personas caen en descrédito, tanto por sus propios actos como por supercherías ajenas, pero el mero transcurso del tiempo propicia el olvido y concede nuevas oportunidades. En cambio, en el nuevo escenario digital el lapso del tiempo ha dejado de ser condición *sine qua non* para el olvido. La información ya no se sostiene en el boca a boca, en el recuerdo humano y, ni siquiera, en libros que acabarían por anticuarse. Tampoco hay filtros previos para su publicación. Esta se inserta, fluye y se propaga por la red en una perpetua continuidad. Ni se borra ni se disipa, sino que se mantiene en un constante primer plano. Se trata de una circunstancia peligrosa, pues se inhibe la acción del olvido como una dimensión inherente a los individuos y a las sociedades. En consecuencia, se debe garantizar un derecho al olvido en el escenario digital a fin de que las personas no queden constreñidas de por vida al yugo del pasado.

CUARTA.- Los medios tradicionales de comunicación han perdido la exclusividad en la difusión de opinión e información con el rápido desarrollo de Internet. La evolución que ha transitado esta conectividad *online* puede estructurarse en tres grandes estadios. La misión de la inicial Web 1.0 consistía en que los usuarios buscaran contenidos y accediesen a las páginas web para consultar cierta información. En una segunda etapa, surgió lo que ha sido denominado como Web 2.0 donde los usuarios pasaron de ser meros consumidores a disponer de herramientas de edición con las que poder elaborar y aportar contenido propio a la infraestructura digital. En una tercera fase se encuentra la Web 3.0 donde las aplicaciones se interconectan y comparten datos del usuario a fin de ofrecerle resultados más personalizados. Incluso ha comenzado a forjarse una Web 4.0 en la que destacan las aportaciones predictivas de los soportes informáticos sin necesidad de una búsqueda previa por el usuario. Con la entrada en vigor de la Ley 11/2022, de 28 de junio, General de Telecomunicaciones, el acceso a Internet es considerado como un «servicio universal» y ha sido reconocido el derecho de acceso a la conectividad digital. Las aportaciones de la Web 2.0 han traído importantes ventajas para los servicios de la comunicación digital, pero también sustanciales amenazas. Los usuarios se han incorporado a la red como productores de información a través de una conexión multidireccional, igualitaria y descentralizada. No puede obviarse que los usuarios de Internet no son verdaderos profesionales de la información y, por tanto, desconocen dónde han de fijarse los límites de sus manifestaciones. A diferencia de los medios profesionales de información, los cibernautas publican cualquier género de contenido, obtenido de forma instantánea, sin supervisión y sin límites. Por tanto, solo queda lugar para supervisión *a posteriori*, pero ello siempre implicará la producción de un daño y dejará un rastro incontrolable y difícil de borrar.

QUINTA.- En el contexto de la evolución mediática, desde la era de los medios impresos y audiovisuales hasta la era digital actual, se ha observado un cambio sustancial en la difusión de información. Con la multiplicación exponencial de emisores a través de Internet y redes sociales, los destinatarios efectivos han disminuido en comparación con la época de medios más tradicionales como la televisión. Al aumentar los medios de difusión, el alcance real es menor debido a la sobrecarga informativa. Internet recoge una cantidad ingente de información cuya consulta resultaría impracticable de no ser por los motores de búsqueda que operan como proveedores de contenidos, herramientas capaces de rastrear toda la red y, en base a unos parámetros de búsqueda, ofrecen un índice de resultados ordenados y consistentes en enlaces de acceso a las páginas web que contienen la información pretendida. Los motores de búsqueda actúan como herramientas indispensables para el funcionamiento de Internet, sin ellos sería prácticamente imposible buscar y encontrar datos entre la vastedad del entramado digital. Sin embargo, estos sistemas de búsqueda también introducen importantes riesgos para la privacidad individual de las personas pues ofrecen la capacidad de recuperar todo tipo de información sobre una persona, en concreto a partir de su nombre y apellidos. Los motores de búsqueda son capaces de aglutinar todo aquello relativo a una persona que en cualquier momento o lugar se hubiera colgado en la red. Nos enfrentamos, en estos casos, a motores de búsqueda que actúan como recordatorios automáticos de un pasado difícil de eludir debido a sus labores de indexación, lo cual supone una considerable amenaza para los derechos y libertades de los ciudadanos.

SEXTA.- Las redes sociales, definidas como «servicios de redes sociales», han experimentado una evolución significativa en las últimas décadas, arraigándose profundamente en la vida cotidiana de los ciudadanos. Su impacto social ha sido tan contundente que ha llegado a asemejarse con la revolución causada por la invención de la imprenta en el siglo XV, pero a una velocidad más vertiginosa. Estas plataformas virtuales permiten la conexión entre personas que comparten relaciones, principalmente de amistad, y tienen intereses o actividades comunes. Desde sus inicios, las redes sociales han evolucionado y se han ido diversificando hasta acabar por especializarse en diferentes áreas como encuentros profesionales, citas, actividades deportivas y ocio. En la actualidad, el impacto de las redes sociales es innegable y muchos individuos viven intensamente sus vidas virtuales, compartiendo detalles personales, eventos y actividades diarias. Este fenómeno ha planteado desafíos significativos en términos de privacidad y protección de datos, toda vez que la normativa en vigor al momento de la irrupción de Internet —Directiva 95/46/CE— resultaba insuficiente. El uso desenfrenado de las redes sociales implica la revelación inadvertida de todo tipo de información sensible. Se plantea la necesidad de concienciar a los usuarios, en especial a los más jóvenes, sobre los riesgos asociados con la publicación de datos personales en línea. Además, la privacidad se ve amenazada por la capacidad de las plataformas para recopilar y compartir los datos de sus usuarios con fines publicitarios, donde aquellos se convierten en el producto. La publicidad dirigida, basada en la recopilación masiva de datos —*big data*—, es la principal fuente de ingresos para las redes sociales y otras gigantes digitales que han redefinido el modelo de negocio del *marketing*, centrado en la obtención y monetización de datos personales. La cuestión del consentimiento frente a la posición dominante de estas plataformas en el mercado son aspectos cruciales en el debate sobre la privacidad. El derecho al olvido cobra relevancia en este contexto, pues permite a los individuos solicitar el borrado de información personal que ya no desean compartir. Su regulación y aplicación en el ámbito de las redes sociales se ha convertido en un aspecto esencial para la preservación de la privacidad de los usuarios. La necesidad urgente de abordar cuestiones legales y éticas asociadas con la privacidad en el mundo digital es evidente. Se requiere una colaboración activa entre la tecnología y el Derecho para garantizar que los derechos individuales se protejan en este nuevo panorama donde la información personal es tan valiosa como el oro negro.

SÉPTIMA.- Aunque algunos usuarios cometan el error de considerar la red como un escenario ficticio e impune, Internet es una realidad con consecuencias tangibles. El anonimato en Internet se basa en la capacidad de poder acceder, comunicar o publicar en línea sin ser identificado o localizado, lo que esencialmente se traduce en ocultar la identidad, la ubicación y las actividades en línea. Por un lado, este anonimato fomenta la libertad de expresión y permite a los usuarios compartir opiniones sin temor a sufrir represalias sociales. Sin embargo, esta libertad a menudo es caldo de cultivo para ciertos abusos, como la publicación de comentarios ofensivos o difamatorios bajo la protección del anonimato. En aras a equilibrar tales intereses contrapuestos, se sugiere una verificación de identidad en el registro de los usuarios ante las plataformas en línea, la cual debería quedar protegida salvo circunstancias legales específicas. Con ello, se garantizaría el ejercicio de la libertad de expresión en un entorno seguro y, a su vez, la posibilidad de responsabilizar a los usuarios por sus acciones en caso de ilegalidad. Los delitos informáticos son actividades que atentan contra los bienes jurídicamente protegidos en el CP y que se realizan en el espacio informático o sirviéndose de estos sistemas. Muchos de estos delitos informáticos consisten en la comisión digital de actuaciones que ya estaban tipificadas como delito en la vida real —amenazas, acoso, corrupción de menores, injurias, estafas, etc.—; sin embargo, también han surgido nuevos tipos penales para hacer frente a las nuevas modalidades delictivas —por ejemplo: *phishing, pharming, vishing* o *smishing*—. Dentro del amplio espectro de delitos informáticos, el uso indebido de la libertad de expresión en Internet se encuentra entre los principales supuestos de transgresión. Los delitos de injurias, calumnias, apología o enaltecimiento del terrorismo están a la orden del día a causa de algunos comentarios extralimitados, especialmente en las redes sociales, en donde se ha de tener en cuenta que «republicar» contenidos ilícitos deviene también punible. A su vez, se aprecia un aumento significativo en los delitos de odio, impulsados por la facilidad de difusión a través de los medios digitales. En ese sentido, la legislación en el marco de la cooperación internacional en materia de ciberdelincuencia se ha ido adaptando a las amenazas de la era digital y se han creado organismos especializados en la lucha contra la delincuencia informática. No obstante, se hace necesario promulgar una "educación 2.0" que incluya elementos de instrucción técnica y una formación ética sobre el uso responsable de Internet.

OCTAVA.- Durante las décadas anteriores, los ciudadanos habían accedido a la información de los asuntos públicos principalmente a través de los medios de comunicación convencionales. Con la llegada de la prensa escrita en el siglo XIX, la comunicación experimentó un cambio significativo al alcanzar a un público más amplio. En el siglo XX, los medios audiovisuales tomaron el protagonismo en la divulgación de información, entre los que destacaba la televisión por su notable impacto en la opinión pública. No obstante, la aparición de Internet y las tecnologías de la información han transformado radicalmente el panorama de la comunicación, desafiando nuevamente las garantías tradicionales, tanto de los derechos de comunicación como de los derechos de la personalidad, que tan a menudo entran en conflicto. Hoy en día, la mayoría de los medios de comunicación cuentan con plataformas digitales y páginas web que permiten el acceso a la información en cualquier momento y lugar. Además, esta puede ser alterada y compartida por otros usuarios lo cual implica el riesgo de su perpetuación en la red. En este contexto, resulta crucial reconocer nuevos derechos digitales que protejan los derechos individuales de los usuarios en un mundo cada vez más conectado. El derecho al olvido emerge como una respuesta a esta situación, permitiendo a las personas solicitar la eliminación de información obsoleta o perjudicial sobre ellas en línea. Sin embargo, este derecho a menudo se enfrenta a las libertades de expresión e información. La manifestación del derecho al olvido en el escenario digital aborda el desafío de conjugar un equilibrio constitucional entre los derechos de la personalidad y las libertades de expresión e información. A tal efecto, se debe partir de los criterios de ponderación empleados por la tradición jurisprudencial como presupuesto base para esclarecer los aspectos concretos de la era digital.

NOVENA.- Los derechos fundamentales al honor, a la intimidad y a la propia imagen están reconocidos en el artículo 18.1 CE. Aunque el texto constitucional no ofrece un desarrollo preciso sobre los conceptos del honor, de la intimidad y de la propia imagen, su definición se ha podido ir precisando al amparo de la jurisprudencia del TC y de los preceptos normativos recogidos en la LOPH. Según la jurisprudencia constitucional, estos derechos están relacionados con la dignidad de la persona y buscan preservar un espacio privado necesario para el desarrollo de la personalidad y una convivencia cívica adecuada, con lo que también se salvaguarda la esfera más íntima de la personalidad. A pesar de estos rasgos comunes relacionados con la esfera personal e íntima, el TC y el legislador a través de la LOPH han aclarado que cada uno tiene un contenido propio y un ámbito específico. A raíz de su ubicación en la Carta Magna, los derechos de la personalidad tienen la mayor protección constitucional. Su desarrollo legislativo está reservado a leyes orgánicas, su regulación normativa está sujeta a recurso de inconstitucionalidad y su reconocimiento vincula a todos los poderes públicos. Cualquier ciudadano puede reclamar su tutela ante los tribunales ordinarios mediante un procedimiento basado en los principios de preferencia y sumariedad. Del mismo modo, pueden ser objeto de recurso de amparo ante el TC. Por otro lado, el artículo 20 CE reconoce las libertades de expresión e información, que gozan de la misma protección legal, y también son fundamentales en una sociedad democrática como presupuesto necesario para el desarrollo de una sociedad libre y democrática. Sin embargo, estas libertades tienen límites, especialmente en lo que respecta a los derechos de la personalidad, como expresamente preceptúa el artículo 20.4 CE. La mayor parte de las injerencias en los derechos de la personalidad tienen como causa un ejercicio extralimitado de los derechos de la comunicación. Hay que tener en cuenta que hablamos de derechos fundamentales, sin que *a priori* prevalezcan unos sobre otros, por lo que las colisiones entre los derechos de la personalidad y las libertades de expresión e información se han de resolver ponderando ambos derechos según las circunstancias específicas de cada caso y conforme al principio de proporcionalidad. Esta labor le compete a los tribunales ordinarios y, en todo caso, al TC como máximo intérprete de la Ley Fundamental. Es importante destacar que la libertad de expresión, que goza de cierto margen de subjetividad, protege la difusión de ideas, pensamientos y opiniones, incluso si son críticas, pero no ampara el insulto directo ni las manifestaciones inequívocamente injuriosas o vejatorias. De otra parte, la libertad de información debe basarse en hechos veraces y versar sobre asuntos de relevancia pública. Precisa de unos mínimos de diligencia profesional, lo que se traduce en el deber de contrastar la verosimilitud de la noticia que se transmite. También es indispensable que se centre en cuestiones de trascendencia pública, para disfrutar de mayor protección en caso de colisión. Su titularidad no recae exclusivamente en los medios de comunicación, sino también en los propios ciudadanos. Las personas de relevancia pública no pierden la protección de sus derechos de la personalidad, aunque su actividad pública está sujeta a un mayor escrutinio en base al ejercicio de la libertad de información.

DÉCIMA.- El concepto del honor ha evolucionado a lo largo de la historia, desde la Antigua Grecia, donde se valoraban la virtud y la reputación, hasta la expansión de la burguesía en la España del Antiguo Régimen. Con la llegada del Estado Constitucional, el honor se convirtió en un derecho igualitario para todos, basado en la estima social de la persona. El TC ha afirmado que el derecho al honor es un concepto flexible que cambia conforme a las normas, las ideas y los valores sociales de cada momento. Se deriva de la dignidad de la persona y está orientado a proteger su reputación y consideración en la sociedad. Además, opera como límite frente a las libertades de expresión e información, prohibiendo la ofensa o el menosprecio. Respecto a la vida profesional de los individuos, resultan permisibles las críticas acerca de su pericia, pero no se toleran las vejaciones personales. Aunque se trata de un derecho eminentemente personal, las personas jurídicas gozan de cierto margen de reconocimiento. Respecto a personas fallecidas, la jurisprudencia ha evolucionado otorgando cierta protección al honor póstumo, aunque de menor intensidad; la LOPH permite reclamaciones civiles en este aspecto. El derecho al honor no es absoluto y debe ponderarse frente a las libertades de expresión e información. La veracidad de la información, el interés público y la proporcionalidad son algunos de los criterios para determinar cuál ha de prevalecer. La injerencia en el honor implica imputar hechos falsos o expresiones que menoscaban la dignidad. Los juicios de valor solo constituyen una intromisión si son manifiestamente insultantes. En el conflicto entre el derecho al honor y la libertad de expresión, la veracidad no es siempre necesaria para la libertad de expresión, pues tiene un alcance más amplio que la libertad de información. Sin embargo, en algunos casos, debe prevalecer un cierto grado de veracidad, especialmente cuando implica críticas personales o acusaciones de delitos.

UNDÉCIMA.- El derecho a la intimidad, más reciente que el derecho al honor, se originó a partir del concepto de privacidad en el Derecho anglosajón. En 1890, Luis Brandeis y Samuel Warren publicaron el artículo "*The right to privacy*" en la revista *Harvard Law Review*, marcando su entrada en el derecho constitucional estadounidense. Inicialmente, el derecho a la privacidad se centraba en el "*right to be let alone*" —derecho a estar solo— vinculado con la vida privada y familiar de las personas. El derecho a la intimidad personal es una manifestación del derecho a la personalidad que emana de la dignidad personal y se refiere al espacio privado y cerrado al conocimiento de otros que resulta necesario para el desarrollo de una vida digna. Cada individuo tiene derecho a disfrutar de una dimensión puramente personal de su vida privada y a limitar el acceso ajeno frente a esta esfera de intimidad. El TC ha establecido que el derecho a la intimidad corporal se basa en normas culturales y protege las partes del cuerpo consideradas pudorosas. Incluso en situaciones como la prisión, no se puede obligar a una persona a mostrar su cuerpo desnudo contra su voluntad; sin embargo, las pruebas de análisis para el consumo de droga no implican una intromisión en la intimidad corporal. La LOPH recoge un elenco de supuestos que constituyen intromisiones ilegítimas en la intimidad, tales como el uso de dispositivos de grabación, la divulgación de información privada que afecte a la reputación de terceros o la revelación de datos privados conocidos por el ejercicio de una actividad profesional. La interpretación del derecho a la intimidad ha de conjugarse con los avances tecnológicos y con la protección de la autodeterminación informativa. Aunque resulta complicado establecer pautas generales, los conflictos entre el derecho a la intimidad y las libertades de información o expresión, se habrán de ponderar atendiendo principalmente a los requisitos de veracidad, de interés público y de proporcionalidad. Más determinante resulta el elemento de la relevancia pública que el de la veracidad, dado que este segundo es presupuesto esencial de toda intromisión en la intimidad. Las noticias sobre hechos de relevancia penal se consideran de interés público siempre que no haya una "extralimitación morbosa" en la divulgación de información íntima.

DUODÉCIMA.- El TC considera que el derecho a la propia imagen es un derecho fundamental que se deriva del derecho a la dignidad humana, al igual que los otros derechos de la personalidad. Este derecho tiene como objetivo proteger la esfera personal de las personas de forma que se les permita controlar la difusión del contenido gráfico, auditivo o visual relacionado con su identidad física. Aunque el aspecto físico es el atributo principal del derecho a la propia imagen, este también abarca otros aspectos identificativos como la voz o el nombre. Se diferencia de los derechos al honor y a la intimidad en que lo que se protege es la difusión de los rasgos de una persona, independientemente de si con ello se afecta a su reputación o si se revelan aspectos de su vida íntima. No se constriñe exclusivamente al ámbito de la difusión, sino que engloba a su vez la captación o la grabación. El derecho a la propia imagen no es un derecho absoluto, por lo que debe equilibrarse con otros derechos constitucionales en juego. En situaciones donde el interés social justifique la difusión de imágenes sin consentimiento, se deberá priorizar la libertad de información. La LOPH establece excepciones a la protección del derecho a la propia imagen en situaciones como eventos públicos o lugares abiertos al público y, especialmente, cuando involucre a figuras públicas. Por su parte, la jurisprudencia constitucional ha reconocido algunas otras situaciones en las que la libertad de información puede prevalecer: aparecer en eventos de relevancia social o tratarse de personajes públicos que guarden relación con sucesos noticiosos. Ahora bien, tienen que ser casos en los que sea sumamente necesario el sacrificio del derecho a la propia imagen, por lo que no cabría en la publicación de contenidos destinados a alimentar la curiosidad ajena o en los destinados a satisfacer el interés morboso. También prevalece el derecho a la propia imagen cuando se trata de personas que por su cargo necesiten mantenerse en el anonimato. En los casos de conflicto entre el derecho a la propia imagen y las libertades de expresión e información, el primero tiende a ceder en favor de los segundos debido a que la protección constitucional del derecho a la propia imagen es menos intensa que la de los derechos al honor y a la intimidad, pues la simple revelación de datos identificativos supone un ataque más tenue contra la dignidad de la persona que cuando se acomete contra su prestigio o su intimidad.

DECIMOTERCERA.- En la actualidad, las redes sociales se han convertido en la principal plataforma de activismo y expresión de los usuarios en Internet. Son el ágora en el que se desarrolla la sociedad del siglo XXI. A través de estas plataformas, las personas ejercen su libertad de expresión e información, con lo que tienen a su alcance la posibilidad de expresar críticas y participar en debates multitudinarios. Sin embargo, es fundamental garantizar que no existan áreas de impunidad que permitan actividades ilícitas en estas plataformas. Es importante equilibrar el ejercicio de la libertad de expresión con la protección de otros derechos y con la convivencia democrática. Aunque las redes sociales ofrecen oportunidades para la libre expresión de opiniones, también presentan riesgos potenciales sobre los derechos fundamentales de la personalidad, especialmente debido al anonimato del que algunas personas se prevalecen para extralimitarse en sus manifestaciones y difundir materiales ofensivos en la red. Hay que tener presente que todas las acciones que sean ilícitas en la vida cotidiana también lo son en Internet. La regulación de la libertad de expresión en Internet debe ser coherente con los principios democráticos y con los derechos humanos. Se debe otorgar un margen de amplitud lo suficientemente extenso al derecho de expresión en Internet como para que pueda ejercerse con autonomía, libertad y sin censuras. Deviene indispensable promover un ambiente en línea que fomente la convivencia respetuosa. Hay que establecer unas restricciones precisas y necesarias para proteger otros derechos y bienes jurídicos como la seguridad pública, la protección de la reputación y la privacidad de las personas. En este ámbito, es esencial tener en cuenta que la Declaración Universal de Derechos Humanos y el Convenio Europeo de Derechos Humanos reconocen y respaldan el derecho a la libertad de expresión, pero también prevén ciertas restricciones y medidas en aras a asegurar el orden público y la convivencia democrática. La jurisprudencia ha venido asentando que el ejercicio en línea de la libertad de expresión debe ejercerse con responsabilidad y no puede dañar la reputación o los derechos de otros. En este sentido, el TC puntualiza que el derecho de expresión permite la sana crítica, pero que cualquier ánimo deliberado de menosprecio y discriminación hace decaer esa protección constitucional.

DECIMOCUARTA.- Los medios de comunicación han migrado sus servicios hacia las plataformas digitales y las redes sociales, lo que brinda acceso inmediato a sus contenidos. El derecho a la información es un derecho subjetivo de doble cuño que abarca tanto a quienes transmiten como a quienes reciben información. Además, no solo los profesionales del periodismo son titulares de este derecho, sino todos los ciudadanos. La libertad de información se aplica a través de diferentes medios de difusión por lo que los ciudadanos que comparten información en línea también resultan ser titulares de este derecho. Aun así, la información proporcionada por los canales profesionales de periodismo goza de una mayor protección constitucional, especialmente ante los conflictos con los derechos de la personalidad. La posibilidad de que cualquier usuario comparta información a través de la web ha dado lugar al fenómeno del *"open source journalism"* —«periodismo ciudadano»—. Las redes sociales se han convertido en el medio favorito para compartir dicha información y, aunque no se puede exigir un nivel estricto de veracidad en ningún medio, lo cierto es que la inmediatez en la difusión de informaciones a través de Internet y la ausencia de filtros respecto a su contenido pueden llegar a comprometer la veracidad de sus contenidos. La información ciudadana en línea a menudo se ve influida por emociones y da pie a la difusión intencionada de noticias falsas, lo que ha sido denominado con el concepto de «posverdad». Pero la censura excesiva de noticias falsas y la rigurosidad desmesurada podrían ser perjudiciales para la libertad de información, por ello resulta crucial diferenciar entre los supuestos en los que se ejerce la libertad de expresión de aquellos otros en los que se desarrolla la libertad de información. El requisito de relevancia pública es otro de los aspectos fundamentales para determinar si una comunicación está protegida por la libertad de información, aunque la distinción entre hechos objetivos y opiniones se torna complejo, especialmente en temas de índole política, donde siempre hay pinceladas de opinión. Lo cierto es que Internet ha ampliado el abanico de temas de relevancia social, por lo que resulta crucial desligar las meras manifestaciones de las labores informativas. En relación con el derecho al olvido, el TEDH ha establecido unos criterios de ponderación orientados a equilibrar el derecho a la privacidad de los individuos y el ejercicio de la libertad de información en línea, que son: la importancia de la información, el tiempo transcurrido, el interés para el debate general en la actualidad, el carácter mediático del solicitante, el daño en la reputación del afectado, la facilidad en el acceso digital a los contenidos y el nivel de intromisión que la aplicación del derecho al olvido implicaría para la libertad de prensa.

DECIMOQUINTA.- Las redes sociales, definidas como plataformas digitales de comunicación global que conectan a un gran número de usuarios, han revolucionado la interacción social. Estas conexiones virtuales inicialmente generan una sensación de intimidad y seguridad al compartir contenido personal con amigos o conocidos en un entorno catalogado como "muro". Sin embargo, las redes sociales también tienen una cara oscura pues operan como caldo de cultivo para la lesión de los derechos de la personalidad y, en ellas, los contenidos compartidos pueden propagarse rápidamente a una audiencia más amplia sin consentimiento. La difusión no consentida de imágenes y la exposición pública de la vida personal son circunstancias cada vez más comunes. Ha surgido una nueva "personalidad virtual" basada en el contenido compartido en línea. Esta personalidad virtual puede afectar significativamente a la vida real de las personas y a su dignidad. El auge de los teléfonos inteligentes con cámaras y la capacidad de compartir contenidos en tiempo real ha disparado estos problemas relacionados con las violaciones de los derechos al honor, a la intimidad y a la propia imagen a través de comentarios ofensivos y ataques personales en línea. El TC ha manifestado que las redes sociales tienen un poder significativo para difundir información rápidamente, aumentando el riesgo de lesiones a los derechos de la personalidad y ha abordado estos problemas estableciendo una serie de límites a las libertades de comunicación a fin de garantizar el derecho al honor en las redes sociales. Además, ha enfatizado la importancia de considerar la autoría de los contenidos, la condición de personaje público del usuario y el impacto de la publicación en línea en la percepción de la persona por parte de terceros. En todo caso, ha aclarado que el menoscabo de la dignidad humana y de los derechos de la personalidad no tienen cabida alguna en la Constitución. Por otro lado, el derecho a la intimidad implica que los contenidos difundidos por un usuario deben quedar exclusivamente reservados al lugar de su publicación. El hecho de que una persona haya publicado cierta información en su «perfil» no avala su captación o difusión por terceros, lo cual atentaría contra el derecho a la intimidad del afectado. Pese a que la norma penal aún no ha tipificado dicha circunstancia, tal divulgación resulta una actuación ilícita desde un enfoque civil y constitucional.

DECIMOSEXTA.- En la era de las redes sociales y la comunicación digital, es esencial comprender que la publicación de una fotografía, aunque no viole el honor o la intimidad de alguien, puede infringir el derecho a la propia imagen si se realiza sin consentimiento de su titular. Esto puede tener un impacto duradero debido a que las imágenes difundidas en línea pueden propagarse ampliamente y ser difíciles de eliminar. Es importante destacar que muchas personas comparten fotos en redes sociales públicas, creyendo que están en un entorno de privacidad, cuando en realidad están publicando contenido privado en plataformas de gran alcance. Pero la publicación en una cuenta pública de redes sociales no otorga el derecho a terceros a utilizar esas imágenes con otros fines sin el consentimiento de su titular, quien siempre tiene derecho a controlar su publicación, su duración y el acceso a ella, dado que colgar una imagen en una red social no implica renunciar expresamente a todo nivel de privacidad. El hecho de que la cuenta de un usuario sea de acceso público tampoco implica que cualquiera pueda aprovecharse de ese libre acceso para apoderarse y servirse de sus fotografías con otros fines. Los medios de comunicación tampoco pueden servirse de imágenes extraídas de las redes sociales sin consentimiento. De especial relevancia resulta la STC 27/2020, que reitera la importancia de proteger el derecho a la propia imagen en la era digital con la misma intensidad que en la vida ordinaria y descarta la posibilidad de que los medios de comunicación puedan emplear las fotografías de las redes sociales de una persona bajo la excusa del ejercicio de la libertad de información. De esta forma, el derecho a la propia imagen adquiere un protagonismo sustancial en la defensa de la privacidad y de los derechos del artículo 18.1 CE en el entorno virtual. Se abren las puertas al debate acerca de la necesidad de incluir el derecho a la propia imagen como fundamento de la construcción jurídica del derecho a la autodeterminación informativa y se patenta la potencialidad de la reclamación civil como herramienta tuitiva para este tipo de injerencias.

DECIMOSÉPTIMA.- La perennidad de la información en Internet, las nuevas formas de almacenar recuerdos en el entorno digital, la propagación masiva de los datos en línea y la indexación realizada por los motores de búsqueda son, en última instancia, avances tecnológicos sin precedentes que han ocasionado un impacto significativo en la privacidad de las personas. En este contexto, deviene fundamental concretar qué se entiende por "privacidad". Lingüísticamente, la privacidad se define como el ámbito de la vida privada que se tiene derecho a proteger frente a cualquier tipo de intromisión. Desde un punto de vista sociológico, la privacidad se refiere a la capacidad que tiene un individuo para mantener cierta información resguardada y fuera del alcance de terceros, ya sea por pudor, vergüenza o simplemente por elección personal. Desde los albores de la humanidad las personas han buscado un espacio físico propio y aislado donde llevar a cabo su vida de manera independiente, al margen de las expectativas sociales. La privacidad es la esfera de reserva que se contrapone a lo público. El concepto moderno del derecho a la privacidad, tal como lo entendemos hoy en día, tiene sus raíces en los Estados Unidos, concretamente en la formulación del Juez Thomas Cooley, quien en 1888 lo definió como "el derecho a poder estar solo". SAMUEL WARREN y LOUIS BRANDEIS avanzaron en esta noción al argumentar que cada individuo tenía el derecho de decidir que nadie pueda ahondar en lo que le es propio sin su consentimiento. La CDFUE reconoce en su artículo séptimo el derecho a la vida privada y familiar, de su domicilio y de sus comunicaciones. El TJUE ha asentado que este derecho prevalece frente al interés de los usuarios de Internet y que su equilibrio debe ponderarse basándose en el tipo de información que se pretenda salvaguardar, la gravedad que su difusión implique para la privacidad del afectado y el interés general en acceder a esa información. El TS ha precisado que la esfera privada se refiere a la capacidad de las personas para proteger sus circunstancias personales frente a la intrusión no autorizada de terceros. El TC ha explicado que el derecho a la intimidad tiene su antecedente en el reconocimiento del derecho a la vida privada. De especial relevancia resulta la STC 292/2000, que vincula la privacidad con el derecho a la autodeterminación informativa, siempre en relación con los derechos fundamentales reconocidos en los artículos 18.1 y 18.4 CE. En definitiva, puede entenderse el derecho a la privacidad como el concepto anglosajón que conforma la génesis de todos los derechos contemplados en el artículo 18 CE.

DECIMOCTAVA.- Los "datos personales" comprenden toda aquella información que permite identificar a un individuo, también la que refleja sus gustos o prioridades. Algunos ejemplos de datos personales son: la edad, el domicilio, el estado civil, la ideología política, las creencias religiosas, el número de teléfono o la matrícula del vehículo. La regulación de los datos personales se ha vuelto crucial debido al crecimiento de la información en línea y las tecnologías digitales. La incorporación de la computación informática en el tratamiento de datos personales puede acarrear fugas masivas de datos o permitir un acceso indiscriminado a los mismos, lo que va más allá del propósito original de su almacenamiento, con lo que se plantea un dilema sobre la privacidad y el control de los datos personales en la era digital. Los resultados de búsqueda web obtenidos por los motores de búsqueda se consideran tratamiento de datos personales. Las *cookies*, pequeñas porciones de información almacenadas en dispositivos, son un ejemplo de cómo las plataformas web recopilan datos personales en línea y los utilizan para rastrear el comportamiento del usuario, por lo que su regulación se ha convertido en una cuestión importante. El tratamiento de datos personales deviene esencial en la era digital, pero su protección resulta crucial para garantizar la privacidad y la seguridad de la información personal en un entorno virtual en constante evolución. Pese al debate doctrinal, la protección de datos personales se vincula con el derecho a la intimidad, pero en un sentido más amplio y relacionado con las amenazas informáticas, como una «intimidad informática» o «autodeterminación informativa». El derecho a la protección de datos ha sido reconocido, a raíz de la STC 292/2000, como un derecho fundamental autónomo que se deriva del instituto de garantía previsto en el artículo 18.4 CE en relación con el derecho fundamental a la intimidad del artículo 18.1 CE; su objeto reside en la facultad de disposición de los datos propios en el entorno tecnológico.

DECIMONOVENA.- Dentro del ámbito europeo, los derechos a la autodeterminación informativa y a la protección de datos personales se han consolidado como derechos autónomos. El Convenio para la Protección de los Derechos Humanos y de las Libertades Fundamentales de 1950 reconoció en su artículo 8 el derecho al respeto de la vida privada y familiar, de su domicilio y su correspondencia, sin injerencias ilegales por parte de la autoridad pública; siendo que dicho artículo ha venido siendo destacado por el TEDH por su importancia en la protección de datos personales. Otro instrumento importante ha sido el Convenio 108 del Consejo de Europa de 1981 que buscaba conjugar el derecho a la privacidad con el tratamiento automatizado de datos personales. Por su parte, la CDFUE reconoció el derecho a la vida privada y a la protección de datos como derechos fundamentales independientes. Posteriormente, en el TFUE también se reconoció el derecho a la protección de datos como un derecho autónomo. La Directiva 95/46/CE introdujo una pormenorizada regulación sobre la protección de datos personales; sin embargo, no pudo anticipar el impacto de la tecnología digital en la sociedad que pronto superó su margen de eficacia. Aun así, hay que destacar que el derecho al olvido nació con la Directiva 95/46/CE pues estaba implícito en el principio de finalidad y podía aplicarse al amparo del derecho de oposición. En respuesta a los desafíos de la globalización digital, la UE adoptó el Reglamento 2016/679, conocido como el RGPD, que tiene aplicación directa en todos los Estados miembros desde mayo de 2018. Este Reglamento incorpora importantes innovaciones normativas con el fin de dar una mayor protección a los datos personales en la era digital. Se incluyen principios clave, como el del plazo de conservación, el de transparencia, el de integridad y seguridad de los datos y el de responsabilidad proactiva. El RGPD también enfatiza el consentimiento expreso y prohíbe el tratamiento de ciertas categorías de datos personales.

VIGÉSIMA.- La STC 254/1993 declaró que el artículo 18.4 CE constituía un mecanismo de protección de otros derechos, principalmente el honor y la intimidad. El concepto de la intimidad ha evolucionado, en conexión con el artículo 18.4 CE, hacia un derecho de control sobre los datos personales. La STC 94/1998 destacó que el derecho a la protección de datos era imprescindible pues otorgaba a las personas el control sobre sus datos, evitando todo uso indebido que pudiera dañar sus derechos fundamentales. Con la STC 292/2000 el derecho a la protección de datos quedó reconocido como un derecho fundamental autónomo y propio. En el ámbito legislativo, España adoptó medidas para adecuar su normativa a la Directiva 95/46/CE de la Unión Europea, dando lugar a la Ley Orgánica 15/1999 de Protección de Datos Personales, que reemplazó a la Ley Orgánica 5/1992. En esta última, ya se recogía la importancia de cuidar que la información en línea no perdurara indefinidamente debido a las tecnologías emergentes, lo que fundamentaba la idea del derecho al olvido. Con la entrada en vigor del RGPD, el legislador español hubo de ajustar nuevamente la normativa nacional. Así, en diciembre de 2018, se promulgó la Ley Orgánica 3/2018 de Protección de Datos Personales y Garantía de los Derechos Digitales. En ella, se reconocen nuevos derechos digitales como la neutralidad de la red, el acceso universal, el derecho a la seguridad, el derecho a la portabilidad, el derecho al testamento digital, el derecho a la desconexión digital y el derecho de supresión —»derecho al olvido»— en las búsquedas de Internet. La AEPD ha desempeñado un papel destacado al establecer ciertas pautas interpretativas en la protección de datos, enfatizando que los ciudadanos no deben tolerar que sus datos personales circulen en Internet sin control, a menos que sean de interés público. Sin embargo, es de destacar la importancia de que las propias tecnologías incluyan herramientas que protejan automáticamente la privacidad de los usuarios.

VIGÉSIMA PRIMERA.- El RGPD reconoce el derecho de acceso, el derecho de rectificación, el derecho de oposición, el derecho a la limitación del tratamiento, el derecho a la portabilidad, el derecho a no ser objeto de decisiones individuales automatizadas, el derecho de supresión —«al olvido»— y el derecho de indemnización. El derecho de acceso a los datos personales permite al interesado verificar si un responsable del tratamiento tiene datos personales suyos y, de ser así, conocer detalles como el propósito de su tratamiento, el origen de los datos u obtener una copia íntegra de ellos. El RGPD ha fortalecido este derecho al incluir la posibilidad de solicitar la remisión de los datos de manera remota y digital. Además, el RGPD introdujo el derecho de rectificación, que permite a los titulares solicitar la corrección de inexactitudes o datos incompletos. En el RGPD también se encuentra el derecho de oposición, que da la facultad de oponerse al tratamiento de los datos bajo ciertas condiciones, como en el caso de la mercadotecnia directa. El derecho a la limitación del tratamiento ha sido otra adición significativa, este derecho permite a los interesados limitar el uso de sus datos en ciertas circunstancias, como cuando se impugne su exactitud o el tratamiento devenga ilícito. Se diferencia del derecho de oposición en que no implica el borrado de los datos sino la cesación de su uso, pues estos siguen latentes. Puede aplicarse como medida de soporte a fin de que los datos permanezcan durante la tramitación de otras acciones. El derecho a la portabilidad, también implementado en el RGPD, permite a los individuos recibir sus datos en un formato estructurado y transmitirlos a otro responsable del tratamiento o pedir que se transfieran directamente. Mediante este derecho se fomenta la competencia y el intercambio de datos bajo el control del propio interesado. A través del derecho a no ser objeto de decisiones individualizadas se protege a los individuos de aquellas decisiones basadas únicamente en tratamientos automatizados de datos que analicen cuestiones personales, a menos que haya intervención humana significativa. Con ello, se trata de prevenir cualquier discriminación injustificada al asegurar que las decisiones que afecten a los usuarios no se basen exclusivamente en algoritmos informáticos sin que medie intervención humana.

VIGÉSIMA SEGUNDA.- Antes del RGPD, el derecho al olvido ya fue reconocido por la STJUE el 13 de mayo de 2014 como un derecho por el cual los motores de búsqueda debían permitir la desindexación de informaciones obsoletas en los resultados de búsqueda obtenidos a partir del nombre y apellidos del afectado. El RGPD introdujo, en su artículo 17, el derecho de supresión como una fórmula parcialmente vinculada con el derecho al olvido; de hecho, dicho artículo 17 lleva por rúbrica: «derecho de supresión («el derecho al olvido»)». El derecho de supresión permite solicitar la eliminación de los datos personales en ciertos supuestos, como cuando los datos ya no resulten necesarios en base a los fines que motivaron su recogida o cuando se retire el consentimiento del titular, entre otros. El considerando 65 RGPD enfatiza su importancia, especialmente para aquellos que dieron su consentimiento siendo menores de edad. En el apartado segundo del artículo 17 RGPD, se impone al responsable principal la obligación de informar, a su vez, a aquellos otros responsables que estén empleando tales datos personales para que eliminen cualquier enlace o réplica de tal información —*bouncing*—. El RGPD recogió, por primera vez en un texto legal, el término del derecho al olvido, pero refiriéndolo de forma entrecomillada, en paréntesis y con una posición accesoria respecto al derecho de supresión, cuyo enfoque principal se centra en la eliminación de la información en la fuente original, aunque también se extienda a otras fuentes secundarias. En un sentido amplio, el derecho al olvido es un derecho más global que busca ofrecer segundas oportunidades a los individuos al impedir el acceso a informaciones obsoletas o irrelevantes en Internet, especialmente a través de los motores de búsqueda. Sin embargo, el RGPD lo ha recogido como una extensión del derecho de supresión, el cual no deja de ser una evolución del antiguo derecho de cancelación y que se centra más en la eliminación de los datos que en su bloqueo a través de los servicios de búsqueda en línea. Por lo tanto, aunque el RGPD ha marcado un avance importante en el reconocimiento del derecho al olvido, su desarrollo se antoja insuficiente y ligeramente desvinculado de su enfoque jurisprudencial y doctrinal.

VIGÉSIMA TERCERA.- El artículo 82 RGPD contempla el derecho de indemnización para las personas que hayan sufrido daños a raíz de cualquier infracción en materia de protección de datos. Los responsables del tratamiento de datos deben compensar económicamente los daños causados y, en casos de múltiples responsables, la responsabilidad será solidaria. El artículo 83 del RGPD establece una serie de condiciones generales para la imposición de multas administrativas y el artículo 84 prevé la posibilidad de imponer sanciones para los casos que no estuvieran sujetos a multa administrativa. Pero tales multas y sanciones son, en todo caso, independientes del derecho de indemnización. El derecho de indemnización, contemplado en el artículo 82 RGPD, es de aplicación ante los daños y perjuicios, tanto materiales como inmateriales, por supuestos de responsabilidad contractual y extracontractual y ante infracciones intencionadas o negligentes. Sin embargo, se plantea la incertidumbre acerca del procedimiento por el que se tiene que reclamar tal indemnización ya que el RGPD se limita a proclamar el derecho de indemnización, pero resulta inconcluso en lo relativo al procedimiento a seguir para el ejercicio de dicha acción. Ante este vacío normativo, se ha de acudir a los cauces procesales internos de cada Estado miembro. En España, la AEPD es la autoridad administrativa encargada de tramitar las reclamaciones e imponer las sanciones pertinentes en materia de protección de datos. La AEPD tiene la facultad de imponer sanciones a quienes infrinjan la normativa de protección de datos; no obstante, no cuenta con la potestad de otorgar compensaciones económicas a los perjudicados. En este sentido, se hace una propuesta *de lege ferenda* respecto a la LOPD 3/2018 al objeto de contemplar la inclusión de un régimen de concesión de compensaciones económicas por parte de la AEPD a los afectados. Por otro lado, de conformidad con el artículo 79 RGPD, el afectado cuenta con la posibilidad de acudir a la vía judicial para solicitar la tutela judicial efectiva de los jueces y tribunales. Por lo tanto, la única opción para reclamar una indemnización en materia de protección de datos estriba en el acceso a la jurisdicción ordinaria. El Considerando 146 RGPD permite la opción de acumular la reclamación del derecho a indemnización con otras acciones legales nacionales. En esta línea, y dentro del Derecho español, la LOPH resulta ser un marco legal adecuado para el ejercicio del derecho a indemnización contemplado en el RGPD, ya que la mayoría de las infracciones en materia de protección de datos también implican violaciones en los derechos fundamentales del artículo 18.1 CE. Las garantías procesales adicionales ofrecidas por la LOPH, como la presunción de daño moral, hacen de esta una vía procedimental atractiva para las reclamaciones de indemnización en el sistema jurídico español.

VIGÉSIMA CUARTA.- El avance de las tecnologías de la información, especialmente de Internet, ha generado cambios profundos que se traducen en una sorprendente facilidad para almacenar y acceder a la información, alterando con ello el concepto tradicional del olvido. En el pasado, los errores y eventos se desvanecían con el transcurso del tiempo, ya que su acceso quedaba limitado por la memoria humana y por los mecanismos de consulta en los registros físicos. Hoy en día, la información raramente se borra de Internet, donde los motores de búsqueda facilitan la localización de cualquier dato, independientemente de su antigüedad. Esta permanencia informativa en línea ha generado nuevas amenazas a las que el Derecho debe hacer frente. En respuesta ello, ha nacido el derecho al olvido, que busca equilibrar la preservación de la información con la protección de la privacidad y la dignidad personal. Este derecho pretende que las personas cuenten con la facultad de solicitar la eliminación de información personal obsoleta o irrelevante en los resultados de búsqueda en Internet. La legislación ha ido evolucionando para abordar estas preocupaciones; por ejemplo, en España se han implementado medidas tendentes a facilitar el derecho al olvido digital para las víctimas de violencia de género y para las personas que hayan superado enfermedades oncológicas, protegiéndolas contra la discriminación en la contratación de seguros y servicios bancarios. Aunque su importancia se plantea indiscutible, el derecho al olvido se enfrenta a desafíos en cuanto a su delimitación y aplicación. No se trata de un derecho absoluto, sino que está sujeto a condiciones y matices, pues su satisfacción precisa de un ajustado equilibrio entre la privacidad individual, el interés público y la libertad de expresión. Por tanto, todo intento de definición ha de ir de la mano de un enfoque cauteloso, dado que sigue siendo un concepto sumamente amplio, en desarrollo y con límites difusos.

VIGÉSIMA QUINTA.- La STJUE de 13 de mayo de 2014, en el asunto C-131/12, marcó un hito fundamental en el reconocimiento del derecho al olvido digital. El litigio comenzó a raíz de la reclamación que MARIO COSTEJA interpuso contra *Google* y el periódico La Vanguardia por la permanencia en la red de una publicación que consideraba antigua y sin relevancia. El Sr. Costeja solicitaba que el diario La Vanguardia eliminara o modificara la noticia para que no se reflejara su nombre y que *Google* dejase de incluirla en su lista de resultados. La AEPD desestimó la reclamación contra el diario digital pero estimó la presentada contra *Google*, quien recurrió la resolución ante la Sala de lo Contencioso-Administrativo de la Audiencia Nacional, la cual consideró elevar una cuestión prejudicial ante el TJUE al objeto de resolver tres cuestiones: la aplicación territorial de la Directiva 95/46, si la labor desarrollada por los motores de búsqueda implicaba un tratamiento de datos personales y si los derechos de supresión, bloqueo y oposición amparaban la desindexación de información. En su defensa, *Google* sostenía que la normativa comunitaria devenía inaplicable, ya que las labores de búsqueda se gestionaban por *Google Search*, con base en EE. UU., mientras que *Google Spain,* con sede en la UE, solo se centraba en actividades publicitarias. El TJUE llegó a la conclusión de que la presencia en suelo europeo de una filial era razón suficiente para merecer la aplicación de las normas comunitarias de protección de datos. En cuanto a la segunda cuestión, el TJUE determinó que la operativa de *Google* constituía un verdadero tratamiento de datos del que era responsable, aunque no participase en la elaboración del contenido que transmitía, pues su actividad no era una simple función automática, sino que tenía un efecto multiplicador en la divulgación de información. Respecto al tercer punto, la sentencia reconoció a los ciudadanos el derecho a reclamar a los motores de búsqueda la desvinculación de ciertas informaciones, por cuanto que su permanencia en línea, una vez transcurrido cierto tiempo, resultaría incompatible con la Directiva. Resulta paradójico advertir que el Sr. Costeja quedará recordado para siempre como el precursor del derecho al olvido, con lo que, aun habiendo visto satisfechas sus pretensiones judiciales, ha perdido todo rastro de la privacidad que intentaba proteger en su inicio.

VIGÉSIMA SEXTA.- La STJUE de 13 de mayo de 2014 propició una especie de efecto *Big Bang* en la regulación del derecho al olvido digital en la UE. Esta sentencia fundamentaba el derecho al olvido en base a los derechos de supresión y bloqueo de datos del artículo 12.b) y el derecho de oposición del artículo 14.a) de la Directiva 95/46, vigente en aquel momento. A pesar de que la Directiva 95/46 ya contenía mecanismos jurídicos capaces de tutelar el derecho al olvido, se revelaba obsoleta en el contexto de Internet. Con la STJUE de 13 de mayo de 2014 se evidenció la necesidad de afrontar una actualización normativa en materia de protección de datos que ofreciera una cobertura jurídica actualizada y acorde con la realidad digital emergente. A raíz de ello, se iniciaron las negociaciones en diciembre de 2015 entre el Parlamento Europeo, el Consejo y la Comisión Europea, que culminaron en la adopción del nuevo RGPD 2016/679, aplicable desde mayo de 2018. Este Reglamento supuso un «giro copernicano» al unificar la normativa de protección de datos personales en toda la UE e introducir un prototipo de gestión responsable de datos. También fue el primer texto legal comunitario en mencionar expresamente el derecho al olvido, aunque su regulación se aborda de forma tímida, apareciendo entrecomillado y entre paréntesis junto al título de derecho de supresión del artículo 17 RGPD. A su vez, la jurisprudencia del TJUE ha seguido definiendo y perfilando el enfoque del derecho al olvido. La STJUE de 24 de septiembre de 2019, asunto C-136/17, puntualizó que los motores de búsqueda realizan un tratamiento de datos propio y diferente al de los editores web que resulta crucial en la difusión mundial de la información; por tanto, deben atender debidamente las solicitudes de supresión de los afectados y proceder a la retirada de los enlaces cuando el derecho de los afectados deba prevalecer sobre el interés de los internautas y, en todo caso, deberán retirar los enlaces relativos a procesos judiciales cuando lo descrito ya no se ajuste a la realidad procesal del momento. La STJUE de 24 de septiembre de 2019, asunto C-673/17, precisó que la aceptación de *cookies* requiere de una manifestación de voluntad activa e inequívoca, por lo que el marcado predefinido de las casillas de confirmación no puede ser una opción válida. La STJUE de 24 de septiembre de 2019, asunto C-507/17, especificó que la aplicación territorial en la retirada de enlaces debe extenderse a todos los Estados miembros, pero no exceder de los límites geográficos de la UE. La STJUE de 27 de octubre de 2022, asunto C-129/21, subrayó el hecho de que toda solicitud de supresión conllevaba, por defecto, la retirada de cualquier consentimiento previo. La STJUE de 8 de diciembre de 2022, asunto C-460/20, explicó que cuando el derecho de supresión se fundamente en la imprecisión de los contenidos, le incumbe al solicitante el deber de acreditar, dentro de los medios de prueba razonablemente exigibles, su inexactitud. Los motores de búsqueda estarán obligados a retirar los enlaces, en todo caso, cuando se aporte una resolución judicial que acredite la falsedad de la información, pero el material probatorio no tiene por qué incluir una resolución judicial. Además, matizó que las *thumbnails* —imágenes en miniatura contenidas en la lista de resultados— aportan un valor informativo mínimo y suponen una mayor injerencia en el derecho a la vida privada de las personas.

VIGÉSIMA SÉPTIMA.- Aunque se trate de un concepto de nuevo cuño, la tradición jurídica española ha revelado en sus raíces históricas una cierta manifestación del derecho al olvido. Antes del RGPD, el artículo 236 quinquies LOPJ ya exigía la eliminación de los datos personales en las sentencias y demás resoluciones procesales. De forma similar, el artículo 266 LOPJ permitía restringir el acceso a las sentencias para proteger la intimidad de los perjudicados, mientras que el Acuerdo de 1997 del CGPJ buscaba proteger el honor y la intimidad en la difusión de las resoluciones judiciales mediante la supresión de los datos identificativos. Es decir, la publicación de las sentencias en bases de datos ya evidenció la necesidad de anonimizar los datos personales de las partes. El CP también ha seguido este planteamiento con la prescripción como causa de extinción de la responsabilidad penal y la cancelación de los antecedentes penales, figuras con las que se imponen límites a la responsabilidad penal por el transcurso del tiempo. El RD 95/2009 dispuso que, una vez cancelados los antecedentes penales, los registros tendrían que quedar inaccesibles, garantizando que los ciudadanos no quedasen atados a sus errores pasados. Con la entrada en vigor del RGPD, la LO 15/1999 de España, destinada a incorporar las disposiciones de la Directiva 95/46, fue reemplazada por la LO 3/2018. Esta nueva ley orgánica destaca por el reconocimiento explícito del derecho al olvido, que queda desglosado en dos artículos enfocados en el derecho a eliminar los enlaces de los motores de búsqueda y los datos irrelevantes o desactualizados de las redes sociales. También se introduce el testamento digital, con el que se faculta a las personas designadas para gestionar los contenidos digitales de los difuntos conforme a sus instrucciones testamentarias. En compromiso con el proceso de «constitucionalismo digital» seguido por la UE, España publicó en 2021 la Carta de Derechos Digitales, en donde se perfilan un total de 28 derechos digitales que abarcan desde la libertad de expresión en el entorno digital hasta la protección frente a la discriminación algorítmica. Aunque algunos de estos derechos ya habían sido reconocidos en la LO 3/2018, la Carta pretende servir de inspiración para el respeto de los derechos en el mundo digital, situando a España en una posición de liderazgo internacional en la protección de los derechos digitales. Sin embargo, resulta criticable que no tenga rango legal y, por tanto, sus disposiciones sean meras sugerencias sin trascendencia jurídica; además, se incurre en la omisión de un artículo específico para el derecho al olvido, de considerable relevancia en la era digital.

VIGÉSIMA OCTAVA.- El derecho al olvido, aunque no está expresamente reconocido como derecho fundamental en la CE, se ha desarrollado jurisprudencialmente bajo la necesidad de adaptar la norma constitucional a las nuevas realidades sociales, manteniendo su estabilidad, pero asegurando una interpretación flexible y dinámica de los derechos fundamentales conforme a los valores, principios y fundamentos constitucionales. El derecho al olvido, enraizado en el derecho a la protección de datos, emerge de una interpretación sistemática entre el derecho a la intimidad y la autodeterminación informativa, garantizando la dignidad personal y el libre desarrollo de la personalidad y pretendiendo la tutela de los derechos fundamentales del artículo 18.1 CE frente a las particularidades del entorno digital, especialmente el decrecimiento de la relevancia informativa a causa del transcurso del tiempo. La Sala de lo Civil del TS se pronunció por primera vez al respecto en su STS 545/2015, de 15 de octubre —antecedente de la STC 58/2018—, donde sostuvo que, aunque una noticia estuviera inicialmente justificada, la constante difusión de los datos personales implicaba un daño desproporcionado en los derechos de la personalidad, por lo que condenó al medio de prensa al pago de una indemnización y a la desindexación de la noticia en los motores de búsqueda, aunque no en su hemeroteca interna, por considerar que su poder de difusión era menor. La Sala Tercera del TS ha seguido una metodología ponderativa similar al considerar la exigencia de tutelar la libertad de información frente a los derechos de la personalidad en relación con el derecho al olvido cuando la relevancia informativa pudiera manifestarse obsoleta por el transcurso del tiempo. Con todo ello, el TC no tuvo ocasión de pronunciarse por primera vez respecto al derecho al olvido hasta su STC 58/2018, de 4 de junio. Dicho fallo resulta sumamente significativo por reconocer el derecho al olvido como un derecho fundamental autónomo surgido, según el TC, a causa de los matices singulares por los que el transcurso del tiempo influye en el equilibrio entre los derechos de la personalidad y las libertades informativas dentro de Internet. Además, el TC consideró que el derecho al olvido también debía ser de aplicación ante las hemerotecas digitales. En su posterior STC 89/2022, de 29 de junio, el TC introdujo la presunción de prevalencia del derecho al olvido frente al interés general de acceso a la información e incidió en la importancia del factor tiempo como elemento ponderativo.

VIGÉSIMA NOVENA.- La principal crítica al derecho al olvido es que este podría dar pie al borrado o a la reescritura de los hechos históricos, con lo que se plantean ciertos dilemas sobre los peligros de la censura y la alteración de los hechos históricos. Organizaciones como Reporteros sin Fronteras han manifestado que el derecho al olvido puede llegar a coartar las libertades de expresión e información en la red, toda vez que la eliminación de los contenidos antiguos podría concebirse como una forma de censura retroactiva. Otros enfoques críticos han argumentado que el derecho al olvido, al permitir la supresión de datos en los buscadores y en otras plataformas digitales, podría alterar la transparencia informativa y otorgar un control excesivo sobre la información a terceros, extremo que podría desembocar en una alteración indiscriminada del pasado. De forma similar, surge la inquietud acerca de la responsabilidad de los motores de búsqueda en la ejecución del derecho al olvido, ya que se les subsume de un papel cuasi-judicial en el encargo de dirimir la ponderación de los derechos en conflicto pues, a fin de evitar cualquier sanción, los buscadores podrían efectuar eliminaciones sistemáticas de contenidos, sacrificando potencialmente las libertades de expresión e información. Aunque han de tenerse en cuenta para evitar posibles excesos, lo cierto es que muchos de dichos temores resultan hiperbólicos, si bien hay que admitir que el actual escenario digital de comunicaciones demanda una mayor protección de los derechos de los usuarios. Por tanto, se sugiere un enfoque equilibrado, en donde la intimidad de los usuarios prevalezca sobre los intereses económicos o de acceso público, excepto en los supuestos en que se constante un interés público predominante.

TRIGÉSIMA.- El derecho al olvido implica que los individuos puedan solicitar la supresión de sus datos personales en los resultados de los servicios de búsqueda en línea. Para ejercer este derecho, en primer lugar, debe dirigirse la solicitud a la entidad responsable del tratamiento de los datos y, en caso de respuesta insatisfactoria o ausencia de ella, se podrá acudir a la AEPD. Los principales motores de búsqueda —como *Google*, *Bing* o *Yahoo*— ya han implementado formularios específicos para tramitar estas solicitudes. El RGPD y la LOPD imponen a los buscadores el deber de informar a los usuarios sobre cómo ejercer su derecho al olvido y establecen la obligación de suprimir sus datos personales sin dilaciones indebidas. La AEPD ha impuesto multas significativas por incumplimientos en este ámbito, destacando la necesidad de una gestión adecuada del derecho al olvido y el respeto a la privacidad individual en el entorno digital. Aunque el derecho al olvido se puede plantear también ante la fuente principal, la solución más eficaz debe partir de solicitar la supresión de los resultados en los motores de búsqueda, dado que son estos los responsables de su difusión. *Google*, como líder en el mercado de las plataformas de búsqueda, ha establecido mecanismos detallados para tramitar estas solicitudes, reconociendo la necesidad de evaluar cada caso individualmente a fin de equilibrar la privacidad con el interés público y el derecho a la información. A pesar de los esfuerzos, la satisfacción del derecho al olvido sigue siendo compleja y merecedora de algunas críticas, especialmente acerca de la forma en que estas solicitudes son resueltas por los propios motores de búsqueda —entidades privadas—, dado su potencial conflicto con otros derechos fundamentales, como las libertades de expresión e información.

TRIGÉSIMA PRIMERA.- Después de haber presentado una solicitud de derecho al olvido ante un motor de búsqueda, pueden darse cuatro circunstancias: que el motor de búsqueda no responda, que rechace la solicitud argumentando razones específicas, que acepte parcialmente la solicitud o que la acepte completamente. En el caso de no estar satisfecho con la solución adoptada por el servicio de búsqueda en línea, se podrá presentar una reclamación ante la AEPD, pero para ello es imprescindible haber cursado previamente la solicitud ante el buscador. Los motores de búsqueda, como responsables en el tratamiento de datos, deberán proveer al interesado de toda la información relativa a las acciones llevadas a cabo en relación con su solicitud dentro de un mes, plazo que podría extenderse otros dos meses más en supuestos de especial complejidad. En todo caso, si el responsable no hubiera resuelto la solicitud en este tiempo, deberá informar al interesado sobre su derecho a acudir ante la AEPD o a emprender acciones judiciales. En este sentido, hay que tener presente que el derecho al olvido digital no es solo un derecho administrativo amparado por la normativa de protección de datos, sino que al haber sido reconocido como un derecho fundamental autónomo y guardar relación con otros derechos fundamentales también puede dar lugar a una reclamación civil. Esto significa que el interesado puede demandar protección a través de un procedimiento civil y/o a través de una reclamación administrativa ante la AEPD previa solicitud ante el buscador. En el ámbito administrativo, el cauce comienza con la interposición de la reclamación ante la AEPD contra la respuesta desfavorable o la falta de respuesta del responsable del tratamiento. La tramitación administrativa será diferente si se reclama una falta de atención de los derechos del solicitante o un incumplimiento en materia de protección de datos, resultando más favorable el primer procedimiento por su menor plazo de tramitación y el efecto positivo del silencio administrativo. Las resoluciones adoptadas por la AEPD agotan la vía administrativa y son susceptibles de recurso contencioso-administrativo ante la Sala de lo Contencioso-administrativo de la Audiencia Nacional, cuya sentencia podrá recurrirse ante la Sala de lo Contencioso-administrativo del Tribunal Supremo. En último lugar, podrá interponerse recurso de amparo ante el TC en base a la infracción de un derecho fundamental —artículos 18.1 y 18.4 CE—. Además, cuando el derecho al olvido se ejercite contra una autoridad administrativa se podrá solicitar el auxilio del Defensor del Pueblo, como garante de los derechos fundamentales de los ciudadanos ante las administraciones públicas.

TRIGÉSIMA SEGUNDA.- Ante una infracción del RGPD, el afectado puede, conforme al artículo 77 RGPD, presentar una reclamación ante la AEPD y, en caso de desacuerdo con la resolución adoptada, tal y como preceptúa el artículo 78 RGPD, obtener la tutela judicial en revisión de dicho acto administrativo. Ahora bien, el artículo 79 RGPD contempla la alternativa de acudir directamente a la vía judicial. Aunque el RGPD ofrece diferentes vías de reclamación, lo cierto es que no concreta los cauces procedimentales a seguir. Tales vacíos, especialmente en lo relativo al acceso directo a la vía judicial y al derecho de indemnización, han de ser suplidos por las legislaciones internas de cada país. Dentro del ordenamiento jurídico español, el acceso directo a la vía judicial, *ex* artículo 79 RGPD, se debe ejercitar a través de la jurisdicción civil. Por otro lado, en el artículo 82 y en el Considerando 146 RGPD se reconoce el derecho a ser indemnizado por los daños y perjuicios, materiales e inmateriales, sufridos a raíz de cualquier infracción del RGPD —incluido el derecho al olvido—; sin embargo, el RGPD no especifica el cauce de reclamación. En España, la LOPD 3/2018 no otorga a la AEPD la facultad de conceder indemnizaciones y, por ende, la propia AEPD ha precisado que no goza de esta competencia, significando que las indemnizaciones deben solicitarse ante los tribunales. Dado que a la jurisdicción contencioso-administra le compete la sola revisión de los actos administrativos, tampoco puede entrar a pronunciarse sobre esta cuestión. Por tanto, la única vía expedita para el reclamo de dicha indemnización, acumulable al resto de pretensiones tendentes al restablecimiento del derecho infringido, reside en la jurisdicción civil. La Sala Primera del TS ha constatado que el derecho al olvido y los derechos de la personalidad que se le asocian constituyen un presupuesto válido para la solicitud del derecho de indemnización previsto en el artículo 82 RGPD. En cambio, si el infractor fuera una administración pública, se debería solicitar la indemnización frente al propio responsable a través de una reclamación administrativa por responsabilidad patrimonial conforme al artículo 106.2 CE, recurrible ante la jurisdicción contencioso-administrativa.

TRIGÉSIMA TERCERA.- El derecho al olvido es, por un lado, un mecanismo de garantía para la protección de los derechos fundamentales reconocidos en el artículo 18.1 CE. Desde otro prisma, también se relaciona con los derechos de la comunicación ya que el transcurso del tiempo puede alterar los criterios de ponderación entre las libertades informativas y los derechos de la personalidad. A su vez, es una proyección del derecho fundamental a la protección de datos —reconocido como tal en la STC 292/2000—. Ahora bien, desde la STC 58/2018, el derecho al olvido ha quedado reconocido como un derecho fundamental autónomo e independiente. En consecuencia, su tutela se podrá articular ante la jurisdicción civil, independientemente de su cuantía, por los cauces del procedimiento ordinario —artículo 249.1.2.º LEC— y con los requisitos de preferencia y sumariedad —artículo 53.2 CE—. La competencia objetiva para su conocimiento le corresponde a los Juzgados de Primera Instancia y la competencia territorial recae en el partido judicial correspondiente al domicilio del demandante. Además de los requisitos formales de la demanda —artículo 399 LEC—, se hace necesario incluir una pretensión declarativa de la vulneración del derecho, una solicitud de condena orientada al restablecimiento del derecho transgredido y una reclamación indemnizatoria por los daños y perjuicios ocasionados. Si bien el artículo 82 RGPD no establece diferencias al respecto en cuanto al reconocimiento del derecho de indemnización, se hace necesario distinguir entre los supuestos de carácter contractual o extracontracual, puesto que la normativa civil española establece plazos de prescripción diferentes: según el artículo 1968.2 CC, las acciones derivadas de supuestos de responsabilidad extracontractual prescriben al año y, al amparo del artículo 1964.2 CC, las acciones de responsabilidad contractual prescriben a los cinco años. Las reclamaciones formuladas contra los motores de búsqueda, las hemerotecas, páginas web o periódicos digitales, tendrán carácter extracontractual y, solo en casos de contrato previo —como el de las redes sociales— se estaría ante supuestos de carácter contractual. Dado que los casos más habituales son los primeros, cabe considerar que el exiguo plazo de prescripción extracontractual no favorece la reclamación indemnizatoria del derecho al olvido por daños y perjuicios.

TRIGÉSIMA CUARTA.- Con la reiteración comunicativa, la publicación continuada y el tratamiento automatizado de imágenes, como elementos propios de los nuevos medios digitales de comunicación, se plantea un escenario complejo para el equilibrio entre los derechos de la personalidad y las libertades comunicativas. En este sentido, el derecho al olvido manifiesta la intromisión que se produce en el honor, en la intimidad o en la propia imagen cuando la difusión de la información se produce fuera de los márgenes temporales en los que pudiera haber estado justificada. La STC 58/2018 concretó que el derecho al olvido, además de un derecho fundamental autónomo, conformaba un importante mecanismo de garantía para la tutela de los derechos de la personalidad. Es de significar que, dentro del sistema de responsabilidad civil español, la práctica de la prueba jurídica acreditativa de los daños y perjuicios, ocasionados con motivo de una exposición informativa continuada, no resulta en absoluto sencilla. La conexión jurídica entre el derecho al olvido y los derechos del artículo 18.1 CE permite acudir al procedimiento contemplado en la LOPH. La principal ventaja de este cauce reside, precisamente, en la presunción *iuris tantum* de la existencia de daño moral como consecuencia de cualquier injerencia ilegítima en los derechos de la personalidad. Los mecanismos de protección de la LOPH tienen además una doble dimensión: la interrupción de la intromisión y la indemnización por los daños y perjuicios ocasionados. Otro elemento favorable de la LOPH es el plazo de caducidad de cuatro años, computable desde que el legitimado pudiera ejercitar la acción. Sin embargo, el TS ha venido considerando que las publicaciones de Internet —a excepción de los registros de morosos— tienen el carácter de daños permanentes y no continuados, por lo que el *dies a quo* se computaría desde la fecha de publicación, lo cual no parece ajustarse a lo dispuesto artículo 9.5 LOPH. En este aspecto, la STS 545/2015 resulta más coherente al considerar que lo relevante no es la fecha de publicación sino la persistencia en el tratamiento ilícito de datos. En conclusión, la relación entre el derecho al olvido y los derechos de la personalidad permite optar por el cauce de la reclamación indemnizatoria contemplado en la LOPH, lo cual comporta sustantivas ventajas procesales como la presunción del daño moral o el mayor plazo de caducidad de la acción.

BIBLIOGRAFÍA

PUBLICACIONES ACADÉMICAS CONVENCIONALES

Acedo, A., «El derecho al olvido en Internet como componente esencial del derecho al honor en el siglo XX», *A. Sabaris & C. Strapazzon*, 2012, pp. 191-219.

Aguinaga Glaría. B., «La tutela judicial civil del derecho al olvido digital», *Revista General de Derecho Constitucional*, n.° 37, 2022. Recuperado de: https://www.iustel.com/v2/revistas/detalle_revista.asp?id_noticia=425383&d=1 (fecha de consulta: 11 de febrero de 2024).

Alexy, R., *Teoría de los derechos fundamentales*, traducido por Garzón Valdés, E., Centro de Estudios Políticos y Constitucionales, 2.ª ed., Madrid, 2001. Recuperado de: https://www.academia.edu/download/61078381/Alexy_Robert_-_Teoria_De_Los_Derechos_Fundamentales20191031-116619-1ll8xcu.pdf (fecha de consulta: 11 de febrero de 2024).

Allende Salazar, R., «Plataformas digitales y big data: retos para el derecho de la competencia; especial referencia al control de concentraciones», *Anuario de Derecho de la Competencia*, 2020. Recuperado de: https://papers.ssrn.com/sol3/papers.cfm?abstract_id=3736935 (fecha de consulta: 09 de febrero de 2024).

Alonso García, R., «El TC y el derecho al olvido: ¿allanando un camino «a la alemana» de la CDFUE como parámetro directo de amparo?», *Revista Española de Derecho Europeo*, n.° 82, 2022, pp. 9-16.

Álvarez Caro, M., *Derecho al olvido en Internet: El nuevo paradigma de la privacidad en la era digital,* Reus, Madrid, 2015.

Álvarez-Cienfuegos Suárez, J. M., «El registro de penados rebeldes y la intimidad de los ciudadanos», *Actualidad Jurídica Aranzadi,* n.° 409, 1999, pp. 1-5.

Álvarez Conde, E., *Curso de derecho constitucional: El Estado Constitucional. El sistema de fuentes. Los derechos y libertades*, vol. 1.º, 4.ª ed., Tecnos, Madrid, 2003.

Álvarez Robles, T., «Derechos digitales: especial interés en los derechos de acceso a Internet y a la ciberseguridad como derechos constitucionales sustantivos», en Dueñas Castillo, A. I., Fernánez Cañueto, D., Moreno González, G., *Juventud y constitución: un estudio de la Constitución española por los jóvenes en su cuarenta aniversario,* Fundación Manuel Giménez Abad de Estudios Parlamentarios y del Estado Autonómico, 2018, pp. 135-158.

Id., «El derecho de acceso universal a Internet en el marco normativo español», *Derecho Digital e Innovación*, n.º 7, 2020, p. 4.

Id., «Las garantías de los derechos fundamentales en y desde la red: el contexto español», *Revista Chilena de Derecho y Tecnología*, vol. 11, n.º 1, 2022, pp. 5-40.

Arbás Martín, C., «Las multas de la AEPD en 2022 superan los 20 millones de euros, 10 de ellos a Google», *La Ley privacidad*, n.º 12, 2022, p. 8.

Arenas Ramiro, M., «El derecho de protección de datos personales como garantía de las libertades de expresión e información», en Cotino Hueso, L., *Libertad en Internet. La red y las libertades de expresión e información,* Tirant lo Blanch, Valencia, 2007, pp. 355-386.

Id., «El valor de la información personal: protección de datos personales y la sociedad del espectáculo», *Anuario Facultad de Derecho – Universidad de Alcalá II*, 2009, pp. 275-300.

Id., «Unforgettable: a propósito de la STJUE de 13 de mayo de 2014. Caso Costeja (Google vs. AEPD)», *Revista Teoría y Realidad Constitucional*, n.º 34, 2014, pp. 537-558.

Arias Maldonado, M., «La digitalización de la conversación pública: redes sociales, afectividad política y democracia», *Revista de estudios políticos*, n.º 173, 2016, pp. 27-54.

Asúa González, C., «Comentario al Artículo 1101 del Código Civil», en Rodríguez Cano, B., *et. al.*, *Comentarios al Código Civil*, Tirant lo Blanch, Madrid, 2013, p. 8062.

Atienza, M., *Tras la justicia. Una introducción al Derecho y al razonamiento jurídico*, Ariel, Barcelona, 1993.

Aub, M., *Nuevos diarios inéditos,* Editorial Renacimiento, Sevilla.

Augut García, M. T., «El uso de fotografías obtenidas de las redes sociales: nueva doctrina constitucional sobre la colisión del derecho fundamental a la propia imagen con el derecho a la información. Comentario a la Sentencia del Tribunal Constitucional 27/2020, de 24 de febrero», *Revista de Trabajo y Seguridad Social, CEF*, n.° 448, p. 182-190.

Azurmendi, A., «Por un derecho al olvido para los europeos: Aportaciones jurisprudenciales de la sentencia del tribunal de justicia europeo del caso Google Spain y su recepción por la sentencia de la audiencia nacional española de 29 de diciembre de 2014», *Revista de Derecho Político*, n.° 92, 2015, pp. 274-309.

Bargh, J., Mckenna, K., Fitzsimons, G., «Can you se the real me? Activation and expression of the 'True Self' on the Internet», *Journal of Social Issues*, n.° 58, 2001, pp. 33-48.

Barros González, L., «La configuración jurídica del derecho al olvido digital», *Universidad de Cantabria*, 2021. Recuperado de: https://repositorio.unican.es/xmlui/bitstream/handle/10902/23124/BARROSGONZALEZLAURA.pdf?sequence=1 (fecha de consulta: 11 de febrero de 2024).

Bartolini, C., y **Siry, L.**, «The right to be forgotten in the light of the consent of the data subject», *Computer Law & Security Review*, n.° 32, 2016, pp. 218-237.

Basavilvazo, G., *El imperio de Google en números [Infografía].* Recuperado de: https://www.unocero.com/noticias/el-imperio-de-google-en-numeros-infografia/ (fecha de consulta: 05 de octubre de 2022).

Benhabib, S., «Nmodels of Public Space: Hannah Arendt, the Liberal Tradiction and Jürgen Habermas», en Calhoun, C. (ed.), *Habermas and the Public Spherek,* MIT Press, Londres, pp. 73-98.

Bercovitz Rodríguez-Cano, R., «Derecho al Olvido», *Revista Doctrinal Aranzadi Civil-Mercantil*, n.° 10, 2018, pp. 97-100.

Bernal Pulido, C., *Los derechos fundamentales y la teoría de los principios:¿ es la teoría de los principios la base para una teoría adecuada de los derechos fundamentales de la Constitución Española?*, 2007. Recuperado de: https://rua.ua.es/dspace/bitstream/10045/13135/1/DOXA_30_35.pdf (fecha de consulta: 25 de agosto de 2022).

Berrocal Lanzarot, A.I., *Derecho de supresión de datos o derecho al olvido,* Reus, Madrid, 2017.

Id., «El derecho de supresión de datos o derecho al olvido en el Reglamento General de Protección de Datos», *Revista General de Legislación y, Jurisprudencia* n.° 1, 2017, pp. 7-71.

Bessette, J. M., «Deliberative Democracy: The Majority Principle in Republican Government», en Goldwin R y Schambra W.A. (eds.), *How democratic is the Constitution?*, American Enterprise Institute, Washington, pp. 101-116.

Blumler, J. y **Kavanagh, D.**, «The third age of Political Communication: influences and features», *Political Communication*, n.º 16, pp. 175-230.

Bordeleau, E., *Foucault Anonimato*, Cactus, 2018.

Brandeis, L., Warren, S., «The right to privacy», *Harvard law review*, vol. 4, n.º 5, 1890, pp. 193-220.

Braxton Craven, J., «Personhood: The right to be let alone», *Duke LJ*, 1976, pp. 699-702.

Brito Izquierdo, N., «Recursos, responsabilidad y sanciones», en López Calvo, J. (coord.), *El nuevo marco regulatorio derivado del Reglamento Europeo de Protección de Datos*, Bosch, Madrid, 2018, pp. 633-670.

Brotons Molina, O., «Caso Google: tratamiento de datos y derecho al olvido. Análisis de las conclusiones del abogado general C-131/12», *Revista de Aranzadi de Derecho y Nuevas Tecnologías*, n.º 33, 2013, pp. 107-126.

Bru Cuadrada, E., «La protección de datos en España y en la Unión Europea. Especial referencia a los mecanismos jurídicos de reacción frente a la vulneración del derecho a la intimidad», *Revista de Internet, Derecho y Política*, n.º 5, 2007, pp. 78-92.

Bunge, M., *La ciencia. Su método y su filosofía*, vol. 22, Laetoli, 1960.

Cabacho López, A., y **Burguera Ameave, L.**, «Responsabilidad de los webmaster y derecho al olvido digital», en Valero Torrijos, J., *La protección de los datos personales en Internet ante la innovación tecnológica: riesgos, amenazas, y respuestas desde la perspectiva jurídica*, Aranzadi, 2013, pp. 381-406.

Cabañas, I., y **Negro, A.**, *Nuevas Guías sobre Protección de Datos: Notificaciones por Violaciones de la Seguridad y Decisiones Automatizadas,* CUATRECASAS. Recuperado de: https://blog.cuatrecasas.com/propiedad-intelectual/nuevas-guias-sobre-proteccion-de-datos-notificaciones-por-violaciones-de-la-seguridad-y-decisiones-automatizadas/ (fecha de consulta 08 de mayo de 2020).

Cabezas Logan, P., Moya Muñoz, F., «El Derecho al Anonimato del usuario de Internet», *Universidad de Chile*, 2008. Recuperado de: https://repositorio.uchile.cl/bitstream/handle/2250/107854/cabezas_p.pdf?sequence=3 (fecha de consulta: 06 de octubre de 2021).

Calaza López, S., «Delimitación de la protección civil del derecho al honor, a la intimidad y a la propia imagen», *Revista de Derecho UNED*, n.º 9, 2011. Recuperado de: http://e-spacio.uned.es/fez/eserv/bibliuned:R-DUNED-2011-9-5030/Documento.pdf (fecha de consulta: 10 de febrero de 2024).

Cámara Lapuente, S., «La lesión por medios digitales de la personalidad pretérita del fallecido. Vulneraciones del honor, intimidad, imagen y datos personales del difunto en redes sociales, publicaciones digitales y otros canales de difusión electrónica», *Revista de Derecho Civil,* vol. VII, n.º 5, 2020, pp. 117-174.

Cancio Fernández, R. C., «Indexación, información, motores de búsqueda y protección de datos o la cuadratura del círculo», *Seguridad y Defensa de la Universidad de Zaragoza*, 2013, pp. 421-439.

Cano Martínez De Velasco, J. I., *La renuncia a los derechos*, Bosch, Barcelona, 1986.

Cardona Rubert, M. B., «Derechos de acceso, rectificación, cancelación y oposición», en Martínez Martínez, R., *Protección de datos: comentarios a la LOPD y su reglamento de desarrollo*, Tirant lo Blanch, Valencia, 2009, pp. 201-217.

Carmona Cuenca, E., *La crisis del recurso de amparo. La protección de los derechos fundamentales entre el Poder Judicial y el Tribunal Constitucional*, Universidad de Alcalá, Servicio de Publicaciones, Madrid, 2005.

Id., «El desarrollo legislativo de la tutela judicial de los derechos fundamentales. Evolución histórica y perspectivas de futuro», en Murillo de la Cueva, P. L. y Carmona Cuenca, E. (coords.), *La tutela jurisdiccional de los derechos fundamentales por los tribunales ordinarios*, Tirant lo Blanch, Valencia, 2008, pp. 23-47.

Carmona Cuenca, E., «El derecho a la igualdad y los derechos sociales», *Cuatro décadas de jurisprudencia constitucional: los retos*, Tribunal Constitucional Centro de Estudios Políticos y Constitucionales, Madrid, 2020, pp. 135-187.

Carpio Fiestas, V., «Libertad de expresión, personas jurídicas y derecho al honor», Derecho Privado y Constitución, n.º 10, pp. 91-116.

Carrillo, M., «El derecho al olvido en Internet», *El País*. Recuperado de: https://elpais.com/diario/2009/10/23/opinion/1256248805_850215.html (fecha de consulta: 15 de agosto de 2022).

Id., «Internet como espacio público de la información», *Derechos y espacio público: Cátedra de amparo de derechos y libertades*, 2013, pp. 11- 28.

Castellanos Beltrán, J. M., «Aproximación al régimen jurídico de las redes sociales», *Cuaderno electrónico de estudios jurídicos*, n.º 2, 2014, pp. 61-90.

Castells, M., *La Galaxia Internet*, Editorial Areté, Barcelona, 2001.

Cebrián Zazurca. E., «Internet, posverdad y periodismo ciudadano. El derecho a la información en el siglo XXI a la luz de la jurisprudencia del Tribunal Constitucional», *Estándares e indicadores para la calidad informativa en los medios digitales*, 2018, pp. 33-50.

Chéliz Inglés, M. C., «El derecho al olvido digital. Una exigencia de las nuevas tecnologías, recogida en el futuro Reglamento General de Protección de Datos», *Actualidad Jurídica Iberoamericana*, n.º 5, 2016, pp. 255-271.

Cobas Cobiella, M.E., «Derecho al olvido: de la STJUE de 2014 al Reglamento europeo de Protección de Datos», *Actualidad Civil*, n.º 1, 2017, pp. 98-116.

Cooley, T. A., *Treatise on the Law of Torts or the Wrongs wich arise independent of contract,* 2.ª ed., Callagan, Chicago, 1888.

Cordero Cutillas, I., Fayos Gardó, A., «Redefiniendo los derechos de la personalidad en el Siglo XXI», en Fayos Gardó, A., *Los derechos a la intimidad y a la privacidad en el Siglo XXI*, Dykinson, Madrid, 2015, pp. 19-37.

Córdoba Castroverde, D., «Los retos de la protección de dato en Internet: Caso Google Spain y derecho al olvido», *Anuario de la Facultad de Derecho de la Universidad Autónoma de Madrid*, n.º 21, 2017, pp. 221-247.

Cotino Hueso, L., «Datos personales y libertades informativas. Medios de comunicación social como fuentes accesibles al público (Art. 3 de la LOPD)», en Troncoso Reigada, A., *Comentario a la Ley Orgánica de Protección de Datos Personales,* Civitas, 2010, pp. 289-299.

Criado Grande, J. I. y **García Alonso, R.**, «¿Democracia 2.0? Un análisis del potencial deliberativo de la blogosfera política», *Revista de Estudios Políticos,* n.º 155, enero-marzo, 2012, 71-99.

Dahlberg, L., «Re-constructing digital democracy: An outlike of four 'positions'», *New Media & Society*, n.º 13, 2011, pp. 855-872.

Dávara Rodríguez, M. A., *La protección de datos en Europa,* Grupo Asnef-Equifax, Madrid, 1998.

Id., «El derecho al olvido en Internet», *Diario La Ley*, 2013, n.º 8.137.

De la Torre Olid, F., Conde Colmenero, P., «Consideraciones críticas en torno a la autogestión y preservación de la intimidad en un escenario de riesgo», en Fayos Gardó, A., *Los derechos a la intimidad y a la privacidad en el Siglo XXI*, Dykinson. Madrid, 2015. pp. 39-60.

De Miguel Asensio, P. A., «Ámbito espacial del derecho al olvido: Las conclusiones en el asunto C-507/17, Google», *La Ley Unión Europea*, n.º 67, 2019.

Id., «Derecho al olvido: precisiones en la jurisprudencia del Tribunal de Justicia sobre su ejercicio y alcance», *La Ley Unión Europea*, n.º 110, 2023, p. 10.

De Secondant, C. L. y **Barón de Montesquieu**, *El espíritu de las leyes*, Altaya, 1993.

De Terwangne, C. «Privacidad en Internet y el derecho a ser olvidado/derecho al olvido», *IDP. Revista de Internet, Derecho y Política*, n.º 13, 2012, pp. 53-66.

Delgado Franco, C., «Vigilancia masiva y el derecho a la protección de los datos personales», *Revistas de ciencias jurídicas y sociales*, n.º 1, vol. 22, 2019, pp. 17-57.

Desimone Dasero, L. L., «Responsabilidad de la empresa en el acceso indebido de datos a ficheros de morosos», *Indret*, n.º 3, 2017. Recuperado de: https://papers.ssrn.com/sol3/Delivery.cfm/SSRN_ID3031935_code1215542.pdf?abstractid=3031935&mirid=1&type=2 (fecha de consulta: 11 de febrero de 2024).

Di Pizzo Chiacchio, A., *La expansión del derecho al olvido digital. Efectos de «Google Spain» y el Big Data e implicaciones del nuevo Reglamento Europeo de Protección de Datos,* Atelier, Barcelona, 2018.

Díaz Revorio, F. J., *Los derechos humanos ante los nuevos avances científicos,* Tirant lo Blanch, Valencia, 2009.

Díez Estella, F., y **Ribera Martínez, A.**, «Big data, privacidad y mercados digitales: los nuevos desafíos de la regulación en la UE. Análisis desde una perspectiva económica, regulatoria y antitrust», *Revista CEFLegal*, n.º 252, enero 2022, pp. 73-104.

Díez Estella, F., y **Oliver García, B.**, «La nueva Carta de Derechos Digitales en España, y los nuevos reglamentos comunitarios DSA, DMA e IA: ¿hacia un constitucionalismo digital?», *Revista CEFLegal*, n.º 268, 2023, pp. 39-74.

Domínguez Mejías, I., «Hacia la memoria selectiva en Internet. Honor, intimidad y propia imagen en la era digital a partir de la jurisprudencia española», *Revista CTS*, n.º 32, vol. 11, 2016, pp. 49-69.

Eco, U., *Apocalípticos e integrados,* Debolsillo, Barcelona, 2004.

Escobar Borja, M., y **Mercado Pérez, M.**, «Big Data: Un análisis documental de su uso y aplicación en el contexto de la era digital», Revista La Propiedad Inmaterial, n ° 28, 2019, pp. 273-293.

Escobar Roca, G., «Reflexiones en torno a los principios de comunicación pública en el ciberespacio», *Libertad en Internet: la red y las libertades de expresión e información*, Tirant lo Blanch, 2007. pp. 115-132.

Espín Templado, E., *Lecciones de Derecho Político,* Tirant lo Blanc, Valencia, 1994.

Estancona Pérez, A. **A.**, «Un derecho al olvido en Europa. A propósito de la sentencia del Tribunal de Justicia de la Unión Europea de 13 de mayo de 2014», *Revista Aranzadi de Derecho y Nuevas Tecnologías*, n.º 35, 2014, pp. 467-480.

Fernández Esteban, M. L., «El impacto de las nuevas tecnologías e Internet en los derechos del artículo 18 de la Constitución», *Anuario de la Facultad de Derecho. Universidad de Extremadura*, n.º 17, 1999. Recuperado de: https://dehesa.unex.es/bitstream/10662/15997/1/0213-988X_17_523.pdf (fecha de consulta: 10 de febrero de 2024).

Fernández García-Armero, P., «El derecho al olvido. The right to be forgotten», *Cuadernos de Dereito Actual*, n.º 9, 2018, pp. 421-439.

Id., «El derecho al olvido desde el ordenamiento comunitario», *Análise crítica do direito Ibero-americano*, 2020, pp. 272-282.

Fernández López, L., «El derecho al olvido: Aproximación a su regulación y ejercicio», *Escuela de Práctica Jurídica de Salamanca*, 2018. Recuperado de: https://gredos.usal.es/bitstream/handle/10366/131826/TFM_FernandezLopez_Derecho.pdf?sequence=4&isAllowed=y (fecha de consulta: 11 de febrero de 2024).

Fernández Rozas, J. C., *El gestor del motor de búsqueda debe retirar los enlaces a información que figura en el contenido indexado cuando el solicitante prueba que es manifiestamente inexacta (STJ GS 8 diciembre 2022, as. C-460/ 20: TU, RE y Google LLC*). Recuperado de: https://fernandezrozas.com/2022/12/09/el-gestor-del-motor-de-busqueda-debe-retirar-los-enlaces-a-informacion-que-figura-en-el-contenido-indexado-cuando-el-solicitante-prueba-que-es-manifiestamente-inexacta-stj-gs-8-diciembre-2022-as-c/ (fecha de consulta: 27 de marzo de 2023).

Ferro López, C. y **Sixto García, J.**, «El derecho al olvido en Google», *Ruta comunicación*, n.º 9, pp. 152- 170.

Fuentetaja Pastor, J. A., *Derecho Administrativo Europeo,* Civitas, 1.ª edición, Navarra, 2014.

FUERTES LÓPEZ, M., *Neutralidad de la red: ¿realidad o utopía?*, Marcial Pons, 2014.

FUENTES MARRUFO, T. E., CRUZ, MÉNDEZ MAZÚN, R., y **MELINA CANCINO, G.**, «Perspectiva sobre los delitos informáticos: Un punto de vista de estudiantes del Tecnológico Superior Progreso», *Advances in Engineering and Innovation*, 2017, vol. 2, n.º 4, pp. 1 - 8.

FRANGANILLO FERNÁNDEZ, J., «Contenido responsable en la Internet colaborativa», *Anuario ThinkEPI*, vol. 3, n.º 1, 2009, pp. 59-63.

GALLO SALLENT, J.A., *El derecho al olvido en Internet. Una propuesta de solución.*

GARCÍA, R., «Google Inc. Cotización de Google Inc. en BMV», *Tópicos Selectos de Economía,* vol. 3, 2015, p. 131.

GARCÍA ALONSO, R., «Representación política y democracia deliberativa. ¿Qué puede significar hoy la participación política?», *Estudios políticos*, n.º 47, pp. 47- 66.

GARCÍA ARMERO, P. F., «El derecho al olvido», *Cuadernos de Dereito Actual*, n.º 9, 2018, pp. 421- 439.

GARCÍA DE ENTERRÍA, E., *La Constitución como norma y el Tribunal Constitucional*, Civitas, Madrid, 1985.

GARCIA SAN MIGUEL, L., *Estudios sobre el Derecho a la Intimidad*, Tecnos, Madrid, 1992.

GARCÍA SANZ, J., «La protección civil frente a la utilización inconsentida de la propia imagen para fines publicitarios o comerciales. Doctrina judicial», *Revista para el Análisis del Derecho, Universidad Pompeu Fabra*, n..º 1, 2008. Recuperado de: https://www.raco.cat/index.php/InDret/article/download/77892/101747 (fecha de consulta: 11 de febrero de 2024).

GARCIMARTÍN MONTERO, R., *El Proceso civil de tutela de los Derechos Fundamentales,* Aranzadi, Pamplona, 2016.

GAVARA DE CARA, J. C., *El control judicial de los medios de comunicación*, Bosch, 2015.

GELLERT, R., y **GUTWIRHT, S.**, «The legal construction of privacy and data protection computer», *Computer Law & Security Review,* n.º 29, pp. 522- 530.

GIL RAMÍREZ, M., «El uso de YouTube en el Procés Catalán. Comunicación Política a través de los Social Media: ¿Prosumidores Mediatizados?», *Estudios sobre el Mensaje Periodístico*, n.º 25, 2019, pp. 213-234.

Gil Ramírez, M., y **Gómez de Travesedo Rojas, R.**, «Repensar la comunicación poñítica en el contexto digital. Ciberdemocracia ¿Democracia deliberativa?», *Vivat Academia. Revista de Comunicación,* n.º 154, 2021, pp. 63–87.

Gil Vallilengua, L., «Los derechos al honor, a la intimidad y a la propia imagen en las redes sociales: la difusión no consentida de imágenes», *Revista electrónica de Derecho de la Universidad de La Rioja*, n.º 14, 2016, pp. 161-190.

Gómez Corona, E., «La construcción jurisprudencial de la propia imagen constitucional», *Estudios de Deusto: revista de Derecho Público*, vol. 58, n. 1, 2010, pp. 11-46.

Gómez Corona, E., «Derecho a la propia imagen, nuevas tecnologías e Internet», *Libertades de expresión e información en Internet y las redes sociales: ejercicio, amenazas y garantías*, 2011, pp. 444-466.

Gómez Sánchez, C., y **Muguerza Carpintier, J.**, *La aventura de la moralidad (paradigmas, fronteras y problemas de la ética)*, Alianza Editorial, Madrid, 2020.

González Pérez, J., «La dignidad de la persona en la jurisprudencia constitucional», *Anales de la Real Academia de Ciencias Morales y Políticas, Ministerio de Justicia*, 1985, pp. 133-148.

González Tapia, M. L., «España: Los derechos del interesado en la normativa española de protección de datos», *Revista de Derecho informático*, n.º 106, 2007, pp. 2-3.

Gstrein, O. J., «The Right to be Forgotten in 2022: Luxembourg Judges Keep Surfing the Legislative Void», *University of Groningen - Campus Fryslân; Europa-Institut, Saarland University*, 2022, https://papers.ssrn.com/sol3/Delivery.cfm/SSRN_ID4309524_code2776888.pdf?abstractid=4309524&mirid=1&type=2 (fecha de consulta: 11 de febrero de 2024).

Guasch Portas, V., Soler Fuensanta, J. R., «El derecho al olvido en Internet», *Revista de Derecho UNED*, n.º 16, 2015, pp. 989-1005.

Guerra González, R., «El lado poético del derecho al olvido», *Diario LA LEY*, n.º 10332, julio de 2023, pp. 1-10.

Guerrero Zaplana, J., «La sentencia del asunto Google: configuración del derecho al olvido realizada por el TJUE», *Revista Aranzadi Doctrina,* n.º 4, 2014, pp. 135-146.

Guichot, E., «El reconocimiento y desarrollo del derecho al olvido en el derecho europeo y español», *Revista de Administración Pública*, n.º 209, 2019, pp. 45-92.

Habermas, J., *Facticidad y validez*, Trotta, 6.ª ed., Madrid, 1998.

Han, B. C., *La sociedad de la transparencia*, Herder Editorial, 2013.

Hardouin-Le Golf, C., *L'oubli de l'infraction*, Lextenzo éditions, Paris, 2008.

Hernández Corchete, J. A., «Expectativas de privacidad tutela de la intimidad y protección de datos», en Pilar Matas, J. L., y Cuadra Salcedo, T., *Sociedad digital y Derecho*, BOE, 2018, pp. 279-300.

Hernández Fernández, A., *El honor, la intimidad y la imagen como derechos fundamentales*, Colex, Madrid, 2009.

Hernández Negrín, E., «Los límites a la libertad de expresión en Internet. Especial referencia al delito de enaltecimiento terrorista como forma de discurso de odio», *Universidad de La Laguna*, 2018. Recuperado de: https://riull.ull.es/xmlui/bitstream/handle/915/10356/Los%20limites%20a%20la%20libertad%20de%20expresion%20en%20Internet?sequence=1 (fecha de consulta: 10 de febrero de 2024).

Hernández Ramos, M., «El derecho al olvido digital en la web 2.0», *Cuadernos de la Cátedra de Seguridad Salmantina*, n.º 11, 2013. Recuperado de: https://gredos.usal.es/bitstream/handle/10366/122443/Cuaderno_11_Derecho%20al%20olvido.pdf?sequence=1&isAllowed=y (fecha de consulta: 11 de febrero de 2024).

Id., «Motores de búsqueda y derechos fundamentales en Internet. Comentario a la STJUE, GOOGLE C-131/12, de 13 de mayo de 2014», *Revista General de Derecho Europeo*, n.º 34, 2014. Recuperado de: https://dialnet.unirioja.es/servlet/articulo?codigo=4918792 (fecha de consulta: 11 de febrero de 2024).

Herrán Ortíz, A., *El derecho a la intimidad en la nueva Ley Orgánica de Protección de datos personales*, Dickynson, Madrid, 2003.

Herrero Tejedor, F., *Honor, intimidad y propia imagen,* Editorial Colex, 1994.

Herreros López, J. M., «Reflexiones sobre la formación de la opinión pública en el estado democrático», *Teoría y Realidad Constitucional*, n.º 14, 2.º semestre, 2004, pp. 375-390.

Herreros López, J. M., «La responsabilidad por lesión de los derechos al honor, intimidad y propia imagen», en Herreros López, J. M. (coord.), *Responsabilidad en el ámbito del Derecho público y por la lesión de los derechos fundamentales,* Ediciones CEF, UDIMA, pp. 87-120.

Hess, B., «Protecting Privacy by Cross-border Injuction», *Rivista di diritto internazionale privato e processuale*, n.º 2, vol. 55, 2019, pp. 284–301.

Huertas Anisa, C., «Derecho al olvido digital», *Universidad Loyola*, 2018. Recuperado de: https://www.researchgate.net/profile/Carmen-Huertas/publication/341930630_Derecho_al_olvido_digital/links/5ed9e5c092851c9c5e817e6a/Derecho-al-olvido-digital.pdf?_tp=eyJjb250ZXh0Ijp7ImZpcnN0UGFnZSI6InB1YmxpY2F0aW9uIiwicGFnZSI6InB1YmxpY2F0aW9uIn19 (fecha de consulta: 11 de febrero de 2024).

Hustinx, P., «EU data protection law: The review of directive 95/46/EC and the proposed general data protection regulation», *Collected courses of the European University Institute's Academy of European Law*, Sesión 24 del derecho de la Unión Europea, 2013. Recuperado de: https://edps.europa.eu/sites/default/files/publication/14-09-15_article_eui_en.pdf (fecha de consulta: 10 de febrero de 2024).

Ilesic, M., «El gestor del motor de búsqueda debe retirar los enlaces a información que figura en el contenido indexado cuando el solicitante prueba que es manifiestamente inexacta», *La Ley Unión Europea*, n.º 110, 2023, p. 17.

Johnson, S., *Your Life Torn Open*. Recuperado de: https://www.wired.co.uk/article/zuckerbergs-next-move?page=all (fecha de consulta: 14 de agosto de 2022).

Jover, F., *Derecho al olvido: distintos criterios del Tribunal Supremo en cuanto a la responsabilidad y legitimación pasiva de Google*, El Derecho. Recuperado de: https://elderecho.com/derecho-al-olvido-distintos-criterios-del-tribunal-supremo-en-cuanto-a-la-responsabilidad-y-legitimacion-pasiva-de-google (fecha de consulta: 15 de agosto de 2022)

Keen, A., *Sharing Is a Trap. Recuperado de:* https://www.wired.co.uk/article/sharing-is-a-trap?page=all (fecha de consulta: 14 de agosto de 2022).

Kelsen, H., *Teoría pura del Derecho*, UNAM, 2.ª ed., 1982.

Koops, B. J., «Forgetting footprints, shunning shadowos. A critical analysis of the right to be forgotten in big data practice», *Scripted*, vol. 8, n.º 3, 2011, pp. 229–256.

Lanzadera Arencibia, E., «La eficacia del derecho a la intimidad en el entorno digital y su protección. Especial referencia a la relación laboral», *Universidad Autónoma de Madri – Facultad de Derecho*, Tesis Doctoral, 2017.

Lawrence, L., «On the future of IP Law», *Digital Law World Congress*, Barcelona, 2012.

Le Gof, J., *En el Este, la memoria recuperada,* Alfons El Magnànim, Valencia, 1992.

Lessig, L., *El Código y otras leyes del ciberespacio*, Editorial Taurus, 2001.

Lex, G., Dennis, R., y **Urs, G.**, «Towards Digital Constitutionalism? Mapping Attempts to Craft an Internet Bill of Rights», *Berkman*, n.º 2015-15, pp. 302-319.

Lindroos-Hovinheimo, S., «Legal Subjectivity and the 'Right to be Forgotten': A Rancièrean Analysis of Google», *Law Critique*, vol. 27, 2016, pp. 289-301.

Liszczynski, M. y **Martínez García, M. P.**, «Protección de datos, libertad de expresión y derecho al olvido A propósito de los asuntos C-136/17, C-507/17, y C-673/17 tratados por el Tribunal de Justicia de la Unión Europea», *Revista Integración Regional & Derechos Humanos*, vol. 8, n.º 1. Recuperado de: https://dialnet.unirioja.es/servlet/articulo?codigo=8799386&orden=0&info=link (fecha de consulta: 11 de febrero de 2024).

López Álvarez, L. F., «La responsabilidad del responsable», en Piñar Mañas, J. L. (director), Álvarez Caro, M. y Recio Gayo, M. (coords.), *Reglamento General de Protección de Datos. Hacia un nuevo modelo europeo de privacidad*, Reus, Madrid, 2016, pp. 275-294.

Id., «La responsabilidad patrimonial de la Administración», en Herreros López, J. M. (coord.), *Responsabilidad en el ámbito del Derecho público y por la lesión de los derechos fundamentales,* Ediciones CEF, UDIMA, pp. 13-59.

López Calvo, J., *Comentarios al Reglamento Europeo de Protección de Datos,* Sepín, Madrid, 2017.

López García, M., «Derecho a la información y derecho al olvido en Internet», *La Ley Unión Europea*, n.º 17, 2014, pp. 41-50.

López Portas, M. B., «La protección de datos personales en el universo 3.0: el derecho al olvido en la Unión Europea tras la sentencia del TJUE de 13 de mayo de 2014», *Revista Aranzadi de Derecho y Nuevas Tecnologías,* número 38, 2015, pp. 269-296.

Id., «La configuración jurídica del derecho al olvido en el Derecho Español a tenor de la doctrina del TJUE», *UNED. Revista de Derecho Político*, n.º 93, 2015, pp. 143-175.

López-Tarruella Martínez, A., «El ámbito territorial de protección de los derechos de la personalidad en el entorno de Internet (a propósito de las sentencias del TJUE de 24 de septiembre de 2019, C-507/17, Google, y de 3 de octubre de 2019, C-18/18, Glawischnig-Piesczek)», *Revista Electrónica de Estudios Internacionales*, 2019, pp. 27-37.

Loredo, J., «Delitos informáticos: Su clasificación y una visión general de las medidas de acción para combatirlo», *Revista Clerinet*, n.º 2, pp. 44-51.

Lucena Cid, I. V., «The Protection of Privacy in the Technological Age: Towards a Reconceptualization», *Revista Internacional Pensamiento Politico*, vol. 7, 2012, p. 117-144.

Mabel García, S., «El Derecho como ciencia», *Invenio: Revista de investigación académica*, n.º 26, pp. 13-38.

Magarín Crespo, N., *La libertad de expresión: el conflicto con el derecho al honor*, Tesis de Posgrado, Universidad de la Rioja.

Manzanero Jiménez, L., y **Pérez García-Ferreira, J.**, «Sobre el derecho al olvido digital: Una solución al conflicto entre la libertad de información y el derecho de protección de datos personales en los motores de búsqueda», *Revista Jurídica de la Universidad Autónoma de Madrid*, n.º 32, 2015, pp. 249-258.

Marabel Matos, J. J., «Delitos de odio y redes sociales: El Derecho frente al reto de las nuevas tecnologías», *Revista de Derecho UNED*, n.º 27, 2021, pp. 137-172.

Martinez, Á., «Derecho al olvido: recorrido histórico y multidimensional», *UNED – Facultad de Derecho*, 2018. Recuperado de: https://papers.ssrn.com/sol3/Delivery.cfm/SSRN_ID3394541_code3547553.pdf?abstractid=3394541&mirid=1&type=2 (fecha de consulta: 11 de febrero de 2024).

Martínez Caballero, J., «Cómo conjugar el derecho al olvido», *Revista Jurídica de Castilla-La Mancha,* n.º 57, 2015, pp. 143-185.

Martínez López-Sáez, M., *El derecho al olvido como garantía frente a situaciones de vulnerabilidad en la UE y España,* Centro de Estudios Políticos y Constitucionales, Madrid, 2022.

Martínez Otero, J. M., «La Aplicación del Derecho al Olvido en España tras la STJUE Google contra AEPD y Mario Costeja, Capítulo II – Aproximación Conceptual: Agentes Implicados y Derechos en liza», *Revista Boliviana de Derecho,* n.º 23, 2017, pp. 112-133.

Mayer-Schönberg, V., *Delete. The virtue of ofrgetting in the digital age*, Princeton University Press, New Jersey, 2009.

Mayor Gómez, R., «Principales novedades de la ley orgánica 3/2018, de 5 de diciembre, de protección de datos personales y garantía de los derechos digitales», *Revista del Gabinete Jurídico de Castilla-La Mancha*, n.º 16, 2018, pp. 201-246.

MCKENNA, L., y **POLE, A.**, «What do bloggers do: An average day on political blog», *Public Choice,* vol. 134, n.º 1-2, pp. 97-108.

MÉNDEZ TOJO, R., «Los conflictos entre el derecho al honor, la intimidad personal y la propia imagen y las libertades de expresión e información ¿son derechos fundamentales irreconciliables?», *Diario La Ley*, n.º 8573, 2015, pp. 1-9.

MENDOZA GARCÍA, J., *Sucinto recorrido por el olvido social,* vol. 3, n.º 2, Polis, 2007.

MENDOZA LOSANA, A. I., «Guía Práctica sobre la inclusión en un registro de morosos», *Revista CESCO de Derecho de Consumo*, n.º 4, 2012, pp. 142-159.

Id., *Los usuarios en la nueva Ley General de Telecomunicaciones: servicio universal y contratos.* Recuperado de: https://www.ga-p.com/wp-content/uploads/2022/07/Ley_General_Telecom._Usuarios.pdf (fecha de consulta: 15 de noviembre de 2022).

MERINO, M., *Multa récord de la AEPD a Google (10 millones de euros) por boicotear el ejercicio del «derecho al olvido».* Recuperado de: https://www.genbeta.com/actualidad/multa-record-aepd-a-google-10-millones-euros-boicotear-ejercicio-derecho-al-olvido (fecha de consulta: 05 de octubre de 2022).

MIERES MIERES, L. J., *El derecho al olvido digital*, Fundación Alternativas, 2014.

MIGLIO, A., «Enforcing the Right to Be Forgotten Beyond EU Borders», *Use and Misuse of New Technologies*, n.º 20, 2019, pp. 305-326.

MIGUEL BÁRCENA, J., «Las transformaciones del derecho de la información en el contexto del ciberperiodismo», *Revista de Estudios Políticos*, n.º 173, 2016, pp. 141-168.

MINERO ALEJANDRE, G., «A vueltas con el «derecho al olvido». Construcción normativa y jurisprudencial del derecho de protección de datos de carácter personal en el entorno digital», *RJUAM*, n.º 30, 2014, pp. 129-155.

Id., «Nuevas tendencias en materia de protección de datos personales. La nueva Ley Orgánica y la jurisprudencia más reciente», *Anuario Jurídico y Económico,* n.º 52, 2019, pp. 125-148.

MITJANS I PERELLÓ, E., «Neutralidad de la Red y Derecho al olvido», *Segunda Jornada de VII Congreso Internacional sobre Internet, Derecho y Política.* Recuperado de: http://edcp.uoc.edu/symposia/idp2011 (fecha de consulta: 12-06-2016).

Montoya García-Alonso, P., «Nuevos usuarios de la empresa informativa», *Vivat Academia,* 2011, pp. 1391-1404.

Morales Prats, F., «Protección de la intimidad: delitos e infracciones administrativas», *Cuadernos de Derecho Judicial,* CGPJ, 1997, pp. 39-85.

Morales Viales, R., Ugarte Ibarra, R., «Tutela de los derechos de la personalidad virtual y protección de datos de carácter personal en las redes sociales online», *Instituto de Investigaciones Jurídicas de la Universidad de Costa Rica*, 2012. Recuperado de: https://iij.ucr.ac.cr/wp-content/uploads/bsk-pdf-manager/2017/08/Tesis-Tutela-de-los-Derechos-de-la-personalidad-virtual-y-proteccion-de-datos-personales-en-las-r.pdf (fecha de consulta: 25 de agosto de 2022).

Morgado Bernal, I., «Cerebro humano: así funcionan el recuerdo y el olvido», *Cuerpo y Mente,* 2019. Disponible en https://www.cuerpomente.com/psicologia/cerebro/cerebro-humano-asi-funcionan-recuerdo-olvido_937 (fecha de consulta: 14-12-2019).

Muñoz, J., *La desindexación de contenidos del índice de resultados de buscadores de Internet tras la sentencia del TJUE sobre «derecho al olvido»*, Abogacía Española Consejo General. Recuperado de: https://www.abogacia.es/actualidad/noticias/la-desindexacion-de-contenidos-del-indice-de-resultados-de-buscadores-de-Internet-tras-la-sentencia-del-tjue-sobre-derecho-al-olvido/ (fecha de consulta: 13 de septiembre de 2023).

Murga Fernández, J. P., «La protección de los datos y los motores de búsqueda en Internet: Cuestiones actuales y perspectivas de futuro acerca del derecho al olvido», *Revista de Derecho Civil*, n.º 4, 2017, pp. 81-209.

Murillo de la Cueva, P. L., *El derecho a la autodeterminación informativa,* Editorial Tecnis, Madrid, 1990.

Id., «La construcción del derecho a la autodeterminación informativa», *Revista de Estudios Políticos (Nueva Época)*, n.º 104, 1999, pp. 35-60.

Id., «Respuesta a la Encuesta sobre el Pacto de Estado para la Reforma de la Justicia», *Teoría y Realidad Constitucional*, n.º 8–9, 2001-2002, p. 27.

Id., «Perspectivas del derecho a la autodeterminación informativa», *Revista Internet, Derecho y Política*, n.º 5, 2007, pp. 18-32.

Id., «Presentación», en Murillo de la Cueva, P. L. y Carmona Cuenca, E. (coords.), *La tutela jurisdiccional de los derechos fundamentales por los tribunales ordinarios*, Tirant lo Blanch, Valencia, 2008, pp. 9-19.

Nieto Garrido, E., «Derecho a la indemnización y responsabilidad», en Piñar Mañas, J. L., Álvarez Caro, M., Recio Gayo, M., *Reglamento*

General de Protección de Datos. Hacia un nuevo modelo europeo de privacidad, Reus, Madrid, 2016, pp. 555-570.

Nieves Saldaña, M., «"The right to privacy". La génesis de la protección de la privacidad en el sistema constitucional norteamericano: el centenario legado de warren y brandeis», *UNED, Revista de Derecho Político*, n.° 85, septiembre-diciembre, 2012, pp. 195-239.

Obispo Triana, C., «Cuando la libertad de información cede frente al derecho al olvido de los datos personales», *Revista Aranzadi Doctrinal*, n.° 10, 2018, pp. 1-4.

Nieto Garrido, E. M., «Derecho a indemnización y responsabilidad», en Piñar Matas, J. L., *Reglamento general de Protección de Datos*, Reus, Madrid, 2016, pp. 555-570.

Oleaque, J. M., *Racismo en Internet: webs, redes sociales y crecimiento internacional*. Recuperado de: https://www. gitanos.org/upload/53/79/Informe-Racismo-Digital.pdf (fecha de consulta: 09 de octubre de 2021).

Oloixarac, P., *Mona*, Literatura Random House, 2019.

Ordoñez Solís, D., *Privacidad y protección judicial de datos personales,* Barcelona, 2011.

Ortega Giménez, A., «Tratamiento ilícito internacional de datos personales, Reglamento general de protección de datos y derecho internacional privado: cuestiones de competencia judicial internacional y de determinación de la ley aplicable», *CEFLegal*, n.° 235-236, agosto-septiembre 2020, pp. 53-80.

Ortega y Gasset, J., *Principios de la Metafísica según la razón vital del curso,* vol. 8, Taurus, Madrid, 2008.

Ortí Vallejo, A., «El nuevo derecho fundamental (y de la personalidad) a la libertad informática (a propósito de la STC 254/1993, de 20 de julio)», *Derecho privado y Constitución*, n.°. 2, 1994, pp. 305-332.

Orza Linares, R. M., «El derecho al anonimato en Internet», *Revista Telos.* Recuperado de: https://telos.fundaciontelefonica.com/archivo/numero089/el-derecho-al-anonimato-en-Internet (fecha de consulta: 06 de octubre de 2021).

Id., «El derecho al olvido contra la muerte de la privacidad», *Revista de la Escuela Jacobea de posgrado*, n.° 12, 2017, pp. 5-32.

Id., «La regulación del "derecho al olvido" en la Unión Europea. Aspectos críticos», en Durán Ruiz, F. J., *Desafíos de la protección de menores en la sociedad digital: Internet, redes sociales y comunicación,* Comares, 2018, pp. 125-160.

Palma Ortigosa, A., *Decisiones automatizadas en el RGPD. El uso de algoritmos en el contexto de protección de datos*, Instituto Nacional de Administración Pública. Recuperado de: http://laadministracionaldia.inap.es/noticia.asp?id=1509629 (fecha de consulta: 08 de mayo de 2020).

Papacharissi, Z., *A private sphere: Democracy in a digital age*, Polity.

Parra Lucán, M.A., «Registro de morosos: Derecho civil y nulidad (parcial) del reglamento de desarrollo de la Ley Orgánica de Protección de Datos», *Aranzadi Civil-mercantil*, n.º 3, 2011, pp. 81-113.

Pasquao Liaño, M., *El derecho a esconderse.* Recuperado de: https://www.miguelpasquau.es/el-derecho-esconderse/ (fecha de consulta: 20 de agosto de 2021).

Pauner Chulvi, C., «La libertad de información como límite al derecho a la protección de datos personales: la excepción periodística», *Teoría y Realidad Constitucional*, n.º 36, 2015, pp. 377-395.

Pazos Castro, R., «El funcionamiento de los motores de búsqueda en Internet y la política de protección de datos personales ¿una relación imposible?», *Indret*, 2015. Recuperado de: https://papers.ssrn.com/sol3/Delivery.cfm/SSRN_ID2562040_code1215542.pdf?abstractid=2562040&mirid=1 (fecha de consulta: 10 de febrero de 2024).

Peces Barba, G., Asis Roig, R., y **Barranco Avilés, M.**, *Lecciones de Derechos Fundamentales*, Dikyinson, 2004.

Perez-Cruz Martín, A. J., «Los procedimientos civiles ordinarios con especialidades procesales», *Anuario da Facultade de Dereito da Universidade da Coruña*, n.º 5, 2001, pp. 557-72.

Pérez Daudí, V., *La protección civil de los derechos fundamentales*, Atelier, Barcelona, 2011.

Pérez Luño, A. E., *Derechos Humanos, Estado de Derecho y Constitución,* Editorial Tecnos, Madrid, 1984.

Id., *Del Hábeas Corpus al Hábeas Data,* Aranzadi, Madrid, 1991.

Peyrano, G. F., «El tratamiento de datos personales extraídos de informaciones periodísticas, y su acceso a través de Internet. La protección de los datos personales y el derecho a la autodeterminación informativa, ante las nuevas formas de procesar y comunicar la información», *Estudios de Derecho – Estudios de Derecho Privado – Estudios de Derecho Público – Derecho Público y Procesal. Homenaje a la Facultad de Derecho de la Universidad Católica Andrés Bello en su 50 aniversario*, Editorial Universidad Católica Andrés Bello, Caracas, 2004. Recuperado de: https://www.acaderc.org.ar/wp-content/blogs.dir/55/files/sites/55/2021/09/datwebperiodAlfa.pdf (fecha de consulta: 09 de febrero de 2024).

Piñar Mañas, J. L., ¿Existe privacidad?, Apertura Solemne Curso Académico Universidad San Pablo CEU, Madrid, 2008, pp. 26 - 27.

Id., «Aplicación extraterritorial de la Directiva 95/46/CE sobre protección de datos y derecho al olvido frente a los motores de búsqueda. Comentario rápido a la Sentencia del Tribunal de Justicia de la Unión Europea de 13 de mayo de 2014, Caso Google», *Revista IURIS*, n.º 215, 2014, pp. 20–23.

Id., *Reglamento general de protección de datos. Revista del Consejo General de la Abogacía*, n.º 98, 2016, pp. 26–29.

Id., «Identidad y persona en la sociedad digital», en Piñar Mañas, J. L. y De la Cuadra Salcedo, T., *Sociedad digital y Derecho*, BOE, 2018, pp. 95-112.

Piñar Real, A., «La Declaración de Derechos y Principios Digitales de la Comisión Europea. ¿Hacia un marco constitucional de los derechos digitales en Europa?», *Revista de Derecho Digital e Innovación*, La Ley, p. 10.

Platero Alcón, A., «El derecho al olvido en Internet. El fenómeno de los motores de búsqueda», *Opinión Jurídica*, n.º 29, 2016, pp. 243–260.

Id., *El derecho al olvido en Internet: la responsabilidad civil de los motores de búsqueda y las redes sociales: estudio doctrinal y jurisprudencial,* Dykinson, 2021.

Prado Pico, E., «Telerrealidad: globalización y uniformización», en Beneyto Vidal, J., *La ventana global*, Taurus, Madrid, 2002, pp. 369–394.

Quadra-Salcedo Fernández del Castillo, T., «Retos, riesgos y oportunidades de la sociedad digital», en Quadra-Salcedo Fernández del Castillo, T., y Piñar Mañas, J. L., *Sociedad digital y Derecho*, Boletín Oficial del Estado, pp. 21–86.

Id., «Derechos digitales, perseverando en la lucha por el valor permanente de la dignidad de la persona en el mundo digital», *Diario La Ley de Ciberderecho,* 2021. Recuperado de: https://diariolaley.laleynext.es/Content/DocumentoRelacionado.aspx?params=H4sIAAAAAAAEAC1Py27CMBD8mvpSCdnhABz2ksKhUoW-qNuK-sVeJJeOF9SaQv68pHOYwo3lorhPJ0tFdwXNW4fRO50siDGzKk-jkvZ-hkIqPYF7BvG-8qGoNeJ0x79uC2DxJn6rCHxrAEknYBa5QV0w-8VWNudKSPfjjjHATVyblGerTEEOB6stY3b7Jxbm5mkVAOc4kBZyYxx-GL8q9OkvhOLHbxwIPnP0kVdYLveX3E6qNdpr_v3nxtcfskelD0yUw-2v0DyK_Mu3yAAAAWKE (fecha de consulta: 11 de febrero de 2024).

Rallo Lombarte, A.: «El derecho al olvido y su protección», *Revista Telos Cuadernos de Comunicación e Innovación*, n.º 85, 2010, pp. 104–108.

Id., «El nuevo derecho de protección de datos», *Revista Española de Derecho Constitucional*, n.º 116, 2019, pp. 45–75.

Rapetti, B., «Prescripción en daños continuados», *Revista Crítica de Derecho Privado*, n.º 12, 2015, pp. 453-476.

Reza Landa, I., «el consentimiento del interesado ¿una herramienta adecuada?» *Revista Caribeña de Ciencias Sociales*, vol. 2254. Recuperado de: https://ojs.southfloridapublishing.com/ojs/index.php/rccs/article/view/2409/1929 (fecha de consulta: 11 de febrero de 2024).

Rico Carrillo, M., «El derecho al honor, intimidad e imagen y la protección de datos personales en las redes sociales», *Anuario Iberoamericano de Derecho notarial*, n.º 1, 2012, pp. 433–472.

Id., «Las implicaciones de Facebook en el derecho al honor, la intimidad personal y familiar y la propia imagen», *Revista de contratación electrónica*, n.º 117, 2012, pp. 29-49.

Rodotà, S., «A Bill of Rights for the Internet Universe», *The Federalist Debate*, n.º 1, 2008, p. 9.

Rodríguez Cano, B., *Comentarios al Código Civil*, vol. 189, Aranzadi-Civitas, 2021.

Roig Batalla, A., «Tecnología, libertad y privacidad», *Libertades de expresión e información en Internet y las redes sociales: ejercicio, amenazas y garantías*, 2011, pp. 45–51.

Romero Cerdán, T. A., «Desindexación de datos personales: Fortaleciendo el derecho a la autodeterminación informativa y el olvido digital», *Revista de investigación en Derecho, Criminología y Consultoría Jurídica*, n.º 22, 2018, pp. 223-244.

Ros Martín, M., «La autoregulación de la blogosfera», *Anuario Think EPI*, 2009, pp. 62-64.

Rosen, J., «The Web Means the End of Forgetting», *New York Times,* 2010. Disponible en https://www.nytimes.com/2010/07/25/magazine/25privacy-t2.html (fecha de consulta: 07-12-2019).

Rovira Suerio, M., *La responsabilidad civil derivada de los daños ocasionados al derecho al honor, a la intimidad personal y familiar y a la propia imagen*, Cedecs, Barcelona, 1999.

Rubí Puig, A., «Daños por infracciones del derecho a la protección de datos personales. El remedio indemnizatorio del artículo 82 RGPD», *Revista de Derecho Civil*, vol. 5, n.º 4, 2018, pp. 53 - 87.

Id., «Problemas de coordinación y compatibilidad entre la acción indemnizatoria del artículo 82 del Reglamento General de Protección de Datos y otras acciones en derecho español», *Derecho Privado y Constitución*, n.º 34, 2019, pp. 197–232.

Rubio Carracedo, J., «¿Cansancio de la democracia o acomodo de los políticos?», *Claves de Razón Práctica,* n.º 105, pp. 76-82.

Rueda Martín, M., «La relevancia penal del consentimiento del menor de edad en relación con los delitos contra la intimidad y la propia imagen», *InDret*, n.º 4, 2013. Recuperado de: https://www.raco.cat/index.php/InDret/article/download/270185/357761 (fecha de consulta: 10 de febrero de 2024).

Ruda González, A., «Sentencia 15 octubre 2015. Indemnización por daños al derecho al olvido. La responsabilidad por la no exclusión de una hemeroteca digital por los buscadores generales (Caso El País)», *Cuadernos Civitas de jurisprudencia civil,* n.º 101, pp. 289–332.

Ruipérez Azcárate, C., «Los motores de búsqueda: el Caronte de Internet y su responsabilidad frente a vulneraciones del derecho de autor (una reflexión sobre la jurisprudencia en relación con la responsabilidad de los motores de búsqueda de Internet)», *Revista Crítica de Derecho Inmobiliario*, n.º 740, 2013, pp. 4235-4252.

Ruiz Miguel, C., *La configuración constitucional del Derecho a la intimidad,* Universidad Complutense, Madrid, 1992.

Saffon, M. P., «El derecho a la comunicación: un derecho emergente», *Friedrich Ebert Stiftung*, 2007, pp. 15-61.

Sahuquillo, M., y **Muñoz, R.**, *Insultar en el blog se paga.* Recuperado de: https://elpais.com/diario/2007/10/23/sociedad/1193090401_850215.html (fecha de consulta: 29 de agosto de 2021).

Salvador, P., Gómez, C., Ramos, S., Rubí, A. y **Luna, A.**, *Derecho de Daños (DdD), Análisis, aplicación e instrumentos comparados*, 7.ª ed., 2018.

Salvador Carrasco, L., «Redes de anonimización en Internet: cómo funcionan y cuáles son sus límites», *Pre-bie3*, n.º 1, 2012. Recuperado de: https://dialnet.unirioja.es/descarga/articulo/7450955.pdf (fecha de consulta: 09 de febrero de 2024).

Salvador Coderch, P., Rubí Puig, A., Ramírez Silva, P., «Imágenes Veladas. Libertad de Información, derecho a la propia imagen y autocensura de los medios», *InDret*, n.º 1, 2011, pp. 1–51.

SAMPER, D., «Adiós a los foros con tristeza e indignación», *El Tiempo.* Recuperado de: https://www.eltiempo.com/archivo/documento/MAM-2422612 (fecha de consulta: 05 de octubre de 2021).

SÁNCHEZ BRAVO, A. A., *La protección del derecho a la libertad informática en la UE*, Publicaciones de la Universidad de Sevilla, 1998.

SÁNCHEZ URRUTIA, A, SILVEIRA GORSKI, H. C., NAVARRO MICHEL, M., *Tecnología, intimidad y sociedad democrática*, Icaria, Barcelona, 2003.

SANCHO LÓPEZ, M., «Garantías legales del concepto de privacidad: Entre el derecho al olvido y el nuevo reglamento de protección de datos», *Actualidad Jurídica Iberoamericana*, n.º 9, 2018. Recuperado de: https://idibe.org/wp-content/uploads/2018/11/176-201.pdf (fecha de consulta: 11 de febrero de 2024).

Id., «La responsabilidad civil en supuestos de vulneración del derecho al olvido», *Revista Aranzadi de derecho patrimonial*, n.º 59, 2022, pp. 1-4.

SARAZÁ JIMENA, R., «Responsabilidad civil por la indebida inclusión en un registro de morosos», *Revista Aranzadi Doctrinal*, n.º 7, 2011, pp. 105-132.

SEISDEDOS POTES, V., «Derecho al olvido. Jaque a Google en Europa», *Cadernos de Dereito Actual,* n.º 2, 2014, pp. 107-123.

SELIGRAT GONZÁLEZ, V. M., «El nuevo Reglamento UE 2016/679 sobre protección de datos personales: análisis y repercusiones. Especial referencia a los ficheros de solvencia patrimonial y su responsabilidad civil», *CEFLegal*, n.º 218, marzo 2019, pp. 5–38.

SEMPERE, F. J., *Sentencias de la Audiencia Nacional y Tribunal Supremo sobre el «derecho al olvido»*, Privacidad Lógica. Recuperado de: https://www.privacidadlogica.es/sentencias-de-la-audiencia-nacional-y-tribunal-supremo-sobre-el-derecho-al-olvido/ (fecha de consulta: 18 de agosto de 2022).

SERENA ROSSI, L., «El responsable del tratamiento de datos personales está obligado a adoptar medidas razonables a efectos de informar a los motores de búsqueda en Internet de una solicitud de supresión del interesado», *La Ley Unión Europea*, n.º 108, 2022, p. 20.

SERRANO PÉREZ, M. M. «Comentario a los artículos 16 y 17 de la Ley Orgánica de Protección de Datos. Los derechos de rectificación y cancelación», *Comentario a la Ley Orgánica de Protección de Datos, Thomson Reuters*, Navarra, 2010, pp. 1219-1240.

SCHULTZ, M., «Imagen, impunidad informática y autognosis», *Revista de Filosofía*, 1996, pp. 19–24.

SILGUERO ESTAGNAN, J., «Régimen de la protección de datos en la publicación de las decisiones judiciales», *Revista Española de Protección de Datos*, n.º 5, 2009, pp. 55 - 154.

SIMÓN CASTELLANO, P., *El régimen constitucional del derecho al olvido digital*, Tirant, Valencia, 2012.

Id., *El derecho al olvido en el universo 2.0.* Recuperado de: https://bid.ub.edu/28/simon2.htm (fecha de consulta: 16 de agosto de 2022).

Id., *El reconocimiento del derecho al olvido digital en España y en la UE. Efectos tras la sentencia del TJUE de mayo de 2014*, 1.ª ed., Barcelona, 2015.

SOLER PRESAS, A., «Am I in Facebook?», *InDret*, vol. 3, 2011, p. 6. Recuperado de: https://www.raco.cat/index.php/InDret/article/download/247093/330975 (fecha de consulta: 10 de febrero de 2024).

SOLOVE, D. J., «Conceptualizing privacy», *California Law Review*, vol. 90, 2002, pp. 1087-1155.

STARK, N. S., *Motores de búsqueda en Internet.* Recuperado de: http://www.unlu.edu.ar/~tyr/tyr/TYR-motor/stark-motor.pdf (fecha de consulta: 02 febrero 2020).

STUART MILL, J., *Sobre la libertad*, vol. 285, Akal, 2017.

TAJADURA TEJADA, J., *Los derechos fundamentales y sus garantías*, Tirant lo Blanch, 2015.

TAMARIT SUMALLA, J. M., «Los delitos de odio en las redes sociales», *Revista de Internet, Derecho y Política*, n.º 27, 2018, pp. 17 – 29.

TEMPERINE, M., *Delitos informáticos en Latinoamérica: Un estudio de derecho comparado.* Recuerado de: http://conaiisi.unsl.edu.ar/ingles/2013/82-553-1-DR.pdf (fecha de consulta: 29 de agosto de 2021).

THOMPSON, J., *Los media y la modernidad. Una teoría de los medios de comunicación*, Barcelona, 1998.

TOMÁS-VALIENTE LANUZA, C., «Delitos contra la intimidad y redes sociales (en especial, en la jurisprudencia más reciente)», *Revista de Internet, derecho y política,* n.º 27, 2018. Recuperado de: https://www.raco.cat/index.php/IDP/article/download/341585/432429/0 (fecha de consulta: 10 de febrero de 2024).

TORRALBA, E., «Reflexiones sobre el alcance territorial del derecho al olvido», *Cuadernos de Derecho Transnacional*, vol. 13, n.º 2, 2021, pp. 575–593.

TORTAJADA CHARDÍ, P., «Implementación normativa del artículo 18.4 de la CE: El derecho al olvido», *CEFLegal*, n.º 258, 2022, pp. 59-96.

Touriño, A., *El derecho al olvido y a la intimidad en Internet*, Catarata, Madrid, 2014.

Trenado Caballero, L., «Cookies y consentimiento», *Revista Crítica de Derecho Inmobiliario*, 2020, pp. 3227–3239.

Urías, J., *Principios de Derecho de la Información*, 3.ª ed., Tecnos, 2014.

Velasco, J.C., «Democracia y deliberación pública», *Confluencia XXI. Revista de pensamiento político*, n.º 6, 2009, pp. 70–79.

Velasco Núñez, E., «Derecho a la imagen: tratamiento procesal penal», *Diario La Ley*, n.º 8595, 2015, pp. 1–37.

Vernengo, R. J., «Ciencia jurídica o técnica política: ¿es posible una ciencia del Derecho?», 1986, pp. 289–295.

Vernet i Llobet, J., y **Aguilera de Prat, C.**, «Cuestiones simbólicas y Constitución española», *Revista de estudios políticos*, n.º 79, 1993, pp. 139-160.

Vicente Díaz, M., y **Callejo Carrión, S.**, «Libertad de expresión: límites de un derecho fundamental en entredicho», *CEFLegal*, n.º 246, 2021, pp. 99–130.

Viejo Nova, S., «La responsabilidad civil por la vulneración del derecho al honor en redes sociales», *Universidad de Alcalá*, 2020. Recuperado de: https://ebuah.uah.es/dspace/bitstream/handle/10017/46531/TFM_Viejo_Nova_2020.pdf?sequence=1&isAllowed=y (fecha de consulta: 10 de febrero de 2024).

Vilasau Solana, M., «El caso Google Spain: La afirmación del buscador como responsable del tratamiento y el reconocimiento del derecho al olvido», *Revista de Internet, Derecho y Política*, n.º 18, 2014, pp. 16 - 32.

Villarino Marzo, J., «Cuarta generación de derechos: reflexiones sobre la libertad de expresión en Internet», *Revista de las Cortes Generales*, n.º 100-101-102, 2017, pp. 47-99.

Villaverde Menéndez, I., «Protección de datos, derecho a ser informado y autodeterminación informativa del individuo. A propósito de la STC 254/1993», *Revista Española de Derecho Constitucional,* n.º 41, 1994, pp. 187-224.

Vitalis, A., *Informatique, pouvoir et libertés*, Paris: Económica, 1981.

Vizcaíno Calderón, M., *Comentarios a la Ley Orgánica de Protección de Datos de Carácter Personal*, Civitas, Madrid, 2001.

Zamora, J. A., *Medios de comunicación. Información, espectáculo, manipulación*, EVD, Navarra, 2004.

Zunón Villalobos, M., «La garantía civil de la privacidad», *Revista Aranzadi Doctrinal*, n.º 9, 2013, 153 - 181.

ARTÍCULOS PERIODÍSTICOS Y PUBLICACIONES DE ENTIDADES PRIVADAS

ABC, *Condenado a pagar 1.300 euros por el «calla puta, que no tienes dignidad» a Cifuentes.* Recuperado de: https://www.abc.es/madrid/20140507/abci-cifuentes-injurias-201405071622.html (fecha de consulta: 28 de agosto de 2021).

Id., *Wikipedia sobre el «derecho al olvido»: «Esta forma de censura es inaceptable».* Recuperado de: https://www.abc.es/tecnologia/redes/20140807/abci-wikipedia-censura-derecho-olvido-201408062135.html, (fecha de consulta: 15 de mayo de 2021).

Id., *Bartomeu denunció al conocido «youtuber» Auronplay por llamarle Nobita.* Recuperado de: abc.es/deportes/futbol/abci-bartomeu-denuncio-conocido-youtuber-auronplay-llamarle-nobita-201909042152_noticia.html (fecha de consulta: 10 de enero de 2020).

Acumbamail, *Thumbnail* - ¿Qué son los *thumbnails?* Recuperado de: https://acumbamail.com/glosario/thumbnail/?gclid=Cj0KCQjw27mhBhC9ARIsAIFsETEfMGIL8TqxE1QJbrC3NCrlmOfmNBi_jQhzNskKBbMtwflkuRH0FCYaArRIEALw_wcB (fecha de consulta: 06 de abril de 2023).

Confilegal, *Dos Salas del Supremo discrepan sobre la responsabilidad de Google Spain y el derecho al olvido.* Recuperado de: https://confilegal.com/20160406-dos-salas-supremo-discrepan-responsabilidad-google-spain-derecho-olvido/ (fecha de consulta: 26 de agosto de 2022).

Cuatrecasas, *A vueltas con el derecho al olvido en las búsquedas en Internet.* Recuperado de: https://www.cuatrecasas.com/es/spain/propiedad-intelectual/art/a-vueltas-derecho-olvido-busquedas-Internet (fecha de consulta: 27 de marzo de 2023).

Datalia, *El derecho al olvido: ¿una posible censura retroactiva a los medios de comunicación?* Recuperado de: http://www.datalia.info/blog/2014/07/30/el-derecho-al-olvido-una-posible-censura-retroactiva-a-los-medios-de-comunicacion/ (fecha de consulta: 15 de mayo de 2021).

Doctorow, C., *The coming EU privacy regulation will end up remaking the world's web.* Recuperado de: https://boingboing.net/2018/02/03/race-to-the-top.html (fecha de consulta: 12 de marzo de 2023).

El Abogado Digital, *El derecho al olvido y Google.* Recuperado de: https://www.elabogadodigital.com/el-derecho-al-olvido-y-google (fecha de consulta: 15 de agosto de 2022).

El Diario, *Facebook, más estricto con su política de nombres reales.* Recuperado de: eldiario.es/turing/redes_sociales/facebook-nombre-real-drag-queen_1_4642798.html (fecha de consulta: 05 de octubre de 2021).

Id., ¿Usas en Facebook tu nombre real? Recuperado de: https://www.eldiario.es/tecnologia/diario-turing/facebook-nombres-reales_1_2536198.html (fecha de consulta: 05 de octubre de 2021).

El Mundo, *El joven detenido por incitar al asesinato de políticos en Twitter queda en libertad con cargos.* Recuperado de: https://www.elmundo.es/comunidad-valenciana/2014/05/16/5375cc24268e3eb87a8b456b.html (fecha de consulta: 28 de agosto de 2021).

Id., *La NASA recopila 5.000 millones de datos al día sobre móviles en todo el mundo*, Recuperado de: https://www.elmundo.es/internacional/2013/12/05/529fc5a461fd3daa058b4581.html (fecha de consulta: 22 de agosto de 2021).

El País, *Las rimas que llevaron a Hasél a la cárcel.* Recuperado de: https://elpais.com/espana/2021-02-18/las-rimas-que-llevaron-a-hasel-a-la-carcel.html (fecha de consulta: 28 de agosto de 2021).

Id., *El Supremo rechaza el derecho al olvido del secretario judicial del proceso que condenó a muerte a Miguel Hernández*, Recuperado de: https://elpais.com/cultura/2024-03-19/el-supremo-rechaza-el-derecho-al-olvido-del-secretario-judicial-del-proceso-que-condeno-a-muerte-a-miguel-hernandez.html (fecha de consulta: 24 de julio de 2024).

Facebook, *Consejos para detectar noticias falsas.* Recuperado de: https://www.facebook.com/formedia/blog/third-party-fact-checking-tips-to-spot-false-news?locale=es_LA (fecha de consulta: 10 de agosto de 2022).

Google, ¿Cómo está implementando Google la reciente sentencia dictada por el Tribunal de Justicia de la Unión Europea (TJUE) sobre el derecho al *olvido?* Recuperado de: https://policies.google.com/faq?hl=es (fecha de consulta: 05 de octubre de 2022).

Id., *Cómo retirar contenido de Google.* Recuperado de: https://support.google.com/legal/troubleshooter/1114905 (fecha de consulta: 05 de octubre de 2022).

Id., *Descripción general del derecho al olvido.* Recuperado de: https://support.google.com/legal/answer/10769224?hl=es#zippy= (fecha de consulta: 05 de octubre de 2022).

HispaColex, *Derecho al olvido. Nueva sentencia del Tribunal de Justicia de la Unión Europea.* Recuperado de: https://www.hispacolex.com/biblioteca/articulos-doctrinales/derecho-al-olvido-nueva-sentencia-del-tribunal-de-justicia-de-la-union-europea/ (fecha de consulta: 27 de marzo de 2023).

Kinsta, *Cuota de Mercado de los Buscadores: Quién Lidera la Carrera en 2023.* Recuperado de: https://kinsta.com/es/cuota-mercado-buscadores/#:~:text=Cuota%20de%20Mercado%20de%20los%20Buscadores%20en%202023,de%20los%20motores%20de%20b%C3%BAsqueda. (fecha de consulta: 07 de septiembre de 2023).

LA LEY, *Reglamento Europeo de Protección de Datos (RGPD).* Recuperado de: https://guiasjuridicas.wolterskluwer.es/Content/Documento.aspx?params=H4sIAAAAAAAEAMtMSbF1jTAAAkNjEwNjY7Wy1KLizPw8WyMDQwsDU0MTkEBmWqVLfnJIZUGqbVpiTnEqAMUH2Hw1AAAAWKE (fecha de consulta: 20 de agosto de 2022).

Law&Trends, *Caso Planet 49 GmbH. Protección de datos. Sentencia C-673/17 del Tribunal de Justicia UE.* Recuperado de: https://www.lawandtrendsPara que esta manifestación de voluntad sea acorde a la legislación, y pueda considerarse, por ende, un acto afirmativo, no deberemos disponer de botones pre-marcados por defecto, de forma que el usuario deba marcar expresamente en caso de que desee dar su consentimiento para que se puedan utilizar cookies en su dispositivo. Tampoco es válido el disponer del consentimiento a través de silencio o de inacción del usuario..com/noticias/tic/caso-planet-49-gmbh-proteccion-de-datos-sentencia-c-673-17-del-tribunal-de-justicia-ue-1.html (fecha de consulta: 7 de marzo de 2023).

Microsiervos, *Anonimato en Internet: usos, abusos y falacias.* Recuperado de: https://www.microsiervos.com/archivo/internet/anonimato-internet.html (fecha de consulta: 05 de octubre de 2021).

Microsof Bing, *Solicitud para bloquear resultados de búsqueda en Bing en Europa.* Recuperado de: https://www.bing.com/webmaster/tools/eu-privacy-request (fecha de consulta: 10 de octubre de 2022).

Noticias Jurídicas, *Expertos critican la forma en que los tribunales españoles están aplicando la sentencia del TJUE sobre el derecho al olvido.* Recuperado de: https://noticias.juridicas.com/actualidad/noticias/10052-expertos-critican-la-forma-en-que-los-tribunales-espanoles-estan-aplicando-la-sentencia-del-tjue-sobre-el-derecho-al-olvido/, (fecha de consulta: 15 de mayo de 2021).

Id., *Ley 46/1977, de 15 de octubre, de amnistía*. Recuperado de: https://noticias.juridicas.com/base_datos/Penal/l46-1977.html (fecha de consulta: 22 de agosto de 2022).

OEA, *Declaración Conjunta sobre Libertad de Expresión e Internet.* Recuperado de: http://www.oas.org/es/cidh/expresion/showarticle.asp?artID=849&lID=2 (fecha de consulta: 30 de agosto de 2021).

PDLI, *La PDLI advierte que no puede prohibirse el anonimato en Internet.* Recuperado de: https://libertadinformacion.cc/la-pdli-advierte-que-no-puede-prohibirse-el-anonimato-en-Internet/ (fecha de consulta: 28 de agosto de 2021).

PymeLegal, *Novedad importante – nueva sentencia sobre política de cookies.* Recuperado de: https://www.pymelegal.es/noticias/rgpd/novedad-importante-nueva-sentencia-sobre-politica-de-cookies (fecha de consulta: 7 de marzo de 2023).

RTVE, *Protección de Datos sanciona a Google con 10 millones de euros por vulnerar el derecho al olvido.* Recuperado de: https://www.rtve.es/noticias/20220518/proteccion-datos-sanciona-google-derecho-olvido/2349604.shtml (fecha de consulta: 05 de octubre de 2022).

The Guardian, *Edward Snowden: the whistleblower behind the NSA surveillance revelations.* Recuperado de: https://www.theguardian.com/world/2013/jun/09/edward-snowden-nsa-whistleblower-surveillance (fecha de consulta: 21 de agosto de 2021).

The New York Times, *Spain's New Public Safety Law Has Its Challengers.* Recuperado de: https://www.nytimes.com/2015/07/01/world/europe/spains-new-public-safety-law-has-its-challengers.html (fecha de consulta: 28 de agosto de 2021).

Id., *Spain's Ominous Gag Law.* Recuperado de: https://www.nytimes.com/2015/04/23/opinion/spains-ominous-gag-law.html?_r=0 (fecha de consulta: 28 de agosto de 2021).

Wikipedia, *Red privada virtual.* Recuperado de: https://es.wikipedia.org/wiki/Red_privada_virtual (fecha de consulta: 23 de marzo de 2023).

Yahoo, *Obtén ayuda si alguien publica contenido íntimo tuyo sin tu permiso.* Recuperado de: https://es-us.ayuda.yahoo.com/kb/search-for-desktop/Obt%C3%A9n-ayuda-si-alguien-publica-contenido-%C3%ADntimo-tuyo-sin-tu-permiso-sln26123.html (fecha de consulta: 10 de octubre de 2022).

Youandlaw, *El consentimiento y la información sobre cookies: Análisis de la sentencia del Tribunal de la Justicia en el asunto C-673/17.* Recuperado de: https://www.youandlaw.es/2019/10/10/consentimiento-informacion-cookies (fecha de consulta: 7 de marzo de 2023).

PUBLICACIONES DE ORGANISMOS PÚBLICOS

AEPD, *Declaración sobre buscadores de Internet*. Recuperado de: http://www.facua.org/es/documentos/declaracionsobrebuscadoresdelInternet.pdf (fecha de consulta: 24 de julio de 2023).

Id., *Derecho de supresión («al olvido»): buscadores de Internet.* Recuperado de: aepd.es/es/areas-de-actuacion/Internet-y-redes-sociales/derecho-al-olvido (fecha de consulta: 15 de agosto de 2022).

Id., *Formulario para el ejercicio del derecho de supresión.* Recuperado de: https://www.aepd.es/es/documento/formulario-derecho-de-supresion.pdf (fecha de consulta: 18 de julio de 2023).

Id., *Guía del Reglamento General de Protección de Datos para Responsables de Tratamiento.* Recuperado de: https://www.aepd.es/sites/default/files/2019-12/guia-rgpd-para-responsables-de-tratamiento.pdf (fecha de consulta: 07 de mayo de 2020).

Id., *Memoria Anual 2021*, https://www.aepd.es/es/documento/memoria-aepd-2021.pdf (fecha de consulta: 21 de agosto de 2022).

Id., *Protección de Datos: Guía para el Ciudadano*, https://www.aepd.es/sites/default/files/2019-10/guia-ciudadano.pdf (fecha de consulta: 28 de abril de 2020).

Id., *Prensa y Comunicación.* Recuperado de: https://www.aepd.es/es/prensa-y-comunicacion/blog/proteccion-datos-seguridad (fecha de consulta: 28 de abril de 2020).

Id., *Resolución Expediente N.º: PS/00140/2020.* Recuperado de: https://www.aepd.es/es/documento/ps-00140-2020.pdf (fecha de consulta: 05 de octubre de 2022).

Id., *Si interpongo una reclamación y el responsable es sancionado ¿Puedo obtener una indemnización económica?* Recuperado de: aepd.es/preguntas-frecuentes/13-reclamaciones-ante-aepd-y-ante-otros-organismos-competentes/FAQ-1302-si-interpongo-una-reclamacion-y-el-responsable-es-sancionado-puedo-obtener-una-indemnizacion-economica (fecha de consulta: 12 de octubre de 2023).

Asamblea General de Naciones Unidas, *Resolución 68/167 aprobada el 18 de diciembre de 2013*, https://undocs.org/pdf?symbol=es/a/res/68/167 (fecha de consulta: 22 de agosto de 2021).

Biblioteca Nacional de España, *Hemeroteca Digital.* Recuperado de: https://www.bne.es/es/catalogos/hemeroteca-digital (fecha de consulta: 26 de agosto de 2022).

BOE, *Circular 7/2019, de 14 de mayo, de la Fiscalía General del Estado, sobre pautas para interpretar los delitos de odio tipificados en el artículo 510 del Código Penal.* Recuperado de: https://www.boe.es/diario_boe/txt.php?id=BOE-A-2019-7771 (fecha de consulta 16 de septiembre de 2021).

Id., *Instrumento de Ratificación del Convenio sobre la Ciberdelincuencia, hecho en Budapest el 23 de noviembre de 2001.* Recuperado de: https://www.boe.es/diario_boe/txt.php?id=BOE-A-2010-14221 (fecha de consulta: 31 de agosto de 2021).

Id., n.º 74, 27 de marzo de 1984.

Id., n.º 274, 15 de noviembre de 1985.

Id., n.º 262, 31 de octubre de 1992.

Id., n.º 108, 06 de mayo de 1999.

Id., n.º 298, 14 de diciembre de 1999.

Id., n.º 294, 06 de diciembre de 2018.

Id., *Reglamento (UE) 2022/1925 del Parlamento Europeo y del Consejo de 14 de septiembre de 2022 sobre mercados disputables y equitativos en el sector digital y por el que se modifican las Directivas (UE) 2019/1937 y (UE) 2020/1828 (Reglamento de Mercados Digitales).* Recuperado de: https://www.boe.es/buscar/doc.php?id=DOUE-L-2022-81470 (fecha de consulta: 06 de julio de 2023).

Id., *Reglamento (UE) 2022/2065 del Parlamento Europeo y del Consejo de 19 de octubre de 2022 relativo a un mercado único de servicios digitales y por el que se modifica la Directiva 2000/31/CE (Reglamento de Servicios Digitales).* Recuperado de: https://www.boe.es/buscar/doc.php?id=DOUE-L-2022-81573 (fecha de consulta: 06 de julio de 2023).

Boletín Oficial de las Cortes Generales, *Acuerdo del Pleno del Senado por el que se aprueba el Informe de la Comisión Especial sobre redes informáticas.* Recuperado de: https://www.senado.es/pdf/legis6/senado/bocg/I0812.PDF (fecha de consulta: 28 de agosto de 2021).

Centro Criptológico Nacional, *España cuenta con una nueva Estrategia de Ciberseguridad Nacional.* Recuperado de: https://www.ccn-cert.cni.es/seguridad-al-dia/noticias-seguridad/7970-espana-cuenta-con-una-nueva-estrategia-de-ciberseguridad-nacional.html (fecha de consulta: 16 de septiembre de 2021).

Comisión Europea, *Código de Conducta para la Lucha contra la Incitación Ilegal al Odio.* Recuperado de: https://ec.europa.eu/newsroom/just/document.cfm?doc_id=42855 (fecha de consulta: 31 de agosto de 2021).

Id., *El Centro Europeo de Ciberdelincuencia (EC3) se inaugura el 11 de enero.* Recuperado de: https://ec.europa.eu/commission/presscorner/detail/es/IP_13_13 (fecha de consulta: 31 de agosto de 2021).

Id., *Ley de Mercados Digitales: para unos mercados digitales justos y abiertos.* Recuperado de: https://commission.europa.eu/strategy-and-policy/priorities-2019-2024/europe-fit-digital-age/digital-markets-act-ensuring-fair-and-open-digital-markets_es (fecha de consulta: 06 de julio de 2023).

Id., *Lucha contra la incitación ilegal al odio en línea: el Código de conducta de la UE garantiza una rápida respuesta.* Recuperado de: https://ec.europa.eu/commission/presscorner/detail/es/IP_19_805 (fecha de consulta: 31 de agosto de 2021).

Id., ¿Qué rige el Reglamento general de protección de datos («RGPD»)?. Recuperado de: https://ec.europa.eu/info/law/law-topic/data-protection/reform/what-does-general-data-protection-regulation-gdpr-govern_es (fecha de consulta: 20 de agosto de 2022).

Id., *Paquete de la Ley de Servicios Digitales.* Recuperado de: https://digital-strategy.ec.europa.eu/es/policies/digital-services-act-package (fecha de consulta: 06 de julio de 2023).

Commission National de l´Informatique et des Libertés, *Rapporte* d´ *Activité*, 2009.

Derecho de la Unión Europea, *Carta de los Derechos Fundamentales de la Unión Europea.* Recuperado de: https://eur-lex.europa.eu/legal-content/ES/TXT/?uri=LEGISSUM%3Al33501 (fecha de consulta: 06 de mayo de 2020).

Id., *Decisión (UE) 2019/682 del Consejo, de 9 de abril de 2019, por la que se autoriza a los Estados miembros a firmar, en interés de la Unión Europea, el Protocolo que modifica el Convenio del Consejo de Europa para la protección de las personas con respecto al tratamiento automatizado de datos de carácter personal.* Recuperado de: https://eur-lex.europa.eu/legal-content/ES/TXT/?uri=CELEX:32019D0682 (fecha de consulta: 06 de mayo de 2020).

Id., *STJUE, Asunto C-131/2012, de 13 de mayo de 2014, Declaraciones 1 y 3*. Recuperado de: https://eur-lex.europa.eu/legal-content/ES/TXT/?qid=1597170265001&uri=CELEX:62012CJ0131#t-ECR_62012CJ0131_ES_01-E0001 (fecha de consulta: 11 de agosto de 2020).

Id., *Versión consolidada del Tratado de Funcionamiento de la Unión Europea*. Recuperado de: https://eur-lex.europa.eu/legal-content/ES/ALL/?uri=celex%3A12012E%2FTXT (fecha de consulta: 06 de mayo de 2020).

Id., *Comunicación de la Comisión al Parlamento Europeo, al Consejo, al Comité Económico y Social Europeo y al Comité de las Regiones sobre un marco de seguimiento para la economía circular*. Recuperado de: https://eur-lex.europa.eu/legal-content/ES/TXT/?uri=CELEX%3A52018DC0029 (fecha de consulta 06 de mayo de 2020).

Id., *Directiva 95/46/CE del Parlamento Europeo y del Consejo, de 24 de octubre de 1995, relativa a la protección de las personas físicas en lo que respecta al tratamiento de datos personales y a la libre circulación de estos datos*. Recuperado de: https://eur-lex.europa.eu/legal-content/ES/ALL/?uri=CELEX%3A31995L0046 (fecha de consulta: 06 de mayo de 2020).

Derechos Digitales, *Consideraciones Previas.* Recuperado de: https://derechodigital.pre.red.es/documentos/140721-Resumen_Ejecutivo_Derechos_Digitales_RedEs.pdf (fecha de consulta: 10 de julio de 2023).

Diario Oficial de la Unión Europea, *Directiva 2013/40/UE del Parlamento Europeo y del Consejo, de 12 de agosto de 2013, relativa a los ataques contra los sistemas de información y por la que se sustituye la Decisión marco 2005/222/JAI del Consejo.* Recuperado de: https://www.boe.es/doue/2013/218/L00008-00014.pdf (fecha de consulta: 31 de agosto de 2021).

Id., *Directiva (UE) 2018/1972 del Parlamento Europeo y del Consejo de 11 de diciembre de 2018 por la que se establece el Código Europeo de las Comunicaciones Electrónica.* Recuperado de: https://www.boe.es/doue/2018/321/L00036-00214.pdf (fecha de consulta: 15 de noviembre de 2022).

Id., 4 de mayo de 2010, *Programa de Estocolmo — una Europa abierta y segura que sirva y proteja al ciudadano.* Recuperado de: https://eur-lex.europa.eu/LexUriServ/LexUriServ.do?uri=OJ:C:2010:115:0001:0038:ES:PDF (fecha de consulta 06 de mayo de 2020).

EUR-Lex, *Comunicación de la Comisión al Parlamento Europeo, al Consejo, al Comité Económico y Social Europeo y al Comité de las Regiones, Una Estrategia Europea de Datos.* Recuperado de: https://eur-lex.europa.eu/legal-content/ES/TXT/?qid=1593073685620&uri=CELEX%3A52020DC0066 (fecha de consulta: 06 de julio de 2023).

Id., *Declaración Europea sobre los Derechos y Principios Digitales para la Década Digital 2023/C 23/01.* Recuperado de: https://eur-lex.europa.eu/legal-content/ES/TXT/?uri=OJ:JOC_2023_023_R_0001 (fecha de consulta: 08 de julio de 2022).

Id., *Libro Blanco, sobre la inteligencia artificial - un enfoque europeo orientado a la excelencia y la confianza.* Recuperado de: https://commission.europa.eu/system/files/2020-03/commission-white-paper-artificial-intelligence-feb2020_es.pdf (fecha de consulta: 06 de julio de 2023).

European Data Protection Board, *Directrices 5/2019 sobre los criterios del derecho al olvido en los casos de motores de búsqueda en virtud del RGPD.* Recuperado de: https://edpb.europa.eu/sites/default/files/files/file1/edpb_guidelines_201905_rtbfsearchengines_afterpublicconsultation_es.pdf (fecha de consulta: 18 de julio de 2023).

Ertzaintza – Departamento de Seguridad, ¿Qué es el delito *informático?* Recuperado de: https://www.ertzaintza.eus/lfr/web/ertzaintza/que-es-el-delito-informatico (fecha de consulta: 31 de agosto de 2021).

Fiscalía General del Estado, *Instrucción 2/2011, de 11 de octubre, sobre el Fiscal de Sala de Criminalidad Informática y las secciones de criminalidad informática de las Fiscalías.* Recuperado de: https://www.boe.es/buscar/abrir_fiscalia.php?id=FIS-I-2011-00002.pdf (fecha de consulta: 31 de agosto de 2021).

Id., Memoria elevada al Gobierno de S. M. presentada al inicio del año judicial por el Fiscal General del Estado Excmo. Sr. Don José Manuel Maza Martín, Madrid, 2017. Recuperado de: https://www.fiscal.es/memorias/memoria2017/FISCALIA_SITE/recursos/pdf/MEMFIS17.pdf (fecha de consulta 16 de septiembre de 2021).

Gobierno de España, *Carta de Derechos Digitales.* Recuperado de: *140721-Carta_Derechos_Digitales_RedEs.pdf* (fecha de consulta: 07 de julo de 2023).

Id., Derechos Digitales, Plan de Recuperación, Transformación y Resiliencia. Recuperado de: (fecha de consulta: https://derechodigital.pre.red.es/#:~:text=La%20Carta%20de%20Derechos%20Digitales%20ha%20sido%20elaborada%20por%20el,Asuntos%20Econ%C3%B3micos%20y%20Transformaci%C3%B3n%20Digital. 08 de julio de 2023).

Gobierno de Navarra, Departamento de Presidencia, Función Pública, Interior y Justicia, *La víctima: Introducción y marco conceptual. Tipos de victimización. Efectos del delito en la víctima. Clases de víctima. El miedo al delito. Policía y víctima*, https://www.navarra.es/documents/48192/7309402/7.+La+victima.pdf/92a4bee6-99c7-6563-ff5b-889d6cbc89bb?t=1619529379522 (fecha de consulta: 16 de agosto de 2022).

Grupo de Trabajo del Artículo 29, *Dictamen 4/2007 sobre el concepto de datos personales.* Recuperado de: https://ec.europa.eu/justice/article-29/documentation/opinion-recommendation/files/2007/wp136_es.pdf (fecha de consulta: 06 de octubre de 2021).

Id., *Dictamen 5/2009 sobre las redes sociales en línea.* Recuperado de: https://www.samuelparra.com/wp-content/uploads/2010/01/dictamen-5-2009-g29.pdf (fecha de consulta: 13 de julio de 2023).

Id., *Directrices sobre decisiones individuales automatizadas y elaboración de perfiles a los efectos del Reglamento 2016/679.* Recuperado de: https://www.aepd.es/sites/default/files/2019-12/wp251rev01-es.pdf (fecha de consulta: 08 de mayo de 2020).

Id., *Directrices sobre el derecho a la portabilidad de los datos.* Recuperado de: https://apdcat.gencat.cat/web/.content/03-documentacio/Reglament_general_de_proteccio_de_dades/documents/Guidelines-on-the-right-to-data-portability.pdf (fecha de consulta: 08 de mayo de 2020).

Id., *Guía sobre la aplicación de la sentencia del Tribunal de Justicia de la Unión Europea «Google Spain y Google Inc. vs. Agencia Española de Protección de Datos y Mario Costeja González» C-131/1.* Recuperado de: https://ec.europa.eu/justice/article-29/documentation/opinion-recommendation/files/2014/wp225_en.pdf (fecha de consulta: 11 de febrero de 2024).

Id., *Dictamen 13/2011, de 16 de mayo de 2011, sobre los servicios de geolocalización en los dispositivos móviles inteligentes*.

Guardia Civil, *Grupo de Delitos Telemáticos.* Recuperado de: https://www.gdt.guardiacivil.es/webgdt/la_unidad.php (fecha de consulta: 16 de septiembre de 2021).

InfoCuria Jurisprudencia, *Conclusiones del Abogado General Sr. Niilo Jääskinen presentadas el 25 de junio de 2013, Asunto C-131/12.* Recuperado de: https://curia.europa.eu/juris/document/document.jsf?docid=138782&doclang=ES (fecha de consulta: 19 de agosto de 2022).

La Moncloa, ¿Qué es el derecho al olvido *oncológico?* Recuperado de: https://www.lamoncloa.gob.es/serviciosdeprensa/notasprensa/sanidad14/Paginas/2023/100723-que-es-derecho-al-olvido-oncologico.aspx#:~:text=El%20real%20decreto%2Dley%20aprobado,finalizaci%C3%B3n%20del%20tratamiento%20sin%20reca%C3%ADda. (fecha de consulta: 14 de julio de 2023).

Id., *Sánchez presenta la Carta de Derechos Digitales, con la que "España se sitúa a la vanguardia internacional en la protección de derechos de la ciudadanía".* Recuperado de: https://www.lamoncloa.gob.es/presidente/actividades/Paginas/2021/140721-derechos-digitales.aspx (fecha de consulta: 10 de julio de 2023).

Ministerio de Ciencia e Innovación, *ESHORIZONTE2020.* Recuperado de: https://eshorizonte2020.es (fecha de consulta: 16 de septiembre de 2021).

MINISTERIO DE LA PRESIDENCIA, RELACIONES CON LAS CORTES E IGUALDAD, *Documento refundido de medidas del Pacto de Estado en materia de violencia de género.* Recuperado de: https://www.google.com/url?sa=t&rct=j&q=&esrc=s&source=web&cd=&ved=2ahUKEwi6spOj-aH7AhX5_7slHe3wDNkQFnoECCUQAQ&url=https%3A%2F%2Fviolenciagenero.igualdad.gob.es%2FpactoEstado%2Fdocs%2FDocumento_Refundido_PEVG_2.pdf&usg=AOvVaw2KX2U16gon8YGWGNlHsMdq (fecha de consulta: 09 de noviembre de 2022).

PARLAMENTO EUROPEO, DIRECCIÓN GENERAL DE POLÍTICAS INTERIORES, *Los programas de vigilancia de los Estados Unidos y sus repercusiones sobre los derechos fundamentales de los ciudadanos de la UE.* Recuperado de: https://www.europarl.europa.eu/doceo/document/LIBE-DT-524799_ES.pdf, (fecha de consulta: 22 de agosto de 2021).

Id., *Resolución 2013/2188, de 12 de marzo de 2014, sobre el programa de vigilancia de la Agencia Nacional de Seguridad de los EE.UU., los órganos de vigilancia en diversos Estados miembros y su impacto en los derechos fundamentales de los ciudadanos de la UE y en la cooperación transatlántica en materia de justicia y asuntos de interior.* Recuperado de: https://www.europarl.europa.eu/doceo/document/TA-7-2014-0230_ES.pdf, (fecha de consulta: 22 de agosto de 2021).

Id., *Resolución del Parlamento Europeo, de 16 de febrero de 2022, sobre el refuerzo de Europa en la lucha contra el cáncer: hacia una estrategia global y coordinada.* Recuperado de: https://www.europarl.europa.eu/doceo/document/TA-9-2022-0038_ES.pdf (fecha de consulta: 14 de julio de 2023).

PORTAL WEB DE LA POLICÍA NACIONAL, *Brigada Central de Investigación Tecnológica (B.C.I.T.).* Recuperado de: https://www.policia.es/_es/tupolicia_conocenos_estructura_dao_cgpoliciajudicial_bcit.php (fecha de consulta: 16 de septiembre de 2021).

PRESIDENCIA DEL GOBIERNO, *Aprobada la Estrategia de Seguridad Nacional de 2013.* Recuperado de: https://www.lamoncloa.gob.es/consejodeministros/paginas/enlaces/310513Enlace%20%20seguridad.aspx (fecha de consulta: 16 de septiembre de 2021).

REDING, V., vicepresidenta Comisión Europea, *The EU Data Protection Reform 2012: Making Euhttrope the Standard Setter for Modern Data Protection Rules in the Digital Age.* Recuperado de: https://ec.europa.eu/commission/presscorner/detail/en/SPEECH_12_26 (fecha de consulta: 29 de febrero de 2020).

Resolución 68/167 aprobada por la Asamblea General de Naciones Unidas el 18 de diciembre de 2013, https://undocs.org/pdf?symbol=es/a/res/68/167 (fecha de consulta: 22 de agosto de 2021).

Supervisor Europeo de Protección de Datos, 2011.

Web Oficial de la Unión Europea, ¿Puedo estar sujeto a decisiones individuales automatizadas, incluida la elaboración de *perfiles?* Recuperado de: https://ec.europa.eu/info/law/law-topic/data-protection/reform/rights-citizens/my-rights/can-i-be-subject-automated-individual-decision-making-including-profiling_es (fecha de consulta: 08 de mayo de 2020).

JURISPRUDENCIA DEL TRIBUNAL EUROPEO DE DERECHOS HUMANOS

STEDH de 23 de abril de 1992, asunto Castells c. España.

STEDH de 4 de mayo de 2000, caso de Rotaru contra Rumanía.

STEDH de 24 de junio de 2004, asunto Von Hannover c. Alemania.

STEDH de 17 de diciembre de 2004, asunto Cumpânâ y Mazâré c. Rumanía.

STEDH de 31 de enero de 2006, asunto Stângu y Scutelnicu c. Rumania.

STEDH, de 13 de marzo de 2018, asunto Stern Taulats y Roura Capellera c. España.

STEDH de 9 de marzo de 2023, caso L.B. contra Hungría.

STEDH de 4 de julio de 2023 Case of Hurbain v. Belgium.

JURISPRUDENCIA DE LA UNIÓN EUROPEA

STJUE (Sala Tercera) de 5 de mayo de 2011, asunto C-543/09.

STJUE (Gran Sala) de 13 de mayo de 2014, asunto C-131/12.

STJUE (Sala Gran Sala) de 24 de septiembre de 2019, asunto C-136/17.

STJUE (Sala Gran Sala) de 24 de septiembre de 2019, asunto C-507/17.

STJUE (Sala Gran Sala) de 24 de septiembre de 2019, asunto C-673/17.

STJUE (Sala Cuarta) de 27 de octubre de 2022, asunto C-129/21.

STJUE (Gran Sala) de 08 de diciembre de 2022, asunto C-460/20.

STJUE (Gran Sala) de 4 de julio de 2023, asunto C-252/21.

STJUE (Sala Quinta) de 26 de enero de 2023, C-205/21.

STJUE (Sala Tercera) de 2 de marzo de 2023, C-268/21.

JURISPRUDENCIA ESPAÑOLA

STC 107/1984, de 23 de noviembre.

STC 110/1984, de 26 de noviembre.

STC 114/1984, de 29 de noviembre.

STC 53/1985, de 11 de abril.

STC 99/1985, de 30 de septiembre.

STC 104/1986, de 17 de julio.

STC 165/1987, de 27 de octubre.

STC 6/1988, de 21 de enero de 1988.

STC 107/1988, de 8 de junio.

STC 231/1988, de 2 de diciembre.

STC 51/1989, de 22 de febrero.

STS, Sala de lo Civil, 1200/1989, de 20 de febrero.

STC 105/1990, de 6 de junio.

STC 171/1990, de 12 de noviembre.

STC 172/1990, de 12 de noviembre.

STC 178/1993, de 31 de mayo.

STC 254/1993, de 20 de julio.

STC 371/1993, de 13 de diciembre.

STC 57/1994, de 28 de febrero.

STC 99/1994, de 11 de abril.

STC 117/1994, de 25 de abril.

STC 143/1994, de 9 de mayo, FJ 6.º

STC 170/1994, de 7 de junio.

STC 66/1995, de 8 de mayo de 1995.

STC 176/1995, de 11 de diciembre.

STC 130/1995, de 11 de septiembre.

STC 207/1996, de 16 de diciembre.

STC 94/1998, de 4 de mayo.

STS, Sala de lo Civil, 819/1998, de 31 de julio.

STC 134/1999, de 15 de julio.

STC 180/1999, de 11 de octubre.

STC 192/1999, de 25 de octubre.

STC 6/2000, de 27 de enero.

STC 91/2000, de 30 de marzo.

STC 115/2000, de 5 de mayo.

STC 292/2000, de 30 de noviembre.

STC 8/2001, de 26 de marzo.

STC 49/2001, de 26 de febrero.

STC 81/2001, de 26 de marzo.

STC 139/2001, de 18 de junio.

STC 156/2001, de 2 de julio.

STC 204/2001, de 15 de octubre.

STC 46/2002, de 25 de febrero.

STC 52/2002, de 25 de febrero.

STC 99/2002, de 6 de mayo

STC 14/2003, de 28 de enero.

STC 48/2003, de 12 de marzo.

STC 101/2003, de 2 de junio.

STC 127/2003, de 30 de junio.

STS, Sala de lo Civil, 213/2003, 07 de marzo.

STS, Sala de lo Civil, 1225/2003, de 24 de diciembre.

STC 127/2004, de 19 de julio.

STS, Sala de lo Civil, 619/2005, de 15 de julio.

STC 196/2006, de 3 de julio.

STC 9/2007, de 15 de enero.

ATC 176/2007, de 1 de marzo.

STC 206/2007, de 24 de septiembre.

STC 235/2007, de 7 de noviembre.

STC 236/2007, de 7 de noviembre.

STC 51/2008, de 14 de abril.

STC 56/2008, de 14 de abril.

SAN, Sala de lo Contencioso, de 1 de octubre de 2008

STS, Sala de lo Civil, 1184/2008, de 3 de diciembre.

STC 29/2009, de 26 de enero.

STC 23/2010, de 27 de abril.

STS, Sala de lo Civil, 311/2010, de 2 de junio.

STC 41/2011, de 11 de abril.

STC 99/2011, de 19 de julio de 2011, FJ 3..º

STC 12/2012, de 30 de enero.

STC 190/2013, de 18 de noviembre.

STC 216/2013, de 19 de diciembre.

SAP de Barcelona 486/2013, de 11 de octubre.

STC 7/2014, de 27 de enero.

STC 19/2014, de 10 de febrero.

STC 79/2014, de 28 de mayo.

STS, Sala de lo Civil, 129/2014, de 5 de marzo.

STC 135/2014, de 8 de septiembre.

STS 307/2014, Sala de lo Civil, de 4 de junio.

STS, Sala de lo Civil, 634/2014, de 9 de enero.

STC 18/2015, de 16 de febrero.

STC 65/2015, de 13 de abril.

SAN, Sala de lo Contencioso-administrativo, de 24 de marzo de 2015.

SAN, Sala de lo Contencioso-administrativo, 77/2015, de 10 de febrero.

SAN, Sala de lo Contencioso-administrativo, 86/2015, de 5 febrero.

STC 177/2015, de 22 de julio.

SAN, Sala de lo Contencioso-administrativo, 240/2015 de 9 de junio

SAN, Sala de lo Contencioso-administrativo, 273/2015, de 11 junio.

SAN, Sala de lo Contencioso-administrativo, 267/2015, de 5 de junio.

SAN, Sala de lo Contencioso-administrativo, 268/2015, de 11 de junio.

SAN, Sala de lo Contencioso-administrativo, 308/2015 de 16 junio.

STS, Sala de lo Civil, 545/2015, de 15 de octubre.

STS, Sala de lo Civil, 557/2015, de 18 de febrero.

STS, Sala de lo Contencioso-Administrativo, 1381/2016, de 13 de junio.

STS, Sala de lo Contencioso-Administrativo, 1387/2016, de 13 de junio.

STC 39/2016, de 3 de marzo.

STS, Sala de lo Civil, 587/2016, de 4 de octubre.

STS, Sala de lo Civil, 4/2017, de 18 de enero.

STS, Sala de lo Civil, 91/2017, de 15 de febrero.

STS, Sala de lo Civil, 706/2017, de 27 de octubre.

STC 58/2018, de 4 de junio.

STC 89/2018, de 6 de septiembre.

STS, Sala de lo Civil, 388/2018, de 21 de junio.

STS, Sala de lo Civil, 476/2018, de 20 de julio.

STS, Sala de lo Civil, 12/2019, de 11 de enero.

STS, Sala de lo Civil, 252/2019, 7 de mayo.

STS, Sala de lo Civil, 397/2019, de 05 de julio.

STS Sala de lo Civil, 596/2019, de 7 de noviembre.

STS, Sala de lo Civil, 1070/2019, de 2 de abril.

STC 6/2020, de 27 de enero.

STC 18/2020, de 10 de febrero.

STC 27/2020, de 24 de febrero.

STS, Sala de lo Civil, 170/2020, 11 de marzo.

STC 172/2020, de 19 de noviembre.

STS, Sala de lo Civil, 384/2020, 1 de julio.

STS, Sala de lo Civil, 1624/2020, de 27 de enero.

STS, Sala de lo Civil, 1175/2020, de 17 de septiembre.

STS, Sala de lo Civil, 1176/2020, de 17 de septiembre.

STS, Sala de lo Contencioso-administrativo, 4016/2020, de 27 de noviembre.

STC 93/2021, de 10 de mayo.

STC 184/2021, de 28 de octubre.

STS, Sala de lo Civil, 551/2021, de 20 de julio.

STS, Sala de lo Civil, 759/2021, de 2 de marzo.

STS 919/2021, Sala de lo Civil, de 23 de diciembre.

STC 8/2022, de 27 de enero.

STC 89/2022, de 29 de junio.

STC 105/2022, de 13 de septiembre.

STS, Sala de lo Contencioso-Administrativo, 5992/2023, de 21 de diciembre.

SAN, Sala de lo Contencioso-administrativo, 1211/2024, de 6 de junio.

STS, Sala de lo Contencioso-administrativo, 1401/2024, de 4 de marzo.

Made in United States
Orlando, FL
04 November 2026

90218965R00208